鼇頭参照 市制町村制講義
附 説明 及 理由書
【明治22年 訂正3版】

岩下方平題辞
股野琢序文
丹羽翥講義

地方自治法研究
復刊大系〔第三六四巻〕

鼇頭参照

市制町村制講義

〔明治二十二年訂正三版〕

附説明及理由書

日本立法資料全集 別巻 1574

信山社

元老院議官
從三位勳二等岩下方平君題辭
法制局參事官
正五位勳六等股野　琢君序文
丹羽　雟君講義

鼇頭參照

市町村制講義

附說明及理由書

大阪　田中藏版

元老院議官
從三位勲二等　岩下方平君題辭

儉約

自居

岩南谷

本朝故制々領帯也漢籍
書壇修爲出者人母祖老心
著々物出儺叢拜法之善
從除藤々春彰々以富
朝有々々詩在一以慢為自治

之民與國家權利之所在
而後也
明治戊子十二月下
股野琢識

朕地方共同ノ利益ヲ發達セシメ衆庶臣民ノ幸福ヲ增進スルコトヲ欲シ隣保團結ノ舊慣ヲ存重シテ益之ヲ擴張シ更ニ法律ヲ以テ都市及町村ノ權義ヲ保護スルノ必要ヲ認メ茲ニ市制及町村制ヲ裁可シテ之ヲ公布セシム

御名　御璽

明治廿一年四月十七日

內閣總理大臣伯爵伊藤博文
內務大臣伯爵山縣有朋

凡例

一本書ハ本年四月法律第一號ヲ以テ發布セラレタル市制及町村制ノ條文ニ就キ平易解シ易キヲ旨トシ逐條之ヲ講義シタルモノナリ

一本制ヲ講義スルニ當リ市制ト町村制ト法文意味相同シキモノアルモ市制ニ於テ講義シタルモ猶ホ其煩ヲ厭ハス亦タ町村制ニ於テ之ヲ講義ス是レ信切周密ヲ主トシ讀者ノ便ヲ圖ルナリ而シテ前ニ畧スル者ハ後ニ詳ニシテ讀者ヲシテ重複ノ煩ヲ嫌フヿナカラシム

一本制ニ參考トナルヘキ法例舊規ハ鼇頭ニ揭ゲ讀者ヲシテ改廢沿革ト法意ノ在ル處ヲ知ラシム

一卷尾ニ市町村制說明トシテ本制講義ヲナスニ繁雜冗長ニ涉ルノ嫌ヒアルヲ恐レテ故ラニ省キタルモノヲ揭ゲ詳ニ說明ヲ加ヘ法意ノ在ル所ト實際ニ施行セラルヽニ當リテ事實ノ困難ナル塲合或ハ本制ヲ讀

ム者ノ今日ニ於テ考フル處ト恐クハ齟齬スル場合アルヿヲ知ラシメントト欲スルナリ

一理由書ニ傍訓ヲ附シテ註解ニ代ヘ讀者ノ便ニ供ス本書固ヨリ淺學ノ者ニ注意ノ在ル處ヲ知ラシムル爲メナレハ間々俗解ニ渉ルヲ厭ハス讀者其之ヲ諒セヨ

明治二十一年冬十一月

講義者識

市制町村制講義目錄

○市制

○町村制

目終

鼇頭參照

鼇頭參照 市制講義

丹羽翥講義

市制

第一章　總則《ソウソク》

總則トハ此市制一篇ノ全躰《ゼンタイ》ニ關《クワン》スル所ノ規則ヲ云フ即チ第一章ニ定メ第一條ヨリ第十條ニ至ル十ケ條ナリ之ヲ區分シテ三欵トシ第一欵ニハ市及其區域《クヰキ》ヲ定メ第二欵ニハ市住民及其權利義務ヲ定メ第三欵ニハ市條例ヲ定ムルナリ故ニ此第一章ニ規定スル事項ハ則チ本制ノ骨子《ホネ》ニシテ其第二章以下ノ規定ハ本章ノ適用若クハ其例外タルニ過ギザルナリ

●第一欵　市及其區域《シオヨビソノクヰキ》

（講）本欵ハ市ノ名稱《メイシヤウ》ヲ下シタル理由即チ市ノ何タル事其區域《クヰキ》ハ如何ニスベキヤ又ハ將來市ノ變更ニ關スル事及其爭論《クジ》ニ關スル裁判權ノ事ヲ規定スルモノナリ其區畫ヲ定ムルハ即チ國ノ行政區畫《クギリ》ヲ定メ自治躰ノ疆土《キヨウド》ヲ分ツナリ

第一條　此法律ハ市街地《シガイチ》ニシテ郡《グン》ノ區域《クヰキ》ニ屬《ゾク》セス別ニ市ト爲

▲參照　明治十一年七月二十二日第十七號布告　郡區町村編制法抄出
第一條　地方ヲ畫シテ府縣ノ

下郡區町村トス

第四條　三府五港其他人民輻湊ノ地ハ別ニ一區トナシ其廣濶ナルモノハ區分シテ數區トナス

○監督ノ事ハ第百十五條以下(參觀)

スノ地ニ施行《シカウ》スルモノトス

(講)本條ハ此法律ヲ施行スルノ塲所ヲ定メタルモノニシテ即チ此市制ハ郡ノ區域《クヰキ》ニ屬《ゾク》セサル三府五港ノ市ノ如キ又各處ノ市街《マチ》地ニシテ人口凡ソ二万五千以上アル都府ニノミ此規則ヲ適用スルヲ以テ本則トス是レ府縣ノ下ニ郡アリ市アリ郡ノ下ニ町村ヲ置キ而シテ市ト町村トハ共ニ最下級《サイカキウ》ノ自治躰ナリト雖モ市ハ府縣ノ直轄《チヨクカツ》トナリ町村ハ郡ノ直轄《チヨクカツ》トナル故ニ其郡ノ區域ニ屬スルモノハ唯タ町村ニシテ市ハ郡ノ區域ニ屬セス然ルニ何レヲ市トシ何レヲ町村ト其塲所ヲ定ムルハ行政上實地ヲ斟酌《シンシヤク》シテ一々此制度《セイド》ヲ適用ス可キ塲所ヲ指定スルナリ

第二條　市ハ法律上一個人ト均《ヒトシ》ク權利ヲ有シ義務ヲ負擔《フタン》シ凡市ノ公共事務《コウキヨウジム》ハ官ノ監督《カントク》ヲ受ケテ自ラ之ヲ處理《シヨリ》スルモノトス

(講)本條ハ市ヲ以テ法律上一個人ト見做《ミナ》シ一個人ト均《ヒト》シク權利ヲ有シ義務ヲ負擔《フタン》シ自ラ財産ヲ所有シ或ハ之ヲ賣買讓與《ジヨウヨ》シ若クハ他人ト契約《ケイヤク》ヲ結ヒ夫ノ會社等ノ諸般《イロ〳〵》ノ權利ヲ有シ義務ヲ負擔《フタン》セシムルト其義同一ナリト云フ則チ市ヲ一ノ自治躰トスレハ國ノ法律ノ下ニ立テ諸般《イロ〳〵》ノ行爲《カウヰ》ヲ爲セハナリ既ニ法人ト

○變更ノ事ハ第四條(參觀)

シテ權利義務アル上ハ之ヲ處理《サハイ》スルモノナカルヘカラス即チ市ノ公共事務ハ自ラ之ヲ處理《サハイ》スルトアリテ自治躰ノ實ナリ然レ𪜈市ニ放任《ウチマカ》スル片ハ弊害《ヘイガイ》ノ生スルコト無キニ非レハ即チ本制第六章第百十五條以下ノ規定ニ從ヒ府縣知事及内務大臣ノ監督《カントク》ヲ受ケルヲ必要トスルナリ

法律上市ヲ以テ一個ノ無形人《ムケイ》ト看做《ミナ》スハ自治及自主ノ權ヲ有スルヲ以テナリ若シ自治及自主《ジシユ》ノ權ナクンハ市ヲ無形人ト爲ス能ハス市ハ其レ一疆土《キヨウド》ナリ一疆土ヲ以テ其住民ノ團結《ダンケツ》セル一個ノ自治躰トナシ以テ其團結躰《ダンケツタイ》ニ適《テキ》スル法ヲ制定《サダメ》セシメ且ツ之ヲ處理《サハイ》セサルヘカラス既ニ其團結躰ヲシテ權利ヲ有シ義務ヲ負擔セシム故ニ法律ハ其團結《ダンケツ》ヲ以テ一個人ト同ク權利ヲ有シ義務ヲ負フモノトシテ之ヲ無形人若クハ法人ト云フ

第三條　凡市ハ從來《ジウライ》ノ區域ヲ存《ソン》シテ之ヲ變更《ヘンカウ》セス但將來《シヤウライ》其變更ヲ要スルコトアルトキハ此法律ニ準據《ジユンキヨ》ス可シ

(講)本條ハ市ノ區域《クヰキ》ニ關スルコトヲ定ム自治躰ニハ左ノ二元素ヲ有ス

第一　疆土《キヨウド》

〇爭論ノヿハ第五條(參觀)

第二　人民

疆土《キヨウド》アレハ人民アリ人民アリテ疆土亦自ラ區域ヲ分ツナリ其疆土即チ市ノ從來ノ區域ハ其儘《マヽ》之ヲ存《ソン》シ此市制施行ノ爲メニ變更《ヘンカウ》セス又其從來《コレマデ》ノ區域トハ例ヘハ東京ノ十五區ト謂フ如ク四圍《シヰ》ノ境界《サカイ》ヲ以テ市ト町村トヲ區別スルナリ然レ𪜈但書ニ將來《ユクスエ》變更ヲ要スルトアルハ公益上已ムヲ得サル塲合ヲ云フ此塲合ニハ之ヲ變更スルヿアレハ本制ニ準據《ジユンキヨ》シテ變更ス可キナリ而シテ其準據《ジユンキヨ》スヘキ條項ハ市制第四條町村制第四條ノ規定ニ從フ可シト云フ

第四條　市ノ境界《ケイカイ》ヲ變更《ヘンカウ》シ又ハ町村ヲ市ニ合併シ及市ノ區域ヲ分割《ブンカツ》スルコトアルトキハ町村制第四條ヲ適用《テキヨウ》ス

(講)本條ハ前條但書ノ適用《テキヨウ》ニシテ市ノ境界《サカイ》ヲ變更《カヘ》シ又ハ町村ヲ市ニ合併《ガツペイ》シ及ヒ市ノ區域ヲ分ツコトアル塲合ニハ町村制第四條ノ手續ヲ履行《フミオコナハ》スルヿトス

境界ヲ變更ストハ市ト町村ト接《セツ》スル境界線《サカイセン》ニ於テ其町村ノ一部ヲ割《サ》キ市ト爲シ又ハ市ノ一部ヲ分テ町村ノ一部トナスカ如キヲ云フモノニシテ一町村ヲ變シテ市トナスニアラス又市ノ一部ヲ割キテ一町村トナスニ非サルナリ

○府縣參事會行政裁判所ノ事ハ第百二十七條(參觀)

○訴願期限ノヿハ第百十六條(參觀)

此等ノ場合ニハ町村制第四條ヲ適用《テキヨウ》スルハ市ノ境界《サカイ》ニ接《セツ》スルモノハ必ス町村ニシテ市ト市ト相接《セツ》スル地ニ於テハ之ナキモノナレハナリ

本制ハ町村ノ分合ニ就テハ詳細ナル規則ヲ設ケス各地ノ情況《アリサマ》ヲ斟酌《シンシヤク》スルノ餘《ヨ》地《チ》ヲ存《ソン》スルナリ唯十分ノ資力《シリヨク》ヲ有セサル町村ハ獨立ヲ有タシムルコト能ハザルヲ以テ假令《タトヒ》其承諾《シヤウダク》ナキモ他ノ町村ニ合併《ガツペイ》シ又ハ數個相合シテ新町村ヲ造成《コシラヘ》セザル可カラス固《モト》ヨリ本制ニ定ムルカ如ク各市町村從前ノ區域ヲ變更セサルハ其原則《ゲンソク》ナリト雖モ現今各町村ノ大半ハ狹小《セマキ》ニ過キ本制ニ據《ヨツ》テ獨立《ドクリツ》町村タル資格《シカク》ヲ有スルヲ得サルモノ蓋少《ナダシスクナ》カラス故ニ合併ノ處分ヲ爲スモ亦巳ムヲ得サル處ナリ

第五條　市ノ境界ニ關スル爭論《サウロン》ハ府縣參事會之ヲ裁決《サイケツ》ス其府縣參事會ノ裁決ニ不服アル者ハ行政裁判所ニ出訴スルヿヲ得

(講)本條ハ市ト町村トノ境界《サカイ》ニ關スル爭論《クジ》ヲ裁判スル順序《シダイ》ヲ定ムルナリ

此境界ニ付テノ爭論《クジ》アルトキハ先ツ府縣參事會ニ裁決ヲ請フ可シ此裁決ハ確定《クワクテイ》ノ効力《コウリヨク》ヲ有スルモノニ非ス苟《イヤシク》モ之ニ不服《フフク》アルトキハ行政裁判所ニ出訴スルヲ許

○權義ニ係ル條例ヲ設クルコハ

スナリ
行政裁判ニ屬スルモノト司法裁判ニ屬スルモノトノ區域ヲ立ツレハ事行政上ノ爭論ニ屬シ一人一個ノ私權《シケン》ニ止《トヾ》マラサルモノハ行政裁判所ニ於テ判決ス今此法律ニ依テ云ヘハ市ノ境界《サカイ》ニ係ル爭論《クジ》其他公民權有無ノ訴選擧效力《センキヨコウリヨク》ノ事等ハ總テ行政裁判所ニ屬ス若シ夫《ソ》レ市ト人民トノ間ニ於テ民法上ノ權利ヲ爭《アラソ》フ場合等ハ一個人互相《タガヒ》ノ私權《シケン》ノ關係《クワンケイ》ニシテ是等ハ司法裁判所ノ判決ニ屬スヘキモノナリ而シテ裁決不服ノ爲メ更ニ訴願又ハ出訴セントスルニハ第百十九條ニ從ヒ裁判書交付又ハ告知ノ日ヨリ郡參事會ノ裁決ニ對シテハ十四日府縣參事會ノ裁決ハ二十一日以內ニ於テスヘシ

第二欵　市住民及其權利義務

(講)本欵ハ自治躰ノ第二ノ元素《モト》タル市住民ノ事即チ住民權ヲ得ルノ條件幷住民タル者ノ有スル權利及其負擔《フタン》スル義務ノ限界《カギリ》ヲ定メタルナリ本欵ヲ分チ第六條ヨリ第九條ニ至ル四ケ條トス

第六條　凡市內ニ住居ヲ占《シ》ムル者ハ總《スベ》テ其市住民トス

第十條一時滯在ハ第九十二條住民權爭論ノヿハ第三十五條（參觀）

▲參照　府縣會規則抄出

第十三條　府縣會ノ議員タルヿヲ得ヘキ者ハ滿二十五歲以上ノ男子ニシテ其府縣內ニ本籍ヲ定メ滿三年以上住居シ其府縣內ニ於テ地租拾圓以上ヲ納ムル者ニ限ル但シ左ノ各款ニ觸ルヽ者ハ議

凡市住民タル者ハ此法律ニ從ヒ公共ノ營造物《エイゾウブツ》幷市有財產《シイウザイサン》ヲ共《キヨウ》用《ヨウ》スルノ權利ヲ有シ及市ノ負擔《フタン》ヲ分任《ブンニン》スルノ義務ヲ有スルモノトス但特《コト》ニ民法上ノ權利《ケンリ》及義務《ギム》ヲ有スル者アルトキハ此限ニ在ラス

（講）本條ハ市住民及其住民ハ市ノ公共財產《コウキヤウザイサン》ニ付キ有スル權利ト市ノ經費負擔《ケイヒフタン》ノコトヲ規定シタルモノナリ

第一項　凡ソ市內ニ住居ヲ占《シ》ムル者トハ本籍寄留《ホンセキキリウ》ノ別ナク一戶ヲ搆《カマ》フル者ハ內外人ノ區別ヲ論セス總テ其市內ニ住居ヲ定ムル者ヲ云フ唯《タ》タ旅行者《リヨカウシヤ》ト一時ノ滯在者《タイザイシヤ》トノ二ハ市住民ニアラサルノミ從來ノ法律ニ依レハ公法上ノ權利ハ多ク本籍ヲ有スル者ニ屬シテ寄留者《キリウシヤ》ニ屬《ゾク》セス例《タト》ヘハ府縣會規則第十三條ニ府縣會ノ議員タルコトヲ得ヘキ者ハ滿二十五歲以上ノ男子ニシテ其府縣內ニ本籍ヲ定メ云々トアルノ類是レナリ此法律ハ市住民ヲ現行戶籍《ゲンカウコセキ》法ヲ以セスシテ其市ニ住居スル者ヲ以テスルハ其當ヲ得タル者ナリ其理由《リユウ》ハ次《ジ》項《コウ》ニ陳《ノ》フルニ就テ明カナリ

員タルヿヲ得ス云々ト

第二項　前項ノ市住民タル者ハ此法律ノ定ムル所ニ依リ公共ノ營造物《エイゾウブツ》幷市有財產ヲ共用スルノ權利アリ營造物トハ公立學校、病院、瓦斯局《ガスキヨク》、水道、公會所等ノ凡テ市ノ公費《コウヒ》ヲ以テ建設《ケンセツ》シタル建造物《タテモノ》ヲ云ヒ市有財產トハ公園地《コウエンチ》、川《カハ》岸《キシ》地、牧場《ボクジヤウ》等其他ノ市ノ私有及共有財產ヲ云フ此等ノモノヲ共ニ使用シテ市ノ利益ヲ得ル所ノ權利アルト同時ニ市ノ負擔ヲ分任スルノ義務アリ負擔《フタン》トハ市ノ公共且《カ》ツ委任事務《イニンジム》ノ爲メニ要《エウ》スル納稅ヲ云フ分任トハ此等納稅ノ義務ヲ市民平等ニ分テ負擔《フタン》スルコトナリ此權利義務ハ前項ニ陳《ノ》ベタル市住民トナリタル以上ハ之ヲ有シ之ヲ負擔スルナリ凡ソ共同物《キヨウドウブツ》ヲ使用スルノ益ハ其人ノ現住地ニ在テ本籍地ニアラス又公共事務ノ如キモ其必要現住人ノ爲メナリ故ニ現ニ市內ニ住居ヲ定ムルモノヲシテ公共事務ニ任セシメ納《ナフ》稅《ゼイ》ヲ負擔《フタン》セシムルハ前項ニ於テ市內ニ住居ヲ定ムル者ヲ市住民トナスハ其宜シキヲ得タリト云フ所以ナリ

然ルニ但書民法上ノ權利義務即チ公共ノ權利義務ニ在ラスシテ一私人ノ權利義務アル者ハ市住ニ於テ之ヲ共用スルノ權ナク又經費《ケイヒ》負擔《フタン》ノ義務ナシト

○公民ノ職務ハ第八條
○選擧權ノヿハ第十二條
○失權ノヿハ第九條
○公民爭論ノヿハ第三十五條
（參觀）

云フ例《タト》ヘハ民法上ノ建家ニシテ他ニ貸附《カシツケ》シタルトキハ住民ハ之ヲ使用スルノ權ナク借家人ノ專用《センヨウ》ニ屬スルカ如キ又市共有ノ秣山《マクサヤマ》ヲ一己ニ苅取《カリト》ルノ慣《シキ》行《タリ》アリ則チ市住民ハ之ヲ共用スル能ハサルノ類是ナリ即チ特別ノ場合ニシテ此場合ニ至テハ市住民タル者常ニ同一ノ權利義務ヲ有スルモノニアラス
本項ニ所謂ル共用トハ共ニ用ユルト云フ義ニテ市ノ營造物又ハ財産ニ付共用權ノミヲ許シテ一人ニ特別權ヲ與ヘサル者ハ同ク市住民ノ資格《シカク》ヲ有スルニ止マルヲ以テ利益ノ點ニ於テハ均《オナジ》一ノ地位ニ居ラシムル法意ナリトス

第七條　凡帝國臣民《テイコクシンミン》ニシテ公權ヲ有スル獨立《ドクリツ》ノ男子二年以來(一)市ノ住民トナリ(二)其市ノ負擔《フタン》ヲ分任《ブンニン》シ及(三)其市內ニ於テ地租ヲ納《オサ》メ若クハ直接國稅《チヨクセツコクゼイ》年額二圓以上ヲ納《オサ》ムル者ハ其市公民トス其公費《コウヒ》ヲ以テ救助《キウジヨ》ヲ受ケタル後二年ヲ經《ヘ》サル者ハ此限ニ在ラス但場合ニ依リ市會ノ議決《ギケツ》ヲ以テ本條ニ定ムル二箇年ノ制限《セイゲン》ヲ特免《トクメン》スルコトヲ得
此法律ニ於テ獨立《ドクリツ》ト稱《セウ》スルハ滿二十五歳以上ニシテ一戸ヲ搆《カマ》

ヘ且治産《チサン》ノ禁《キン》ヲ受ケサル者ヲ云フ

（講）本條ハ市公民ノ何物タルコトヲ規定シタルモノナリ
公民トナルニハ七箇ノ條件ヲ具備《ソナハル》スルヲ要ス

第一 帝國臣民タル事

第二 二年以上其市ノ住民タル事

第三 二年以上其負擔ヲ分任セシ事

第四 二年以上其市內ニ於テ地租ヲ納メ若クハ直接國稅年額貳圓以上ヲ納ムル事

第五 公權ヲ有スル者ナル事

第六 獨立ノ男子タル事

第七 市ノ公費ヲ以テ救助《スクヒ》ヲ受ケ未タ二年ヲ經《ヘ》サル者ニアラサル事

第一 公民タル者ハ日本人ニ限リ外國人ハ我國ニ住居シ公民ノ資格《シカク》アルモノト雖モ公民權ヲ有セサルナリ

第二 假令ヒ其市ニ住スルモ未タ其市ノ住民タラサルカ又ハ市ノ住民トナル

▲參照
刑法第三十一條
剝奪公權ハ左ノ權ヲ剝奪ス
一國民ノ特權
二官吏ト爲ルノ權
三勳章年金位記貴號恩給ヲ有スル權
四外國ノ勳章ヲ佩用スルノ權
五兵籍ニ入ルノ權

モ未タ二年ヲ經過《スギル》セサル者ハ公民タルヿヲ得ス是レ二年以來其市ニ住スルコトヲ要スルハ其土地ニ慣熟《ナレル》スルノ必要アレハナリ

第三　負擔《フタン》ヲ分任ストハ市ニ住スル者ハ必ス市ノ經費《イリヨウ》ヲ各自分擔《ブンタン》セサル可カラサルハ前條ニ於テ規定シタル如ク則チ前條ニ於テ陳説《チンセツ》シタレハ今茲ニ之ヲ説クノ必要ナシ

第四　市内ニテ地租ヲ納メ又ハ直接國税年額二圓以上ヲ納ムル者ヲ以テ市公民トス故ニ地租ヲ納ムルモ未タ二年以上納メサルカ若クハ直接國税ノ納額二圓ニ滿タサル者ハ公民タルヿヲ得ス而シテ其地租ニ金高ノ制限ナキハ選擧權ヲ擴充《オシヒロム》スルノ趣旨ニ出ツ直接國税トハ即チ地租所得税ヲ云フ

第五　公權トハ刑法第三十一條ニ列記《シルス》スル者ヲ云フ此公權ヲ剝奪セラレタル者ハ公民タルヿヲ得ス

第六　獨立トハ滿二十五歳ニシテ一戸ヲ搆《カマ》ヘ治產《チサン》ノ禁《キン》ヲ受ケサル者ヲ云フ故ニ此三條件ヲ具備《ソナハル》セサル𪜈ハ獨立ノ男子ニアラス此ニ所謂ル治產ノ禁ヲ受ケタル者トハ刑法第三十五條ニ依リ重罪ノ刑ニ處セラレタル者ニテ其刑期

間治産ヲ禁セラレタル場合ヲ云フ

第七 市ノ公費ヲ以テ救助《スクヒ》ヲ受クトハ生活費《スギハヒ》ノ救助《スクヒ》ヲ受ケタルヲ云フ此救助ヲ受ケ未タ二年ヲ經過《スギ》セサル時ハ公民タルヿヲ得ス然レヒ二年ノ制限ハ市會ノ議決ニテ之ヲ特免《トクメン》スルヲ得ルヿアリテ公民權ヲ得ルニ大ニ不公平ヲ生スルヲ恐レテナリ故ニ一般ニ減縮《ヘラ》シ又ハ全廢《センメイ》スルニ非スシテ或ル事情ノ在ル場特別ノ人ニ限リ之ヲ免スルモノナリ

本條ニ公民タルノ資格ヲ要スルニ直接國税ノ納額ヲ以テシテ其市税ヲ以テセサル所以ハ現今町村費ノ賦課《フクワ》法タル各地方異同アリテ未タ完全《マツタキ》ノ區域ニ達セサルヲ以テ町村税ニ依リ其標準《メヤス》ヲ立ツルハ頗《スコブ》ル難事《ムツカシキ》ニ屬スレハナリ

第八條 凡市公民ハ市ノ選擧《センキヨ》ニ參與《サンヨ》シ市ノ名譽職《メイヨシヨク》ニ選擧《センキヨ》セラルヽノ權利アリ又其名譽職ヲ擔任スルハ市公民ノ義務ナリトス

左ノ理由アルニ非サレハ名譽職ヲ拒辭《キヨシ》シ又ハ任期中退職スルコトヲ得ス

六裁判所ニ於テ證人ト爲ルノ權但單ニ事實ヲ陳述スルハ此限ニ在ラズ

七後見人ト爲ルノ權但親屬ノ許可ヲ得テ子孫ノ爲メニスルハ此限ニ在ラズ

八分散者ノ管財人ト爲リ又ハ會社及ヒ共有財産ヲ管理スルノ權

九學校長及ヒ教師學監ト爲ルノ權

○公民資格ハ第七條市會ノヿハ第十一條

○公民失權ハ第

九條訴願ハ第百十六條
〇選擧權ノヿハ第十二條
〇參事會行政裁判所ノヿハ第百二十七條
〇被選擧權ノヿハ第十五條
〇名譽職ノヿハ第十六條第二十條第四十九條第六十條（參觀）

一　疾病《シツペイ》ニ罹《カヽ》リ公務ニ堪ヘサル者
二　營業ノ爲メニ常《ツネ》ニ其市內ニ居ルコトヲ得サル者
三　年齡滿六十歲以上ノ者
四　官職《クワンシヨク》ノ爲メニ市ノ公務ヲ執《ト》ルコトヲ得サル者
五　四年間無給ニシテ市吏員《シリイン》ノ職ニ任シ爾後四年ヲ經過《ケイクワ》セサル者及六年間市會議員ノ職ニ居リ爾後六年ヲ經過セサル者
六　其他市會ノ議決《ギケツ》ニ於テ正當ノ理由アリト認ムル者

前項ノ理由ナクシテ名譽職ヲ拒辭《キヨジ》シ又ハ任期中退職《タイシヨク》シ若クハ無任期ノ職務ヲ少クモ三年間擔當《タンタウ》セス又ハ其職務ヲ實際ニ執行セサル者ハ市會ノ議決ヲ以テ三年以上六年以下其市公民タルノ權ヲ停止《テイシ》シ且同年期間其負擔スヘキ市費ノ八分一乃至四分一ヲ增課《ゾウクワ》スルコトヲ得

前項市會ノ議決《ギケツ》ニ不服アルモノハ府縣參事會ニ訴願シ其府縣參事會ノ裁決ニ不服アルモノハ行政裁判所《ギヤウセイサイバンシヨ》ニ出訴スルコトヲ得

(講)本條ハ市公民ノ權利義務及ヒ名譽職《メイヨシヨク》ヲ拒辭《コバミ》シ又ハ任期中退職スルヲ得ル塲合幷ニ正當ノ理由ナクシテ名譽職ヲ拒辭《コバミ》シタル者ノ責罰《セキバツ》等ヲ定メタルモノナリ

第一項　市公民カ市ニ對シテ有スル權利ハ市ノ選擧ニ參與《アヅカリ》シ市ノ名譽職ニ選擧セラルヽコトニテ市ニ對スル義務ハ市ノ名譽職ヲ擔任《タンニン》スルヲ云フ而シテ名譽職トハ市公民カ名譽上無給ニテ市ノ公務ヲ負擔《フタン》スル職ニテ市會議員同選擧掛名譽職市參事會員區長幷ニ其代理者臨時又ハ常設委員ヲ云フ

市公民ノ市ニ對シテ義務ヲ負ヒ名譽職ニ選擧セラレタル件ハ本條第一乃至第六中ノ要件アルニアラサレハ之ヲ辭退《ジタイ》スルヿヲ得ス

第二項　名譽職ヲ辭シ又ハ任期中退職スルニハ正當ノ理由ナカルヘカラス正當ノ理由トハ左ノ六箇ノ理由ナカルヘカラス

一、疾病ニ罹リ公務ニ從事スル能ハサル者

二、營業ノ爲メ市內ニ居ルヿヲ得サル者トハ其業ヲ營《イトナ》ムト營マサルトニ拘ハラス常ニ他ニ出テ生活ノ爲メニ奔走《ホンソウ》シテ市ニ間斷《オキマ》ナク居ルヿ能ハサル者又其市內ニテ業ヲ營ム者ト雖モ本人他ノ地ニテ之ヲ營マント欲スル𪜈ハ之ヲ辭退《シタイ》スルコトヲ得ルモノナリ

三、年齡滿六十歲以上ノ者ハ老衰《オヒボレ》シ事務ヲ取ルノ能力衰弱《ノウリョクオトロヘ》シテ強《シヒ》テ職ニ堪《タ》ヘシムルヲ得サレハナリ

四、官務ノ爲メニ市ノ公務ヲ取ルヿヲ得サル者

五、四年間或ハ六年間無給ニテ市吏員ノ職若クハ市會議員ノ職ニ居リタル者ハ既ニ市ニ對シテ義務ヲ盡ス所アリタルカ故ニ名譽職ヲ拒辭《コメミ》シ又ハ任期中退職スルヲ許シタルナリ

六、其他正當ノ理由アリト認《ミト》ムル者トハ正當ノ理由トハ事實ノ問題ニメ豫メ一定ノ標準《メヤス》ヲ示スヿヲ得ス一ヨリ五ニ至ルノ理由タル普通《フツウ》強《シ》ユヘカラサルモノト雖モ此外如何ナル事情ノ已《ヤ》ムヲ得サル場合アルヲ保シ難シ故ニ五箇ノ理由ノ外ニ本項ヲ設ケタルハ立法者ノ用意ノ至レル所ナリ

又此六箇ノ場合ト雖モ必ズ辭退《ジタイ》セサルヘカラザルモノニ非ス其之ヲ辭スルト否トハ其本人ノ自由ナリトス

第三項　本項ハ市公民ノ義務ヲ盡サヾル者ニ加フル制裁《イマシメ》ナリ若シ第二項中ニ列記シタル事由ナクシテ容易《ヨウイ》ニ名譽職ヲ避《サ》クルヿヲ得セシメタル人者固ヨリ名譽ヲ後ニシ利ヲ先キニスル者ナレハ誰カ名譽職タランヲ欲スル者アランヤ且ツ名譽職ニハ相當ノ報酬《ムクヒ》ヲ爲スヘキ規定アリト雖モ其報酬《ムクヒ》タルヤ果シテ名譽職員ニ滿足ヲ與フルヤ否ヤハ豫定シ難ケレハナリ又其無任期ノ職務トハ區長幷ニ其代理者及臨時又ハ常設委員ヲ云フ又其負擔《フタン》ス可キ市費ノ八分一乃至四分一ヲ增課ストハ例ヘハ市費四圓ヲ納ムル者ナルトキハ之レニ五十錢以上壹圓以下ヲ增課スルカ如キ是ナリ此責罰ナケレハ皆ナ無給ノ名譽職ヲ避ケテ就カサルニ至ルモ計リ難ク斯クテハ本制モ遂ニ行フヘカラサルニ至ルノ恐レアレハナリ

第四項　前項市會ノ議決ニ對シ不服アルトキニハ上訴スルノ途ヲ開キタルナリ市會ノ議決ニ不服アレハ府縣參事會ニ訴願シ其府縣參事會ノ裁決ニ不服

○公民ニ限リ任ス可キ職役ハ第十五條第五十四條第六十條第六十一條

アル者ハ行政裁判所ニ出訴スルコトヲ得ルナリ是レ普通《フツウ》裁判法《サイバンハウ》ニ依ラスシテ三級裁判法ヲ取リタルナリ

第九條　市公民タル者第七條ニ掲載《ケイサイ》スル要件ノ一ヲ失《ウシナ》フトキハ其公民タルノ權ヲ失フモノトス

市公民タル者身代限處分中又ハ公權ノ剝奪《ハクダツ》若クハ停止ヲ附加ス可キ重輕罪ノ爲メ裁判上ノ訊問《ジンモン》若クハ勾留《コウリウ》中《チウ》又ハ租稅《ソゼイ》滯納《タイナフ》處分《ショブン》中《チウ》ハ其公民タルノ權ヲ停止ス

陸海軍《リクカイグン》ノ現役《ゲンエキ》ニ服スル者ハ市ノ公務ニ參與《サンヨ》セサルモノトス

市公民タル者ニ限リテ任スヘキ職務《ショクム》ニ在ル者本條ノ場合ニ當ルトキハ其職務ヲ解《ト》ク可キモノトス

(講)本條ハ公民權ヲ失フ場合ヲ規定《サダメ》シタルモノナリ

公民權ヲ失フハ左ノ條件ノ場合ニ在リトス

第一　國民籍《コクミンセキ》ヲ失《ウシナ》フ場合

第二　公權ヲ失《ウシナ》フ場合

第三　市町村内ニ住居セサル場合
第四　公費ヲ以テ救助《スクヒ》ヲ受クル場合
第五　獨立ヲ失フ場合即チ一戸ヲ搆《カマ》フルヿヲ止メ又ハ治産《チサン》ノ禁ヲ受クル事
第六　市町村ノ負擔《フタン》ノ分任《ブンニン》ヲ止ムル場合
第七　市町村内ノ所有地ヲ他ニ讓《ユヅ》リ又ハ直接國税貳圓以上ヲ納メサル場合
第一項　國民籍《コクミンセキ》ヲ失《ウシナ》フ場合トハ即チ外國ニ歸化《キクワ》シ外國ノ官職ヲ奉シタル事又ハ歸國《キコク》ノ意ナクシテ外國ニ於テ營業ヲ爲ス者外國人ニ嫁《カ》シタル事等ノ場合ヲ云フ
公權ヲ失フ場合ハ刑法第三十一條ニ規定シタル重罪ノ刑ニ處セラレタル者ニハ別ニ宣告ヲ用ヒス終身《シウシン》之ヲ剝奪《ハギウダツ》セラルヽヲ云フ
第二項　本項ハ公民權停止ノ場合ヲ規定セルモノニシテ其場合三アリ
一、身代限處分中
二、公權ノ剝奪《ハギウダツ》若クハ停止《トヤメ》ヲ附加スヘキ重輕罪ノ爲メ裁判所ノ訊問《ジンモン》若クハ勾留中《コウリウチウ》

三、租税怠納處分《タイナフシヨブン》中

第一　身代限トハ民事商事ヲ問ハス一般ヲ總稱《ソウシヤウ》スル者ナリ而シテ其處分中トハ執行裁判所ニ於テ身代限ヲ言渡シ其執行ノ終ル迄ノ間ヲ云ヒ義務ノ全ク終《オ》ヘルト終ヘサルトヲ問ハス故ニ其以後ニ至レハ要件ニ欠乏《ケツボウ》スル所ナキトキハ純然《ジユンゼン》タル公民トナルナリ從前府縣會議員被選擧權ノ制限中ニ身代限ノ處分ヲ受ケ負債《フサイ》ノ辨償《ベンシヨウ》ヲ終《オ》ヘサル者トアレ𪜈今此法律ニ於テ單《タン》ニ其處分中ニ止《トマ》マリ辨償《ベンシヨウ》ヲ終《オ》フルヲ以テ一條件トセサルハ頗《スコブ》ル寬典《クワンテン》ナリ

第二　公權ノ剝奪《ハクダツ》ハ重罪ノ刑ニ附加ス可キ者ナレハ輕罪ニハ關係セス而シテ裁判所ノ訊問中トハ既ニ公訴ノ起リタル後裁判官ノ訊問《ジンモン》ヲ始メタル後未タ裁判宣告ニ至ラサル時間ヲ云フ勾留《コウリウ》中トハ未決勾留《ミケツコウリウ》ヲ指スモノニシテ既《キ》決勾留《ケツコウリウ》ニ非サルナリ何トナレハ裁判上ノ訊問《ジンモン》若クハ勾留中ナレハ其事件ノ果《ハタ》シテ公權ノ剝奪若《ハクダツモシ》クハ停止ヲ附加スヘキ罪ナルヤ否《イナ》ヤハ判決確定《クワクテイ》スルニアラザレハ分明ナラス故ニ公民權停止《トヾメル》ハ既ニ重輕罪犯人ト確定《クワクテイ》スルヲ要セス唯裁判上ノ訊問若クハ勾留中ナルヲ要スルノミ人苟《イヤシ》クモ斯《カ》カル嫌疑《ウタガヒ》ヲ受

クレハ世人ノ信用ヲ失フカ故ニ一時公民權ノ實行ヲ停止《トヾメル》スル所以ナリ

第三　租稅怠納處分中トハ納稅《ナウゼイ》ヲ怠《オコタ》リ其期限ヲ過《ス》キテ納稅セサルニ因リ其滯納者《トヾコホルモノ》ノ財產《ザイサン》ヲ差押《サシオサ》ヘ之ヲ公賣ニ付スルノ時ヲ云フ則チ明治十年第七十九號布告ニ因リ處分スルナリ

第三項　軍人ハ常ニ軍事ニ專任スヘキモノナルヲ以テ公民權ヲ有シ將《ハ》タ之ヲ停止セラレサル塲合ト雖モ現役間《ゲンエキカン》ハ其權ヲ使用ス可カラサルヲ規定セルナリ

第四項　市公民タル者ニ限リテ任ス可キ職務トハ市會議員市吏員等ヲ指スナリ此等ノ任ニ在ル者若シ市公民タル權ヲ失ヒ又ハ市公民タル權ヲ停止セラレタル時ハ一旦其現任ノ職ヲ失フモノトス

第二欵　市《シ》條例《デウレイ》

(講)本欵ハ自主權ノ事ヲ定ムルモノニシテ第一第二欵ト共ニ緊要《キンエウ》ノ條規ナリ

抑《ソモ〳〵》自主權トハ自治躰カ法律ノ許ス範圍《ハンヰ》內ニ於テ其內部ノ事務ヲ處理《サバイ》スル爲メ例規ヲ設ケ處分ヲ爲スノ權利ニシテ此權利ニ依テ設ケタル例規ハ法律ト同一ノ効力ヲ有スルモノナリ其自治範圍《ハンヰ》ノ廣狹《ヒロキセマキ》ニ依リ其限界《カギリ》ヲ異《コト》ニシ一國ノ

○市條例ヲ設クル場合ハ第十一條第十四條第四十九條第六十條第六十九條第七十三條第七十七條第八十四條第九十一條第九十七條(參觀)
○條例ヲ改正變更スルヿハ第三十一條其許可ヲ受クルヿハ第百二十一條第百二十八條

主權者ニ於テ之ヲ伸縮《ノビチヾメル》スルナリ本款ハ則チ此範圍《ハンヰ》ノ限界《カギリ》ヲ示スモノナリ元來法規ヲ立ツルハ國權ニ屬スルモノナリト雖モ或ル範圍《ハンヰ》内ニ於テ之ヲ自治區ニ付與《アタヘル》スル所以ノモノハ一國ノ立法權ヲ以テ周《アマネ》ク地方ノ情況《アリサマ》ヲ酌量《クミハカリ》シ其特殊《トクシユ》ノ需用《モトメ》ニ應《オウ》スルコト能ハサルニ因ル故ニ自治體ハ必ス法律ニ遵《シタガ》ヒ其法律ノ範《ハン》圍《ヰ》内ニ於テ運動《ウンドウ》セサルヘカラス況ンヤ國土分畫《ブンクワク》ノ最下級《サイカキウ》ニ位《クラヰ》セル市ノ自治體ニ於テオヤ

第十條　市ノ事務及市住民ノ權利義務ニ關《クワン》シ此法律中ニ明文ナク又ハ特例《トクレイ》ヲ設《マウ》クルコトヲ許セル事項ハ各市ニ於テ特ニ條例ヲ設《マウ》ケテ之ヲ規定《キテイ》スルコトヲ得

市ニ於テハ其市ノ設置ニ係ル營造物《エイザウブツ》ニ關シ規則ヲ設クルコトヲ得

市條例及規則ハ法律命令ニ抵觸《テイシヨク》スルコトヲ得ス且之ヲ發行《ハツカウ》スルトキハ地方慣行《クワンカウ》ノ公告式ニ依ル可シ

(講)本條ハ各市ニ於テ條例ヲ設クルコトヲ得ル場合ヲ示シ併セテ其性質《セイシツ》ヲ定

○市會議員ノ定員ハ第十一條

メタルモノナリ

市條例トハ市町村ノ組織《クミタテ》又ハ市町村ト其ノ住民トノ關係即チ市町村組織中ニ在テ權利義務ヲ規定スルモノヲ謂ヒ規則トハ市町村ノ營造物《エイゾウブツ》ノ組織《クミタテ》及其使用《ツカヒ》法《カタ》ヲ規定《サダメル》スルモノヲ謂フ市ニ於テ此條例規則ヲ制定セント欲セハ必ス本項ノ規定ニ從ハサル可ラス本項ノ規定トハ市ノ事務及ヒ市住民ノ權利義務ニ關スル事項ニシテ此法律中ニ明文ナキカ又ハ此法律ヲ以テ特ニ市條例ヲ設クルコトヲ許シタル事項是レナリ此場合ニ於テ市ニ特《トク》ニ條例ヲ設《マウ》クルコトヲ許シタル所以ハ各地其風俗習慣《フウゾクシキタリ》ノ異《コト》ナル所アルカ故ニ一定ノ法ヲ全國ニ適用スルノ弊害《ヘイガイ》アランヿヲ恐《オソ》レテナリ

第一市ノ事務トハ市ノ公共事務ニシテ即チ自治躰ニ屬スル行政事務ヲ云フ市住民ノ權利義務ニ關シトハ市條例ノ及フ區域《クヰキ》ヲ定メタルモノニシテ即チ他市町村住民ノ權利義務ニ關スル事項ハ市條例ヲ以テ規定スルヿヲ得ストノ趣意ナリ

第一項　此法律ニ明文ナクトハ此市制ニ規程《キテイ》ナキ者ハ其市限リ之カ條例ヲ設クルヲ得ルト云フニ在リ又特例ヲ設クルヿヲ許セル事項トハ市會議員ノ定

○議員ノ選擧區等ハ第四條
○市ノ助役及參事會ノ定員ハ第四十九條
○常設委員組織ハ第六十一條
○市ノ助役及參事會ノ特別ナル職務市長代理ノヿハ第六十九條
○常設委員ノ職務權限ハ第七十三條
○市ノ有給吏員ノ退隱料ノヿハ第七十七條
○市有財產ニ關スルヿハ第八十四條
○市稅ニ關スル細則ハ第九十一條
○新開地及開墾

員ヲ增減《ゾウゲン》スルヿ議員ノ選擧ヲ設クル片其選擧ノ數及區域《クヰキ》並ニ各區選出議員ノ員數《カズ》ヲ定ムルヿ市ノ助役及參事會員ノ定員ヲ增減スルヿ常設委員ノ組織《クミタテ》ニ關スルヿ市ノ助役及參事會員ノ特別《トクベツ》ナル職務並ニ市長代理ノ順序《シダイ》ヲ定ムルヿ常設委員ノ職務權限ヲ定ムルヿ市ノ有給吏員ノ職務權限ヲ定ムル事市ノ有給吏員ノ退隱料《タイインリヤウ》ヲ定ムルヿ市有財產管理《ザイサンサハイ》ニ關スルヿ市稅ニ關スル細則ヲ定ムルヿ新開地及開墾地《カイコンチ》免稅ニ關スルヿ手數料ヲ定ムル事等ナリ

第二項　市ノ規則トハ市ノ設置ニ係ル營造物《エイゾウブツ》ニ關スル規則ニシテ條例トハ稍《ヤ》ヤ輕《カロ》キモノナリ即チ市設病院瓦斯局水道《シセツビヤウインガスキヨクスイダウ》其他市ノ共有物ノ設置《セツチ》方法及其使用法等ヲ定ムルモノナリ

第三項　自治權ハ本ト國權ヨリ分與《アタヘ》セラレタルモノナルヲ以テ決シテ立法權ト對等《タイトウ》ノ力ヲ有スルモノニ非ス隨《シタガツ》テ其自治權ヲ以テ設定《モウケ》シタル例規ハ亦法律命令《メイレイ》ニ抵觸《フレル》スルコトヲ得ス又一例規ヲ市會ニ於テ議決シ且ツ許可ヲ受ケタルモ市ノ人民ニ向《ムカフ》テハ未タ其効力《コウリヨク》アリト爲ス可カラス故ニ之ヲ有効ノ例規ト爲スニハ公告式ニ依リ發行《ハツカウ》セサル可カラス

的免稅ニ關スルヿハ第九十七條
○市ノ諸收入金督促ニ關スル手數料ハ第百二條
(參觀)
○選擧權ノ資格ハ第十二條
○被選擧權ノ資格ハ第十五條
○人員算定ハ第百三十條

第二章　市會

(講)市ハ疆《サカイ》土人民ノ集合體《アツマル》ニシテ且ツ法人タル者ナレハ之ニ代テ思想《オモヒ》ヲ表發《アラハ》シ之ニ代テ業務ヲ行フ所ノ機關《キクワン》ナカルヘカラス其機關《キクワン》ニ代議ノ機關ト行政ノ機關トノ二者アリ此市會ハ即チ代議《ダイギ》ノ機關ナリ本章ニ於テ代議機關ノ事ヲ規定スルモノナリ本章分テ組織《クミタテ》及選擧ト職務權限及處務規程《ショムキティ》ノ二款トス

第一款　組織及選擧

(講)本款ハ市會ノ組立《クミタテ》及市會議員選擧等ニ關スル規則ヲ定メタル者ナリ故ニ本款ニ規程セサル可カラサル事項ハ第一市會議員ノ選任及其定員第二其任期及改選第三選擧被選擧權ヲ有スル者第四選擧ノ手續及其方法第五選擧ノ終局《シウキヨク》即チ當選者等ナリ而シテ代議機關ノ其宜《ヨロシ》キヲ得ルト否《イナ》トハ選擧ノ如何ニ存《ソン》ス苟《イヤシク》モ選擧其宜キヲ得スシテ組織《クミタテ》シタル代議機關ハ却テ自治ノ制度《セイド》ヲ傷《キヅツ》クルモノト爲ル本制ノ骨髓《コツズイ》タル章款ナリ

第十一條　市會議員ハ其市ノ選擧人《センキヨニン》其被選擧權アル者ヨリ之ヲ選擧ス其定員《テイイン》ハ人口五萬未滿《ミマン》ノ市ニ於テハ三十人トシ人口

○市條例ハ第十條○議員ノコハ第十六條以下（參觀）

五萬以上ノ市ニ於テハ三十六人トス
人口十萬以上ノ市ニ於テハ人口五萬ヲ加フル毎ニ人口二十萬以上ノ市ニ於テハ人口十萬ヲ加フル毎ニ議員三人ヲ增シ六十人ヲ定限トス
議員ノ定員ハ市條例ヲ以テ特ニ之ヲ增減《ゾウゲン》スルコトヲ得但定限《テイゲン》ヲ超《コ》ユルコトヲ得ス

（講）本條ハ市會議員ノ選任法及其員數ヲ定メタルモノナリ別テ三項トス選擧人ノ資格《シカク》ハ第十二條ニ被選擧人ノ資格《カク》ハ第十五條ニ選擧《センキョ》ノ手續《テツヾキ》ハ第十三條及第十六條ノ各項ニ抵觸《フレル》セサルモノヲ云フ
第一項　本項ハ人口增加ノ數ニ從テ議員ヲ次第ニ增加スル法ヲ定メタルナリ人口五万未滿ノ市ニ於テハ三十人ト定メ人口五万以上ノ市ニ於テハ三十六人ト定メタリ然レトモ五万以上ノ市ニ於テハ幾十万ニ上ルモ三十六人ヲ以テ定員トナスニ非ス其增加法ハ次項ニ於テ陳ベン
第二項　人口五万ヲ加フル毎ニ云々トアルハ五万ヲ以テ遞加《テイカ》ノ標準《メヤス》トナスモ

○陸海軍現役者ノ參政權ハ第九條
○直接稅ハ明治二十一年大藏省告示第九十五號（參觀）

ノナリ即チ十万以上十五万以下三人ヲ増シ其十六万ニ至ル𬼂ハ十五万以上二十万以下ノ範圍ナルヲ以テ六人ヲ加ヘ又人口十万ヲ加フル每ニ云々ト云モ亦同シ次ニ二十万以上云々トハ第一項ヨリ直チニ十万每ニ三人ヲ加フルニ非ス二十万以下ハ五万每ノ比例《ヒレイ》ニ依リ増加《マシ》シ二十万以上ノ數ノミ十万每ノ比例ニ依リ増加シ二者増加ノ數ヲ第一項ノ數ニ合シ議員ノ定員ヲ設クルモノナリ蓋《ケダ》シ立法者其人口ト比較《ヒカク》シ必要ナリト信《シン》スルヨリ斯《カ》ク定メタルモノナリ其六十八人ヲ以テ定限トスルモ亦同一ナリトス只議事ノ整頓《トヽノヒ》シ易キヲ欲シタルヨリ出テタルナリ

第三項　市ノ狀況ニ依リ議員ノ定員ヲ増加スルノ法ヲ定メタルナリ便宜《ベンギ》上ニヨリ議員ノ定員ハ市條例ヲ以テ増減スルコトヲ得ルモ此法律ニ定メタル定限ヲ超《コ》ユルコトヲ得サル旨ヲ定メタルモノナリ

第十二條　市公民（第七條）ハ總《スベ》テ選擧權ヲ有ス但其公民權ヲ停止セラルヽ者（第八條第三項、第九條第二項）及陸海軍ノ現役《ゲンエキ》ニ服スル者ハ此限ニ在ラス

△參照
明治十七年五月七日第十四號布告
區町村會法抄出
第九條　議員ヲ選擧スルヲ得ヘキ者ハ滿二十歳以上ノ男子ニシテ其區町村ニ住居シ其ノ區町村内ニ於テ地租ヲ納ムル者ニ限ル但府縣會規則第十三條第一欵第二欵第三欵ニ觸ルヽ者及陸海軍々人現役ノ者ハ選擧人タルコトヲ得ス

凡内國人ニシテ公權ヲ有シ直接《チヨクセツ》市《シ》稅《ゼイ》ヲ納ムル者其額《ガク》市公民ノ最多ク納稅スル者三名中ノ一人ヨリモ多キトキハ第七條ノ要件ニ當ラスト雖モ選擧權《センキヨケン》ヲ有ス但公民權ヲ停止《テイシ》セラルヽ者及陸海軍ノ現役ニ服スル者ハ此限ニ在ラス
法律ニ從テ設立《セツリツ》シタル會社其他法人ニシテ前項ノ場合ニ當ルトキモ亦同シ

（講）本條ハ市會議員ヲ選擧スルノ權アルモノヽ事ヲ規定スルモノナリ
第一項ハ市公民即チ第七條ニ規定シアル要件ヲ備《ソナ》ヘタルモノハ總《スベ》テ市會議員ヲ選擧スル權ヲ有スルナリ尤モ第八條第三項職務上ノ事ニ付公民權ヲ停止《テイシ》サレ第九條第二項身代限租稅怠納處分中《タイナフシヨブンチウ》又ハ裁判上ノ訊問《ジンモン》若《モシ》クハ拘留《コウリウ》中ニテ停止《テイシ》サレタル者及ヒ現ニ陸海軍《リクカイグン》ノ兵役《ヘイエキ》ニ服《フク》シ居《オ》ル者ハ選擧權ヲ行フコト能ハサルナリ
第二項ハ前項ノ例外ニシテ公民權ナキ者モ選擧權ヲ有スルコトアルヲ定メタルナリ直接市稅トハ第九十條ニ規定スル附加稅特別稅《トクベツゼイ》中市民及ヒ或ル物件

○選擧權ノ資格ハ第十二條
○議員ノ定數ハ第十一條（參觀）

ノ所有者ニ直接賦課《ワリツクル》スルモノヲ云フ而シテ其直接市稅ヲ納ムル者其納ムル所ノ額市公民ノ最モ多ク納稅スル者三名中ノ一人ヨリモ多キ𬼀ハ第七條ノ要件ヲ具備《ソナハル》セサル者モ將《ハ》タ幼者婦人ニテモ選擧スルヲ得三名中ノ一人ヨリモ多キトキハトアルハ市稅ノ納稅額市公民各自ノ納稅額ニ比シ其第三等ニ位スルヲ云フ是レ其人ノ利害ニ關スル所最モ厚《アツ》クシテ且市稅負擔《フタン》ノ最モ重《オモ》キカ故ナリ

第三項ハ法人モ亦選擧權ヲ有スルコトヲ規定シタルナリ法人トハ前ニ陳ベシ如ク法律上人ト視做《ミナ》シタルモノヲ指ス即チ法文ニ所謂ル法律ニ從テ設立シタル會社トハ私法上ノ無形人《ムケイジン》ヲ云フ故ニ會社ノ名アルモ法律ニ從テ設立シタル會社ニ非レハ民法上商法上ニ於テ無形人《ムケイジン》ト見認《ミト》メス亦選擧權ヲ有セサルナリ又其他法人トハ會社以外ノ總テノ無形人ト云フノ意ナリ此等ノ法人モ前項ニ當ル𬼀ハ選擧權ヲ有スルナリ

第十三條　選擧人ハ分テ三級《キノ》ト爲ス

選擧人中直接市稅ノ納額最多キ者ヲ合セテ選擧人總員ノ納ムル總額《ソウガク》ノ三分一ニ當ル可キ者ヲ一級トス

一級選擧人ノ外直接市税ノ納額《ナフガク》多キ者ヲ合セテ選擧人總員《ソウイン》ノ納ムル總額《ソウガク》ノ三分一ニ當ル可キ者ヲ二級トシ爾餘《ジヨ》ノ選擧人ヲ三級トス

各級ノ間納税額兩級ニ跨《マタガ》ル者アルトキハ上級ニ入ル可シ又兩《リヤウ》級《キフ》ノ間ニ同額ノ納税者二名以上アルトキハ其市ニ住居スル年數ノ多キ者ヲ以テ上級ニ入ル若シ住居ノ年數ニ依リ難キトキハ年齢《ネンレイ》ヲ以テシ年齢ニモ依リ難キトキハ市長抽籤《チウセン》ヲ以テ之ヲ定ム可シ

選擧人每級各別ニ議員ノ三分一ヲ選擧《センキヨ》ス其被選擧人ハ同級内ノ者ニ限ラス三級ニ通《ツウ》シテ選擧セラルヽコトヲ得

(講)本條ハ選擧人中其直接市税納額ノ多寡《オホキスクナキ》ニ依リ等級《トウキフ》ヲ付《フ》シ之ヲ三級ニ別ツコトヲ定メタルナリ

等級選擧ハ納税額ニ基キテ選擧人ノ等級ヲ分《ワカ》ツハ財産《ザイサン》ノ多《オホ》キ者ヲシテ其少《スクナ》キ者ヨリモ多クノ議員ヲ選擧セシメテ多數ノ貧者《マヅシキモノ》ニ壓制《アツセイ》セラルヽノ弊害《ヘイガイ》ヲ防《フセ》グ

爲メニシテ之ヲ三級ニ分ツ方法ハ第一級ハ選擧人中最モ富者《カチモチ》ノ者ヨリ組織《クミタテ》シ第二級ハ財産中等ニ位《クラヰ》スル者ヨリ組織シ第三ハ資産《シサン》ガ一番少《スクナ》キ者ヨリ組織シマス今其選擧人ノ資産《シサン》ノ額《ガク》ヲ觀ルニ先ツ選擧人ノ總員ヲ十八トシ其直接市税ノ納額ハ三人トシテ十四圓ツヽ二人ハ九圓宛《ヅヽ》其他ハ各八圓ニシテ總額《ソウガク》百圓トシ此場合ニ於テハ百圓ノ半額ニ當ル五十ニ至ルマデ多額納税スル者甲乙丙其納額ヲ合算シ丁ニ至リ五十一圓トナリテ止ム即チ甲乙丙丁ノ四人ハ一級ニシテ戊以下ハ二級トス

第三項　納税額兩級ニ跨《マタガ》ル者トハ前ニ例スル丁ノ位置《ヰチ》ニシテ甲乙丙ノ分ニテ四十二圓ナルヲ以テ更ニ八圓アルトキハ五十圓ニ滿《ミ》ツヘシ然《シカ》ルニ丁ノ納額ハ九圓ナレハ其中八圓ハ一級ニ屬シ一圓ハ二級ニ屬スルモノナリ斯ノ如キ者アルトキハ二級ニ跨《マタガ》ルニモ拘《カヽ》ハラス一級ニ入ルト云フコト在リ又兩級ノ間ニ同額ノ納税者二名アルトキハ其市内ニ住居スル年數ノ多キ者ヲ以テ一級ニ入ルトハ二十年ト十五年トアルトキハ二十年住居ノ者ヲ以テ一級ニ入ル

第四項　本項ハ各級選擧人ノ選擧ノ廣狹《ヒロキセマキ》ヲ定メタルモノナリ一級ニ屬《ゾク》スル

○市條例ハ第十條

○等級ハ第十三條(參觀)

選擧人ハ小數ニシテ二級ハ多數ナリ而シテ兩級選擧人ノ選擧スル議員ハ各相同シキヲ以テ二級ニテ一人ヲ選擧セハ一級ハ二人若クハ三四人ヲ選ムノ割合トナルヘシ

第十四條　區域廣濶《クワウカツ》又ハ人口稠密《チウミツ》ナル市ニ於テハ市條例ヲ以テ選擧區《センキヨク》ヲ設クルコトヲ得但特ニ二級若クハ三級選擧ノ爲メ之ヲ設クルモ妨《サマタ》ケナシ

選擧區《センキヨク》ノ數及其區域並各選擧區ヨリ選出《センシユツ》スル議員ノ員數ハ市條例ヲ以テ選擧人ノ員數ニ準《ジユン》シ之ヲ定ム可シ

選擧人ハ其住居ノ地ニ依テ其所屬《シヨゾク》ノ區ヲ定ム其市內ニ住居ナキ者ハ課稅《クワゼイ》ヲ受ケタル物件ノ所在ニ依テ之ヲ定ム若シ數選擧區ニ亘《ワタ》リ納稅スル者ハ課稅《クワゼイ》ノ最多キ物件ノ所在ニ依テ之ヲ定ム可シ

選擧區ヲ設クルトキハ其選擧區ニ於テ選擧人ノ等級ヲ分ツ可シ

被選擧人ハ其選擧區內ノ者ニ限《カギ》ラサルモノトス

（講）本條ハ市ノ區域廣濶《クヰユヒロキ》又ハ人口稠密《オホク》ナルトキハ其市內ニ於テ特《トク》ニ選擧區《センキヨク》ヲ設クルヿヲ得ヘキ旨ヲ定メタルモノナリ

第一項　選擧區トハ議員ヲ選擧スルニ一市內ヲ數區ニ分チ其區限リ定員ヲ選出スルノ權アル區ヲ云フ而シテ此選擧區ヲ設クルト否《イナ》トハ全ク市ノ自由《ジユウ》ニ任《カマ》ス本條ニテハ選擧人ノ員數ニ應シテ定ムヘキモノトセリ之ヲ定ムルニハ市條例ヲ以テ定ムルナリ又特ニ二級三級選擧ノ爲メニモ選擧區ヲ設クルヿトヲ得ルモノナリトス

第二項　選擧區ノ數ト選擧區ノ區域各選擧區ヨリ選出《センシユツ》スル議員ノ員數等ハ市條例ヲ以テ選擧人ノ員數《インスウ》ニ準《ジユン》シテ之ヲ定ムルモノナリ

第三項　選擧人ハ何レノ區ニ屬《ゾク》スルカト云フニ其住居スル區ニ屬スルナリ其市內ニ住居ナキ選擧人ハ課稅《クワゼイ》ヲ受ケタル物件ノ所在地ニ依テ之ヲ定ムルモノナリ若シ數選擧區內ニ於テ納稅スル者ハ其中課稅《クワゼイ》ノ最モ多キ物件ノ在ル所ニ付テ之ヲ定ムルモノナリ

第四項　市條例ヲ以テ選擧區ヲ設クルトキハ其選擧區ニ於テ選擧人ノ等級ヲ分

○市參事會ハ第四十九條

▲參照
明治十七年五月七日第十四號布告
區町村會法抄出
第十條　議員タルコトヲ得ヘキ者ハ滿二十五歲以上ノ男子ニシテ其區町村ニ住居シ其區町村内ニ於テ地租ヲ納

タサルヘカラス然ルニ本項ニ選擧人ノ等級ヲ分ツハ三級通シテ選擧區ヲ設ケタル場合ニシテ第一項但書ノ場合ハ之ヲ適用《テキヨウ》セサルモノトス

第五項　被選擧人ハ一市内ナレハ他區ノ者ヲモ被選擧人トスルヲ得ヘク必スシモ同區内ノ者ニ限ラサルナリ蓋シ市會議員ハ全市ノ代表者《ダイヘウシヤ》タルノミナラス成ルヘク適任《テキニン》ノ人ヲ得ンコトヲ欲スレハナリ

第十五條　選擧權ヲ有スル市《シ》公民《コウミン》（第十二條第一項）ハ總テ被選擧權ヲ有ス

左ニ掲クル者ハ市會議員タルコトヲ得ス

一　所屬《ショゾク》府《フ》縣《ケン》ノ官吏《クワンリ》
二　有給ノ市吏員
三　檢察官及警察官吏
四　神官《シンクワン》僧侶《ソウリヨ》及其他諸宗《シヨシウ》教師《ケウシ》
五　小學校《セウガクカウ》教員《ケウイン》

其他官吏ニシテ當選《タウセン》シ之ニ應《オウ》セントスルトキハ所屬長官ノ許

ユル者ニ限ル
但府縣會規則第十三條第一欵第二欵第三欵第四欵ニ觸ル丶者ハ議員タルコトヲ得ス

○府縣會規則第十三條第一欵　瘋癲白痴ノ者
第二欵　舊法ニ依リ一年以上懲役及ヒ國事犯禁獄ノ刑ニ處セラレ滿期後五年ヲ經サル者
第三欵　身代限ノ處分ヲ受ケ負債ノ辨償ヲ終ヘサル者
第四欵　官吏教導職及ヒ陸海軍諸卒現役ノ者

可ヲ受ク可シ
代言人ニ非スシテ他人ノ爲メニ裁判所又ハ其他ノ官廳ニ對シテ事ヲ辨スルヲ以テ業ト爲ス者ハ議員ニ選擧セラル丶コトヲ得ス
父子兄弟タルノ緣故《エンコ》アル者ハ同時ニ市會議員タルコトヲ得ス其同時ニ選擧《センキヨ》セラレタルトキハ投票《トウヘウ》ノ數ニ依テ其多キ者一人ヲ當選《タウセン》トシ若シ同數ナレハ年長者ヲ當選トス其時ヲ異《コト》ニシテ選擧セラレタル者ハ後者議員タルコトヲ得ス
市參事會員トノ間父子兄弟タルノ緣故アル者ハ之ト同時ニ市會議員タルコトヲ得ス若シ議員トノ間ニ其緣故《エンコ》アル者市參事會員ノ任ヲ受クルトキハ其緣故アル議員ハ其職ヲ退《シリゾ》ク可シ
(講)本條ハ被選擧權《ヒセンキヨケン》ノ事ヲ規定シタルモノナリ
第一項　第十二條第一項ニヨリ選擧權ヲ有スル者ハ總テ被選擧權ヲ有スルモノトス而シテ選擧權ヲ有スル者ニ公民ノ權アルト之レナキ者トノ二種アリ

第五欵 府縣會ニ於テ退職者トセラレタル後四年ヲ經サル者

彼ノ市公民ノ權ヲ停止セラレタル者ノ如キモ被選擧權ヲ有スルモ只停期《タヽテイキ》間《カン》之ヲ用フルヲ得サルノミ本項ニ於テ被選擧權ヲ有スル者ヲ選擧權ヲ有スル者ト同クシ別ニ之カ制限《カギリ》ヲ立テサルハ被選擧權ノ範圍《ハンヰ》ヲ擴張《オシヒロメ》シ以テ多ク適《テキ》任《ニン》ノ人ヲ得ンカ爲メナリ

第二項 此項ハ被選擧權ノ制限《カギリ》ニシテ即チ被選擧權ヲ有スルモノニシテ一時其權利ノ實行ヲ現ニ事ヲ行カ爲メニ中止セラレ市會議員タルヲ得サルモノアリ即チ本項第一ノ所屬府《シヨゾクフ》縣《ケン》ノ官吏タル者ハ自ラ監督《カントク》權アルヲ以テナリ叉市吏員ハ代議《ダイギ》ト行政トノ區別ヲ立テンカ爲メナリ第三ノ輩ニ於テモ議事ニ干與《アツカ》ルヲ得サルハ其取ル所ノ職務上當然《タウゼン》ノ事ナリ第四ノ輩ハ其職務上衆人ノ信用ヲ得ルヲ以テ之ヲ議事上ニ及ホシ不公平且ツ議事ヲ傷《キヅツ》クルノ恐《オソ》レアルヲ以テナリ

第三項 其他ノ官吏トハ前項ニ掲《カヽ》ケタル所屬《シヨゾク》府縣郡ノ官吏檢事及警察官吏ヲ除キ其他一切ノ官吏ヲ指《サ》ス是等ノ官吏ニシテ純粹《ジユンスイ》ナル選擧人ナルトキハ議員ノ當選ニ應《オウ》スルニハ其所屬《シヨゾク》長官ノ許可《キヨカ》ヲ要スルナリ

第四項 代言人ニ非スシテ云々トハ即チ所謂《イハユ》三百代言ト唱《トナ》フル如キ代言人

ノ免許ヲ受ケサル者ヲ云フ此等ハ虚偽《ウソ》不正ヲ以テ利ヲ貪《ムサボ》リ他人ニ損害《ソンガイ》ヲ加フル等ノ所爲アル者ナレハ特《トク》ニ法律上嫌忌《キラハレ》ヲ示セルナリ

第五項　父子兄弟ノ如キ互ニ縁故《ユカリ》アル者數人同時ニ議員トナル片ハ私情《シジヤウ》ノ爲メニ公益ヲ害《ガイ》スルノ議決ヲナスノ弊《ヘイ》ナキニアラサレハ本項ハ此等ノ弊《ヘイ》ヲ防《フセ》ク爲メニ設ケタルナリ故ニ若《モ》シ同時ニ選擧セラレタルトキハ投票《フダイレ》ノ數ニ於テ其多キ者一人ヲ當選セラレタリトシ若シ其投票ノ同數ナル時ハ年長者ヲ以テ當選者トス

第六項　本項ハ行政吏員ヲシテ私意ヲ代議上ニ擅《ホシヒマヽ》ニセシメサルカ爲メ定メタルモノナリ此項ヲ設ケサル片ハ行政吏員ハ自ラ市參事會員タルコトヲ得サレトモ其縁故者《ユカリアルモノ》ノ議員タル者ヲシテ間接《カンセツ》ニ其意ヲ逞《タクマシ》フスルコトヲ得レハナリ

凡ソ法律ニハ許可法《キヨカハウ》アリ命令法《メイレイ》アリ禁止法《キンシ》アリテ本項ハ其禁止法《キンシ》ニ依《ヨ》ル處ノ文字ニシテ決シテ町村會ノ議員タルコトヲ得サル者トス而シテ本條ノ如キハ右ニ列記《シルス》ズル者ヲシテ禁令法《キンレイ》ヲ以テ市會議員タルコトヲ得セシメスト

〇議員ノ資格ハ第十五條
〇等級ハ第十三條

雖モ本制ニ於テハ此目的ヲ貫徹《ツラヌク》スルヿ能ハスシテ純然《ジュンゼン》タル行政事務ニ從事《ジウジ》スル市ノ名譽職吏員ニ被選擧權ヲ與《アタ》ヘ以テ代議ト行政トヲ兼《カ》ネシメタリ理由書ヲ見ルニ市町村ノ行政事務ヲ掌《ツカサド》ル名譽職《メイヨシヨク》ヲ擔任《タンニン》シ公共事務ニ從事スル者ヲ代議會ニ加フルヲ許スハ穩當《オントウ》ナラサルカ如シト雖モ地方ニ依リテハ多ク適任《テキニン》ノ人ヲ得可カラサルヲ以テナリ行政ト代議ト最モ利害《リガイ》ノ抵觸《フレ》シ易《ヤス》キ場合ニ關シテハ市制第三十八條以下ノ條ニ於テ豫《アラカジ》メ之ニ處《シヨ》スルノ法數條ヲ設ケタリ云々ト

第十六條　議員ハ名譽職《メイヨシヨク》トス其任期ハ六年トシ毎三年各級ニ於テ其半數ヲ改選《カイセン》ス若シ各級ノ議員二分シ難《ガタ》キトキハ初回ニ於テ多數ノ一半ヲ解任セシム初回ニ於テ解任ス可キ者ハ抽籤《チウセン》ヲ以テ之ヲ定ム

退任ノ議員ハ再選《サイセン》セラルヽコトヲ得

（講）本條ハ議員ヲ名譽職トナスヘキ事及其任期幷改選ノ事ヲ規定シタルナリ名譽職トハ自己《ジコ》ノ業務《ゲウム》ノ餘暇《イトマ》ヲ以テ給料《キウリヤウ》ヲ受ケス全ク其市ノ爲メニ盡《ツク》スモノヲ云フ名譽職ト名《ナヅ》クル所以《ユヘン》ハ市ノ爲メニ義務ヲ盡《ツク》シ他人ノ尊敬《ソンケイ》ヲ受クルヲ以テ

ナリ其名譽職ニ在ル期限ハ六年ト定メ三年毎ニ各級即チ第十三條ニ於テ規定シタル一級二級三級ニ於テ其半數ヲ改選スルモノナリ二分シ難キ片トハ毎級選出ノ議員各十三名ナル時ノ如ク其四分ノ一ハ分數ヲ生ス此場合ニ於テハ初回ニ多數ノ議員即チ七名ヲ改選《カイセン》ス可キナリ

選擧ノ事務タル其關スル所重キカ故ニ其細則《サイソク》ニ至ルマテ法律ヲ以テ之ヲ規定スルヲ要ス其單《タン》ニ手續ニ屬《ゾク》スル事項ト雖モ力《ツト》メテ法律ニ之ヲ制定《サダメ》スル所以ノモノハ選擧ノ公平確實《タシカ》ナルコトヲ保《ホ》シ行政廳《ギヨウセイチヨウ》ノ干渉《タチイル》ヲ防《フセ》キ或ハ干渉《タチイル》ノ疑ヲ避《サ》ケンカ爲メナリ

選擧ハ通例《ツウレイ》三年毎《ゴト》ニ之ヲ行フ之ヲ定期選擧トシ議員ノ半數ヲ改選ス其半數ヲ改選スルハ事務ニ熟練《ナレル》セル議員ヲ存續《ツヾカス》セシメンカ爲メナリ

又初回改選ニ於テ抽籤《クジヒキ》ヲ以テ議員ノ半數ヲ解任《カイニン》スル所以ハ總《スベ》テ議員ノ任期ハ六年ナルヲ以テ一時ニ選擧シタル議員ハ皆六年間其職《シヨク》ニ在ルヘキモノトス然ルニ滿期ニ至ルヲ俟《マツ》テ改選スル片ハ半數改選ノ法ハ之ヲ行フヿヲ得ルノ期ナケレハナリ是レ其抽籤《クジヒキ》ヲ以テ任期間《ニンキカン》ノ議員ノ半數ヲ解任《カイニン》スルノ止ムヲ得サル所以ナリ

○議員ノ定員ハ第十一條
○市參事會ハ第四十九條
○市會ハ第十一條以下
○選擧區ハ第十四條
○等級ハ第十三條(參觀)

第十七條　議員中闕員アルトキハ毎三年定期改選ノ時ニ至リ同時ニ補闕選擧《ケツセンキヨ》ヲ行フ可シ若シ定員三分ノ一以上闕員アルトキ又ハ市會、市參事會若クハ府縣知事ニ於テ臨時《リンジ》補闕《ホケツ》ヲ必要ト認《ミト》ムルトキハ定期前ト雖モ其補闕選擧ヲ行フ可シ

補闕議員ハ其前任者ノ殘任期間《ザンニンキカン》在職《ザイシヨク》スルモノトス

定期改選及補闕選擧《ホケツセンキヨ》トモ前任者ノ選擧セラレタル選擧等級《トウキフ》及選擧區ニ從テ之カ選擧ヲ行フ可シ

(講)選擧ニ定期選擧ト補欠《ホケツ》選擧トノ二アリ本條ハ補欠選擧ノ規定ナリ若シ議員中任期間《ニンキカン》ニ死亡《シボウ》シ若《モシ》クハ退職《タイシヨク》スル片ハ直ニ補欠員ヲ選擧シ前任者《ゼンニンシヤ》ノ任期ヲ襲《ツ》カシメサル可カラス之ヲ補欠選擧トス然レ圧選擧ヲ行フ片ハ其煩《ワヅラヒ》ニ堪ヘサルカ故ニ補欠《ホケツ》選擧ハ定期選擧ヲ待テ之ト同時ニ行フヲ通例《ツウレイ》トス假令《タトヒ》一二ノ欠員アルモ事務ニ支障《サシツカヘ》ナカルベキヲ以テナリ然《シカ》レ圧多數ノ議員退任《タイコン》スル等アリテ爲メニ事務上支障《サシツカヘ》ヲ生《シヤウ》スルコト亦之ナキニアラサルヘキヲ以テ本制第四十一條ノ規定ニ關セス定員三分ノ一以上闕員アル片又ハ闕員《ケツイン》三分ノ一以

○選擧運動ハ第二十三條
○選擧爭論ノ裁決ハ第三十五條

上ニ至ラサルモ市會參事會等ニ於テ補欠《ホケツ》ヲ必要《ヒツエウ》ト認《ミト》メタル塲合ニハ必ス補欠選擧ヲ行ハサルヘカラス是レ屢選擧ヲ行フ𪜈ハ其煩《ワヅラハシキ》ニ堪《タ》ヘサルヲ以テナリ而シテ其補欠議員ハ其前任者ノ殘任期間《ザンニンキカン》在職スルモノト雖モ時ニ或ハ一二年ナルコトアルヘク或ハ四五年ナルコトアルベシ前任議員ノ相續者《サウゾクシヤ》ナレハ定期選擧ニ當選セル議員ノ如ク六年ノ任期《コンキ》ヲ有スル能ハサルナリ

第三項　選擧等級及選擧區ニ從テ之カ選擧ヲ行フヘシトハ議員ニ欠員ヲ生スルカ又其議員ノ任期滿限ニ至ルトキハ其議員ノ補欠若クハ定期改選ハ一級選擧人ノ選出シタル議員ニ付テハ二級選擧人ニ之ヲ爲サシムルノ意《イ》ナリ然レ𪜈其欠員各級ニ屬《ゾク》シ異同《イドウ》アルヘキヲ以テ各級ニ於ケル選擧ノ員數モ其欠員ノ等級ニ應《オウ》シテ異《コト》ナラサルヲ得サルナリ

第十八條　市長ハ選擧ヲ行フ毎ニ其選擧前六十日ヲ限リ選擧《センキヨ》原簿《ゲンボ》ヲ製シ各選擧人ノ資格《シカク》ヲ記載シ此原簿ニ據リテ選擧人名簿ヲ製ス可シ但選擧區ヲ設《マウ》クルトキハ毎區各別ニ原簿及名簿ヲ製《セイ》ス可シ

選擧人名簿ハ七日間市役所又ハ其他ノ場所ニ於テ之ヲ關係者ノ縦覽《ジウラン》ニ供《キャウ》ス可シ若シ關係者ニ於テ訴願セントスルヿアルトキハ同期限内ニ之ヲ市長ニ申立ツ可シ市長ハ市會ノ裁決（第三十五條第一項）ニ依リ名簿ヲ修正ス可キトキハ選擧前十日ヲ限リテ之ニ修正ヲ加ヘテ確定《カクテイ》名簿《メイボ》ト爲シ之ニ登録《トウロク》セラレサル者ハ何人タリトモ選擧ニ關《クワン》スルコトヲ得ス

本條ニ依リ確定シタル名簿ハ當選ヲ辭《ジ》シ若クハ選擧ノ無效《ムカウ》トナリタル場合ニ於テ更ニ選擧ヲ爲ストキモ亦之ヲ適用《テキヨウ》ス

（講）本條ハ選擧ニ關スル名簿《メイボ》編製《ヘンセイ》ノ事ヲ規定スルモノナリ

第一項　選擧原簿《ゲンボ》トハ凡《スベ》テ選擧人タルニ必要ノ資格《シカク》アルコトヲ詳記《シヨウキ》シ名簿《メイボ》ハ單《タン》ニ選擧人ノ氏名ノミヲ原簿《ゲンボ》ヨリ寫載《ウツシ》シタルモノナリ市長ハ選擧ヲ行フ毎トニ其選擧前六十日ヲ限リ選擧原簿《ゲンボ》ヲ製《セイ》シ各選擧人ノ資格《シカク》ヲ記《シル》載シ置キ此原簿《ゲンボ》ヲ基《モトヒ》トシテ選擧人名簿ヲ製シ關係者《クワンケイシヤ》ノ縦覽《ジウラン》ニ供《キヨウ》セサルヘカラス

第二項　若シ關係者ニ異議《イギ》アルトキハ縦覽《ジウラン》期限即チ七日以内ニ市長ニ申立テ第

三十七條ノ規定ニ從ヒ訴願及ヒ行政訴訟ヲ爲スコトヲ得ヘシ尤モ選擧區ヲ設クル場合ニ於テハ毎區各別ニ原簿《ゲンボ》及名簿《メイボ》ヲ製《セイ》スヘシ然《シカ》レトモ訴願アルカ爲メ選擧ヲ延期スル者ニアラス而シテ名簿ハ選擧十日前結了《ケツレウ》セサルヘカラサルヲ以テ訴願ノ裁決カ其結了《ケツレウ》前ニアルトキハ裁決《サイケツ》ニ依テ訂正ヲ加フ可シト雖モ結了《ケツレウ》ノ際《サイ》尙《ナ》ホ裁決《サイケツ》セサルトキハ之ニ關セス其帳簿《チヤウボ》ヲ以テ確定《クワクテイ》ノ者ト爲シ之ニ登錄《シルス》セラレサル者ハ何人タリト雖モ選擧ヲ爲シ選擧ニ應《オウ》スルコト能ハサルナリ

第三項　當選ヲ辭《ジ》シトハ當選ノ後辭スルモノヲ云フニアラス選擧ノ際其當選ヲ承諾《シヤウダク》セサルモノ即チ第二十七條ノ場合ヲ云フ選擧ノ無効《ムコウ》トハ第二十八條及第三十五條ニ依リ府縣參事會又ハ市會ニ於テ無効《ムコウ》ノ裁決《サイケツ》アリタル場合ヲ云フ又末尾《スエ》ニ適用《テキヨウ》ストアルハ第二項ノ例ヲ適用スルヲ云フモノニシテ第一項ニ從ヒ簿冊《チヤウメン》ヲ更《アラタ》メルモノニアラサルコトヲ示シタルモノナリ而シテ本制ハ永續名簿《エイゾクメイボ》ノ法ニ依ラス選擧ヲ行フ毎ニ名簿《メイボ》ヲ新《アラタ》ニスルノ法ヲ取レリ關係者其調製《チヨウセイ》シタル名簿ニ異議ノ申立アルトキハ三十五條ヲ以テ誤ヲ正スニ止マルハ大ニ便利ヲ與ヘタルモノナリ

○選擧區ノコハ第十四條○等級ノコハ第十三條(參觀)

第十九條　選擧ヲ執行《シツカウ》スルトキハ市長ハ選擧ノ場所日時ヲ定メ及選擧ス可キ議員ノ數《スウ》ヲ各級各區ニ分チ選擧前七日ヲ限リテ之ヲ公告ス可シ

各級ニ於テ選擧ヲ行《オコナ》フノ順序《ジユンジヨ》ハ先ツ三級ノ選擧ヲ行ヒ次ニ二級ノ選擧ヲ行ヒ次ニ一級ノ選擧ヲ行フ可シ

(講)本條ハ市長ノ行フヘキ選擧前ノ手續及選擧ノ順序《シダイ》ヲ規定シタル者ナリ

第一項　選擧ノ日時場所及ヒ選擧議員ノ數ヲ公告スル等ノ事ハ選擧前七日ヲ限ルハ期日ニ切迫《セツパク》スル片ハ當日ニ至テ不都合《フツガフ》ノナキヲ要スルナリ而シテ本制ニヨレハ選擧人ヲ召喚《ヨビダス》スルニハ公告ヲ以テ足レリトスト雖モ實際《ジツサイ》市ノ便《ベン》宜《ギ》ニヨリ各選擧人ニ對シ召集狀《メシアツメル》ヲ送付《オクル》スルコトアルモ妨《サマタ》ケナシ

第二項　選擧順序《シダイ》ヲ下級《カキウ》ノ者ヨリ先キニシテ上級ヲ後ニスル所以ハ一人ニシテ數級ノ選ニ當《アタ》ルコトヲ防キ且《カツ》上級ノ者ヲシテ下級ノ選擧ニ當ラサル候補《コウ》者《シヤ》ヲ選擇《エラム》スルコトヲ得セシムルニ在リ尙《ナ》ホ第十三條ノ規程《キテイ》ニ依《ヨ》リ上級ハ下級ヨリモ選擧ノ權限廣《ヒロ》シ之ヲシテ選擧ヲ先ニセシムルニ於テハ選擧ヲ占《シ》ムルニ至リ下級ハ毎ニ不利益《フリエキ》ヲ蒙《カウム》ルヲ以テナリ是レ其下級ノ間ニハ多ク智識《チシキ》

○職務ハ第二十六條第百二十七條(參觀)

○選擧人入場ノヿハ第二十二條(參觀)

才能財産《サイノウザイサン》共《トモ》ニ適任ノ人ヲ得難キヲ以テ今下級ヲ先ニシ其人ヲ選フノ區域《クヰキ》ヲ充分《ジウブン》ニ得セシメントスルニ在リ

第二十條　選擧掛ハ名譽職トシ市長ニ於テ臨時《リンジ》ニ選擧人中ヨリ二名若クハ四名ヲ選任シ市長若クハ其代理者ハ其掛長トナリ選擧會ヲ開閉シ其會場ノ取締《トリシマリ》ニ任ス但選擧區ヲ設《マウ》クルトキハ毎區各別ニ選擧掛ヲ設ク可シ

(講)本條ハ選擧掛ノ組織《クミタテ》及職務ヲ規定シタルナリ

選擧掛員二名若クハ四名ト掛長一名ノ名譽職《メイヨショク》ヲ以テ成立スル集議躰《シツギタイ》ナリトス而シテ市長ニ於テ隨時《ズイジ》選擧人中ヨリ之ヲ選任シ市長又ハ其代理者ハ選擧掛長トナリ一切會場ノ取締《トリシマリ》ニ任ス

掛員ヲ二名若クハ四名ト定メシハ掛長《カヽリチヤウ》ヲ加ヘテ奇數《キスウ》トナスカ爲メニシテ奇數《キスウ》ニアラサレハ決議上不便ナレハナリ

第二十一條　選擧開會中ハ選擧人ノ外何人タリトモ選擧會場《センキヨクワイヂヤウ》ニ入ルコトヲ得ス選擧人ハ選擧會場ニ於テ協議《ケフギ》又ハ勸誘《クワンイウ》ヲ爲

△參照　刑法第二百二十三條　公選ノ投票ヲ僞造シ又ハ其數ヲ増減シタル者ハ一月以上一年以下ノ輕禁錮ニ處シ二圓以上二十圓以下ノ罰金ヲ附加ス
第二百三十四條　賄賂ヲ以テ投票ヲ爲サシメ又ハ賄賂ヲ受ケテ投票ヲ爲シタル者ハ二月以上二年以下ノ輕禁錮ニ處シ三圓以上三十圓以下ノ罰金ヲ附加ス
○選擧ノ事ハ第廿四條
○掛長ノコハ第廿條

スコトヲ得ス

（講）本條ハ秘密《ヒミツ》選擧ノ規程《キテイ》ニシテ其選擧會場取締法《トリシマリ》ニ關スル事ヲ定メタル也選擧ニ公然《コウゼン》選擧ト秘密選擧トアリ本條ハ秘密投票ノ法ヲ以テス即チ選擧掛ハ勿論其他何人ニテモ投票者《トウヘウシヤ》ニ於テ何人ヲ選擧スルカヲ知ラシメザルモノトス協議トハ誰某《タレソレ》ヲ選擧スベシト相談《サウダン》ヲ爲シ又ハ選擧人ノ一人ヨリ他ノ一人若クハ數人ニ對シ誰某ヲ選擧スルハ適當《テキトウ》ナリト勸《ス、》メ誘《イザナ》フヲ云フ選擧人ノ外其會場ニ入ルコヲ許サス且ツ選擧人相互ノ間ト雖モ意ヲ通スルコヲ爲サシメザル所以ハ選擧人ヲシテ己ト主義ヲ同フスル者ヲ選擧セシメン等ノ弊ヲ防ギ他ノ誘導製肘《イウドウセイチウ》ヲ受ケス自由ノ意想《コヽロ》ヲ以テ選擧セシムルニ在リ若シ或ル選擧人ノ協議勸誘ヲ受ケタル者アルトキハ其投票《トウヘウ》ノミヲ無効《ムコウ》トナス是等ノ事ハ第二十九條ニ據《ヨ》ルヘキモノトス

第二十二條　選擧ハ投票ヲ以テ之ヲ行フ投票ニハ被選擧人ノ氏名ヲ記シ封緘《フウカン》ノ上選擧人自ラ掛長ニ差出ス可シ但選擧人ノ氏名ハ投票《トウヘウ》ニ記入スルコトヲ得ス

○人名簿ハ第十八條
○當選者ハ第二十七條
（參觀）

選擧人投票ヲ差出ストキハ自己ノ氏名及住所ヲ掛長ニ申立テ掛長ハ選擧人名簿ニ照《テラ》シテ之ヲ受ケ封緘《フウカン》ノ儘《マヽ》投票函ニ投入《トウニフ》ス可シ但投票函ハ投票ヲ終《ヲハ》ル迄之ヲ開クコトヲ得ス

（講）本條ハ選擧ノ方法ニ關スル規則ヲ定ムルナリ

第一項　選擧ハ投票ニ依リ投票ハ匿名《トクメイ》トシ被選擧人ノ氏名ノミヲ記シ之ヲ封《フウ》緘《カン》シテ自ラ掛長ニ差出サシム尤モ本制ハ秘密投票ノ法ヲ用ヒ投票ニ選擧人ノ氏名ヲ記サヾルコトヽス是レ無名ノ投票法ナリ

第二項　選擧人投票ヲ差出《サシダ》ストキハ自身ニ掛長《カヽリチヤウ》ノ面前《マヘ》ニ出テ住所氏名ヲ申立テ即チ掛長ハ選擧人名簿《メイボ》ニ照《テラ》シテ其申立ル氏名住所ノ眞僞《シンギ》ヲ撿査《シラベ》スルナリ而シテ其投票ヲ受ケ封《フウ》ノ儘《マヽ》投票函ニ入ルヽコトヽス但後ニ投票ノ書換又ハ變更等ノ憂ヲ防クタメ投票函《トウヘウバコ》ハ衆選擧人ノ投票ノ終ル迄ハ之ヲ開クヲ得サルコトヽスルナリ

指名選擧ハ或ル特別《トクベツ》ノ場合ニ行ハルヘキモノニシテ固ヨリ議員選擧ニ用ユヘキノ法ニ非ス故ニ本制ニ投票選擧法ヲ採《ト》リシモノナリ而シテ此ノ公選ト

秘選擧トニ至ッテハ其利害得失《リガイトクシツ》何レニ在リトハ大ニ議論ノ存《ソン》スル所ナリト雖モ地方ノ小區域《クヰキ》ニ至テハ其人民常ニ相密接《ミツセツ》スルヲ以テ公選擧ノ方法ニ依ルトキハ人情自然《シゼン》ノ關係ヨリ選擧ノ自由ヲ妨《サマタ》ケサランカ爲メニ寧《ムシ》ロ秘密《ヒミツ》選擧ヲ以テ良法ト爲ス可シ

本條ニ於テ無記名投票ノ方法ヲ採《ト》リシモ情ノ爲メニ意想《コヽロ》ヲ枉ゲテ適任《テキニン》ニアラザルノ人ヲ選ムノ弊ヲ防《フセ》カンカ爲メナリ又第二項ニ於テ猥《ミダ》リニ投票函ヲ開クヲ禁シタル所以ハ選擧ノ半途ニ於テ弊害《ヘイガイ》ヲ生シ且ツ投票ノ紛失《フンシツ》アランヿヲ恐レテナリ

○選擧効力爭論ハ第二十八條 ○投票方法ハ第二十二條 ○裁決ハ第三十五條 ○被選擧ノ資格ハ第十五條（參觀）

第二十三條　投票ニ記載ノ人員其選擧ス可キ定數ニ過キ又ハ不足アルモ其投票《トウヘウ》ヲ無效《ムカウ》トセス其定數ニ過クルモノハ末尾ニ記載シタル人名ヲ順次ニ棄却《キキヤク》ス可シ

左ノ投票《トウヘウ》ハ之ヲ無效トス

一　人名ヲ記載セス又ハ記載《キサイ》セル人名ノ讀《ヨ》ミ難キモノ

二　被選擧人ノ何人タルヲ確認《カクニン》シ難キモノ

三　被選擧權ナキ人名ヲ記載《キサイ》スルモノ

四　被選擧人氏名ノ外他事ヲ記入スルモノ

投票ノ受理《ジユリ》弁效力《カウリヨク》ニ關スル事項ハ選擧掛假《カリ》ニ之ヲ議決ス可否同數ナルトキハ掛長之ヲ決ス

（講）本條ハ投票ニ記載ノ人員其選擧スヘキ定員ヨリ多少アリテ其投票ノ有効無効《ムカウ》ニ關スル事ヲ規定シタルモノナリ

第一項　本項ハ選擧スヘキ議員ノ定員ニ過不及《クワフキウ》アルモ其投票ハ有効《ユウカウ》ナリトス其定員ヨリ過不足《クワフソク》アル塲合トハ例ヘハ十名ヲ記載《キサイ》スヘキニ十五名ヲ記載シ二名以上ヲ投票スヘキニ一名ヲ記載スル等ノ如シ此等ノ塲合ニ於テ其投票ヲ全ク無効《ムカウ》トセスシテ定數ニ足ラサル者ハ他ハ投票ノ權ヲ棄權《キケン》シタル者ト見做《ミナ》スヘク其過《ス》クル者ハ末尾《スエ》ニ記載セル人名ヨリ順次《シダイ》ニ過分ヲ除棄シ殘ル者ヲ當選トスルナリ

第二項　本項ニ掲ケタル四種ノ投票ハ全ク無効ノ者トス第一ハ人名ヲ記載セス白紙《ハクシ》ノ儘《マヽ》或ハ文字讀《ヨ》ミ難キモノ第二ハ文字ハ分明ナルモ何人タルヲ確認《クワクニン》

シ難キモノ例《レイ》セハ姓名ノ同一ナル者アル時其誰ナルヲ定メ難キヲ云フ第三ハ被選擧權ナキ住民權ノミヲ有スル者ヲ記載シタル時第四ハ制限《カギリ》ヲ付シ約《ヤク》束《ソク》ヲ添ヘ其他氏名外ノ記事アル者ナリ此等ノモノ其投票全部《ゼンブ》ヲ無効《ムコウ》トナスモノヽ如シト雖モ立法ノ精神ニ至テハ其部分ノミヲ無効トシ其他ノ分ハ之ヲ有効トナシ以テ第一項ノ定員ニ不足アル投票ト之ヲ同一ニ處スルニ在ルナラン

以上ノ四條件ハ何故ニ其投票ヲ無効トスルヤ之レ他ナシ投票ハ嚴正明瞭《タヾシクアキラカ》ヲ尊《タツト》フカ故ナリ故ニ第四ノ他事ヲ記入スルモノトハ樂書《ラクガキ》ニ似タルノ投票ヲ云ヒ其被選擧人ノ住所ヲ附記スルモ仍ホ無効ナリトノ意ニ非ス何トナレハ事ノ嚴正《タヾシク》ヲ欲シ誠實眞意《マコトシンイ》ヲ以テ偶《タマ/\》他事ヲ附記《シルス》スルカ如キヿアルモ爲メニ其投票全躰ヲ無効トナスノ理由ナケレハナリ

第三項　此投票ハ之ヲ受理《シユリ》スヘキヤ否ヤ其選擧人ノ代理者ハ之ヲ許スヘキヤ否ヤ彼ノ投票ハ有効ナルヤ否ヤ等ハ選擧掛ニ於テ之ヲ議決ス若シ可否同數ニシテ決スル能ハサル時ハ掛長之ヲ決スルナリ是レ選擧掛ノ當然《タウゼン》ノ職務ナリトス但其議決ニ對シ異議アルモノハ第二十八條ニ據リ訴願スルコトヲ得

○投票差出方ハ第二十二條(參觀)

▲參照
明治六年第二百十五號布告
代人規則
第一條　凡ソ何人ニ限ラス已レノ名義ヲ以テ他人ヲシテ其事ヲ代理セシムルノ權アルヘシ
但シ本人幼年等ニテ其事理ヲ辨シ難キ時ハ其後見人及ヒ親屬ノ者協議ノ上代人ヲ任スルヲ得ヘシ

ヘシ

第二十四條　選擧ハ選擧人自ラ之ヲ行フ可シ他人ニ託《タク》シテ投票ヲ差出スコトヲ許《ユル》サス
第十二條第二項ニ依リ選擧權ヲ有スル者ハ代人ヲ出シテ選擧ヲ行フコトヲ得若シ其獨《ドク》立《リツ》ノ男子ニ非サル者又ハ會社其他法人《ハフジン》ニ係《カヽ》ルトキハ必ス代人ヲ以テス可シ其代人ハ内國人ニシテ公權ヲ有スル獨《ドク》立《リツ》ノ男子ニ限ル但一人ニシテ數人ノ代理ヲ爲スコトヲ得ス且代人ハ委任狀《ヰニンジヤウ》ヲ選擧掛ニ示シテ代理ノ證《シヨウ》トス可シ

(講)本條ハ投票ヲ呈出スルニ他人ニ託シテ選擧スルヲ得ル塲合ト得サル塲合トヲ定メタルモノナリ
他人ニ託シテ投票ヲ差出スコトヲ得サルハ本制投票差出方ノ原則ナリ即チ選擧人自ラ出頭シテ投票ヲ呈出セサレハ如何ナル塲合ト雖モ投票ヲ爲スヲ得ス
第十二條第二項ニ依リ選擧權ヲ有スル者トハ前既ニ述《ノブ》ルガ如ク直接市税ノ納額多キ者ヲ云フ故ニ其中ニハ幼者アリ婦女《フヂヨ》アリ又獨立《ドクリツ》ノ男子ニシテ公民タラ

第二條　凡他人ノ委任ヲ受ケ其事件ヲ取扱者ハ代人ニシテ其事件ヲ委任スル者ハ本人也故ニ代人委任上ノ所行ハ代人ノ關係タルヘシ

第三條　凡ソ代人ハ心術正實ニシテ二十一歳以上ノモノヲ選ム可シ

第四條　代人ハ總理代人部理代人ノ別アリ總理代人ハ其本人身上諸般ノ事務ヲ代理スル者ニシテ部理代人ハ特ニ其委任スル

サルモノアリ而シテ本項ハ之ヲ獨立《ドクリツ》ノ男子ト獨立ノ男子ニ在ラサルモノトニ分チ其第一ノモノハ代人ヲ以テ選擧ヲ為サシムルト自ラ之ヲ為ストハ全ク其者ノ隨意《カツテ》トシ第二ノ者ハ必ス代人ヲ以テ選擧《センキョ》ヲ為サシメサル可ラサルモノトセリ會社其他ノ法人亦同シ

其代人ノ內國人云々ハ總《スベ》テ選擧代人タルヲ得ヘキ資格《シカク》ヲ制限《カギリ》シタル者ナリ即チ第七條第一項ニ於ケル第一第二ノ要件ヲ具ヘタル者ニ限リ且二名以上ノ代理ヲ禁シ委任狀ヲ示サシム依テ自己其事務ヲ委任《マカ》セラレタルモノナルコトヲ證スヘキナリ

第二十五條　議員ノ選擧ハ有效投票《イウカウトウヘウ》ノ多數ヲ得ル者ヲ以テ當選トス投票ノ數相同キモノハ年長者ヲ取リ同年ナルトキハ掛長自ラ抽籤《チウセン》シテ其當選ヲ定ム

同時ニ補闕員數名ヲ選擧スルトキハ(第十七條)投票數ノ最多キ者ヲ以テ殘任期《ザンニンキ》ノ最長キ前任者ノ補闕《ホケツ》ト為シ其數相同キトキハ抽籤ヲ以テ其順序《ジユンジヨ》ヲ定ム

(講)本條ハ當選ノ事ヲ定ムルモノナリ

部内ノ事務ヲ代理スルヲ得ルモノトス
第五條　凡ソ本人ヨリ代人ヲ任シ他人ト契約取引等ヲ爲サントスル片ハ必ス實印ヲ押シタル委任狀ヲ與フヘシ
但シ其家業取扱フ塲所ニ於テ通常ノ事務ヲ取扱ハシムルノ類ハ別段委任狀ヲ與フルニ及ハス
第六條　委任狀ハ總理代人又ハ部理代人タルヿ及ヒ其委任シタル權限

第一項　有効投票ノ多數ヲ得タル者ヲ以テ當選者ト定ム有効投票トハ第二十三條ニ示ス所ノ無効投票ヲ除《ノゾ》クノ意ナリ此種ノ決定法ヲ以テ比較《ヒカク》多數法ト云フナリ即チ被選擧人中ニテ最多數ノ投票ヲ得タル者ヨリ順次定員《ジユンジテイイン》ニ滿《ミ》ツルマテノ者ヲ以テ當選者ト爲スノ意ナリ

第二項　投票多數ノ最多キ者ヲ以テ殘任期《ザンニンキ》ノ最長キ前任者ノ補欠《ホケツ》ト爲スヘシト規定シタルモノナリ補欠議員ノ任期ニ異同《チガイ》アルコトハ第十七條ニ於テ述ヘタルカ如シ之ヲ選擧スルニ當リ其二名以上ナルトキハ當選既ニ定マルモ更ニ前任者何人ノ任期ヲ續《ツヾ》クヘキカヲ定メサル可カラス例《タト》ヘハ五十ノ投票ヲ得タル者四年ノ殘任期ヲ繼《ツ》キ四十ノ投票ヲ得タル者三年ノ殘任期ヲ受クルカ如シ而シテ投票ノ多數ナルモノハ信用《シンヨウ》最モ厚《アツ》キモノト看做《ミナ》スヘキカ故ニ殘任期ノ最長キ前任者ノ補欠トシ長ク市議員ノ名譽職ニ居ラシメンカ爲メナリ

第二十六條　選擧掛ハ選擧錄《センキヨロク》ヲ製《セイ》シテ選擧ノ顛末ヲ記錄シ選擧ヲ終リタル後之ヲ朗讀《ラウドク》シ選擧人名簿其他關係書類《クワンケイシヨルヰ》ヲ合綴《ガフセツ》シテ之ニ署名ス可シ

ヲ明白ニ記載スヘシ
第七條　委任狀書式左ノ如シ
（書式畧）
第八條　代人ヲ任スルノ期限ハ豫メ規定シ難キモノト雖モ其本人幼弱疾病事故等ニテ長ク委任セントスルトキハ其地方ニ新聞紙アラハ之ニ記入セシメ世上ニ公布ス可シ
〇選擧區ノヿハ第十四條
〇等級ノヿハ第十三條
〇掛長ノヿハ第

投票ハ之ヲ選擧錄ニ附屬シ選擧ヲ結了《ケツレウ》スルニ至ル迄之ヲ保存《ホゾン》ス可シ

（講）本條ハ選擧ノ結果《ケツクワ》ヲ明ニスル爲メニ設ケタルナリ

第一項　選擧ノ顚末《テンマツ》トハ其選擧ヲ行ヒタル日時場所選擧ノ始メヨリ終マテノ時間選擧人ノ數投票數選擧ス可キ議員ノ定員當選者ノ姓名等總《スベ》テ選擧執行中ノ諸般ニ關スル事ヲ云フ

第二項　投票ハ選擧ヲ結了《ケツレウ》スル迄必要ナルカ故ニ選擧錄ニ附《ツ》ケ添《ソ》ヘ保存《ホゾン》スヘシ結了《ケツレウ》トハ其日ノ選擧ヲ終リタルヲ云フニアラスシテ選擧ノ確定《サダマル》スルヲ云フ選擧錄ヲ製《セイ》スルハ選擧人ニ告知《ツゲシラス》スル爲メ及ヒ他日ノ參考《サンカウ》ニ供スル爲メ之ヲ製スルナリ關係書類トハ選擧ニ關スル一切ノ書類ヲ指ス是等ノ書類ヲ合《ト》綴《ヂ》シテ選擧掛之ニ署名スル所以ハ自ラ選擧掛タリシヲ證スルカ爲メナリ蓋《ケダ》シ本制ハ選擧手續上頗ル精密ノ規定ヲ設ケタルモノナリ

第二十七條　選擧ヲ終《ヲハ》リタル後選擧掛長ハ直ニ當選者ニ其當《タウ》選《セン》ノ旨ヲ告知ス可シ其當選ヲ辭《ジ》セントスル者ハ五日以內ニ之ヲ市長ニ申立ツ可シ

一人ニシテ數級《スウキフ》又ハ數區ノ選擧ニ當《アタ》リタルトキハ同期限内何レノ選擧ニ應《オウ》ス可キコトヲ申立ツ可シ其期限内ニ之ヲ申立テサル者ハ總《スベ》テ其選擧ヲ辭スル者トナシ第八條ノ處分《シヨブン》ヲ爲ス可シ

（講）本條ハ選擧ノ終結《オハリ》シタル後ニ係ル事務即チ當選ノ諾否ニ關スル事ヲ規定シタルモノナリ

第一項　當選告知《コクチ》方及辭職《ジシヨク》ノ期限ヲ定メタルモノニシテ選擧掛長ハ選擧ヲ終レハ直ニ當選者ニ告知スヘキモノトス若シ之ヲ辭《ジ》セントスルトキハ五日以内ノ期限ニ申立ツヘシ其五日以内トハ本制明文ナシト雖モ報告ヲ受ケ又ハ告知書ヲ得タル日ヨリ起算スヘシ而シテ其當選ヲ辭セントスル者トハ第八條ノ原由《モト》アル者及第十五條第三項ニ規定シタル者ノ如キヲ云フ

第二項　一人ニシテ數級ノ選擧ニ當リタル者ハ何レノ級ニ應《オウ》スルモ一ニ當選者ノ選擇ニ任セタリ數級トハ第十三條ニ規定スル選擧等級ヲ云ヒ數區トハ選擧區即チ第十四條ヲ云フ第八條ノ處分トハ名譽職ヲ拒辭《コバム》スルノ理由果《リユウハタ》シテ其人ニ存スルヤ否ヤヲ議定シ若シ其理由ナシト决スルトキハ即チ市會ノ决

議ヲ以テ三年以上六年以下市公民タルノ權ヲ停止《テイシ》スル等ノ處分ヲ受《ウ》ル也
當選者ニ其當選ノ旨ヲ告知《コクチ》スル所以ハ若シ之ヲ爲サヽル時ハ當選者ニ於テ諾否《ダクヒ》ヲ申立ツルニ由ナキカ故ナリ
第二項ニ數級云々トハ既ニ下級ニ於テ選擧セラレタルコトヲ知ラスシテ再《フタ》ヽヒ之ニ投票ヲ爲シ上級ニ於テ當選スルヿ無キニシモアラザル場合ヲ云フ其同時ニ數級ノ選擧ニ當選者トナルヘカラサルノ規定ハ既ニ第十九條第二項ニ於テ選擧ノ順序《ジユンジヨ》ヲ定メ其弊《ヘイ》ヲ防《フセ》キタルモ亦本項ノ如キモ稀レニハ之アルヲ以テ此規定アリタルモノナリ

○參事會ノヿハ第百二十七條
○選擧法ハ第十八條以下(參觀)
本條第一項ハ町村制第二十九條第一項ト同條
同第二項ハ町村制第二十九條ノ二項ト同條
本條第三項ハ町村制第二十九條

第二十八條　選擧人選擧ノ效力ニ關シテ訴願《ソグワン》セントスルトキハ選擧ノ日ヨリ七日以內ニ之ヲ市長ニ申立ツルコトヲ得（第三十五條第一項）
市長ハ選擧ヲ終《ヲハ》リタル後之ヲ府縣知事ニ報告シ府縣知事ニ於テ選擧ノ效力ニ關シ異議《井ギ》アルトキハ訴願《ソグワン》ノ有無ニ拘《カヽハ》ラス府縣參事會ニ付シテ處分ヲ行フコトヲ得
選擧ノ定規《テイキ》ニ違背《井ハイ》スルコトアルトキハ其選擧ヲ取消シ又被選

ノ第三項ト同上

擧人中其資格《シカク》ノ要件ヲ有セサル者アルトキハ其人ノ當選《タウセン》ヲ取消シ更ニ選擧ヲ行ハシム可シ

(講)本條ハ選擧ノ效力ニ關シ異議ヲ申立ツルノ權及其方法ノ事ヲ規定シタルモノナリ

第一項　選擧ノ效力トハ投票其他選擧ニ係ル一切ノ效力《コウリヨク》ヲ云フ本條第一項ハ前數條ニ規定セシ選擧ノ效力上ニ付選擧關係人訴願ノ路《ミチ》ヲ開キ選擧人ニ訴願ノ權アル事幷ニ之レヲ爲スノ手續ヲ示シ訴願セントスル時ハ選擧ノ日ヨリ七日內ニ市長ニ申立ツヘシトス

第二項　選擧ノ效力《コウリヨク》ニ關シ異議ヲ申立ツルノ權利ハ選擧人及市長ノ外公益上ヨリシテ其效力ヲ監督《カントク》スルカ爲メニ府縣知事ニ於テモ亦其權利ヲ有スルヿヲ規定シ幷ニ其處分ヲ示シタルモノナリ

第三項　選擧ノ規定ニ違背《イハイ》シタル場合ト被選擧權ナキ者ノ當選シタル場合トヲ豫想シタルモノナリ選擧ノ規定トハ第十八條以下其ノ他ノ選擧手續ヲ指シ資格《シカク》ノ要件トハ第十五條ノ要件ヲ具備《ソナヘ》セサル者其選擧ニ當リタル場合ヲ

○當選者資格ハ第十五條第二十三條第二十五條(參觀)

本條ハ第九條ノ四項、第十五條、第五十七條、町村制第三十條(參觀)

云フ選擧ノ定規ニ違背《イハイ》セル選擧ハ其選擧全躰《ゼンタイ》ヲ無効トナシ資格《シカク》ノ不完全《フクワンゼン》ナル者アルトキハ其當選ノミヲ無効トナスヘシ

選擧人ニ訴願ノ權ヲ與フルハ選擧ノ當否ハ専《モッパ》ラ選擧人ノ利害《リガイ》ノ爭《アラソヒ》ニアラスシテ權利ノ消長《シヨウチヤウ》ニ關スレハナリ又府縣知事ニ異議ノ權ヲ與フルハ市ハ固ヨリ知事ノ監督《カントク》ニ屬スルヲ以テ一市内人民ノ權利ノ消長《シヨウチヤウ》ニ關スルカ故ナリ

第二項ノ場合ニ於テ之ヲ無効トナス所以ハ法律ニ違背《イハイ》シタル選擧ナレハナリ又其取消《トリケシ》ハ選擧全躰ノ場合ト當選者ニ限ル場合トヲ問ハス果《ハタ》シテ定規ニ違背《イハイ》スルカ要件果《ハタ》シテ完全《クワンゼン》ナラサルカハ市會及市參事會ノ裁決ニ因テ定ム可シ

第二十九條　當選者中其資格ノ要件《エウケン》ヲ有セサル者アルコトヲ發見《ハツケン》シ又ハ就職後《シウシヨクゴ》其要件ヲ失フ者アルトキハ其人ノ當選ハ効力ヲ失フモノトス其要件ノ有無ハ市會之ヲ議決《ギケツ》ス

(講)本條ハ當選者ノ資格《シカク》ニ關スル事ヲ規定シタルモノナリ

一旦選擧ヲ有効ト定メ或ハ其効力ニ異議《イギ》ナクシテ經過《スギ》シタル後ト雖モ當選者被選擧權ノ要件ヲ選擧ノ時ニ有セサリシコトヲ發覺《アラハ》シ或ハ其當時有シタル要

○市參事會ノ組織ハ第十一條以下
○法律ノ事件ハ第三十一條
○制限ノ事ハ第百十八條第百十九條(參觀)
本條ハ市制第六十四條町村制第三十二條(參觀)

件ヲ失フコトアル可シ本條ハ斯ル場合ヲ豫想《ヨソウ》シタルモノナリ是ノ場合ニ於テハ發見《ミダス》ノ時及失《ウシナ》フタル時ヨリ當選ノ効力消滅《キエル》スルモノトス而シテ其發見《ミダス》ト云ヒ失《ウシナ》フト云フハ市會ニ於テ初メテ要件ノ有無ヲ議決スルニ在ラサレハ之ヲ知ル能ハス又此議決ニ對シテハ異議ヲ唱《トナ》フルヿヲ得サルモノトス
當選者ニ要件ヲ具備《ソナヘ》スルヤ否ヤヲ議決スルノ權ヲ市會ニ與フル所以ハ議員中不都合ノ者アルトキハ其議會ハ完全タル組織《クミタテ》ヲ得サルニ由ルナリ

第二欵　職務《ショクム》權限《ケンゲン》及處務《ショム》規程《キテイ》

(講)本欵ハ市ノ職務權限及其職務ヲ處理《サハイ》スルノ規定ヲ定ム總《スベ》テ第十九條第三十條ヨリ始マリ第四十八條ニ終ル
總テ權利ノ範圍《ハンヰ》ニ廣狹《コウキヤウ》ヲ存スルニ由リ其權限ノ消長《シヨウチヤウ》ニ關スル大ナリ若シ夫市會ノ職務權限狹隘《セマキ》ナルトキハ市ノ自治權ハ從テ伸張《シンチヤウ》スル能ハス其基礎《モトヒ》モ亦自ラ確立《カタク》ナラス故ニ本欵ハ本章ノ主眼タルナリ

第三十條　市會ハ其市ヲ代表《ダイヘウ》シ此法律ニ準據《ジユンキヨ》シテ市ニ關スル一切ノ事件並從前特《コト》ニ委任セラレ又ハ將來《シヤウライ》法律勅令ニ依テ委

任セラルヽ事件ヲ議決スルモノトス

（講）本條ハ市會ノ職務權限ヲ定メタルモノナリ、

市會ノ職務ハ市ヲ代表《ダイヘウ》スルニ在リ市ヲ代表スルニ內外ノ別アリ本條市會ノ代表ハ市ノ行政機關ニ對シテ市ヲ代表スルコトニテ外部ニ對シテハ第六十四條ニヨリ市ノ行政機關タル市參事會ガ市ヲ代表スルコトナリ而シテ市會ノ權限ハ市ノ有スル權利ノ限域《カギリ》ト其廣狹《クワウキヤウ》ヲ共ニシ決シテ其權利外ニ亘《ワタ》ルヿヲ得サルモノトス

市ノ權利ニ固有ノ權利ト政府ノ委任ニ依リ得ル所ノ權トノ二種アリ又其委任ノ權ニモ從前委任セラレタル事件ト將來《シヤウライ》委任セラルヽ事件トノ別アリ將來《シヤウライ》ノ委任ハ必ス法律又ハ勅令ヲ以テ委任セラルヘシ若シ省令府縣令《シヨウレイフケンレイ》等ニ依テ委任セラルヽトキハ市會ハ之ヲ議決スルモ無効タルヘシ市ニ關スル一切ノ事件トハ第二條ニ所謂ル市ノ公共事務ト云フト同シク市ノ固有ニ屬スル事務ヲ云フ又タ委任セラルヽ事件トハ即チ委任ニ依リ得ル所ノ權ニシテ之ヲ主宰スルノ權ハ政府ニ在ル者ヲ云フ

第三十一條　市會ノ議決ス可キ事件ノ概目《ガイモク》左ノ如シ

一　市條例及規則ヲ設《マウ》ケ並改正《カイセイ》スル事

二　市費ヲ以テ支辨《シベン》ス可キ事業但第七十四條ニ掲クル事務ハ此限ニ在ラス

三　歳入出豫算ヲ定メ豫算外《ヨサングワイ》ノ支出及豫算超過《ヨサンテウクワ》ノ支出ヲ認定スル事

四　決算報告《ケツサンハウコク》ヲ認定スル事

五　法律勅令ニ定ムルモノヲ除クノ外使用料、手數料、市税及夫役現品《ブエキゲンピン》ノ賦課徴收ノ法ヲ定ムル事

六　市有不動産ノ賣買交換讓受讓渡《メイメイカウクワンユヅリウケユヅリワタシ》並質入《シチイレ》書入《カキイレ》ヲ爲ス事

七　基本財産《キホンザイサン》ノ處分ニ關スル事

八　歳入出豫算ヲ以テ定ムルモノヲ除クノ外新《アラタ》ニ義務ノ負《フ》擔《タン》ヲ爲シ及權利ノ棄却《キキヤク》ヲ爲ス事

○市條例及規則ノヿハ第十條
○市費ノヿハ第二條第七十四條
○歳入出豫算ノヿハ第百七條以下
○使用料手數料等ノヿハ第八十九條第九十條第百一條
○基本財産ノヿハ第八十一條
○市ノ公債ノヿハ第百六條
○權利ノ棄却ハ第百二條二項
○身元保證金ハ第五十八條第四項
○訴訟和解ハ第六十四條第七第六十七條第三項
（參觀）

九　市有ノ財《ザイ》産《サン》及營《エイ》造《ゾウ》物《ブツ》ノ管《クワン》理《リ》方《ハウ》法《ハフ》ヲ定ムル事

十　市吏員ノ身元保證金ヲ徵《チヤウ》シ幷其金額ヲ定ムル事

十一　市ニ係ル訴《ソ》訟《シヨウ》及和《ワ》解《カイ》ニ關スル事

(講)本條ハ市會ニ於テ議決スヘキ事件ノ概目《アラマシ》ヲ揭《カヽ》ケタルモノナリ其市會ノ議決スヘキ事件トハ左ノ十一目ナリトス而シテ市會ノ議決スヘキ事件ハ之ニ限リタルモノニアラス本條ハ制限法ニ非ス例示法ナレハ其議決スヘキ概目ヲ揭《カヽ》ケ此項目外ノ事件ト雖モ其市會ノ權限ヲ踰《コ》エサルモノナレハ之ヲ議決スルヿヲ得ヘキ者トス

(第一)條例及規則ハ市會ニ於テ議決シタルノミニテ可トセス之ヲ議決シタル上各其許可ヲ受ケサル可カラス市條例及規則ノ何タルヿハ第十條ノ下ニ於テ之ヲ說明セリ(第二)市費ヲ以テ支拂《シハラヒ》ヲ爲ス事業トハ第七十四條ニ揭クル一國一府縣ノ行政事務ニ屬スルモノヲ除クノ外ハ市限リノ費用ニ關スルヿヲ議決スルナリ(第三)歲入出豫《ヨ》算《サン》ヲ定メトハ其市內ニ於テ政務ノ爲メ一周年間ニ支出スル費目及其賦課スヘキ税目幷ニ其金高ノ見積《ミツモリ》ヲ議定スルヲ云フ其豫《ヨ》算《サン》外トハ其費目《ヒモク》ニ揭《カヽ》ケサルモノ又豫算超過《コユル》トハ其事業ノ爲メニ實際《ジツサイ》支拂《シハラヒ》シタル金

額見積《ミツモリ》ニ過《ス》キタルヲ云ヒ其之ヲ豫算《ヨサン》確定ノ後市會ニ於テ承諾《シヤウダク》スルヲ認定《ミトメ》ト云フ(第四)決算報告《ケツサンホウコク》ヲ認定《ミトメ》スルトハ市ノ決算報告ヲ受取リテ豫算書ニ基《モトヅ》キ一周年間實際徴收《チヨウシウ》又ハ支出シタル金額ノ計算ヲ爲シ豫算書ト照《テラ》シ過不足《クワフソク》ヲ明ニシタルト勘定書《カンヂヤウガキ》ヲ市會ニ於テ承認《シヤウニン》スルヲ云フ(第五)使用料手數料市税及夫役現《ゲン》品《ヒン》トハ第八十九條第九十條及第百一條ニ揭《カヽ》クルモノヲ云フ又其法律勅令ニ定ムルモノヲ除《ノゾ》クノ外トハ市會ノ議決ヲ經スシテ法律勅令ニ因テ本項ニ謂フ使用料等ヲ課《クワ》スルヲ云フ(第六)市有不動産トハ市ノ所有スル土地建物等ヲ云フ(第七)基本財産トハ即チ第八十七條ニ規定シタル如ク不動産積立金穀等ノ自治ノ基本トナルヘキモノヲ云フ倘ホ詳細ハ第八十一條ノ下ニ讓《ユヅ》ル(第八)義務ノ負擔トハ歳入出豫算ヲ以テ定ムル外凡《スベ》テ市住民ノ負擔《フタン》ヲ起スヲ云ヒ權利ノ棄却トハ他ニ對シテ市ノ權利ヲ放棄《ステル》スルヲ云フ(第九)管理《サハイ》ノ方法トハ使用及保存《ホゾン》ニ關スル方法ヲ云フ(第十)市吏員ノ身元保證金トハ第五十八條第四項ニ云フ所ノ收入役ノ身元保證金ヲ云フ收入役ノ事務ハ重要ナル事件ナレハ最モ愼重《ツヽシミ》ヲ加ヘシメサル可カラス故ニ身元保證金ヲ徴《トリタテ》シテ萬一ノ時ニ之ヲ以テ賠《ツク》償《ナヒ》セシムル爲メニ此項ヲ設ク(第十一)市ニ係ル訴訟トハ第五條ノ市ノ境界ニ

○市吏員ノヿハ第四十九條第五十八條第五十九條第六十條第六十一條第七十四條第一第三ノ但書（參觀）

○市制第三十七條、第五十一條、第五十八條（參觀）

關スル爭論ノ如ク行政事件タルト又市ノ私有財産《シイウザイサン》ニ係ル民法上ノ權利義務ニ係ル爭論ノ如キ司法裁判ニ屬スル事トノ別ナク或ハ訴ヲ起《オコ》シ或ハ他ヨリ起訴セラルヽニ當リ之ニ對シ如何ナル處置《シヨチ》ヲ爲スヘキヤヲ議決スルヲ云フ和解トハ訴訟ヲ起サス和談《ワダン》スルヲ云フ然レ圧市ハ法人ナルヲ以テ此等ノ實地ニ訴訟ヲ爲シ和解《ワカイ》ヲ試《コヽロ》ムルモノハ市會ニアラスシテ市長ナリ

第三十二條　市會ハ法律勅令ニ依リ其職權《シヨクケン》ニ屬《ゾク》スル市吏員ノ選擧ヲ行フ可シ

（講）市吏員ノ選擧ハ本制ニ於テ既ニ定メタリト雖モ亦法律勅令ヲ以テ之ヲ定ムルコトアル可キニ依リ本條ヲ設ク

本條モ亦市會ノ職務ヲ掲ケタルモノニテ法律勅令ニテ市會ニ附與サレタル職權ニヨリ市ノ吏員ヲ選擧スヘキヿヲ定ム法律勅令ニ依リ云々トハ市内ニ在ル行政吏員ト雖モ其職掌自治躰ニ關係ナク政府ニ屬スル行政事務ニシテ特ニ官署ノ設ケアル吏員ニ付テハ市會之ヲ選任スルノ權ナキ旨ヲ明ニシ以テ二者ノ區別ヲ示シタルモノナリ

○監督官廳ハ第百十五條
○市會議決ハ第三十一條(參觀)

市制第三十七條議長及代理者ノ選擧第五十一條助役及名譽職參事會員ノ選擧第五十八條收入役ノ選擧第六十條區長及代理者ノ選擧第六十一條委員ノ選擧是レナリ

第三十三條　市會ハ市ノ事務ニ關スル書類及計算書ヲ檢閲《ケンエツ》シ市長ノ報告ヲ請求シテ事務ノ管理、議決ノ施行《シカウ》並收入《シウニフ》支出《シシユツ》ノ正否ヲ監査《カンサ》スルノ職權ヲ有ス

市會ハ市ノ公益ニ關スル事件ニ付意見書ヲ監督官廳《カントククワンチヤウ》ニ差出スコトヲ得

(講)本條ハ代議躰ノ有スル市行政監督《カントク》權及一國行政上ニ付キ意見ヲ上陳《ジヤウチン》スル權ニ關スル二事ヲ定メタルモノナリ

第一項　市ノ事務ニ關スル書類計算書《ケイサンシヨ》市長ノ報告等ヲ撿閲《アラタメ》スルハ其監査《シラベ》ノ方法ナルヲ以テ市長ハ其請求《セイキウ》ニ應《オウ》スルノ義務アリ市會ハ是等ノ書類ニ依リ事務ノ管理《シハイ》議決ノ施行《シカウ》並收入支出ノ正否《セイヒ》等果《ハタ》シテ其當ヲ得タルヤ否ヤヲ監査《シラベ》スルモノトス

○町村制第三十六條(參觀)

第二項　市會ハ市ノ公益上ニ關シ市吏員ノ處置《ショチ》其當《タウ》ヲ得サルカ爲メ市ノ公益《コウエキ》ヲ害スル等ノ事アル𪜈ハ之ニ對シ損害賠償《ソンガイツグナヒ》ノ訴ヲ爲スノミナラス監督官廳《カントクヤクシヨ》ニ意見《ミコミ》ヲ提出《サシイダ》スルコトヲ得ルモノトス

市會ニ市行政ヲ監査《シラベ》スルノ權アル所以ハ立法ハ本ナリ行法ハ末《スエ》ナリ代議機關ニ之ヲ議シ而シテ始メテ行法ニ施シ事務ヲ處理《サバイ》スルモノニシテ自《ミヅカ》ラ事ヲ起シ自ラ事ヲ處スルモノナレハ代議機關ハ之レ無クシテ可ナリ若シ夫レ代議ヲ設クル以上ハ行政機關ハ意ヲ代議機關ニ承ケ依テ以テ施政《シセイ》ノ方向《ハウカウ》ヲ定メサルヘカラス然ラハ市會ハ其意思《イシ》ノ行政機關上ニ行ハルヽヤ否《イナ》ヤ又市會ノ議決シタル如ク執行《シツカウ》セラルヽヤ否《イナ》ヤヲ監査《シラベ》スルノ權ナカルヘカラス

第三十四條　市會ハ官廳ノ諮問《シモン》アルトキハ意見ヲ陳述《チンジユツ》ス可シ

(講)本條ハ市會ニ於テ官廳《ヤクシヨ》ノ諮問《タヅネ》ヲ受クル𪜈ハ之ニ對シテ意見《イケン》ヲ陳述《ノベル》スルハ市會ノ義務ナリトス

諮問トハ如何ナル事ヲ問フヘキモノナルカト云フニ蓋《ケダ》シ市ニ關係ナキ事ハ諮問セサレ𪜈凡ソ市ニ關スル事ハ如何ナル事柄《コトガラ》ト雖モ之ヲ諮問《タヅネ》スルコトヲ得市

會ハ官廳《ヤクシヨ》ノ諮問《タヅ子》アル時ハ若シ市會ニ於テ正當ノ理由《リユウ》ナクンハ諮問《タヅ子》ニ對《タイ》シ意見ヲ述《ノ》ヘサル可カラス漫《ミダリ》ニ意見ヲ陳述《ノベ》セサル時ハ第百十九條第百二十條ノ制裁《イマシメ》ヲ受クルヿアル可シ

○町村制第三十七條ノ一項二項
○同三十七條第四項第三十七條ノ五項
○住民ノヿハ市制第六條
○公民ノヿハ第七條
○公民ノ權利義務ハ第八條
○選擧掛ハ第十二條
○被選擧ハ第十五條
○人名簿ハ第十八條
○等級ハ第十三條
○參事會行政裁

第三十五條　市住民及公民タル權利《ケンリ》ノ有無、選擧權及被選擧權ノ有無、選擧人名簿《センキヨニンメイボ》ノ正否並其等級ノ當否、代理ヲ以テ執行スル選擧權（第十二條第二項）及市會議員選擧ノ效力（第二十八條）ニ關スル訴願ハ市會之ヲ裁決《サイケツ》ス

市會ノ裁決ニ不服アル者ハ府縣參事會ニ訴願シ其府縣參事會ノ裁決ニ不服アル者ハ行政裁判所ニ出訴スルコトヲ得

本條ノ事件ニ付テハ市長ヨリモ亦訴願及訴訟ヲ爲スヿヲ得

本條ノ訴願及訴訟ノ爲メニ其執行《シツカウ》ヲ停止《テイシ》スルコトヲ得ス但判《ハン》決確定《ケツクワクテイ》スルニ非サレハ更ニ選擧ヲ爲スコトヲ得ス

（講）本條ハ市會ノ權《クワン》限中行政裁判權及其裁判ニ對スル上訴ノ方法ト其處分及裁判ノ執行《シツカウ》ニ關スル事ヲ規定シタルモノナリ

判所ノヿハ第百二十七條

第一項　市住民及公民タル權利ニ關スル訴願ノ初審《シヨシン》ハ市會ニ於テ裁決《サイケツ》スルモノト

第二項　市會ノ裁決ニ對スル上訴ノ方法ヲ定メタルモノニシテ其府縣參事會及行政裁判所ノ事ハ既ニ第八條及第五條ノ下ニ詳ナリ

第三項　前二項ニ於ケル裁決《サイケツ》ニ對《タイ》シテ不服《フフク》アル者ハ行政裁判所ニ出訴スルヲ得ヘシ行政裁判所ノ裁決ハ確定《クワクテイ》ノモノナリ又本條ノ事件ニ付テハ市長ヨリモ訴願及訴訟ヲ為スコトヲ得而シテ本條市長モ訴願及訴訟ヲ為スコトヲ得ト云フ得トハ許スノ言ニシテ必ス訴願及訴訟ヲ為ス可シト言フニ非ス然レ圧今第一項ニ列擧スル事件ニ付キ逐一《チクイチ》之ヲ案《アン》スルニ其訴願ノ原由《モト》トナルヘキ處分《シヨブン》ハ一トシテ市長ノ關セサルハナシ即チ其市長ノ處分ニ對シ異議《イギ》アルモノヨリ訴願センヿヲ市長ニ申立テ市會之ヲ裁決《サイケツ》スヘキヿハ前第十八條第二項及第二十八條第一項ノ明定スル所ナリ

第四項　本制ニ於テハ訴願訴訟ヲ差出《サシダ》ストキハ其事件ノ執行《シツカウ》ヲ停止《テイシ》スルヲ以テ本則トス然ルニ本條ノ場合ハ例外ニシテ前項ニ定メタル訴願又ハ訴訟アル

○町村制第三十八條ト同條
○議員ハ第十一條
○選擧人ハ第十二條(參觀)

カ為メニ其權利ヲ停止《テイシ》スルノ理《リ》ナシ例《レイ》セハ選擧人ニ於テ其當選者ノ無効《ムコウ》ノ當選ト認定《ニンテイ》セラレタルヲ不服《フフク》トシ訴願ヲ爲スアルモ市長ハ尚《ナ》ホ之ヲ無効トシテ取扱《トリアツカ》フヲ得ルカ如キ是レナリ又其但書ハ裁決ノ塲合ノミヲ指スモノニシテ前項凡テノ塲合ニ適用スヘキモノニアラス彼ノ市住民ノ權利ノ有無ニ付テ訴願又ハ訴訟ノアリタル塲合ノ如キハ判決確定《クワクテイ》スト雖モ更ニ選擧等ヲ爲スモノニアラサルナリ其判決確定《ハンケツクワクテイ》トハ第百十六條ノ上訴期限內ニ上訴スルモノナクシテ其期限ヲ經過《スギ》シタル時ヲ云フ

市長ニ上訴權アル所以ハ凡《オヨ》ソ己《オノ》レノ處分ニ對シ不服《フフク》ヲ受ケタル𪜈ハ之ニ上訴權ヲ與ヘ以テ其處分ノ適正《タヾシキ》ナルヿヲ辨解《ベンカイ》セシムルニ在リ又其訴訟ノ爲メニ執行ヲ停止《テイシ》セサル所以ノモノハ行政事務ノ澁滯《トヾコホル》ヲ防《フセ》グニ在リ

第三十六條　凡議員タル者ハ選擧人ノ指示《シジ》若クハ委囑《ヰシヨク》ヲ受ク可カラサルモノトス

(講)凡ソ議員ハ其議塲ニ在ルニ當テ法令ヲ遵奉《タテマツリ》シ其範圍《ハンヰ》內ニ於テハ不羈《フキ》獨立《ドクリツ》ノ精神《セイシン》ヲ以テ公平忠實《コウヘイチウジツ》ニ己《オノ》レノ意見ヲ陳述《ノベ》スヘキモノニシテ決シテ選擧人ノ

指示若クハ委囑《タノミ》ヲ受ケ自己《ジブン》ノ意ニ非サルヿヲ發言《ハツゲン》ス可キ者ニアラス

○町村制第三十九條ト同條

第三十七條　市會ハ毎曆年《マイレキチン》ノ初メ一周年ヲ限リ議長及其代理者各一名ヲ互選《ゴセン》ス

（講）本條ハ議長及其代理者ノ選擧及其任期ヲ定ムルモノナリ
毎曆年《マイレキチン》ノ初メトハ即チ毎年一月ヲ云フ又一周年ヲ限リトハ即チ議長ノ任期ヲ示シタルモノトス互選《ゴセン》トハ選擧人被選擧人ノ別ナキ選擧ヲ云フモノナリ

○町村制第四十條ノ第一項
○同第四十條ノ第二項
○故障ノ原由ハ第十二條第二項ノ選擧權ノ有無及第二十四條選擧代理ニ關スル事第十八條及第二十八條第一項ニ依リ訴願アリタル等ノ如キ場合

第三十八條　會議ノ事件議長及其父母兄弟若クハ妻子ノ一身上ニ關スル事アルトキハ議長ニ故障《コシヤウ》アルモノトシテ其代理者之ニ代ル可シ
議長代理者共ニ故障アルトキハ市會ハ年長ノ議員ヲ以テ議長ト爲ス可シ

（講）本條ハ一個人ノ私益《シエキ》ノ爲メニ公益《コウエキ》ヲ害《ガイ》スルコトナカランヿヲ欲シテナリ
第一項　會議ノ事件議長及其父母兄弟若クハ妻子《サイシ》ノ一身上ニ關スル事アルトキハトハ例セハ某ノ公民權有無如何ヲ以テ議題《ギダイ》トスルニ某ハ議長ノ兄又ハ

○町村制第四十一條ト同條
○市參事會ハ第四十九條(參觀)

弟タル可キ塲合ノ如シ此事ニ及ヒ猶《ナ》ホ議長ヲシテ其席ニ在ラシムルハ公明《コウメイ》至正《シセイ》ヲ旨トスル議會ノ體面《タイメン》上許ス可ラサルコトナリ此ノ如キ塲合ニハ議長故障《コシヤウ》アルモノトシテ代理者之ニ代《カハ》ルコトヲ許スモノトス

第二項　議長及代理者共ニ故障《コシヤウ》アル片ハ年長ノ議員ヲ以テ之ニ代ルヘシト定メタルモノナリ

本條ノ塲合アル片ハ議長其人ニシテ假令《タト》ヒ正直敢《アヘ》テ私情《シシヤウ》ノ爲メニ公事ヲ害《ガイ》スル等ノ事ナシトスルモ猶ホ世人ノ嫌疑《ウタガヒ》ヲ免《マヌカ》ル能ハサルナリ且ツ道理《ドウリ》上許サヽル所ナリ

第三十九條　市參事會員ハ會議ニ列席《レツセキ》シテ議事ヲ辨明《ベンメイ》スルコトヲ得

(講)本條ハ市參事會員ハ市參事會員ノ資格《シカク》ヲ以テ會議ニ列席《レツセキ》シテ議事ヲ說明《セツメイ》シ原案《ゲンアン》ヲ辨明《ベンメイ》スルコトヲ得ルモノトス

市參事會員ニ議案辨明《ベンメイ》ノ權ヲ與《アタ》ヘタルハ市會ノ議案タル市行政機關則チ市參事會ノ手ニ成ルモノニシテ發案《ハツアン》ノ趣意《シユイ》及理由ヲ知得《チトク》スルカ故ニ各議員ニ之ヲ說明シテ原案維持《ゲンアンヰヂ》ノ爲メ此權ヲ與ヘタルモノナリ

○町村制第四十二條ト同條
○議員定員ハ第十一條(參觀)

第四十條　市會ハ會議ノ必要アル毎ニ議長之ヲ招集《セウシフ》ス若シ議員四分ノ一以上ノ請求アルトキ又ハ市長若クハ市參事會ノ請求アルトキハ必ス之ヲ招集ス可シ其招集並會議ノ事件ヲ告知スルハ急施《キウシ》ヲ要スル場合ヲ除クノ外少クモ會議ノ三日前タル可シ但市會ノ議決ヲ以テ豫《アラカジ》メ會議日ヲ定ムルモ妨《サマタ》ケナシ
市參事會員ヲ市會ノ會議ニ招集スルトモ亦前項ノ例ニ依ル

(講)本條ハ市會ヲ開クヘキ場合ヲ規定セルモノナリ
市會ノ招集ハ議長ノ任ナリト雖モ議長ハ會議ノ必要アル場合ニアラサレハ之ヲ開クヿヲ得ス即チ左ノ場合ニ於テハ何時ニテモ開會スルヿヲ得ルモノトス
第一　議員四分ノ一以上ノ請求《セイキウ》アリタル時
第二　市長若《モシ》クハ市參事會員ノ請求《セイキウ》アリタル時
第三　會議ノ必要《ヒツエウ》アリト認《ミト》ムル時
右三箇ノ場合ニ非レハ之ヲ招集ス可カラス而シテ第一第二ノ場合ヲ最トス議員四分ノ一以上ノ請求アリタル片ハ自ラ會議ノ必要《ヒツエウ》ナシト認《ミト》ムルモ之ヲ拒《コバ》ム

○町村制第四十三條ト同條
○議員ノ數ハ第十一條
○議決ノコハ第三十一條

ノ權ナシ其招集《マ子キ》ノ告知及議題ノ告知《コクナ》ハ急施《イソグ》ヲ要スル塲合ハ格別《カクベツ》ナレモ通常少《ヒト・ホリスクナ》クモ會議ノ三日前ニ之ヲ爲ス可シ尤モ市會ニテ前以テ會議日ヲ年ニ何度トシ何月何日ニ開クト定メ置クハ妨ゲナシトス本制ハ定期開會ノ法ヲ採ラスシテ隨時《カツテニ》開會ノ法ヲ用ヒタル所以ナリ故ニ開會三日前ニ議員招集狀《マ子キジヤウ》及告知書ヲ發シテ可成《ナルベクダケ》的各議員ニ出席ノ準備《ヨウイ》ト議題ヲ熟慮《カンガヘル》スルノ餘地《ヨナ》アラシムルナリ

第四十一條　市會ハ議員三分ノ二以上出席スルニ非サレハ議決スルコトヲ得ス但同一ノ議事ニ付招集再回《セウシフサイクワイ》ニ至ルモ議員猶三分ノ二ニ滿《ミ》タサルトキハ此限ニ在ラス

(講)本條ハ議員出席員ノ數ニヨリ議決スルト否トヲ定メタルナリ會議ハ之ヲ組織《クミタテ》スル議員ノ多數ノ意見ニヨリテ議決スルヲ本則トスル所以ハ此定限以內ノ出席員ヲ以テ議決スルモ其議決ハ無効ノ議決ニシテ實施《ジツシ》シ得ヘキモノニアラス故ニ議決ハ必ス多數ノ同意《ドウイ》ヲ得ルヲ以テ足《タ》レリトス然ルニ僅々ノ議員出席シテ議決スルトキハ遂ニ小數人ノ意見ヲ以テ議會ヲ左右スルニ至ル是レ本條ノ設ケアル所以ナリ而シテ招集再會ニ至リ猶出席議員ノ定數ニ滿

○町村制第四十四條ト同條
○市制第六十五條ノ二項(參觀)

タサル場合ハ之ヲ議決スルヿヲ得ルモノトシタル所以ハ此場合ニ於テハ假令《タトヒ》半數ニ足ラサルモ常ニ定數議員ノ出席ヲ必要《ヒツエウ》トスル𪜈ハ其底止《トマル》スル所ヲ知ラス議事ヲ渟滞遷延《トヾコホリノビル》スルカ故ナリ然ルニ若シ四十三條ノ場合ニテ議員ノ故障《コシヤウ》ニヨル除名ノ為メ定數ニ滿タサルハ則チ第四十三條第二項ノ規定ニ據《ヨ》ルヘキナリトス

第四十二條　市會ノ議決ハ可否ノ多數《タスウ》ニ依リ之ヲ定ム可否同數ナルトキハ再議議決ス可シ若シ猶同數ナルトキハ議長ノ可《カ》否《ヒ》スル所ニ依ル

(講)本條ハ議事ノ決定法ニシテ市會ノ議決ハ可否ノ多數ニ依リ之ヲ定ム可キモノトス而シテ其多數トハ比較《ヒカク》多數法ニシテ過半數《クワハンスウ》ニアラス可否《カヒ》同數ナル𪜈ト雖モ議長ニ於テ之カ可否ヲ決セスシテ必ス再議《サイギ》ニ付シ若シ再議《サイギ》ニ於テ可否《カヒ》猶同數ナルトキハ初メテ議長ニ於テ可否《カヒ》ヲ決スルナリ是レ普通《フツウ》會議法ニヨルナリ

本制ニ於テ過半數《クワハンスウ》ヲ採《ト》ラス比較《ヒカク》多數ノ法ヲ用ヒタル所以ハ専《モッパ》ラ簡便主義《カンベンシユギ》ニヨ

○町村制第四十五條ノ二項
○市制第六十六條（參觀）

○町村制第四十

ルモノナリ然ルニ過半數ト比較《ヒカク》多數法トハ何レカ是ナルヤヲ定ムルトキハ過半《クワハン》數《スウ》ヲ以テ可トスルハ各國大抵《タイテイ》皆ナ然《シカ》リ

第四十三條　議員《ギイン》ハ自己及其父母兄弟若クハ妻子ノ一身上ニ關スル事件ニ付テハ市會ノ議決《ギケツ》ニ加《クハ》ハルコトヲ得ス議員ノ數此除名《ヂヨメイ》ノ爲メニ減少シテ會議ヲ開クノ定數ニ滿《ミ》タサルトキハ府縣參事會市會ニ代テ議決ス

（講）本條ハ第三十八條ノ規定ト同ク議員ニ於ケル故障《コシヤウ》ナリトス若シ議員ニシテ此故障アルトキハ其事件ノ議決ニ加ハルヲ得ス第三十八條ノ講義《コウギ》ニ就《ツイ》テ參《サン》觀《クワン》スレハ自ラ明了ナリ

第二項　議決ニ加ルコトヲ得ストアリテ議決數ニ加ハラサレハ議場ニ列席シテ意見《イケン》ヲ陳述《ノベル》スルハ敢テ禁《キン》セサルモノヽ如シト雖モ其精神《セイシン》ハ然《シカ》ラス必ス議場ニ列席《レツセキ》シテ意見ヲ陳述《ノベル》スル能ハサルハ勿論《モチロン》ナリ其所謂ル定數ニ滿《ミ》タサルトハ故障ナキ議員ノ數議員ノ三分ノ二ニ滿タサルヲ云フ

第四十四條　市會ニ於テ市吏員ノ選擧ヲ行フトキハ其一名每

六條一項ニ同シ
○本條第二項ハ町村制四十六條ノ二項ト同項
○市吏員ハ第四十九條第五十八條第六十條
○投票ハ第二十二條第二十四條
○無効ノ投票ハ第二十三條（參觀）

ニ匿名《ヂヨクメイ》投票《トウヘウ》ヲ以テ之ヲ爲シ有效投票ノ過半數ヲ得ル者ヲ以テ當選トス若シ過半數ヲ得ル者ナキトキハ最多數ヲ得ル者二名ヲ取リ之ニ就《ツイ》テ更ニ投票セシム若シ最多數ヲ得ル者三名以上同數ナルトキハ議長自ラ抽籤《チウセン》シテ其二名ヲ取リ更ニ投票セシム此再投票ニ於テモ猶過半數ヲ得ル者ナキトキハ抽籤ヲ以テ當選ヲ定ム其他ハ第二十二條、第二十三條、第二十四條第一項ヲ適用《テキヨウ》ス

前項ノ選擧ニハ市會ノ議決ヲ以テ指名推選《シメイスヰセン》ノ法ヲ用フルコトヲ得

（講）本條ハ市會カ其職權ニ因テ行フ市吏員選擧ノ方法ナリ

第一項　一名毎ニ匿名《ジヨクメイ》投票云々トハ市會ニテ市吏員ヲ選擧スルニ諸吏員ヲ合シテ一ノ投票ヲ以テ一時ニ選擧スルニ非ス一名毎ニ選擧者ノ名ヲ記《シル》サヽル投票ヲ以テ數人數度ニ選擧スルヲ云ヒ此有効投票ノ過半數《クワハンスウ》ヲ得タル者ヲ以テ當選トス若シ過半數者ナキ場合ニハ比較《ヒカク》多數法ヲ取リ其中ニ於テ多數テ

〇町村制第四十七條ト同條
〇總理ハ第四十六條(參觀)

占《シ》メタル者二名ヲ取リ其二名ニ就テ更《アラタ》メテ投票スルコトヽス若《モ》シ右再投票ノ塲合ニ最多數者三名以上同數ナルトキハ議長自ラ籤《クジ》ヲ抽《ヒ》キテ其中ノ二名ヲ取リ投票セシムルモノトス右再投票ヲ爲スモ猶過半數《クワハンスウ》ヲ得難《エガタ》キトキハ其二人互ニ抽籤《クジビキ》ヲ爲シテ當選ヲ取極ムルナリ其他投票ノ方法投票差出方投票ノ有効無効等ノ事ハ總テ議員選擧ニ於ケル規定即チ第二十二條第二十三條第二十四條第一項ヲ適用スルコトヽス

第二項　指名推選トハ議長ニ於テ何某ハ適任《テキニン》ナラント指名シ議塲ノ贊成《サンセイ》ヲ得ルトキハ之ヲ撰拔スルモノトス所謂ル第二十二條ニ述フル所ノ指名推選《シメイスイセン》ナリ

第四十五條　市會ノ會議ハ公開《コウカイ》ス但議長ノ意見ヲ以テ傍聽《ボウチヤウ》ヲ禁スルコトヲ得

(講)本條ハ市會ハ公明正大ニシテ私ナキヲ要スル爲メ議會ヲ公開スル旨ヲ示スナリ而シテ本條但書ニ於テ議長ノ意見ヲ以テ傍聽《バウチヤウ》ヲ禁《キン》スルヿヲ定メテ傍聽ヲ禁スルト否トハ議長ノ意見ニ任ストモ議長ハ濫《ミダ》リニ傍聽《バウチヤウ》ヲ禁《キン》スルトキハ其事件ニ因リ却《カヘツ》テ人心ヲ激昂《ケキコウ》シ公安ニ害アリ議事ノ公平ヲ保《タモ》ツ能ハサルノ恐レ

○町村制第四十八條ト同條
○開會ハ第四十條
○傍聽ノヿハ第四十五條(參觀)
○市吏員ノ選擧ハ第三十二條第四十四條

アリ故ニ議長タル者宜シク公平《コウヘイ》ヲ採《ト》リ其處置《シヨチ》ヲ爲サヽル可カラス

第四十六條　議長ハ各議員ニ事務ヲ分課《ブンクワ》シ會議及選擧ノ事ヲ總理シ開會閉會並延會ヲ命シ議場ノ秩序《チツジヨ》ヲ保持《ハウヂ》ス若シ傍聽者ノ公然《コウゼン》贊成《サンセイ》又ハ擯斥《ヒンセキ》ヲ表《ヘウ》シ又ハ喧擾《ケンゼウ》ヲ起ス者アルトキハ議長ハ之ヲ議場外ニ退出《タイシユツ》セシムルコトヲ得

(講)本條ハ議長ノ有スル事務《ジム》整理《セイリ》及議塲取締《トリシマリ》權ノ事ヲ規定《キテイ》シタルモノナリ事務ヲ分課《ブンクワ》スルトハ各議員中ニ事務ヲ分ケ取ラシムルナリ即チ敎育衛生土木等隨時委員ヲ指定《シテイ》スル如キ是レナリ選擧トハ市吏員ノ選擧總理《ソウリ》ストハ議事細則ニ依テ議事ヲ整理スルヲ云フ秩序ヲ保持ストハ議塲ノ躰面《タイメン》ヲ維持《ヰヂ》シテ議會ノ尊嚴《ソンゲン》ヲ保《タモ》ツコトヽス公然贊成又ハ擯斥《ヒンセキ》ヲ表《アラハ》シトハ其言語《コトバ》ニ發《ハツ》シヒヤノートト云フカ如ク又喧擾《ケンゼウ》トハ騷《サハ》キ立ツル等ノヿヲ云フナリ此等ノ塲合ニ於テハ議長ノ職權ヲ以テ退席《タイセキ》セシムルヿヲ得ルナリ

議長ニ於テ右ノ處分權アルハ議長ハ市會ノ代表者《ダイヘウシヤ》タルカ故ニ市會ノ有スル權利ヲ行フモノニシテ元來議長其人ニ存スル權《ケン》ニ非ス故ニ之ヲ行フニ當テハ宜

○本條第一項ハ町村制第四十九條一項ト同項
○第二項ハ町村制第四十九條ノ二項ト同シ
○第三項ハ町村制第四十九條ノ三項ト同項
○議員選擧ノ場合ハ第二十六條(參觀)

シク正義公道ニ基《モトツ》キ苟《イヤシク》モ之ヲ濫用《ランヨウ》スルコトナカルヘキナリ

第四十七條　市會ハ書記ヲシテ議事錄ヲ製シテ其議決及選擧ノ顛末《テンマツ》並出席議員ノ氏名ヲ記錄セシム可シ議事錄ハ會議ノ末之ヲ朗讀《ラウドク》シ議長及議員二名以上之ニ署名ス可シ

市會ハ議事錄ノ謄寫《トウシヤ》又ハ原書ヲ以テ其議決ヲ市長ニ報告ス可シ

市會ノ書記ハ市會之ヲ選任《センニン》ス

(講)本條ハ市會ノ結果《ケツクワ》ヲ明ニスル爲メノ規定ナリ

第一項　議事錄《ギジロク》ノ規定ニシテ市會ハ本條ニ據《ヨ》リ必ス議事錄ヲ製シ其議決及選擧ノ顛末《テンマツ》出席議員ノ氏名ヲ記錄《キロク》シ朗讀《ロウドク》ノ上議長及議員二名以上議事錄ニ署名スヘシト定メタルナリ而シテ本項ノ選擧ノ顛末《テンマツ》トハ市會カ市吏員ノ選擧ヲ行フタルトキヲ云フ

第二項　議事錄ノ謄寫《ウツシ》トハ議事錄全部《ゼンブ》ノ謄寫《ウツシ》ニ非ス其市長ニ於テ執行スヘキ議決ノ部分ヲ謄寫《ウツス》スルヲ云フ

議事錄ヲ製《セイ》スル所以ハ議決ヲ證明《シヨウメイ》シ又タ之ヲ朗讀《ロウドク》シ議長及議員ノ署名《シヨメイ》スル

○町村制第五十條ト同條
○會議細則ハ第三十六條以下處務規程外ノ議事ニ關スル規則
▲參照 府縣會規則第九條
第九條府縣會ハ議事ノ細則ヲ議定シ府知事縣令ノ認可ヲ得テ之ヲ施行スルヿヲ得
府縣會ハ議員ノ內招集ニ應セス又ハ事故ヲ告ケスシテ參會セサル者

所以ハ議事錄ノ正確ナルヲ證センカ爲メナリ

第三項 市會ノ書記ハ特選法《トクセン》ニシテ議長ノ定ムル所ニ由ル其任期ハ一會期ニ止マラス又之ヲ任スルニモ資格《シカク》ヲ要セス其職務ハ議長ノ指揮《シキ》ニ從《シタガ》フ

第四十八條 市會ハ其會議細則ヲ設ク可シ其細則ニ違背《井ハイ》シタル議員ニ科ス可キ過怠金《クワタイキン》二圓以下ノ罰則ヲ設クルコトヲ得

(講)本條ハ市會ニ關スル議事細則《サイソク》制定《キマリ》ノ事ヲ規定シタルモノナリ
會議細則トハ議員席順ノ事發言及動議幷修正說提出《シウセイセツテイシユツ》ノ事總躰會議逐條會議《ソウタイクワイギチクデウクワイギ》ノ事等ナリトス其他ノ細則ハ市會ニ於テ定ムヘキモノナリトス

第三章 市行政

市ノ政躰ニ代議ト行政トアリ各別個ノ機關《キクワン》テ設ケサルヘカラス代議ノ事ハ前ニ之ヲ述ヘタルカ如シ其行政ノ事ハ本章ニ之ヲ規定セリ本章ハ第四十九條ヨリ第八十條ニ至ル凡テ三十二條之レヲ別テ三款《クワン》ト爲ス第一款ニハ市參事會及市吏員ノ組織選任ノヿヲ定メ第二款ニハ市參事會及市吏員ノ職務《シヨクム》權限及處務規定ヲ定メ第三款ニハ給料及給與ノ事ヲ定ムルナリ而シテ其組織及職務權限

ヲ審査シ其退職者タルヲ決スルヲ得

府知事縣令ト府縣トノ間ニ於テ法律ノ見解ヲ異ニシ又ハ權限ヲ爭フヿアル𪜈ハ双方ヨリ其事由ヲ具狀シ政府ノ裁定ヲ請フヘシ此塲合ニ於テ府知事縣令ハ其議事若クハ會議ヲ中止スルヿヲ得

ノ如何ハ亦大ニ自治《ジチ》ノ存否《ソンピ》ニ關《クワン》シ從テ自治躰ノ盛衰《セイスイ》ニ影響《エイキヤウ》ヲ及《オヨ》ホスヲ以テ最モ緊要《キンエウ》ナルモノトス

第一欵　市參事會及市吏員ノ組織選任《ソシヨクセンニン》

市ト町村トノ行政法ニ於テ著《イチジ》ルシキ相違ノ點《テン》ハ市ニ參事會アリテ町村ニ參事會ナク市長以下市參事會員助役等ノ執行《シツカウ》スヘキ行政事務ハ町村長以下助役等ノ執行ス可キ所ト別段《ベツダン》區別アルニ非スシテ實際ノ職務ニ差《サ》シタル相異ナルナキニ似タリト雖モ其權限名義ニ於テハ二者ノ間ニ頗《スコブ》ル軒輊《ケンチ》無キニ非ス町村ニ特任制ヲ行ヒ市ニ集議ヲ取リシ所以ハ即チ集議制ハ特任制ニ比シ頗《スコブ》ル錯綜《サクソウ》ニ涉《ワタ》ルノ弊《ヘイ》アリ而シテ小町村ノ行政ハ力メテ簡易《テガル》ノ編制《ヘンセイ》ニ依ルヲ要ス且ツ集議制ヲ行ハント欲スレハ名譽職ヲ以テ行政ニ參與《サンヨ》ス可キ適任《テキニン》者ヲ多ク求メサルヲ得ス然ルニ今日ノ情況《アリサマ》ニ於テハ都會ノ地ニ非レハ其人ヲ得ルノ望ナキトノ二理ニ因レリ

凡ソ行政ノ組織ニ機械主義《キカイシユギ》ニ出ツルモノト機關主義《キクワンシユギ》ニ出ツルモノトノ別アリ而シテ其機械主義ノ組織ハ官治行政ニ用フヘクシテ自治行政ニ採《ト》ルヘキノ法

○町村制第五十二條ト同條

○市長ノ任間有給ハ第五十條

○助役ハ第五十六條

○參事會ハ第五十四條

○市長助役ノ事ハ第五十三條

○市條例ハ第十條（參觀）

○町村制第五十三條、第五十四

ニ非ス其機關主義《キクワンシユギ》組織《ソシヨク》ヲ更《サラ》ニ分チテ特任制《トクニンセイ》集議制トノ二トス

第四十九條　市ニ市參事會ヲ置《オ》キ左ノ吏員ヲ以テ之ヲ組織《ソシヨク》ス

一　市長　一名

二　助役　東京ハ三名京都大坂ハ各二名其他ハ一名

三　名譽職參事會員　東京ハ十二名京都大坂ハ各九名其他ハ六名助役及名譽職參事會員ハ市條例ヲ以テ其定員ヲ增減《ゾウゲン》スルコトヲ得

（講）本條ハ市參事會組織ノ事ヲ規定シタルモノナリ市ニ於テハ市長及助役ヲ置クコト町村ノ制ニ同クシテ別ニ名譽職《メイヨシヨク》參事會員若干名ヲ置キ合セテ集議躰ヲ組織シ之ヲ市參事會トス助役及名譽職參事會員ノ定員ハ市制第四十九條ニ之ヲ定ムト雖モ市ノ情況ニ依リ增減ヲ要スル𪜈ハ市條例ヲ以テ之ヲ增減《ゾウゲン》スルコトヲ得可シ是レ其人員ヲシテ可成的《ナルベクタナ》各地ノ情況《アリサマ》ニ適應《テキオウ》セシメ以テ其負擔ニ輕重《ケイヂウ》ノ差《サ》ナカランヿヲ期センカ為メナリ

第五十條　市長ハ有給吏員トス其任期ハ六年トシ內務大臣市

條第一項ト同シ
○選擧方法ハ第四十四條(參觀)

會ヲシテ候補者《コウホシヤ》三名ヲ推薦《スヰセン》セシメ上奏裁可《ジヤウソウサイカ》ヲ請フ可シ若シ其裁可ヲ得サルトキハ再推薦《サイスヰセン》ヲ爲サシム可シ再推薦ニシテ猶裁可ヲ得サルトキハ追テ推薦セシメ裁可ヲ得ルニ至ルノ間内務大臣ハ臨時代理者ヲ選任シ又ハ市費ヲ以テ官吏ヲ派遣《ハケン》シ市長ノ職務ヲ管掌《クワンシヨウ》セシム可シ

(講)本條ハ市長ノ選任法ノ事ヲ規定シタルモノナリ

市長ハ内務大臣市會ヲシテ候補者《コウホシヤ》即チ市長トナルヘキモノ三名ヲ推選《スイセン》セシメ上奏許可《ソウキヨカ》ヲ得テ之ヲ定ムルモノトス但シ候補者ヲ選定スルニハ猶四十四條ノ規定ニ從テ之ヲ選擧ス可キモノトス又推薦《スイセン》トハ其候補者《コウホシヤ》ヲ第二ノ選ニ當ラシメンカ爲メ之ヲ撰擇《エラミ》スルノ權アル者ニ薦《ス丶ム》ルヲ云フ市會ノ選擧シタル候補者中何レモ裁可ヲ得サルトキハ再推薦シテ尚《ナ》ホ裁可セラレサル時ハ他ニ候補者ヲ推薦シテ三タビ裁可ヲ請ハサル可カラス若シ裁可《ユルシ》ヲ請ハサル時ハ市長トナルヲ得サルナリ其間内務大臣ハ臨時市長ノ代理者ヲ選任スルカ又ハ官吏ヲ派遣シテ市長ノ定マル迄其職務ヲ管掌《ツカサドル》セシムルモノナリ

○町村制第五十四條ト同條
○參事會ハ第百二十七條(參觀)
○名譽職選任法ハ第四十四條(參觀)

其上奏シテ許可ヲ要スル所以ハ市ハ自治躰ノ一小部分ナリト雖モ市ノ行政ハ一般ノ市政ニ影響《エイキヤウ》ヲ及ホスノミナラス國家利害《リガイ》ノ關《クワン》スル所ナルカ故ニ之レカ長タルモノヽ推薦《スイセン》ヲ粗濫《ソロウ》ニスヘカラサレハナリ市長ヲ有給吏員ト爲ス所以ハ其職有識俊才《ユウシキシユンサイ》ノ能《ノウ》ヲ要スルト事務繁多《ハンタ》ニシテ職業ノ餘暇《ヨカ》ヲ以テ之ヲ辨スルヲ得サルトニ因ル

第五十一條　助役及名譽職參事會員ハ市會之ヲ選擧《センキヨ》ス其選擧ハ第四十四條ニ依テ行フ可シ但投票同數ナルトキハ抽籤ノ法ニ依ラス府縣參事會之ヲ決《ケツ》ス可シ

(講)本條ハ助役及名譽職參事會員選擧ノ規定ヲ示スナリ而シテ其選擧ノ方法ハ第四十四條ニ準據スヘキモノトス

但書ハ四十四條ノ例外ニシテ抽籤《クジビキ》法ハ三名以上同數者アル時候補者三名ヲ取ランカ爲メニ用ユル抽籤《クジビキ》ニアラスシテ其再選ニ於テ猶同數ニシテ過半數《クワハンスウ》ヲ得ル者ナキ𪜈當選者ヲ定ムル最終ノ抽籤ヲ云フモノナリ

助役及參事會員ヲ市會ニ於テ之ヲ選擧スル所以ハ助役及市參事會員等ハ專ラ

〇町村制第五十四條ノ二項第五十九條乃至第六十一條ト同條

市ニ屬《ゾク》シ國ニ直隷《チヨクレイ》スル機關ニアラス故ニ市自ラ選任スルハ當然ナリトス

第五十二條　助役ハ有給吏員《ユウキフリイン》トシ其任期ハ六年トス助役ノ選擧ハ府縣知事ノ認可ヲ受クルコトヲ要ス若シ其認可《ニンカ》ヲ得サルトキハ再選擧ヲ爲ス可シ再選擧ニシテ猶其認可ヲ得サルトキハ追テ選擧ヲ行ヒ認可ヲ得ルニ至ルノ間府縣知事ハ臨時代理者ヲ選任《センニン》シ又ハ市費ヲ以テ官吏ヲ派遣《ハケン》シ助役ノ職務《シヨクム》ヲ管掌《クワンシヤウ》セシム可シ

(講)本條ハ市助役ノ任期ト其選任方法ヲ規定シタルモノナリ

市助役ノ任期ハ六年ヲ以テ一任期トナス而シテ其選擧ハ府縣知事ノ認可《ニンカ》ヲ受クルコトヲ要ス其他本條ノ規定ハ前第五十條ト上奏裁可《サイカ》ヲ請《コ》フト府縣知事ノ認可ヲ受クルトノ差アルノミ

市長ハ內務大臣ニ上奏裁可ヲ請《コ》ヒ助役ハ府縣知事ノ認可ヲ受クル所以ハ市長ハ助役ノ上ニ位シ其職重要《ヂウエウ》ニシテ隨《シタガツ》テ給料モ多額ヲ受クルカ故ナリ而シテ助役モ亦市行政中最モ樞要《カナメ》ノ地位ヲ占《シ》メ其職市長ニ亞《ツ》クモノナルカ故ニ之ヲ有

○町村制第五十六條ト同條
○市公民資格ハ第七條(參觀)

○選擧ノ事ハ第四十四條
○補欠選擧ハ第十七條(參觀)

給吏員トナスナリ

第五十三條　市長及助役ハ其市公民タル者ニ限《カギ》ラス但其任ヲ受《ウ》クルトキハ其公民タルノ權ヲ得

(講)本條ハ市長及助役タルヘキモノヽ資格《シカク》ヲ定メタルモノナリ

市長及助役ハ市公民タル者ヨリ選擧スルニ限ラス市住民中ヨリモ選擧スルヲ得ヘク但其市長及助役トナリタル以上ハ其市公民タルノ權ヲ得ルモノト定メタリ

市長及助役ヲ公民外ノ者ヨリ選擧スル所以ハ智識學力ヲ要スル者ニテ財産家《ザイサンカ》ニ限リ其資格《シカク》ヲ與《アタ》フルコトヽセバ區域減縮シテ適當ノ人物ヲ得ル能ハサル塲合ヲ顧慮《カヘリミル》シタルモノナラン又市長及助役トナリタル以上ハ之ニ公民權ヲ與フル所以ハ既ニ市長若クハ助役タル上ハ之ニ公民權ヲ與フルトモ差支《サシツカヘ》ナキ塲合アルニヨルナリ

第五十四條　名譽職參事會員《メイヨシヨクサンジクワイイン》ハ其市公民中年齡滿三十歲以上ニシテ選擧權ヲ有スル者ヨリ之ヲ選擧ス其任期ハ四年トス任《ニン》期《キ》滿限《マンゲン》ノ後ト雖モ後任者就職《シウシヨク》ノ日迄在職スルモノトス

名譽職參事會員ハ每二年其半數ヲ改選《カイセン》ス若シ二分シ難キトキハ初回ニ於テ多數ノ一半ヲ退任セシム初回ノ退任者ハ抽籤ヲ以テ之ヲ定ム但退任者ハ再選セラル丶コトヲ得

若シ闕員《ケツイン》アルトキハ其殘任期ヲ補充《ホジウ》スル爲メ直《タヾチ》ニ補闕選擧ヲ爲ス可シ

(講)本條ハ名譽職參事會員ニ選擧セラル丶者ノ資格《シカク》幷ニ其任期選擧法ヲ定メタルモノナリ

名譽職參事會員トナルニハ左ノ條件ヲ具備《ソナヘ》スルヲ要ス

一、市公民ナルヿ

二、年齡滿三十歲以上ナルヿ

三、選擧權ヲ有スル者ナルヿ

第一項　名譽職參事會員ノ任期ハ四年ナリト雖モ後任者就職《コウニンシャシウショク》ノ日マテ在職《ザイショク》スルモノトス

第二項　選擧ノヿハ第五十一條ニ之ヲ定ム又第二項ハ其義第十六條ト同一ニ

○本條第二項ハ町村制第五十三條ト同項第三項ハ町村制第五十七條ト同
○市會議員ノ資格ナキモノハ第十五條
○市吏員ハ第四十九條
○退隱料ノヿハ第七十七條
(參觀)

シテ既ニ同條ニ於テ講述《コウジユツ》シタレハ之ヲ略ス又第三項ハ議員ノ欠員《ケツイン》アル片ノ如ク定期改選ノ時ヲ俟《マタ》ス欠員アルニ從ヒ補欠選擧會《ホケツセンキヨクワイ》ヲ開クヘキモノトス第二ノ塲合年齡三十歳以上ナルヿヲ要スルハ人ハ概シテ三十歳以上ニ至ラサレハ智識經驗《チシキケイケン》ニ富《ト》マサルヲ以テナリ

第三項　規定ヲ要スル所以ハ名譽職參事會員ニ欠員《ケツイン》ヲ生シタル片ハ第十七條市會議員補欠《ホケツ》ノ塲合ト異ナリ市ノ重要ナル行政機關ナレハ定期改選ヲ俟ツノ餘暇《ヨカ》ナキヲ以テナリ

第五十五條　市長及助役其他參事會員ハ第十五條第二項ニ揭《ケイ》載《サイ》スル職ヲ兼ヌルコトヲ得ス同條第四項ニ揭載スル者ハ名譽職參事會員ニ選擧《センキヨ》セラルヽコトヲ得ス

父子兄弟タルノ緣故《エンコ》アルモノハ同時ニ市參事會員タルコトヲ得ス若シ其緣故アル者市長ノ任ヲ受クルトキハ其緣故アル市參事會員ハ其職ヲ退《シリゾ》ク可シ其他ハ第十五條第五項ヲ適用ス

(講)本條ハ市長及助役參事會員ニ他ノ職ヲ兼任《ケンニン》スルヿヲ許《ユル》サヽル事及參事會

員ノ被選擧權ニ關スル事等ヲ規定シタルモノナリ

第一項　市長及市助役其他參事會員ハ第十五條第二項ニ掲載《ケイサイ》スル職即チ所屬府縣ノ官吏以下小學校敎員迄ノ職ヲ兼《カ》ヌルヲ得ザルナリ同條第四項ニ掲《カヽ》ゲアル代言人ニアラズシテ他人ノ爲メニ裁判所又ハ其他ノ官廳《クワンチヨウ》ニ對シテ事ヲ辨《ベン》ズルヲ以テ業ト爲ス者ハ名譽職參事會員ニ選擧セラルヽヿヲ得サルナリ

第二項　父子兄弟タルノ緣故《ユカリ》アル者ハ同時ニ俱ニ市參事會員即チ市長助役名譽職參事會員タルヲ得ザルナリ若シ一人市長ノ任ヲ受クレハ他ノ一人ハ市參事會員ノ職ヲ退《シリゾ》カサルヘカラス其他ハ第十五條第五項ヲ適用ストアルハ時ヲ異ニシテ選擧セラレタル場合ニハ後者退職《タイシヨク》スルノ規定ヲ適用《テキヨウ》スルヲ云フナリ

第三項　市長及助役ハ有給吏員ナルヲ以テ三ケ月前ニ申立ツレハ勝手ノ時ニ退職ヲ求ムルヿヲ得ルナリ若シ然ラサレハ人身自由ノ權ヲ奪《ウバ》フノ結果《ケツクワ》ヲ生スレハナリ尤此場合ニ退隱料《タイヽンリヤウ》ヲ受クルノ權ヲ失《ウシナ》フハ自己ノ勝手《カツテ》ニ退職スルニ付テノ制裁《セイサイ》法ナリ

○町村制第五十八條ト同條

市長及助役其他參事會員ニ第十五條第二項ノ職ヲ兼《カ》ヌルヿヲ得ズト云フ所以ハ義務ノ性質《セイシツ》上互ニ兼勤《ケンキン》セシムルニ於テハ不都合《フツガフ》ヲ生《シヤウ》スレハナリ第十五條第四項ニ該ル者ハ名譽職參事會員ニ選擧セラルヽヲ得サル所以ハ名譽職參事會員タル者ハ充分《ジウブン》ノ名譽《メイヨ》ヲ負フ人ニアラサレハナリ然ルニ第十五條第四項ニ該ル人ハ名譽ノ點ニ於テ不充分ナレハナリ

父子兄弟ノ如キ近親者數人同時ニ議員トナル時ハ私利ノ爲メニ公益《コウエキ》ヲ矯《タ》ムルノ議決ヲナスニ容易ナルヘキカ故ナリ本項ハ此制裁《セイサイ》ヲ設ケタルナリ而シテ此制裁ハ父子兄弟ノ緣故《エンコ》アル者ニ止マリ他ノ叔姪《オヂオヒ》ノ如キハ同時ニ議員タルヲ得ヘシ又其父子ト云ヒ兄弟ト云フモ養實《ヤウジツ》ノ區別アルニ非ス戸籍上《コセキシヤウ》現ニ其關係アル者ト元來骨肉《コツニク》ノ間ナルトヲ問ハサルナリ

第五十六條　市長及助役ハ他ノ有給《イどキフ》ノ職務ヲ兼任シ又ハ株式《カブシキ》會社《クワイシヤ》ノ社長及重役トナルコトヲ得ス其他ノ營業《エイゲフ》ハ府縣知事ノ認可ヲ得ルニ非サレハ之ヲ爲スコトヲ得ス

（講）本條ハ前條第一項ニ次キ市長及助役ノ兼業ニ關スル事ヲ定メタル者ナリ

市長及助役ハ有給吏員ニシテ專務職《センムシヨク》タレハ一身ノ全力ヲ擧《ア》ゲテ其任ニ當《アタ》ルヘキモノナルヲ以テ他ノ有給ノ職ヲ兼ヌルヿヲ許サズ他ノ有給ノ職務トハ官私ノ別ナク俸給《ホウキウ》ヲ受クル職務ヲ云フ而シテ株式會社《カブシキクワイシヤ》ノ社長及重役トハ其給料ヲ受クルト否トヲ別タサルナリ其他ノ營業トハ諸般ノ營業ヲ云フ此諸般ノ私營《シエイ》ニ付テハ府縣知事ノ認許《ユルシ》ヲ得テ之ヲ爲スヿヲ得ルナリ

市長及助役ハ市行政中重要ノ職務ナレハ他ノ有給職ヲ兼ヌル片ハ自ラ本務ヲ怠《オコタ》リ其任ヲ忽《ユルカセ》ニスルノミナラス他ノ有給ノ職務ヲ兼ヌル片ハ勢《イキホ》ヒ其俸額ノ多カランコトヲ望《ノゾ》ムハ是レ人情ノ常ナリ又株式會社ノ社長及重役タル者ハ唯一ノ信用ヲ以テ世間ニ存在《ソンザイ》スルモノナレハ市長又ハ助役ノ社長及重役トナリタル時ハ人々競《キソ》フテ加入ヲ試《コヽロ》ムニ至ルベシ有給ノ職務タル畢竟一身ヲ擧ゲテ專委セシムルカ爲メニシテ其職務ノ傍ラ他ノ職業ヲ兼ヌルノ餘暇ナキモノトスル法律上ノ制裁《セイサイ》ニ出ルモノナリ然ルニ市吏員ハ官吏ニ非ス又其ノ俸給ハ之ヲ官吏ニ比スレハ少額《セウガク》ナランニ依テ事ニ害《ガイ》ナキ私業ニ至テハ亦之ヲ兼業セシメサル可カラス是レ本條ニ府縣知事ノ認可ヲ經テ之ヲ營《イトナ》ムヿヲ得ルノ特例《トクレイ》ヲ設ケ

○當選者資格ノコトハ第四十四條第二十二條第二十三條第二十四條
○當選ノコトハ第二十五條第二十七條
○訴願期限ハ第百十六條（參觀）

タル所以ナリ

第五十七條　名譽職參事會員ノ選擧ニ付テハ市參事會自ラ其効力ノ有無ヲ議決《ギケツ》ス
當選者中其資格ノ要件《エウケン》ヲ有セサル者アルコトヲ發見シ又ハ就職後其要件ヲ失フ者アルトキハ其人ノ當選《タウセン》ハ効力《カウリヨク》ヲ失フモノトス其要件ノ有無ハ市參事會之ヲ議決ス其議決ニ不服アル者ハ府縣參事會ニ訴願シ其府縣參事會ノ裁決《サイケツ》ニ不服アル者ハ行政裁判所ニ出訴スルコトヲ得其他ハ第三十五條末項ヲ適用ス

（講）本條ハ參事會員ノ選擧ニ關スル異議《イギ》裁決權《サイケツケン》ノ事ヲ規定スルモノナリ

第一項　名譽職參事會員ノ選擧ノ効力有無ニ付テハ市參事會自ラ之ヲ議決スルナリ此議決ニ對シテハ訴願ノ權ナキモノヽ如シト雖モ元來參事會員ノ選擧ハ市會ニ於テ之ヲ行フモノニシテ其市會ノ處分《シヨブン》ニ對《タイ》シ市參事會ニ於テ終局タル當否議決ノ權ヲ有スヘキ理ナケレハ第二項ノ議決ト等シク訴願ノ權アリト解セサルヘカラス

○本條第一項ハ町村制第六十二條ト同條
○市參事會員ハ第四十九條
○收入役ノ職務ハ第七十條（參觀）

第二項　名譽職參事會員ノ當選者中ニ其資格《シカク》ノ要件ヲ有セザルコト例《タト》ヘハ年齡三十歳未滿ナリシコトヲ發見シ又ハ就職後ニ其要件ヲ失フ者アル場合例ヘハ其市內ノ地所ヲ賣リタル場合ニハ其人ノ當選ハ當選ノ効力無ケレハ無効ニ歸スルモノトス其要件ノ有無ハ市會ニテ決セスシテ市參事會ニテ之ヲ議決スルナリ又不服アル者トハ其議決ニ對シ利害ノ關係アル者ニシテ其議決ノ目的《モクテキ》トナリシ當選者及ヒ市會ヲ云フ其他ハ第三十五條末項《マツコウ》ヲ適用ストアル其他トハ右ノ訴願及ヒ訴訟ノ爲メニ其執行ヲ停止《テイシ》セズ但判決確定《ハンケツクワクテイ》スルニ非サレハ更ニ選擧ヲナスコトヲ得サルノ規定ヲ云フ

第五十八條　市ニ收入役《シウニフヤク》一名ヲ置ク收入役ハ市參事會ノ推薦《スヰセン》ニ依リ市會之ヲ選任《センニン》ス

收入役ハ市參事會員《シサンジクワイイン》ヲ兼ヌルコトヲ得ス

收入役ノ選任ハ府縣知事ノ認可《ニンカ》ヲ受クルコトヲ要ス其他ハ第五十一條、第五十二條、第五十三條、第五十五條及第七十六條ヲ適用ス

収入役ハ身元《ミモト》保證金《ホショウキン》ヲ出ス可シ

（講）本條ハ收入役ハ市參事會推薦シ市會之ヲ選任スル事ヲ定メタルナリ

收入役ハ左ノ要項ニ據《ヨ》ルモノトス

第一　收入役ハ市會之ヲ選擧ス其選擧ハ第四十四條ニ依《シタガフ》可シ（第五十一條）

第二　收入役ハ其市公民タルヲ要セス但其任ヲ受ルトキハ公民權ヲ有ス（第五十三條）

第三　收入役ハ有給吏ニシテ其任期ハ六年トス（第五十二條第一項）

第四　收入役ハ市參事會ノ推薦《スヰセン》ニ依《ヨリ》市會之ヲ選任シ以テ府縣知事ノ認可《ユルシ》ヲ經ルコトヲ要ス（本條第一項第三項）

第五　收入役ハ第十五條第二項ニ掲クル五個ノ職務及市參事會員ヲ兼《カヌ》ルコトヲ得ズ（第五十五條第一項及本條第二項）

第六　收入役ハ市長ト父子兄弟ノ緣故《エンコ》アラサルコトヲ要ス若シ父子兄弟ノ緣故アル者市長ニ任《ニン》セラルヽトキハ自ラ其職ヲ退クヘシ（第五十五條第二項）

第七　收入役ハ身元保證金ヲ納ムルコトヲ要ス（本條第四項）

○町村制第六十三條ト同條
○給料ノ議定ハ第七十六條
○職務ハ第七十一條(參觀)

市長及助役參事會員カ收入役ヲ兼ヌルヿヲ得ス收入役又市長助役及參事會員ヲ兼ヌルヿヲ得サル所以ハ命令者《メイレイシヤ》ト執行者《シツカウシヤ》ト各分離《ブンリ》獨立《ドクリツ》セシメンカ爲メナリ又身元保證金ヲ出ス所以ハ收入役ハ市ノ會計事務ヲ掌《ツカサド》ルモノニシテ謹直方正《キンチヨクハウセイ》ノ人ヲ以テ之ニ充《ア》ツルト雖モ尙ホ保證金ヲ出シテ信用ヲ充分ニスル爲メニシテ之ヲ以テ人心ヲ安ゼシメ又自ラ鑑《カンガミ》ル所アルモノナルカ故ニ保證金ヲ出サシメ一朝誤《アヤマ》リアルトキハ此保證金ヲ以テ賠償《ツクナヒ》ノ責任《セキニン》ヲ負ハシムルモノナリ

第五十九條　市ニ書記其他必要ノ附屬員並使丁《フゾクインナラビニシテイ》ヲ置キ相當ノ給料ヲ給《キフ》ス其人員ハ市會ノ議決ヲ以テ之ヲ定メ市參事會之ヲ任用ス

(講)本條ハ書記其他必要ノ附屬《フゾク》吏員ノ任用等ノ事ヲ定メタルモノナリ
市ハ吏員ノ外尙ホ書記其他必要ノ附屬員幷ニ使丁《シテイ》ヲ置キ機械的《キカイテキ》ニ使用スルモノナリ必要ノ附屬員トハ各地其文化ノ度ニ從ヒ或ハ技術師《ギジユツシ》ヲ要スルヿアルヘク或ハ專門ノ學術ヲ修《オサ》ムル者ヲ要スルヿアルヘシ是等ノ必要アル場合ニハ機械的ニ使用シ相當ノ給料ヲ給與スルハ市ノ義務トス其人員ノ如キハ市會ノ議決ヲ以テ之ヲ定メ市參事會ノ任用スル所トナル其任期ハ法律上之ヲ規定セス

○本條第一項町村制第六十四條第一項本條第二項ハ町村制第六十四條第二項ト同條

○公民權ハ第七條

○選擧權ヲ有スルモノハ第十二條

ト雖モ市條例ヲ以テ豫《アラカジ》メ之ヲ規定シ若クハ各本人ト之ヲ規約スルハ固ヨリ妨ケサルナリ

第六十條　凡市ハ處務便宜《シヨムベンギ》ノ爲メ市參事會ノ意見ヲ以テ之ヲ數區《スウク》ニ分チ毎區區長及其代理者各一名ヲ置クコトヲ得區長及其代理者ハ名譽職トス但東京京都大坂ニ於テハ區長ヲ有給吏《イウキフリ》員《イン》ト爲スコトヲ得

區長及其代理者ハ市會ニ於テ其區若クハ隣區《リンク》ノ公民中選擧權ヲ有スル者ヨリ之ヲ選擧《センキヨ》ス區會（第百十二條）ヲ設クル區ニ於テハ其區會ニ於テ之ヲ選擧ス但東京京都大坂ニ於テハ市參事會之ヲ選任《センニン》ス

東京京都大坂ニ於テハ前條ニ依リ區ニ附屬員《フゾクイン》並使丁《シテイ》ヲ置クコトヲ得

（講）本條ハ第十四條ニ於テ選擧區ヲ分ツト同シク處務便宜《シヨムベンギ》ノ爲メ市ヲ分畫《ブンクワク》シテ區ヲ設クル事及其區員選任ニ關スル事ヲ規定スルモノナリ

○本條第一項ハ町村制第六十五

第一項　區域《クヰキ》廣濶《ヒロキ》ナルカ又ハ人口稠密《オホク》ナルカ爲メ之ヲ一區ノ管轄《シハイ》ニ屬《ゾク》スルハ不便ナル市ニ在テハ市參事會ノ議決ニ依リ處務便宜ノ爲メ分劃シテ數區トナシ毎區ニ區長及區長代理者各一名ヲ置キ市ノ事務ヲ處辨《ショベン》セシムルヿヲ得ルモノトス

第二項　區長及ヒ代理者ハ市會ニ於テ其區又ハ隣區《リンク》ノ公民中選擧權ヲ有スル者ノ中ヨリ選擧スルコト、ス隣區《リンク》トアルハ適任ノ人ヲ得ルノ目的《モクテキ》ヲ以テ區域ヲ擴《オシヒロ》ムルナリ第百十三條其區限リノ財産《ザイサン》及營造物《エイゾウブツ》アリテ區會ノ設ケアル區ニテハ其區會ニテ選擧スルノ權利アルナリ

區ヲ設クルト否トヲ市參事會ノ意見《イケン》ニ任スルモノハ單《タン》ニ市行政ノ一區畫《クワク》ニ過《ス》キストノ意ヨリ出テタルモノナルヘシ然レ𪜈區ヲ設クルト否トハ市ノ組織ニ關スルヲ以テ市會ノ意見ニ任スルモノトス又三府ニ於テハ區長ヲ有給吏員ト爲スヿヲ得ル所以ハ事務多端ニシテ自己職業ノ餘暇《ヨカ》ヲ以テ之ヲ處辨スルヲ得サルカ故ナリ又三府ニ限リ區ノ附屬員並使丁《シテイ》ヲ置《オ》クヿヲ許シタルモノハ繁雜《ハンザツ》ノ地ニシテ事務モ隨テ繁多《ハンタ》ナルヲ以テナリ

第六十一條　市ハ市會ノ議決ニ依リ臨時《リンジ》又ハ常設《ジヤウセツ》ノ委員ヲ置

條一項ト同第二項ハ町村制第五十六條第二項本條第四項ハ町村制第六十五條第三項ト同項
○市條例ハ第十條議員ハ第七十三條(參觀)

クコトヲ得其委員ハ名譽職トス
委員《ヰイン》ハ市參事會員又ハ市會議員ヲ以テ之ニ充《ア》テ又ハ市參事會員及市會議員ヲ以テ之ヲ組織《ソシヨク》シ又ハ會員議員ト市公民中選擧《センキヨ》權《ケン》ヲ有スル者トヲ以テ之ヲ組織シ市參事會員一名ヲ以テ委員長トス
委員中市會議員ヨリ出ツル者ハ市會之ヲ選擧シ選擧權ヲ有スル公民ヨリ出ツル者ハ市參事會之ヲ選擧シ其他ノ委員ハ市長之ヲ選任《センニン》ス
常設《ジヤウセツ》委員《ヰイン》ノ組織ニ關シテハ市條例ヲ以テ別段ノ規定《キテイ》ヲ設《マウ》クルコトヲ得
(講)本條ハ市ニ臨時又ハ常設委員ヲ設クル事及委員選任法ノ事ヲ定ムルモノナリ
第一項　市會ノ議決ニヨリテ市ニ臨時又ハ常設委員ヲ設ケ置クコトヲ得其委員ハ名譽職トス

第二項　委員ヲ選任スル方法ハ市參事會又ハ市會議員ヲ以テ之ニ充《ア》テ又ハ市參事及市會ヲ以テ之ヲ組織《クミタテ》シ又ハ會員議員ト市公民中選擧權ヲ有スル者トヲ以テ之ヲ組織ス故ニ市參事會ナルモノヲ設置《セツチ》シ市長及ヒ市助役ハ此會員ノ一人トナリ常ニ會同シテ事務ヲ議決執行ス

第三項　本項ハ委員ノ選出方ヲ規定ス委員ノ中市會議員ヨリ出ル者ハ市會之ヲ選擧シ選擧權ヲ有スル公民ヨリ出ツル者ハ市參事會之ヲ選擧シ其他ハ市長之ヲ選任スルコトヽス

第四項　常設委員ノ組織方《クミタテ》ニ付テハ市會ニテ議定スル市條例ヲ以テ別段ノ規定ヲ設クルコトヲ得ルナリ

又委員ハ他ノ吏員ト異《コト》ニシテ集合躰《シウガフテイ》ノモノナルカ故ニ其人員ハ二名以上ナラサル可カラス又常設ト臨時トヲ問ハス市行政事務ノ一部ヲ分掌《ワケツカサドリ》シ又ハ營造物ヲ管理《サハイ》スル等ヲ以テ職掌《シヨクシヨウ》トス

委員ヲ設ケ市行政事務ノ一郵ニ參與《アヅカラ》セシムル所以ハ理由書ニアルカ如ク市民ヲシテ自治ノ制ニ習熟《ナレ》セシメンカ爲メニ最効益《モツトモカウエキ》アリ委員アルトキハ多數

○町村制第六十六條ト同條
○區長ハ第六十條
○委員ハ第六十一條
○報酬額議定ハ第七十五條（參觀）
○町村制第六十七條ノ二項ト同
○市長ノ任期ハ第五十條
○助役任期ハ第

ノ公民ヲシテ市ノ公益ノ爲メニ力ヲ竭《ツク》スヿヲ得セシメ自治ノ効用ヲ擧クルヿヲ得ヘシ云々ト若夫レ如斯シテ公民盡ク行政事務ニ參與《アツカラ》シ自ラ實務ノ經《ケイ》驗《ケン》ニ富《ト》ム片ハ市ノ公益ヲ謀リ市政ノ難易《ナンイ》ヲ了知スルコトヲ得可シ又地方ノ事情ヲ表白《アラハス》スルノ機會ヲ得テ大ニ事務吏員ノ短處《タンシヨ》ヲ補《オギナ》フコトヲ得ヘシ

第六十二條　區長及委員ニハ職務取扱ノ爲メニ要スル實費《ジツピ》辨《ベン》償《シヤウ》ノ外市會ノ議決ニ依リ勤務《キンム》ニ相當スル報酬《ハウシウ》ヲ給《キフ》スルコトヲ得

（講）名譽職ナル者ハ職務取扱ノ爲メニ要スル所ノ實費辨償《ツクナヒ》ハ固ヨリ之ヲ要求《モトメ》スルノ權アルハ本制中前條ニ在テ明カナリ本條ニ於テ勤務ニ相當スル報酬《ムクヒ》ヲ給スルヿヲ設ク報酬《ムクヒ》ハ之ヲ要求スルノ權ナシト雖モ本條ニ從ヒ市會ノ議決ヲ以テ之ヲ給與スヘシト定メタル片ハ區長幷委員ハ之ヲ要求スルノ權ヲ有スルナリ

第六十三條　市吏員ハ任期滿限ノ後再選セラルヽコトヲ得
市吏員及使丁ハ別段ノ規定《キテイ》又ハ規約《キヤク》アルモノヲ除クノ外隨時《ズヰジ》解職《カイシヨク》スルコトヲ得

五十二條

○參事會員任期ハ第五十四條（參觀）

○町村制第六十八條ト同條

○市參事會ハ第四十九條

○內務大臣ニ許

(講)本條ハ市吏員ノ滿期再選ノ事及解職ノ事ヲ規定シタルモノナリ

別段ノ規定トハ任期アル市吏員ヲ云フ本制ニ於テ任期ヲ規定シタルモノハ市長及ヒ市助役市收入役ナリ其他區長區長代理者委員書記其附屬員モ市條例ヲ以テ其任期ヲ規定シ又ハ規約《キヤク》スルコトヲ得ルナリ而シテ市長及市助役參事會員收入役ハ第百二十四條ノ懲戒裁判《チヤウカイサイバン》ニ依ルニ在ラサレハ解職スルヲ得ス又規約アルモノトハ臨時雇入《リンジヤトヒ》レタル專門《センモン》ノ學術《ガクジユツ》家若クハ技術師《ギジユツシ》等ヲ或ル年限ヲ以テ特約スルヲ云フ此等ノ別段ノ市ノ取極メ又ハ双方間《ソウハウカン》ニ契約《ケイヤク》ナキモノハ何時コテモ解職スルコトヲ得ルナリ

第二欵　市參事會及市吏員ノ職務《シヨクム》權限《ケンゲン》及處務《シヨム》規程《キテイ》

(講)本欵ハ市參事會ト市吏員トノ職務並ニ權限及ヒ事務處辨ノ規程ヲ掲ケタルナリ

第六十四條　市參事會ハ其市ヲ統轄《トウカツ》シ其行政事務ヲ擔任《タンニン》ス

市參事會ノ擔任スル事務ノ概目《ガイモク》左ノ如シ

一　市會ノ議事ヲ準備《ジユンビ》シ及其議決ヲ執行《シツカウ》スル事若シ市會ノ

可ヲ受クルハ第百二十一條
○内務大藏兩大臣ノ許可ハ第百二十二條
○府縣參事會ノ許可ハ第百二十三條
○出納豫算決算ハ第百七條以下
○財産管理ハ第八十一條以下
○懲戒處分不服ノコトハ第百二十四條
○使用料手數料ハ第八十九條
○市税ハ第九十條
○夫役現品ハ第百一條(參觀)

議決其權限《ケンゲン》ヲ越エ法律命令ニ背キ又ハ公衆ノ利益《リエキ》ヲ害スト認ムルトキハ市參事會ハ自己ノ意見ニ由リ又ハ監督官廳ノ指揮《シキ》ニ由リ理由ヲ示シテ議決ノ執行ヲ停止《テイシ》シ之ヲ再議セシメ猶《ナホ》其《ソン》議決《ギケツ》ヲ更メサルトキハ府縣參事會ノ裁決ヲ請フ可シ其權限ヲ越エ又ハ法律勅令ニ背クニ依テ議決ノ執行ヲ停止シタル場合ニ於テ府縣參事會ノ裁決ニ不服アル者ハ行政裁判所ニ出訴スルコトヲ得

二　市ノ設置《セツチ》ニ係ル營造物《エイゾウブツ》ヲ管理スル事若シ特ニ之カ管理者アルトキハ其事務ヲ監督《カントク》スル事

三　市ノ歳入ヲ管理《クワンリ》シ歳入出豫算表其他市會ノ議決ニ依テ定マリタル收入支出ヲ命令シ會計及出納ヲ監視《カンシ》スル事

四　市ノ權利ヲ保護《ホゴ》シ市有財産ヲ管理《クワンリ》スル事

五　市吏員及使丁ヲ監督シ市長ヲ除クノ外其他ニ對シ懲戒《チヤウカイ》

處分《シヨブン》ヲ行フ事其懲戒處分ハ譴責及十圓以下ノ過怠金《クワタイキン》ト
ス
六　市ノ諸證書及公文書類ヲ保管《ホクワン》スル事
七　外部ニ對シテ市ヲ代表《ダイヘウ》シ市ノ名義ヲ以テ其訴訟並和解
ニ關シ又ハ他廳若クハ人民ト商議《シヤウギ》スル事
八　法律勅令ニ依リ又ハ市會ノ議決ニ從テ使用料、手數料、
市税及夫役現品ヲ賦課徴收《フクワチヤウシウ》スル事
九　其他法律命令又ハ上司《ジヤウシ》ノ指令ニ依テ市參事會ニ委任シ
タル事務ヲ處理《シヨリ》スル事

(講)本條ハ市參事會ノ擔任スル事務概目《ガイモク》ヲ規定シタルモノニシテ第一ヨリ第
九マテノ概目アリ
權限トハ其掌《ツカサド》ル事ニ付キテハ左右スルヿヲ得ヘキ權ヲ云フ市參事會ノ權限ト
ハ市ノ事務ヲ統轄《トウカツ》シテ之ヲ處理《サハイ》スルノ權ヲ云フ擔任事務トハ市ノ内外ニ向テ
之カ實行ノ責アルヲ云フ

第一　市參事會ハ市會ノ議決權限ヲ越エ《コ》若クハ法律命令ニ背《ソム》キ又ハ公衆ノ利益ヲ害《ガイ》スト認《ミト》ムルトキハ議決ノ執行ヲ停止《テイシ》スルノ權ヲ有ス即チ之ヲ停止シテ府縣參事會ノ裁決ヲ請フコトヲ得可シ尤《モツトモ》僅《ワヅカ》ニ利害ノ見込《ミコミ》ヲ異《コト》ニシタルノミニテハ未タ以テ之ヲ停止《テイシ》スルノ理由ト爲スニ足ラス必公益ヲ損害《ソンガイ》スト認《ミト》ムル時ニ限ルヘシ

若シ市會ノ議決其權限ヲ越《コ》エトハ第三十條ノ規定外ニ出テ市會ノ議權ナキ事ヲ議決スルヲ云ヒ

第二　特ニ之カ管理《シハイ》者アルトキトアルハ市會ノ議決ヲ以テ委員ヲ設置《セツチ》シ若クハ專任者《センニンシヤ》ヲ置キ之ヲシテ管理《シハイ》セシムルトキノ場合ヲ謂フ

第三　收入支出ヲ命令シトハ第三十一條第三及第百七條乃至第百十條ニ規定スル所ト同一ナルヲ以テ別ニ講述ヲ要セス又會計《クワイケイ》及出納《スイナウ》ヲ監視《カンシ》ストハ特《ヒト》リ第百十一條ノ規定ニ從ヒ毎月例日ノ撿査《ケンサ》ヲ爲スニ止マラス常ニ注意《チウイ》シテ監《カン》督視察《トクシサツ》スルヲ云フ而シテ之ヲ監督《カントク》スルハ市長ノ職權ニソ參事會ノ職權ニアラス故ニ參事會ハ本項ニ依リ監視權《カンシケン》アルモ之ヲ實行スルノ權ナキモノ也

第四　市參事會ハ市ノ代表者《ダイヘウシヤ》ナレハ市ノ内外各般《カクハン》ノ權利ヲ保護《ホゴ》セサルヘカラ

ス又市有ノ動産不動産ノ財産ヲ都テ之ヲ管理スヘシ

第五　市吏員ハ皆ナ市長ニ屬スヘキモノナルカ故ニ之ヲ監督《カントク》ス可キハ勿論《モチロン》ナリ之ヲ監督《カントク》スルニハ亦懲戒《チヤウカイ》スルノ職權ナカル可カラス

第六　市ノ諸證書等ノ事ハ別ニ説明ヲ要セス

第七　外部ニ對シテ市ヲ代表シトハ元來市ハ無形人ニシテ自ラ事務ヲ處理スル能ハス市行政ノ機關之ニ代テ事務ヲ處理《シヨリ》スル之ヲ名ケテ代表ト云フ故ニ代表ハ行政機關ニ事務實行權ノ由テ生スル原由ナリ訴訟幷ニ和解《ワカイ》ストハ其命令《メイレイ》ヲ受ケテ外人ニ對シ或ハ訴訟ヲ提起《オコ》シ或ハ和解《ワカイ》ヲ爲ス等實際ノ事ヲ處辨スルヲ云フ

第八　使用料、手數料、市税及夫役現品トハ第三十一條第五ニ掲載スルモノト同一ニシテ第八十九條第九十條第百一條ニ示スモノヲ云フ閣令以下ノ命令ハ使用料手數料市税及夫役現品《ブヤクゲンヒン》ヲ賦課徴收《フクワチヤウシウ》セシムルヲ得スト雖モ法律勅令ニ依リ又ハ當該官廳ノ職權ニ依リ命令セラル、所ノ支出ハ之ヲ拒ムヲ得ス

第九　市參事會ニ委任トアルハ市ノ代表者タル資格《シカク》ニ對《タイ》シテ委任スルモノナルカ故ニ是レ即チ市ニ委任スルモノナレハ此委任ノ事務ヲ處理スル方法等

○市參事會ハ第四十九條
○市會議事錄ハ第四十七條
○監督官廳ハ第百十五條
○參事會行政裁判所ハ第百二十七條(參觀)

ハ固ヨリ市參事會ニ於テ之ヲ議定ス可シ

第六十五條　市《シ》參《サン》事《ジ》會《クワイ》ハ議長又ハ其代理者及名譽職會員定員三分ノ一以上出席スルトキハ議決ヲ爲スコトヲ得

其議決ハ可否ノ多《タ》數《スウ》ニ依リ之ヲ定ム可否同數ナルトキハ議長ノ可否スル所ニ依ル

議決ノ事件ハ之ヲ議《ギ》事《ジ》錄《ロク》ニ登《トウ》記《キ》スヘシ

市參事會ノ議決其權限ヲ越《コ》エ法律命令ニ背キ又ハ公衆ノ利《リ》益《エキ》ヲ害スト認《ミト》ムルトキハ市長ハ自己ノ意見ニ由リ又ハ監督官廳ノ指《シ》揮《キ》ニ由リ理由ヲ示シテ議決ノ執行ヲ停止シ府縣參事會ノ裁決ヲ請フ可シ其權限ヲ越《コ》エ又ハ法律勅令ニ背クニ依テ議決ノ執《シツ》行《カウ》ヲ停《テイ》止《シ》シタル場合ニ於テ府縣參事會ノ裁決ニ不服アル者ハ行政裁判所ニ出訴スルコトヲ得

(講)本條ハ市參事會ノ議事規則及其議決權制《セイ》限《ゲン》ニ關《クワン》スル事ヲ規《キ》定《テイ》シタルモノナリ

○市會ハ第六十一條以下（參觀）

本條第一項ハ出席員《シユツセキイン》ノ制限《セイゲン》ニシテ第四十一條ノ規定ニ同ク即チ市參事會ノ定員ハ十名内外ナリ此十名内外中三名若クハ四名出席スルトキハ有効ノ議決ヲ爲スヲ得ヘシ第二項ハ議事裁決法ヲ定メ第三項ハ議事錄ノ事ヲ定ム第四項市參事會ノ議決ニシテ越權《エツケン》違《ヰ》法《ハフ》又ハ公益ニ害アリト認《ミト》ムル時ハ市長ハ自己《ジコ》ノ意見ニ由リ又ハ監督官廳《カントクヤクシヨ》ノ指圖《サシヅ》ニヨリテ理由ヲ明示シテ議決ノ執行ヲ停止シ府縣參事會ニ其議件ヲ呈出シテ裁決ヲ請フヘシ

本條第一項ニ出席員ヲ全員三分ノ一ノ少數ニテ議決ヲナシ得ルコト、スルハ行政機關ノ活動《クワツドウ》ニ餘地《ヨチ》ヲ與《アタ》ヘ是レ實際ノ便宜ヲ慮《オモンパカツ》テナリ第二項ニ於テ採決《サイケツ》法《ハフ》ヲ市會ト異ニシタル所以ハ參事會員ハ其人員少數ナルヲ以テナリ第三項ハ第四十七條ニ同ク議事錄ヲ製スルハ議事ノ本則ナリ

第六十六條　第四十三條ノ規定ハ市參事會ニモ亦之ヲ適用《テキヨウ》ス但同條ノ規定ニ從ヒ市參事會正當ノ會議《クワイギ》ヲ開クコトヲ得サルトキハ市會之ニ代テ議決スルモノトス

（講）本條ハ市參事會ニ對スル故障《コシヤウ》ノ事ヲ規定スルモノナリ

○第十八條以下第七十三條第七十四條第百十一條第六十八條(參觀)○市會ノ名ヲ以テ云々第六十四條第二項第七(參觀)

第四十三條ハ議員故障《コシヤウ》ノ規定ナリ市參事會員ニシテ此故障アルトキハ其事件ノ會議ニ加ハヽルヿヲ禁止《キンシ》シタルカ爲メニ減少シテ正當ノ會議即チ前條ニ定メタル如ク員數三分ノ一ニ滿《ミ》チタル會議ヲ開クコトヲ得サルトキハ市會之ニ代テ議決スルモノトス正當《セイタウ》ノ會議ヲ開クコトヲ得サルトキハ議事會員中其事件ニ付父子兄弟等ノ關係《クワンケイ》ヲ有スル者多キカ爲メ前條第一項ノ定員ニ滿タサルトキヲ云フ

第六十七條　市長ハ市政一切ノ事務ヲ指揮《シキ》監督《カントク》シ處務《シヨム》ノ澁滯《シフタイ》ナキコトヲ務ム可シ

市長ハ市參事會ヲ召集《セウシフ》シ之カ議長トナル市長故障アルトキハ其代理者ヲ以テ之ニ充ツ

市長ハ市參事會ノ議事ヲ準備《ジユンビ》シ其議決ヲ執行シ市參事會ノ名ヲ以テ文書ノ往復《ワウフク》ヲ爲シ及之ニ署名ス

(講)本條ハ市長ノ職務權限ヲ定メタルモノナリ

市政一切ノ事務トハ市固有《シコイウ》ノ事務タルト委任ノ事務タルトヲ問ハス總《スベ》テ市內

ノ行政事務ヲ云フ此市政一切ノ事務ヲ擔任《タンニン》スルハ市參事會ノ職ニシテ之ヲ指《サシ》揮《ヅ》監督《カントク》スルハ市長ノ任ナリトス故ニ市長タルモノ指揮《サシヅ》當《タウ》ヲ失《ウシナ》ヒ監督《カントク》宜キヲ得ス或ハ處務澁滯《トヽコホリ》スルトキハ市長之カ責《セ》メニ當ルハ勿論ナリ第三項ニ市參事會ノ名ヲ以テ云々トハ市參事會ハ市ノ代表者ナレハ市ノ名ヲ以テ權利義務ヲ執行スルモノナリ

市長ノ職務ハ市内ノ行政事務ヲ統轄《スベクヽリ》シ利害得失《リガイトクシツ》ヲ考《カンガ》ヘ以テ市政ヲ行ハサルヘカラサルニ由リ最モ責任《セキニン》ノ重且ツ大ナリ故ニ補助員《ホジヨイン》ノ事務ヲ監督《カントク》シ又ハ市參事會ノ議決ニ關係《クワンケイ》シテ其當不當ヲ辨明《ベンメイ》スル等ノ權アルヘキモノナリト雖モ本制ハ市參事會ヲシテ市ニ直隷《チヨクレイ》セシメ市長ハ市參事會ニ隷屬《レイゾク》スルモノト定メタルヲ以テ市長ハ市ヲ統轄《スベクヽリ》スルノ權ナク單ニ其事務ヲ指揮監督《シキカントク》スルニ過《ス》キサルモノトス

第六十八條　急施《キウシ》ヲ要スル場合ニ於テ市參事會ヲ召集スルノ暇《イトマ》ナキトキハ市長ハ市參事會ノ事務ヲ專決處分《センケツシヨブン》シ次回《ジクワイ》ノ會議ニ於テ其處分ヲ報告ス可シ

（講）本條ハ急施《イソグ》ヲ要スル場合ニ行フ市長ノ職權ヲ規定シタルモノナリ急施ヲ要スル場合トハ水火震災《オイクワシンサイ》其他事變《ジヘン》ニ際《サイ》シ市ノ設置ニ係《カヽ》ル營造物及總《スベ》テ市有財産ノ管理《サハイ》市民救助《タスケ》ニ關スル事等ニ付專決處分《センケツシヨブン》ヲ要スルモノヲ云フ此等ノ場合ニハ市長ハ市參事會ノ事務ヲ專決處分スルノミナラス其處分ハ次回ノ會議ニ於テ其處分ヲ單《タン》ニ報告スルニ止マリ其處分ニ對シテハ參事會モ不服ヲ唱《トナ》フルヿ能ハサルナリ

次回ノ會議ニ於テ其處分ヲ報告ス可キ者ハ元來市長固有ノ事務ニ非スシテ其參事會ニ屬スル事務ヲ市長ニ此ノ非常事件ニ付專決權ヲ與ヘタルノミニテ臨時止ムヲ得ス之ニ代テ行フモノナレハ其事件ハ必ス專決執行ノ後參事會ニ報告スヘキナリ

○本條第一項ハ町村制第七十條第一項同項第二項町村制第七十條ノ第二項ト同第三項ハ町村制第七十條ノ第三項ト同

第六十九條　市參事會員ハ市長ノ職務ヲ補助《ホジヨ》シ市長故障《コシヤウ》アルトキ之ヲ代理ス

市長ハ市會ノ同意ヲ得テ市參事會員ヲシテ市行政事務ノ一部ヲ分掌《ブンシヤウ》セシムルコトヲ得此場合ニ於テハ名譽職會員《メイヨシヨククワイイン》ハ職務取扱ノ爲メニ要スル實費辨償《ジツピベンシヤウ》ノ外勤務《キンム》ニ相當スル報酬《ハウシウ》ヲ受クル

○市長ノ職務ハ第六十四條第六十五條第六十七條第六十八條第七十四條(參觀)

○町村制第七十一條ト同條

コトヲ得

市條例ヲ以テ助役及名譽職會員ノ特別《トクベツ》ナル職務並市長代理ノ順序《ジユンジヨ》ヲ規定ス可シ若シ條例ノ規定ナキトキハ府縣知事ノ定ムル所ニ從ヒ上席者之ヲ代理ス可シ

(講)本條ハ市參事會員ノ職務權限ノ事ヲ定メタルナリ

市參事會員トハ即チ助役及ヒ名譽職會員《メイヨシヨククワイイン》ト同一ノ職務ヲ有スルモノニシテ市會中ニ在テハ市長ト同等ノ權ヲ有スレドモ市ノ行政事務ヲ執行スル上ニ於テハ市長ノ補助員トナルモノナリ市行政事務ノ一部ヲ分掌《ブンシヨウ》セシムルトハ例《タト》ヘハ土木衛生敎育等ノ事務ヲ參事會員ニ分掌《ブンシヨウ》スルヲ云フ

參事會員ガ市長ノ職務ニ從事スル能ハサル場合ニ於テ補助員ト爲リ又事務分掌ノ場合ニ市會ノ同意ヲ得ルヲ要スル所以ハ本務外ノ事務ナルト此場合ハ全ク專務職ニ係ルヲ以テ報酬《ムクヒ》ヲ與《アタ》ヘサル可ラサレハ市ノ經費《ケイヒ》ニ關係ヲ及ホストノ二件ニ依ルモノナリ

第七十條　市收入役ハ市ノ收入ヲ受領《ジユリヤウ》シ其費用ノ支拂ヲ爲シ

○收入役選擧ハ第五十八條（參觀）
○町村制第七十二條ト同條
○書記任用ハ第五十九條（參觀）
○町村制第七十三條同條
○區長任用ハ第六十條（參觀）

其他會計事務《クワイケイジム》ヲ掌《ツカサド》ル

（講）收入役ハ市參事會ノ命令ニ依リ收入及支出ヲ爲シ其他總《スベ》テ市ノ會計事務《クワイケイジム》ヲ掌ルモノナリ其他別ニ說明ヲ要セス

第七十一條　書記ハ市長ニ屬《ゾク》シ庶務《ショム》ヲ分掌ス

（講）書記ハ市長ニ屬《ゾク》シテ庶務《ショム》ヲ分掌《ブンシヤウ》スルモノナリ

第七十二條　區長及其代理者（第六十條）ハ市參事會ノ機關《キクワン》トナリ其指揮命令《シキメイレイ》ヲ受ケテ區內ニ關スル市行政事務ヲ補助執行《ホジヨシツカウ》スルモノトス

（講）本條ハ區長及其代理者ノ職務權限ノ事ヲ規定シタルモノナリ

第六十條ニ規定シアル區長及區長代理者ノ職務《シヨム》トスル所ハ市參事會ノ指揮命令《シキメイレイ》ヲ受ケテ事務ヲ執《ト》ルヲ云フ故ニ區長ハ固有《コイウ》ノ職權ナク全ク市參事會ノ補助《ホジヨ》員ニシテ其行フ所ノ事務モ盡《コト〴〵》ク市參事會ノ命ヲ受ケ市ノ行政事務ヲ補助執行スルモノナリ

區長ニ固有《コイウ》ノ職權ナキハ區ナルモノハ市ノ事務便宜《ベンギ》ノ爲メ設ケタル區畫《ククワク》ニシテ市ノ統轄《トウカツ》ヲ受クルモノナレハナリ

○委員ノヿハ第六十一條（參觀）

第七十三條　委員《ヰン》ハ（第六十一條）市參事會ノ監督ニ屬シ市行政事務ノ一部ヲ分掌《ブンシヤウ》シ又ハ營造物ヲ管理シ若クハ監督《カントク》シ又ハ一時ノ委託《ヰタク》ヲ以テ事務ヲ處辨《シヨベン》スルモノトス

市長ハ隨時《ズヰジ》委員會《ヰインクワイ》ニ列席シテ議決ニ加《クハ》ハリ其議長タルノ權ヲ有ス常設《ジヤウセツ》委員《ヰイン》ノ職務權限ニ關シテハ市條例ヲ以テ別段ノ規定ヲ設クルコトヲ得

（講）本條ハ臨時又ハ常設委員ノ職務權限ノ事ヲ規定シタルモノナリ

第一項　市行政事務ノ一部ヲ分掌《ブンシヨウ》シトハ第六十九條第二項ノ場合ト同シク第六十七條ノ事務ヲ分掌《ブンシヨウ》スルヲ云フ

第二項　市長ハ臨時委員會ニ列席《レツセキ》シテ議決ニ加ハリ其議長タルノ權アルナリ

第三項　常設委員ノ職務權限ニ付テハ市條例ニテ別段《ベツダン》ニ之カ規定ヲ設クルコトヲ得ルナリ

市長ニ議長ノ權ヲ與《アタ》フルモノハ元來《グワンライ》委員ハ代議ニ屬スルモノニアラスシテ行政部內ノ屬員《ゾクイン》ナルカ爲メナリ

○本條第二項ハ町村制第六十九條ノ第二項ト同
○本條第三項ハ町村制第六十九條ノ第三項ト同
▲參照
治罪法第六十條
（上略）
左ニ記載シタル官吏ハ檢事ノ補佐トシテ其指揮ヲ受ケ第三編ニ定メタル規則ニ從ヒ司法警察官トシテ犯罪ヲ搜査ス可シ
一警視警部
二區長郡長
三治安判事
四警部ノ在ラサル地ノ戶長
▲參照　明治九年十二月二十日

第七十四條　市長ハ法律命令《ハフリツメイレイ》ニ從ヒ左ノ事務ヲ管掌ス

一　司法警察補助官《シハフケイサツホジヨクワン》タルノ職務及法律命令ニ依テ其管理ニ屬スル地方警察ノ事務但別ニ官署《クワンシヨ》ヲ設ケテ地方警察事務ヲ管掌《クワンシヤウ》セシムルトキハ此限ニ在ラス

二　浦役場《ウラヤクバ》ノ事務

三　國ノ行政並府縣ノ行政ニシテ市ニ屬《ゾク》スル事務但別ニ吏員ノ設ケアルトキハ此限ニ在ラス

右三項中ノ事務ハ監督官廳ノ許可《キヨカ》ヲ得テ之ヲ市參事會員ノ一名ニ分掌セシムルコトヲ得

本條ニ掲載スル事務ヲ執行《シツカウ》スルカ爲メニ要スル費用ハ市ノ負《フ》擔《タン》トス

（講）本條ハ市長ニ委任ノ國政事務ノ項目《コウモク》ヲ示シタルモノナリ

第一　司法警察官タルノ職務トハ治罪法第六十條ニ記載スル區長及ヒ戶長ニ檢事ノ補佐官《ホサクワン》トシテ與ヘタル職務ト同一ナリ法律命令ニ依テ其地方警察ノ

第百十七號（開拓使及沿海府縣へ達）
從來浦役ノ名稱有之候得共其事務ノ定限モ無之ニ付自今左ノ條款ニ從ヒ浦役場ヲ設置シ浦役人ヲ命スヘシ此旨相達候事
第一條　浦役場ハ沿浦大市及碇泊輻湊ノ地ニ於テハ便宜ノ場所ヲ撰テ之ヲ設置スヘシ
第二條　浦役場ハ當分ノ內區務所等ヲ以テ代用シ浦役人ハ區長若クハ戶長ニ兼勤申

事務トハ所謂ル安寧警察《アンチイケイサツ》ニテ市內ノ行政警察ノ事務ヲ云フ即チ街路《ガイロ》ノ取締《トリシマリ》及ヒ衛生事務《エイセイジム》等ナリ法律命令トハ地方衛生會規則、傳染病豫防《デンセンビヤウヨボウ》規則、行旅死《カウリヨシ》亡人《ボウニン》取扱規則《トリアツカヒキソク》、墓地《ボチ》及埋葬《マイソウ》取締規則、火藥《クワヤク》取締規則等ノ取締ニ關スル規則ヲ云但シ別ニ警察署アリテ警察事務ヲ管掌《クワンシヤウ》シアル地方ハ市長ニ委任セス其官署ニ於テ專任《センニン》スルヲ云フ

第二　浦役場ノ事務トハ繫泊船《ケイハクセン》ニ關スル事及難破船《ナンパセン》取扱及漂流物《ヒヨウリウブツ》取扱規則等ノ事務ヲ云フ

第三　國ノ行政並ニ府縣ノ行政ニシテ從前將來トモ法律命令ニテ市ニ屬《ゾク》セシメタル事務ヲ市長ニテ取扱フベシトス所謂ル國稅府縣稅ノ賦課徵收《フクワチヨウシウ》及兵役ニ關スル事務等ニシテ其市內ニ執行スヘキモノヲ云フ

右三事件中ノ事務ハ國ノ行政ナレハ內務大臣、府縣ノ行政ナレハ府縣知事ノ許可ヲ得テ之ヲ市參事會員ノ一名ニ分掌セシムルコトヲ得ルナリ

本條ノ事務ヲ執行フ爲メニ要スル費用ハ市ノ負擔《フタン》ニ歸《キ》スルコト、ス然レトモ其費途《ヒト》ノ節減《セツゲン》法ニ付テハ市長十分ノ注意《チユイ》ヲ要スルモノト知ルヘシ

付書記用係等ヲシテ輔助セシムヘシ

第三條　浦役人ハ其地繫泊ニ關スル庶務(警察事務税關事務其他主管アル事務ヲ除キ)及難破船取扱難破船浦證文付與等ノ事ヲ掌ラシムヘシ

○本條第一項ハ町村制第七十五條ノ第一項ト同

○第二項ハ町村制第七十五條第二項ト同

○名譽職員ハ第四十九條第六十條第六十一條(參觀)

本條ノ事務ヲ市長ニ委任スル所以ハ一ハ以テ自治區《ジチク》ノ獨立《ドクリツ》ヲ企圖《クハダテ》シ一ハ以テ國費《コクヒ》ヲ節減《セツゲン》スルニ在リ自治區ノ獨立《ドクリツ》ヲ企圖《クハダテ》スル所以ハ元來是等ノ事務ハ國家ニ屬スルモノナレ𪜈其市内ニ於テ執行スルモノナルカ故ニ市ニ直接利害《チヨクセツリガイ》ノ關係ヲ有スレハナリ又其國費《コクヒ》ヲ節減《セツゲン》スル所以ハ若シ之カ爲メ特ニ吏員ヲ派遣《ハケン》シ官署《ヤクシヨ》ヲ設クル片ハ莫大《バクダイ》ノ國費《コクヒ》ヲ要スレハナリ

第三款　給料及給與

(講)本款ハ有給吏員ノ給料及名譽職給與ノ事ヲ規定シタルモノナリ

第七十五條　名譽職員ハ此法律中別ニ規定《キテイ》アルモノヲ除クノ外職務取扱ノ爲メニ要スル實費ノ辨償《ベンシヤウ》ヲ受クルコトヲ得

實費《ジツピ》辨償額《ベンシヤウガク》及報酬額《ハウシウガク》ハ市會之ヲ議決ス

(講)本條ハ名譽職ノ事務取扱ノ爲メニ要スル實費辨償《ツグナヒ》ノ事ヲ規定シタルモノナリ

第一項　市ノ名譽職員ハ第六十九條等特別ニ明文アルモノヲ除クノ外職務取扱上要スル實費ノ辨償《ツグナヒ》ハ之ヲ要求スルノ權アルモノトス

○本條第一項ハ町村制第七十六條ノ一項ト同
○同第二項ハ町村制第七十六條ノ二項ト同
○同第三項ハ町村制第七十六條ノ二項ト同
○市長助役ノ有給ハ第五十條第五十二條
○書記其他ノ有給ハ第五十九條
（參觀）

第二項　其實費《ジツピ》辨償額《ツグナヒガク》又ハ報酬額《ムクヒガク》ハ市會ニ於テ之ヲ議決ス其議定シタル金額又ハ給與《キフヨ》等ニ關シ異議《イギ》アルトキハ第七十八條ノ規定ニ從ヒ訴願及ヒ出訴ヲ爲スコトヲ得

第七十六條　市長助役其他有給吏員《イウキフリヰン》及使丁ノ給料額ハ市會ノ議決ヲ以テ之ヲ定ム

市會ノ議決ヲ以テ市長ノ給料額《キフレウガク》ヲ定ムルトキハ内務大臣ノ許《キヨ》可《カ》ヲ受クルコトヲ要ス若シ之ヲ許可ス可カラスト認《ミト》ムルトキハ内務大臣之ヲ確定ス

市會ノ議決ヲ以テ助役《ジヨヤク》ノ給料額ヲ定ムルトキハ府縣知事ノ許可ヲ受クルコトヲ要ス府縣知事ニ於テ之ヲ許可スヘカラスト認《ミト》ムルトキハ府縣參事會ノ議決《ギケツ》ニ付シテ之ヲ確定《カクテイ》ス

市長助役其他有給吏員ノ給料額《キフレウガク》ハ市條例ヲ以テ之ヲ規定スルコトヲ得

（講）本條ハ市ノ有給吏員ニ與フル給料額ノ事ヲ規定シタルモノナリ

第一項　市長助役其他有給吏員及ヒ使丁《シテイ》ノ給料高ハ市會ノ議決權內トス其之ヲ議定スルニ於テ本制市費《シヒ》節減《セツゲン》ノ旨趣《シシユ》ニヨリ其役目相當ノ人ヲ得ヘキ高ニマデ節減シテ定ムルヲ可トスルナリ

第二項　市會ニテ市長ノ給料額ヲ定ムルニハ內務大臣ノ許可ヲ受クルヲ要ス其內務大臣ニ於テ許可スヘカラスト認《ミト》ムル片ハ自ラ之ヲ定メル所以ハ市ニ於テ適當《テキタウ》ノ額《ガク》ヲ給與《キフヨ》セサルノ恐レアレハナリ

第三項　助役ノ給料ハ府縣知事ノ許可ヲ要ス府縣知事許可スヘカラスト認ムル片ハ府縣參事會ノ議決ニ付シテ之ヲ確定《クワクテイ》スルナリ

第四項　市長以下ノ給料額ヲ定ムルニハ一般市條例ヲ以テ之ヲ定ムルナリ

有給市町村吏員ノ給料額ヲ定ムルニ市長及助役ハ官廳《クワンチヤウ》ノ干涉《ダチイル》ヲ要スル所以ハ元來給料額ハ市町村ノ自ラ定ムル所ニ任シ條例ヲ設ケテ之ヲ一定シ又ハ選任ノ前ニ方テ議會ノ議決ヲ以テ之ヲ定ムヘシ然レ圧監督官廳《カントククワンチヤウ》ハ斯ク市町村ノ定ムル給料額ヲ以テ多キニ過キ又ハ不足アリト認《ミト》ムル片ハ認可《ニンカ》ヲ拒《コバ》ミ所屬ノ參事會ヲシテ之ヲ斷定セシム是レ給料額ノ多寡《タクワ》ハ有爲ノ人才ヲ得ル

○本條ハ町村制第七十七條ト同條
○市條例ハ第十條
○其他ノ有給吏員ハ第五十二條第五十八條第五十九條(參觀)
▲參照　明治十七年一月四日第一號達
官吏恩給令
第一條　官吏恩給令ハ文官勅任官奏任官判任官奉職ノ年

ト否トニ關シ有爲ノ人才ヲ得ルト否トハ政務ノ擧ルト否トニ關係スルニ由ルナリ

又市長ト助役トニ因テ其認可《ニンカ》ヲ受クルノ官廳《クワンチヤウ》ヲ異《コト》ニスルモノハ其職重ケレハ其給料額多ケレハナリ且其選任法モ市長ハ内務大臣ノ許可ヲ受ケ助役ハ府縣知事ノ許可ヲ受クルトノ異ナルニ由ルナリ

第七十七條　市條例ノ規定ヲ以テ市長其他有給吏員ノ退隱料《タイインレウ》ヲ設クルコトヲ得

(講)本條ハ市ノ有給吏員退隱料《タイインリヤウ》ノ事ヲ規定シタルモノナリ退隱料トハ市長以下有給吏員ニ給與スルモノニテ退職シタル場合ニ後來ノ生計ヲ安全ニスル爲メ之ヲ給與スルモノニシテ官吏恩給令ト其義一ナリ而シテ官吏恩給令ニ比《ヒ》シテ厚《アツ》クスヘシトノ本制ノ旨趣《シシユ》ナル𪜈其地方貧富《ヒンプ》ノ程度《テイド》ニ從ヒ全躰ノ負擔《フタン》ヲ斟酌《シンシヤク》シテ民力ニ堪《タ》ユルノ點《テン》ニ定ムヘキナリ又其者ノ終身《シユウシン》之ヲ給與スルヲ通例《ツウレイ》トスル者ナレ𪜈若シ何年以上在職ノ者ニハ幾年間《イクネン》ト定ムルトキハ其退隱料ヲ受クルノ年限内ニ在テ其者ノ死亡《シボウ》シタル場合ニ之ヲ廢スルヤ將タ相續者ニ承ケ繼《ツ》ガセルヤモ明文ニ規定シ置クヲ可トスルナリ

數及ヒ其年齡ニ依リ退官後之ヲ支給ス但本官ニ準ス

○町村制第七十八條ト同條
○參事會行政裁判所ハ第百二十七條(參觀)

此退隱料ヲ設クルノ旨趣《シシユ》ハ市町村制理由書ニ曰ク有給市町村吏員ニハ退隱料ヲ給スルヲ當然《タウゼン》トス然レ𪜈市町村吏員ニ對シテ官吏ノ恩給令ヲ適用スルヿヲ得ズ是其地位《チイ》ノ異ナルノミナラス市町村吏員ハ定期ヲ以テ選任《センニン》セラレ任期滿限ノ後ハ再選若《サイセンモシ》クハ再任《サイニン》ヲ受クルニ非レハ其職ニ在ラザルヲ以テナリ若シ其吏員任期滿限後再選若クハ再任セラレサル𪜈ハ遽《ニワカ》ニ糊口《ココウ》ノ道《ミナ》ヲ失《ウシナ》フニ至ル可シ故ニ此結果《ケツクワ》ヲ防《フセ》クニ非レハ一方ニ在テハ有力ノ人進テ市町村ノ職ニ就クヿヲ屑シトセサル可ク一方ニ在テハ再選ニ依テ生計《スギハヒ》ヲ求ムルカ如キ輩《ハイ》ヲシテ常ニ市町村會ノ鼻息《ビソク》ヲ伺《ウカヽ》ヒ以テ公益ヲ忘《ワス》レシムルコトナシトセス加フルニ市町村ノ職務ハ昇等增給《シヨウトウゾウキフ》ノ途少《ミチスクナ》キヲ以テ其退隱料ヲ給スルハ官吏ヨリ厚クスルヲ至當トス然レ𪜈目下一定ノ法律ヲ以テ之ヲ定メンヨリハ寧《ムシ》ロ市町村ノ條例ヲ以テ之ヲ設定セシムルノ便ナルニ若カサルナリ云々ト

第七十八條　有給吏員ノ給料《キフレウ》、退隱料《タイインレウ》其他第七十五條ニ定ムル給與ニ關シテ異議アルトキハ關係者ノ申立ニ依リ府縣參事會之ヲ裁決ス其府縣參事會ノ裁決ニ不服アル者ハ行政裁判所

〇町村制第七十九條ト同條
〇退隱料ヲ受クルモノハ第七十七條第五十條第五十二條第五十八條第五十九條(參觀)

ニ出訴《シユツソ》スルコトヲ得

(講)本條ハ有給吏員ノ給料退隱料其他第七十五條ニ定ムル名譽職ノ實費報酬給與ニ關シテ異議《イギ》アルトキノ裁判權ノ事ヲ規定シタルモノナリ
市長以下有給吏員ノ給料退隱料其他第七十五條ニ掲クル給與ニ關スル市ト吏員トノ間《アヒダ》ニ起ル爭論《アラソヒ》ハ司法裁判ニ附セス府縣參事會ノ裁決ニ付シ結局《ツマリ》行政裁判所ニ付ス所以ハ其給與ノ事タル行政事務ノ一部ニ屬ス可キモノナルヲ以テ一般《イツパン》尋常《ヒト、ホリ》ノ私權利《シケンリ》ト同シク司法裁判ヲ仰《アフ》クヘキモノニアラス

第七十九條　退隱料ヲ受クル者官職《クワンシヨク》又ハ府縣郡市町村及公共組合ノ職務ニ就《ツ》キ給料ヲ受クルトキハ其間之ヲ停止《テイシ》シ又ハ更ニ退隱料ヲ受クルノ權ヲ得ルトキ其額《ガク》舊《キウ》退隱料《タイインレウ》ト同額以上ナルトキハ舊退隱料ハ之ヲ廢止《ハイシ》ス

(講)本條ハ退隱料ヲ停止《テイシ》シ廢スル塲合ヲ規定シタルモノナリ
本條ニ於テ退隱料ヲ停止《テイシ》スル塲合ハ左ノ二個ノ條件アルヲ要ス
一、退隱料ヲ受《ウク》ル者官職又ハ府縣郡市町村及公共組合ノ職務ニ就キタル事

○町村制第八十條ト同條

二、之カ爲メ給料ヲ受クル場合

又退隱料ヲ廢止スルニハ左ノ二條件アルヲ要ス

一、新ニ退隱料ヲ得ルノ權ヲ生シタル場合

二、舊退隱料ト同額以上ナル場合

公共組合トハ例《タト》ヘハ現時《ゲンジ》府縣知事ニ於テ保護《ホゴ》若クハ取締等ノ爲メ其管内《クワンナイ》ニ施《シ》行《カウ》スル所ノ準則《ジュンソク》ニ依リ生産工商《セイサンコウシヤウ》等其業ノ種類《シユルヰ》ニ從《シタガツ》テ組織《ソシヨク》シタル組合《クミアヒ》ノ如キヲ云フナラン

退隱料ナル者ハ其官職ヲ退隱シタルニヨリ受クル者ナレハ他ノ職務ニ就キ給料ヲ受クルトキハ其間之ヲ停止《テイシ》スルハ最早《モハヤ》之ヲ給與スルノ理由アラサルナリ

又其後更ニ退隱料ヲ受クルノ權アリテ其新退隱料額カ舊退隱料《キウタイインレウ》ニ等シク若《モシ》クハ新退隱料多キ片ハ舊退隱料ノ給與ヲ廢止《ハイシ》ス可シ是レ新舊二重ニ給與スヘキモノニ非ス然レ圧新退隱料ニ給與ノ年限アリテ其期限滿ツル片又ハ更ニ少額ナル時ハ舊退隱料ヲ給與ス可キノ理アルナリ

第八十條　給料、退隱料、報酬及辨償《ベンシヤウ》ハ總《スベ》テ市ノ負擔《フタン》トス

（講）本條ハ給料及退隱料等ハ總《スベ》テ其市ノ負擔《フタン》タルヘキ事ヲ定メタルモノナリ

第四章　市有財產ノ管理

（講）市ニ於テ自ラ其事業ヲ執行スルニ付テハ必ス之ニ要スル資金《シキン》ナカル可カラス故ニ市ノ固有《コユウ》ノ經濟《ケイザイ》ヲ立テ以テ必用ノ費用ヲ支辨《シベン》スルノ道《ミチ》ヲ設クヘシ是レ本章ノ規定ヲ要スル所以ナリ

第一欵　市有財產及市稅

（講）財政ハ最モ緊要ノモノニシテ邦國《クコ》ノ盛衰《セイスイ》ハ此ニ關セサルハナシ邦國ノ財政其本タル市町村ニ在リ故ニ市町村財政其宜キニ適スル時ハ邦國《クニ》ノ盛《サカン》ナル得ヲ期スヘキナリ而シテ市ハ其財產ヲ有シ之ヲ增殖維持《ヰヂ》スルノ權利アルコト吾人ト均《ヒト》シク然レ圧此公法上ノ人タル市ノ有スル財產權ニ付テハ吾人私法《ゴジンシハフ》上ノ有スル財產權トハ其趣意《シユイ》ヲ異ニシ之ヲ處スルノ法亦同一ナルヲ得ス是ニ於テ乎市ニ住民ノ使用ニ供スル共同財產アリ又市ノ公共事務ニ要スル經費《ケイヒ》アリ此經費《ケイヒ》ヲ負擔《フタン》スルハ市住民ノ義務ニシテ之ヲ市住民ニ課《クワ》セサル可カラス是ニ於テ乎市稅ノ設ケアルヲ要ス是レ本欵ノ設ケアル所以ナリ

○本條第一項ハ町村制第八十一條ノ一項本條第二項ハ町村制第八十一條ノ第二項ト同
○基本財産ノ議決ハ第三十一條(參觀)

第八十一條　市ハ其不動産《フドウサン》、積立《ツミタテ》金穀等《キンコクトウ》ヲ以テ基本財産ト爲シ之ヲ維持《井ヂ》スルノ義務アリ
臨時ニ收入シタル金穀ハ基本財産ニ加入ス可シ但寄附金《キフキン》等寄附者其使用ノ目的ヲ定ムルモノハ此限ニ在ラス

(講)本條ハ市ノ不動産幷ニ積立金穀《ツミタテキンコク》等ヲ以テ基本財産《キホンザイサン》トナシ且《カ》ツ之ヲ維持《井ヂ》スルノ義務アルコトヲ規定シタルモノナリ
不動産《フドウサン》トハ森林《シンリン》山野或ハ田畑《タハタ》家屋等ヲ云ヒ積立《ツミタテ》金穀トハ預《アラカジ》メ期《キ》ヲ定メ年々歳々收入スル所ノ金額或ハ穀物ヲ云フ基本財産トハ其原資ヲ消耗スルコトナク保存《ホゾン》スヘキ財産ヲ云フ其財産ハ動産不動産ヲ別タス之ニ充ツルコトヲ得
臨時《リンジ》ニ收入スル金穀ハ必ス基本財産中ニ加入セサル可カラス但シ寄附金穀ノ如キ其寄附者《キフシヤ》ニ於テ其使用ノ途《ミチ》ヲ指定《シテイ》シタル者例《タト》ヘハ學校ヘ寄附《キフ》スルト云フ如キ其寄附者ノ目的ニ充テサル可カラス
市ハ基礎《モトヒ》ヲ鞏固《カタク》ナラシメンカ爲メ非常ノ備《ソナ》ヘナカルヘカラス故ニ市ハ基本財産ニ付維持《井ヂ》保存《ホゾン》ノ義務アリ其維持《井ヂ》保存《ホゾン》ノ爲メニ要スル所ノ費用勞力《ハタラキ》ヲ負擔セ

○町村制第八十二條ト同條

○本條ハ町村制第八十三條ト同條

○市住民ノ事ハ第七條

サル可カラス市ニ於テハ基本《キホン》財産ヲ増殖《フヤ》ス可シ之ヨリ生スル所ノ利益ヲ以テ町村ノ費途《イリヨウ》ニ充《ア》ツルニ足ルニ至ラハ其市ノ人民ノ利益是ヨリ大ナルハナシ然レ𪜈例ヽ年經費《ケイヒ》ノ内ニテ基本財産ヲ貯蓄《タクハヘ》スルハ市民ノ負擔ヲ重カラシムルヲ以テ亦容易《タヤスク》ノ業ニ非ルナリ故ニ本條第二項ニ於テ其使用ノ途定《ミチサダ》マラサル臨時收入財産ヲ以テ之ニ充《ア》テンヿヲ欲シテナリ

第八十二條　凡市有財産《シイウザイサン》ハ全市ノ爲メニ之ヲ管理《クワンリ》シ及共用《キヨウヨウ》スルモノトス但特ニ民法上ノ權利ヲ有スル者アルトキハ此限ニ在ラス

（講）本條ハ市有財産ノ管理《シハイ》及使用ニ屬スル事ヲ規定シタルモノナリ市有財産ナルモノハ全市住民ノ財産ニシテ一人一市ノ財産ニアラス故ニ其市ノ爲メニ之ヲ管理《シハイ》シ之ヲ共用スルハ勿論《モチロン》ナリ但シ一人若クハ數人其市ト契約シテ民法上使用ノ權ヲ得タル者ハ本條ノ限ニ非サルナリ

第八十三條　舊來ノ慣行《クワンカウ》ニ依リ市住民中特ニ其市有ノ土地物件ヲ使用スル權利ヲ有スル者アルトキハ市會ノ議決ヲ經《フ》ルニ

○市會議決ハ第三十一條(參觀)

非ザレハ其舊慣《キウクワン》ヲ改ムルコトヲ得ス

(講)本條ハ使用權變更ニ關スル事ヲ規定シタルナリ

舊來ノ慣行云々トハ市ノ或ル一部落《ブラク》ニ於テ其市住民タルノ資格《シカク》ヲ以テ特《コト》ニ或ル物件ヲ使用スルノ慣行《シキタリ》アルモノヲ云フ如斯キ不動產ノ使用ヲ直接《チヨクセツ》ニ住民ニ許スハ從來ノ實例《ジツレイ》少《スクナ》シトセス故ニ其舊慣《シキタリ》アルモノハ特ニ之ヲ存シ今ヨリ後ハ概シテ新ニ使用ヲ許サヽルハ本制ノ旨趣《シシユ》ナリ故ニ市住民ノ資格《シカク》ニアラスシテ己レ一個ノ資格《シカク》ヲ以テ特《コト》ニ或ル物件ヲ使用スルノ權利ヲ習慣《シウクワン》ニ依リ有スル者ハ市會ノ議決ヲ以テ之ヲ變更《ヘンカウ》スルヿヲ得ス

市住民中トアリテ市外住民ハ關係ナキモノヽ如シト雖モ其意蓋《ケダ》シ此ニ止《トヾ》マラス若シ市外住民市外組合ニ關スルモノモ亦此特權《トクケン》ヲ有スルモノアラハ本條ノ規定ニ從フ可キナリ

本條使用權ノ變更ヲ行政機關タル市參事會ニ與《アタ》ヘスシテ市會ノ議決ニ任シ且《カツ》市會ニ於テ之ヲ變更スル所以ノモノハ該《ガイ》使用權ハ市住民タル資格《シカク》ニ隨伴《ズイバン》スル者ナレハ其資格《シカク》ハ市自治躰ノ一部《ブ》ニ屬《ゾク》スルモノナルカ故ナリ

○町村制第八十四條ト同條
○費用分擔ノコハ第八十五條
○制限スルコハ第八十六條

第八十四條　市住民中特《コト》ニ市有ノ土地物件ヲ使用スル權利《ケンリ》ヲ得ントスル者アルトキハ市條例ノ規定《キテイ》ニ依リ使用料若クハ一時ノ加入金ヲ徴收《チヨウシウ》シ又ハ使用料加入金ヲ共《トモ》ニ徴收シテ之ヲ許可スルコトヲ得但特ニ民法上使用ノ權利ヲ有スル者ハ此限ニ在ラス

(講)本條モ亦前條ニ同シク使用權ヲ定メタルモノナリ
市有財産中市民ノ使用ヲ離《ハナ》ル可カラサルモノアリ一時他ニ使用セシメテ可ナル時アリ此一時放《ハナ》チテ可ナル者ハ他人ニ使用セシメテ以テ利益《リエキ》ヲ徴收《チヨウシウ》スルニ若カス故ニ本條ハ將來《ユクスエ》ヲ慮《オモンパカ》リテ規定シタルモノナリ若シ市有ノ土地物件ヲ使用スル權利ヲ得ントスル者アルトキハ市條例ノ規定ニ依リ一時加入金ヲ徴收《トリタテ》シ或ハ其使用間使用料ヲ徴收シ又加入金使用料共ニ之ヲ徴收《トリタテ》スルヲ得セシメタリ但本條ノ使用權ハ假令《タトヒ》使用料ヲ出タスコアルモ普通《フツウ》民法上ノ使用權ニアラサルナリ唯前條ト異ナル點《テン》ハ古來ノ慣行《シキタリ》ニ依リ既ニ得タルト將來新《ユクスエアラ》タニ得タルトノ差アルノミ

○町村制第八十五條ト同條
○市制第六條、第九十九條（參觀）

第八十五條　使用權《シヨウケン》ヲ有スル者（第八十三條、第八十四條）ハ使用ノ多寡ニ準《ジユン》シテ其土地物件ニ係ル必要ナル費用ヲ分擔《ブンタン》ス可キモノトス

（講）本條ハ使用者ノ費用分任ノ事ヲ規定シタルモノナリ

其土地物件ニ係ル費用トハ土地物件ノ修繕費等ヲ負擔ス可キ義務ヲ有スルヲ云フ使用料トハ單ニ其土地ヲ使用スルノ料金ニシテ此二個ノ義ハ各別ナルモノナリ

土地物件ヲ使用スル者ニ此費用負擔ノ義務アル所以ハ其物件ニ係ル諸稅ハ其物ヨリ得ル所ノ入額ヲ以テ支辨《シベン》スヘキコハ當然ナリ使用者ハ其入額ヲ所得シテ其費用ヲ負擔セサレハ使用者ハ其利益ヲ得ルノミニテ其義務ナク俗ニ云フ取得ト同シキモノニシテ物件使用ノ通則《ツウソク》ニ非ス

○町村制第八十六條ト同條
○市制第三十一條、第百二十三條ノ四項（參觀）

第八十六條　市會ハ市ノ爲メニ必要《ヒツエウ》ナル場合ニ於テハ使用權（第八十三條、第八十四條）ヲ取上ケ又ハ制限《セイゲン》スルコトヲ得但特《トク》ニ民法上使用ノ權利ヲ有スル者ハ此限ニ在ラス

〇町村制第八十七條ト同條
〇議決ニ付スコトハ第三十一條(參觀)

(講)本條ハ市有財産ノ使用權取上《トリア》ゲ又ハ變更ニ關スルヿヲ規定シタルモノナリ物件ハ時ニ隨《シタガ》ヒ必要ナク又必要ヲ來スヿアリ即チ本條ハ嘗《カツ》テ必要ナキ物件必要ノ來ル場合ヲ規定スルモノナリ而シテ必要ナル場合トハ全ク事實ノ問題ニシテ各地ノ狀況《アリサマ》ニ依リ各其例《レイ》ヲ異ニスヘキモノナルヲ以テ其定解ヲ下ス能ハスト雖モ現ニ政府ニ於テ巳《ヤ》ムヲ得サルノ場合ニ方リ其必要ナル土地ノ所有者ニ對シテ公用土地買上規則ヲ施行スルカ如キ程度《テイド》アルニ非ス何トナレハ本條ノ必要ハ民法上ノ使用權ニ及ハサレハナリ而シテ全ク之ヲ取上クルト或ハ一部之ヲ取上クルトハ市會其必要ニ從ヒ之ヲ議決シ府縣參事會ノ許可ヲ受ケサル可カラス制限トハ使用ノ幾部分ヲ制限《セイゲン》シ又ハ使用期限ヲ制限スルヲ云フ
又本條但書ハ第六條第二項及第八十二條第八十四條ノ但書ト同一ナリ

第八十七條　市有財産ノ賣却貸與又ハ建築工事又物品調達《テウダツ》ノ請負《ウケオヒ》ハ公ケノ入札ニ付ス可シ但臨時急施《リンジキウシ》ヲ要スルトキ及入札ノ價額《カガク》其費用ニ比シテ得失相償《ツグナ》ハサルトキ又ハ市會ノ認許《ニンキヨ》ヲ得ルトキハ此限ニ在ラス

（講）本條ハ市有財産ノ管理方法ニシテ公平ヲ保持《ホヂ》シ偏頗《エコヒイキ》ノ行爲《シハザ》ヲ防《フセ》クノ目的ヲ以テ規定シタルモノナリ
市參事會ニ於テ市有財産ヲ賣却貸與《カシ》シ又ハ建築工事《ケンチクコウジ》及物品調達《トヽノヘ》ノ請負《ウケオヒ》ヲ爲サシムルニ左ノ三個ノ塲合ハ公ノ入札法ヲ用ヒス

第一　臨時急施《イソグ》ヲ要スル時

第二　入札ノ價額其費用ニ比《ヒ》シテ得失相償《ウルウシナフアヒツグナ》ハサル時

第三　市會ノ認許ヲ得タル時

第一　臨時急施《イソグ》ヲ要スル時トハ例《タト》ヘハ洪水ノ爲メ橋梁《ハシ》流失《ナガレ》シ行旅《タビヽト》ヲ妨《サマタ》クル時ナトヲ云フ即チ第六十八條ノ塲合ト全ク同一ナリ

第二　入札ノ價額其費用ニ比シテ得失相償《アヒツグナ》ハサルトハ入札ノ價非常ノ廉價《ヤス子》ニシテ得失相償ハサルコト初ヨリ確然《クワクゼン》タル塲合ヲ云フ

第三　市會ノ認許ヲ得ルトハ其ノ賣却貸與スヘキ者ト若クハ請負《ウケオ》ハスヘキ者ヲ指名シテ或ハ市參事會ノ選定ニ任スヘシト放任シタル塲合ヲ云フ

本條ハ偏頗ノ處置ヲ防《フセ》キ公平《コウヘイ》ヲ保《タモ》タントスルノ趣旨ナレトモ事急迫ニ出テ之ヲ

○本條第一項ハ町村制第八十八條ノ第一項本條第二項ハ町村制第八十八條ノ第二項(參觀)

○法律命令法律勅令ニ依テ賦課云々ハ第六十四

顧慮《カヘリミル》スルニ遑《イトマ》アラサル時又ハ此恐レナキ場合ニ於テハ必ス入札ヲ要セサルヘシ是レ本條但書ノアル所以ナリ

第八十八條　市ハ其必要ナル支出及從前法律命令ニ依テ賦課《フクワ》セラレ又ハ將來法律勅令ニ依テ賦課セラル、支出ヲ負擔《フタン》スルノ義務アリ

市ハ其財產ヨリ生スル收入及使用料、手數料(第八十九條)並科料、過怠《クワタイ》金《キン》其他法律勅令ニ依リ市ニ屬スル收入ヲ以テ前項ノ支出ニ充《ミ》テ猶不足アルトキハ市稅(第九十條)及夫役現品(第百一條)ヲ賦課徵收スルコトヲ得

(講)本條ハ賦課支出負擔《フクワシシユツフタン》ノ義務アルコト其支出ハ如何ナル財產ヲ以テ之ニ充ツヘキカヲ定メタルモノナリ

第一項　市ノ必要ナル支出トハ市ノ自治ニ關スル議政行政ノ經費又ハ必要ナル事業例ヘハ道路修繕橋梁架設《ツクロイハシカケ》等ノ費用又ハ行政事務費市有財產保管費《ホクワンヒ》營造物保管《ホクワン》其他臨時ノ費用ヲ云フ法律命令ニ依リ賦課セラレ若クハ將來賦課《シヤツライフクワ》

條第二項第九及第七十四條等（參觀）
○市有財産ヨリ生スル諸種ノ果實云々ハ第八十四條等
○手數料トハ云々第百二條
○市條例違犯罰金ハ第九十一條
○過怠金云々ハ第四十八條及第六十四條第二項第五第百二十四條
○法律勅令ヲ以テ諸種ノ市税云々ハ第三十一條第五第六十四條第二項第八（參觀）
○本條ハ町村制第八十九條ト同

セラル可キ費用トハ警察費《ケイサツヒ》教育費《キヨウイクヒ》國税《コクゼイ》地方税ヲ除《ノゾ》キタル一般ノ行政ノ費用ヲ云フ

第二項　市ノ收入即チ市ノ權利ニ屬スルヿヲ規定シタルモノニシテ全ク前項ト反對スルモノナリ收入トハ市有財産ヨリ生スル諸種ノ收穫《トリイレ》ヲ云ヒ使用料トハ市有財産ヲ使用スルモノヽ納ムルモノヲ云ヒ手數料トハ帳簿記《チヤウボキ》入《コウ》等總テ一個人ノ爲メ特ニ手數ヲ要スルカ爲メニ徴收スル金ヲ云ヒ科料トハ市條例違犯罰金ヲ云ヒ過怠金トハ市吏員ノ其職務ヲ盡サヽルニ依リ科スル所ノ懲罰《チヤウバツ》金ヲ云ヒ其他法律勅令ニ依リ市ニ屬スル收入トハ市會ノ議決ヲ經スシテ法律勅令ヲ以テ諸種ノ市税ヲ定メタルモノヲ云フ是等ノモノヲ以テ前項ノ支出ニ充テ猶ホ不足アルトキハ第二ニ市税及夫役現品《ブヤクゲンピン》ヲ賦課徴收《フクワトリタテ》シテ之ニ充ツルナリ

第八十九條　市ハ其所有物及營造物ノ使用ニ付又ハ特ニ數個人ノ爲メニスル事業ニ付使用料又ハ手數料ヲ徴收《チヤウシウ》スルコトヲ得

（講）本條ハ市ハ其所有物及營造物ノ使用ニ付キ又ハ特ニ數個人ノ爲メニスル

條
○市制第三十一條第五、第六十四條ノ二項第八、第八十四條、第九十九條、第百二條(參觀)
○本條第二項ハ町村制第九十條ノ二項ト同
○市制第三十一條、第五、第六十四條ノ二項、第八十條、第八十八條(參觀)

事業ニ付キ使用料手數料ヲ收入スルヲ得ル旨ヲ規定セリ
市ノ所有ニ係ル物件ノ使用者ハ其全市一般ノ人民ナルト又ハ一人若クハ數人ナルトニ拘《カヽ》ハラス苟《イヤシク》モ特《コト》ニ民法上ノ權利ヲ有スル者ニ非サル以上ハ市ニ於テ其使用料ヲ賦課徵收スルヲ得ルナリ又ハ特ニ一人若クハ數人ノ爲メニ爲ス事業ニ依リ利益ヲ得ル者ニハ使用料手數料ヲ賦課《フクワ》徵收《トリタテ》スルコトヲ得ルナリ

第九十條　市税《シゼイ》トシテ賦課スルコトヲ得可キ目左ノ如シ
一　國税府縣税ノ附加税《フカゼイ》
二　直接《チヨクセツ》又ハ間接《カンセツ》ノ特別税《トクベツゼイ》
附加税ハ直接ノ國税又ハ府縣税ニ附加シ均一ノ税率《ゼイリツ》ヲ以テ市ノ全部ヨリ徵收スルヲ常例トス特別税ハ附加税ノ外別ニ市限リ税目《ゼイモク》ヲ起《オコ》シテ課税スルコトヲ要スルトキ賦課徵收スルモノトス

(講)本條ハ市税ノ種目ヲ定メタルモノナリ
第一　國税トハ全般ニ賦課スルモノニシテ大藏省ニ收入シ國費ニ供スルモノヲ云フ即チ地租ナリ其税率《ゼイリツ》ハ地價百分ノ二ケ半ヲ以テ一年ノ定率トナスモ

ノナリ府縣税トハ地方税ヲ指《サ》スモノニシテ府縣下一般ニ之ヲ賦課シ各府縣廳ニ收入シ管內ノ警察土木衛生教育救助等ノ費用ニ充ツルモノトス而シテ税率《ゼイリツ》ハ地租三分一以內ニテ營業税幷ニ雜種税《ザツシユゼイ》戶別割《コベツワリ》等ノ項目ヨリ之ヲ徴收《トリタテ》スルモノトス附加税トハ國税又ハ府縣税ニ附加《フカ》スルモノヲ云フ又之ヲ細別シテ直接國税又ハ府縣税ニ附加スルモノト間接《カンセツ》國税ニ附加スルモノトノ二トス而シテ前第一ヲ常例トシ第二ヲ變例《ヘンレイ》トス又其二者何レヲ課スルモ均一ノ税率ヲ以テスルヲ常例トシ第二ヲ變例トス不均一ノ税率《ゼイリツ》ヲ以テスルヲ變例トス而シテ其常例即チ均一ノ税率ヲ以テ直接税ニ附加スルモノヽ場合ニハ地租七分ノ一又ハ直接國税百分ノ五十ヲ超過《コエスギ》セサル限リ之ヲ課スルハ全ク市ノ適宜ナレ𪜈其變例即チ間接税ニ附加スルモノ又ハ不均一ノ税率ニ依ルモノヽ場合ニハ必ス監督官廳ノ許可ヲ受クルヿヲ要ス又均一ノ税率トハ國税五圓ヲ收メ府縣税五圓ヲ納ムル者ニシテ附加税五十錢ヲ納ムルノ時國税二圓ヲ納メ府縣税二圓ヲ納ムル者附加税二十錢ヲ納ムルカ如キヲ云不均一ノ税率トハ地租ニ據ラスシテ耕宅地ノ反別割ヲ以テ賦課スルヲ云フ特別

税トハ國税府縣税中直接間接ノ別ナク其税目ノ設ケナキ新税ヲ云フ

第二　直接國税間接國税ノ事ハ内務大藏兩大臣ヨリ明治二十一年七月十三日大藏省告示第九十五號ヲ以テ布達セラレタルモノ左ノ如シ

本年法律第一號市制第百三十一條町村制第百三十六條直接税間接税《チヨクセツゼイカンセツゼイ》ノ類別ハ左ノ諸税ヲ以テ直接税トシ其他ハ間接税トス但府縣區町村ニ於テ特ニ徴《トリ》收《タテ》スルモノハ府縣知事ノ稟申《リンシン》ヲ以テ之ヲ定メ其直接トスベキモノハ府縣知事ヲシテ管内ニ告示セシム

國　税　地租　所得税

地方税　地租割　戸數割《コスウワリ》　家屋税　營業税《エイゲウゼイ》　雑種税《ザツシユ》

區町村費　地價割　段別割《タンベツワリ》　戸別割《コベツワリ》　家屋税　營業割

市税ノ税目ニ附加税特別税ノ區別ヲ置キタル所以ハ本制ハ成ルヘク現行法ヲ存スルノ精神《セイシン》ナリ市税ヲ十分ニ改正セントスレハ先ツ國税徴收《トリタテ》法ヲ改正セサルヘカラス故ニ本制ニ於テハ現行ノ原則《ゲンソク》ニ依リ多少ノ修補《シウホ》ヲ加ヘタルニ過《ス》キス又其附加税ヲ常例トシ特別税ヲ變例トナシタルモノハ附加税ハ既ニ存スル

○本條第一項ハ町村制第九十一條ノ第一項本條第二項ハ町村制第九十一條ノ第二項ト同

所ノ國稅又ハ府縣稅ニ附加スルモノナルヲ以テ大ニ取調《トリシラベ》ノ勞《ロウ》ヲ省《ハブ》キ徵收《トリタテ》ノ費用ヲ要セス賦課徵收《トリタテ》ニ便ナレハナリ唯其市稅ハ免除《メンジヨ》セサルモ國稅府縣稅ノ賦課ヲ受ケサル者（一箇人又ハ法人）ニ限リ更ニ其調查《シラベ》ヲ要ス可キニ付此場合ニ於テハ市參事會ニ於テ其國稅府縣稅徵收ノ規則ニ據《ヨ》リ其調查ヲ爲サヽル可カラス又稅率ノ均一《キンイツ》ヲ要スル所以ハ賦課ニ厚薄《コウハク》ノ差《チガイ》ナク人民ニ勞逸《ロウイツ》ノ弊《ヘイ》ナカラシメンカ爲メナリ故ニ其不均一ハ賦課ニ偏重偏輕《ヘンヂウヘンケイ》ノ弊《ヘイ》ヲ免カレサルヲ以テ之ヲ變例《ヘンレイ》ニ置クナリ

第九十一條　此法律ニ規定セル條項ヲ除クノ外使用料、手數料（第八十九條）特別稅《トクベツゼイ》（第九十條第一項第二）及從前ノ區町村費ニ關スル細則ハ市條例ヲ以テ之ヲ規定ス可シ其條例ニハ科料一圓九拾五錢以下ノ罰則《バツソク》ヲ設クルコトヲ得

科料ニ處シ及之ヲ徵收《チヤウシウ》スルハ市參事會之ヲ掌ル其處分ニ不服アル者ハ令狀交付《レイジヤウカウフ》後十四日以內ニ司法裁判所ニ出訴スルコトヲ得

△參照　明治十七年五月太政官第十五號布告區町村會ニ於テ評決シタル區町村費及ヒ水利土功會ニ於テ評決シタル土木費ノ怠納者ハ總テ明治十年十一月第七十九號布告ニ據リ處分スヘシ若シ財産公賣ノ際買受望人ナキトキハ官沒ノ手續ヲ爲サス郡區長又ハ戸長ニ於テ之ヲ管掌シ會議ノ評決ヲ取リ府知事縣令ノ認可ヲ得テ處分ス可シ
○違警罪即決例　明治十八年九月

（講）本條ハ此法律ニ定メタル條項ヲ除クノ外ハ第八十九條第九十條及從前ノ區町村費ニ關スル細則ハ市條例ヲ以テ規定スルコト又其條例ニハ科料ヲ設クルヲ得ル旨ヲ定メ其ノ科料罰則《クワレウバツソク》ハ何人カ之ヲ執行《シツカウ》スル權アルヤヲ定メタルナリ

第一項　此法律ニ規定セル條項ヲ除クトハ使用料手數料特別税ニ關スル本制ノ規定ニ違フテ細則《サイソク》ヲ設クルコトヲ得ストノ意ナリ從前ノ區町村費トハ明治十七年第十四號布告區町村會法ニ依リ區町村會及水利《スイリ》土《ド》功會《コウクワイ》又ハ學區會ノ議決ヲ以テ賦課徵收《フクワチヨウシウ》スル地價割反別割營業割戸別割等ノ區町村費ヲ云ヒ其細則トハ其收入ニ關スル取扱規則ヲ云フ

又右ノ細則ニハ罰則ヲ設ケ科料金壹圓九拾五錢以下適宜ノ制裁《セイサイ》ヲ置クヲ得ヘシ蓋《ケダ》シ此制裁《セイサイ》ハ逋税《ホゼイ》等ノ場合ニ適用《テキヨウ》スヘクシテ怠納者《タイナウシヤ》ニハ適用スヘカラス元來科料ノ刑タル刑法ニ定ムル處ニシテ司法裁判官ノ掌ルモノナレハ乃チ違警罪ノ刑ナリ

第二項　市參事會之ヲ掌ルトアルハ此市參事會ハ上ヨリ見解ヲ下サハ即チ違《イ》

二十四日第三十一號明治十四年九月第四十四號布告及ヒ同年十二月第八十一號布告ヲ廢止シ違警罪即決例別紙ノ通制定ス

違警罪即決例

第一條 警察署長及ヒ分署長又ハ其代理タル官吏ハ其管轄地内ニ於テ犯シタル違警罪ヲ即決ス可シ但私訴ハ此限ニ在ラス

第二條 即決ハ裁判ノ正式ヲ用ヒス被告人ノ陳述ヲ聽キ證憑ヲ取調ヘ直チニ其言渡ヲ爲ス可シ

警罪《ケイザイ》即決《ソクケツ》裁判所《サイハンショ》トシテ之ヲ見ルヘク又司法裁判所トハ即チ違警罪裁判所ヲ云フモノト知ル可シ

第九十二條 三箇月以上市内ニ滯在《タイザイ》スル者ハ其市税ヲ納ムルモノトス但其課税ハ滯在ノ初ニ遡《サカノボ》リ徴收ス可シ

(講)本條ハ第六條ノ例外《レイグワイ》ニシテ市住民ニ非サル滯在《タイザイ》者ニシテ市ノ負擔《フタン》ヲ分任スルノ義務アルコトヲ規定シタルナリ

三月以上市内ニ滯在スル者トハ止宿《シユク》ト寄留《キリウ》トヲ問ハス總《スベ》テ其市住民タラサルモノヲ指シテ云フ滯在ノ初メニ遡《サカノボ》リトハ滯在《タイザイ》三ケ月ヲ經過シテ始メテ其市ニ對シ市税ヲ負擔セサル可カラスト雖モ其義務ハ初メ其ノ市ニ來リ住セシ時ニ遡《サカノボ》リテ之ヲ生スルモノト規定シタルナリ又住セシ時トハ來着ノ日マテ遡ルニ非ス來着ノ翌月《ヨクゲツ》初ニ在リ何トナレハ凡テ市税ハ月割ニシテ且退去《タイキヨ》月ノ終《オハリ》迄《マデ》徴收《トリタテ》スヘキモノナレハナリ本條滯在《タイザイ》ト云フハ旅宿《ハタゴヤ》ニ泊《トマル》スルヲ云フニ非ス一戸ヲ構《カマ》ヘ炊煙《カシキ》ノ途《ミチ》ヲ立ツルヲ指スナリ

市住民外ノ者ニ市税ヲ負擔セシムルハ既ニ第六條ニ於テ講述シタル如ク市ノ

又被告人ヲ呼出スコトナク若クハ呼出シタリト雖モ出廷セサル時ハ直チニ其言渡書ヲ本人又ハ其住所ニ送達スルコトヲ得

第三條 即決ノ言渡ニ對シテハ違警罪裁判所ニ正式ノ裁判ヲ請求スルコトヲ得但正式ノ裁判ヲ經スシテ直チニ上訴ヲ爲スコトヲ得ス

第四條 即決ノ言渡書ニハ被告人ノ氏名年齢身分職業住所犯罪ノ場所

所有財産上ヨリ現實ノ利益ヲ得ル者ニ之ヲ負擔セシムルノ意ナレハナリ

第九十三條 市内ニ住居ヲ構《カマ》ヘス又ハ三箇月以上滯在スルコトナシト雖モ市内ニ土地家屋ヲ所有シ又ハ營業ヲ爲ス者（店舖ヲ定メサル行商ヲ除ク）ハ其土地家屋營業若クハ其所得ニ對シテ賦課スル市税ヲ納ムルモノトス其法人タルトキモ亦同シ但郵便《ユウビン》電信《デンシン》及官設鐵道《クワンセツテツドウ》ノ業ハ此限ニ在ラス

（講）本條モ亦市住民外ノ者ニシテ市費負擔ノ義務アル者ノ事ヲ規定シタルモノナリ

理由書ニ曰ク市税ヲ納ムルノ義務ヲ負擔《フタン》スル者ニ就テハ一個人ト法人トヲ區別セサルヘカラス凡ソ納税義務ハ市ノ住民籍ニ原《モト》ツクモノトス（市制第六條第二項）故ニ此義務ハ市内ニ住居ヲ定ムルト同時ニ起《オコ》ルモノトス故ニ一旦住居ヲ定メタル者ハ時々他ノ市ニ滯在スルニ止マルモノハ未タ此義務ヲ帶《オ》ヒス唯三ケ月以上滯在スルトキハ住居ヲ占ムルト同ク納税ノ義務ヲ生スルモノトス（市制町村制第九十二條）又假令ヒ市町村内ニ住居若クハ滯在《タイザイ》セスト雖モ其市

年月日時罪名刑名及ヒ正式ノ裁判ヲ請求スルコトヲ得ヘキ期限並ニ其言渡ヲ爲シタル警察署年月日警察官ノ氏名ヲ記載ス可シ

第五條　正式ノ裁判ヲ請求スル者ハ即決ノ言渡ヲ爲シタル警察署ニ申立書ヲ差出ス可シ但其期限ハ第二條第一項ノ場合ニ於テハ言渡アリタルヨリ三日内第二項ノ場合ニ於テハ言渡書ノ送達ア

町村内ニ土地家屋ヲ所有シ又ハ店舗《ミセ》ヲ定メテ營業《エイゲウ》ヲ爲ス者ハ均《ヒトシ》ク其市町村ノ利益ヲ蒙ルニ依リ共ニ納税ノ義務アリトス但此義務ハ一般ノ負擔ニ渉《ワタ》ラスシテ唯其土地家屋營業若クハ是レヨリ生スル所得ニ賦課スヘキ市町村税ニ限リテ負擔ノ義務アルモノトス（市制町村制第九十三條）

本條ハ滯在者ト否トハ敢テ問フ所ニ非ス他市町村住民ニシテ其市内ニ有スル財產若クハ其市ニ收ムル所得ニ對シテ賦課《フクワ》スルモノトス

其市内ニ住居ヲ構ヘス又三ケ月以上滯在《タイザイ》スルコトナシト雖モ其市内ニ土地又ハ家屋ヲ所有スル者及ヒ其市内ニ於テ店舗《ミセ》ヲ定メ營業ヲ爲ス者ハ其土地家屋ニ付管理者《クワンリシヤ》ヲ置クト否トヲ問ハス又自ラ止《トマ》リテ營業スルト他人ヲ派遣《ヘケン》シテ營業セシムルトヲ別タス其所有スル土地家屋ニ對シ又ハ其營業ニ對シ納税ノ義務ヲ負擔スルモノトス又店舗《ミセ》ヲ定ムルトハ譬《タト》ヘハ東京ニ居ル者ニシテ横濱ニ店舗《ミセ》ヲ定ムル者ハ則チ東京ヨリ賦課《フクワ》セラルヽ税ヲ負フモノトス其法人（會社ノ支店ノ類）タルトキモ亦之ニ同シ又納ムル所ノ税目ハ地租家屋税又ハ營業税及是ヨリ生スル所得税ノ附加税若クハ是等ノモノニ賦課スル特別税ナリトス

リタルヨリ五日内トス
第六條　警察署ニ於テ前條ノ申立ヲ受ケタル時ハ二十四時内ニ訴訟ニ關スル一切ノ書類ヲ違警罪裁判所檢察官ニ送致スヘシ
第七條　第五條ニ定メタル期限内ニ正式ノ裁判ヲ請求セサル時ハ即決ノ言渡ヲ以テ確定ノモノトス
第八條　科料拘留ノ言渡ヲ爲シタル時必要ト認ムル場合ニ於テハ後ノ

市民タル者其市ニ住スルト否トヲ問ハス凡市ノ支配ト保護ヲ受ケ且利益ヲ収ムルモノナレハ其市ニ對シ義務ヲ負擔セサルヘカラサルハ當然ナリ然レ𪜈所得税ニ付テハ現住民地ノ市町村ニ一歩ヲ讓《ユツ》リ他市町村ニ於テ課税スルノ便利ナルヿアルヲ以テ假令《タトヒ》納税者全國各地ニ於テ所得スルヿアリト雖モ之ヲ通シテ住居地ニ於テ納税スル者トス又郵便電信《ユウビンデンシン》及官設鐵道ニ課税セサル所以ハ此等ノ業ハ營業ニ屬《ゾク》スト雖モ國家ノ公益上必要ナルモノナルカ故ニ一個人若クハ數個人ノ營利ノ爲メニスルトハ大ニ異ニシテ元來租税ヨリ成リ立チタル故ニ免税シタルナリ

第九十四條　所得税《シヨトクゼイ》ニ附加税ヲ賦課シ及市ニ於テ特別ニ所得税ヲ賦課セントスルトキハ納税者ノ市外ニ於ケル所有ノ土地家屋又ハ營業（店舗ヲ定メサル行商《カウシヤウ》ヲ除ク）ヨリ收入スル所得ハ之ヲ控除《カウヂヨ》ス可キモノトス

（講）本條ハ所得税高算出方ノ事ヲ規定シタルモノナリ
國税タル所得税ハ家族《カゾク》ノ所得ハ言《イフ》ヲ俟《マ》タス各地ニ於テ收得《シウトク》スル所得ヲ戸主ノ

數條ニ定メタル處分ヲ爲スコトヲ得
第九條　科料ノ言渡ヲ爲シタル時ハ其金額ヲ假納セシムヘシ若シ納メサル者ハ一圓ヲ一日ニ折算シテ之ヲ留置ス其一圓ニ滿タサル者ト雖モ仍ホ一日ニ計算ス
第十條　拘留ノ言渡ヲ爲シタル時ハ一日ヲ一圓ニ折算シ其刑期ニ相當ノ金額ヲ保證トシテ差出サシムヘシ若シ差出サヽル者

居住地ニ於テ合算シ其合算額《ガッサンガク》ニ就《ツイ》テ納税スルモノトス然レ圧市ニ於テ所得税ニ附加スル市税及市限リ特ニ賦課《フクワ》スル所得税ハ其市内ニ於テ收得スル所得額ノミニ對シテ之ヲ賦課徴收スルモノトス且ツ又納税者ノ市外ニ於ケル土地家屋營業ヨリ生スル所得ハ之ヲ除《ノゾ》クベシトス
所得税ノ附加税及特別所得税ヲ其市内ニ於テ納税者ノ收入スルモノニ限リタル所以ハ其所得ハ其土地家屋所在ノ地又ハ其營業ヲナスノ市ニ納ムルノ義務アルモノナレハ又其住居ヲ爲スノ市ニ納メシムルニ於テハ義務者即チ所有者又ハ營業者ハ重複《ヂウフク》ノ市税ヲ納ムルニ至レハナリ且ツ其市限リノ税ヲ他ノ地方ニ及ボスノ効力ナク又取調ニ手數ヲ要スルヲ以テナリ

第九十五條　數市町村ニ住居ヲ構《カマ》ヘ又ハ滯在スル者ニ前條ノ市税ヲ賦課スルトキハ其所得ヲ各市町村ニ平分シ其一部分ニノミ課税ス可シ但土地家屋又ハ營業ヨリ收入《シウニウ》スル所得ハ此限ニ在ラス

（講）本條ハ其所得ヲ各市町村ニ平分シ其己レノ市ニ當ル一部分ニノミ課税ス

ハ第五條ニ定メタル期限内之ヲ留置ス但刑期五日内ナル時ハ其日數ニ過クルコトヲ得ス
第十一條 保證金ヲ差出シタル者ハ刑ノ言渡確定シタル後直チニ出廷シテ其執行ヲ受ク可シ若シ出廷セサル時ハ保證金ヲ沒入シテ本刑ニ換フ
第十二條 留置シタル者正式ノ裁判ヲ請求シ因テ呼出狀ノ送達アリタル時ハ直チニ

ルヲ規定シタルナリ

本條ニ所謂ル住居ヲ搆《カマ》ヘトハ第九十三條ノ店舖《ミセ》ヲ開キ營業ヲ爲スモノ等ヲ云ヒ又滯在スルモノトハ第九十二條ノ三ケ月以上他ノ市町村ニ滯在《タイザイ》スルモノヲ云ヒ又前條ノ市税トハ所得税ノ附加税及特別所得税ヲ云ヒ又其所得ヲ各市町ニ平分シトハ例ヘハ東京大坂ノ兩所ニテ千圓ノ所得アルモノニハ之ヲ二分シテ東京ニテ五百圓ニ對スル課税ヲ爲スノ類ナリ

本條ノ所得ヲ各市町村ニ平分《ヘイブン》スル所以ハ此等ノ所得ハ所得者ニ伴隨《ツキシタガフ》スルモノニシテ其收入ハ何レノ市町村ニモ限リテ屬スルモノニアラサルカ故ナリ又但書ニ於テ土地家屋營業ヨリ收入スル所得ハ其市ノ專屬《センゾク》ニシテ他市町村ニ分《ブン》配《ハイ》スルヿナキヲ以テナリ

第九十六條 所得稅法《ショトクゼイハフ》第三條ニ揭クル所得ハ市稅ヲ免除ス

(講)本條ハ或ル所得ニ付免除《メンジヨ》スルヿヲ定メタルモノナリ

本條ニ揭《カヽ》クル所得ハ軍人從軍中《グンジンジウグン》ハ生命《セイメイ》ニ代ヘテ得ル所ノ俸給第二ハ職務上實際費消《ツヒヤ》スヘキ旅費《リヨヒ》第三ハ養料《ヤシナヒレウ》ニ給スル恩惠金《オンケイ》又ハ目的ヲ立テス偶然《グウゼン》收入シ

留置ヲ解ク可シ
第十三條　留置ノ日數ハ一日ヲ一圓ニ折算シテ科料ノ金額ニ算入シ又ハ拘留ノ刑ニ算入ス可シ
○所得税法抄出
第二條　所得ハ左ノ定則ニ據テ算出スヘシ
第一　公債證書其他政府ヨリ發シ若クハ政府ノ特許ヲ得テ發スル證券ノ利子營業ニアラサル貸金預金ノ利子株式ノ利益配當金官私ヨリ受クル俸給手當

タル所得ニ屬スルモノナレハ課税スヘキ性質ノモノニアラサレハナリ

第九十七條　左ニ掲クル物件ハ市税ヲ免除《メンヂヨ》ス
一　政府、府縣郡市町村及公共組合ニ屬《ゾク》シ直接ノ公用ニ供スル土地、營造物《エイゾウブツ》及家屋
二　社寺及官立公立ノ學校病院其他學藝《ガクゲイ》、美術《ビジユツ》及慈善《ジゼン》ノ用ニ供スル土地、營造物及家屋
三　官有ノ山林又ハ荒蕪地《クワウブチ》但官有山林又ハ荒蕪地ノ利益ニ係ル事業ヲ起《オコ》シ内務大臣及大藏大臣ノ許可ヲ得テ其費用ヲ徴收スルハ此限ニ在ラス
新開地《シンカイチ》及ヒ開墾地《カイコンチ》ハ市條例ニ依リ年月ヲ限リ免税スルコトヲ得

(講)本條ハ市税ヲ免除スヘキモノヽ事ヲ規定シタルモノナリ
第一項　凡ソ官有物件ニ付テハ税ヲ賦課セサルヲ通則トス故ニ市税モ之ヲ賦課セサルナリ公共組合トハ水利土功ノ組合社寺宗教ノ組合ノ類ヲ云フ直接

金年金恩給金及割賦賞與金ハ直ニ其金額ヲ以テ所得トス

第二　第一項ヲ除ク／外資産又ハ營業其他ヨリ生スルモノハ其種類ニ應シ收入金高若クハ收入物品代價中ヨリ國税地方税區町村費備荒儲蓄金製造品ノ原質物代價販賣品ノ原價種代肥料營利事業ニ屬スル場所物件ノ借入料修繕料雇人料負債ノ利子及雜費ヲ除

ノ公用ニ供スル土地トハ官衙役塲其他公共組合ノ事務所集會所等ノ類ヲ指ス是等ハ法人ノ有スル私有財産ニ對スルノ稱ニシテ公有財産ヲ云フ

第二項　一般公共ノ爲メニ救濟《スクヒ》シ教育シ勸奬《スヽメ》スルノ用ニ供スル財産ナリ此等ノ財産ハ法人ノ所有スルヰニ限ラス其財産使用ノ目的ニ依リ其財産ニ對シ免除スルモノトス

第三項　官ノ私有財産ナリ夫レ官林ハ國家ノ爲メニ必要ノモノナルカ故ニ之ヲ免税スルハ固《モト》ヨリナリ荒蕪《アレ》地ト稱《シヤウ》スルモノハ不毛《フモウ》ノ地ナルカ故ニ固《モト》ヨリ課税スヘキ餘地《ヨチ》アルモノニアラス又但書ニ所謂ル山林又ハ荒蕪地《アレチ》ノ利益ニ係《カヽ》ル事業トハ其事業ニ因テ利益ヲ得ル公私關係者《クワンケイシヤ》ノ負擔ニ係《カヽ》ル支道《シドウ》開《ヒラキ》鑿用水溜池《タメイケ》堀鑿《ホリホル》等ヲ云フ又時トシテ一般市税ヲ以テ爲ス所ノ事業ニシテ山林保《ホ》護《ゴ》ヲ目的トスル事業若クハ荒蕪地《アレチ》ヲ開《ヒラキ》拓シ畑地トモ爲スヘキ利益ニ係ルトキ內務大藏兩大臣ノ許可ヲ得テ其費用即チ事業費ヲ其所有者ヨリ徵收スルヲ得ル者ナリ

又新開地トアルハ新ニ山川等ヲ開キテ耕《コウ》地又ハ宅地等ニ爲スヲ云ヒ開墾《カイコン》地

シタルモノヲ以テ所得トス
第三　第二項ノ所得ハ前三ケ年間所得平均高ヲ以テ算出スベシ但所得收入以來未ダ三年ニ滿タサルモノハ月額平均其平均ヲ得難キモノハ他ニ比準ヲ取リテ算出スベシ
△参照　明治七年十一月太政官第二十號布告
地所名稱區別
官有地
第一種　地券ヲ發ス
一皇居地皇宮離宮等ヲ云フ

トハ荒蕪地《アレチ》ニ幾分《イクブン》ノ勞費《ロウヒ》ヲ加ヘテ耕地《コウチ》又ハ宅地ト爲スヲ云フ猶ホ荒地起返《アレチオキカヘシ》ノ如キモ此中ニ包含《フクム》スルモノト見ルヘシ
公共用ノモノニ市稅ヲ免除スル所以ハ公共ノ用ニ供スルモノナルニ依ル且《カツ》公費ヲ以テ造設《ゾウセツ》シタルモノニハ公費ヲ免除スルハ當然不拔《フバツ》ノ原則《ゲンソク》ナリ第二ノモノハ社會必要上一日モ欠クベカラサルモノナルヲ以テ法律之ヲ保護《ホゴ》シテ免除スルナリ第三ニ掲ケタルモノハ國家ノ工事非常等ノ用ニ供センカ爲メニ保存スルモノナレハ之ヲ免除スルハ亦タ當然ナリ又末項ハ收利增殖《フヤス》ヲ獎勵《スヽメ》センカ爲メ或《ア》ル年月ヲ限リ免稅スルモノトス

第九十八條　前二條ノ外市稅ヲ免除《メンヂョ》ス可キモノハ別段ノ法律勅令ニ定ムル所ニ從フ皇族《クワウゾク》ニ係ル市稅《シゼイ》ノ賦課《フクワ》ハ追テ法律勅令ヲ以テ定ムル迄現今ノ例《レイ》ニ依ル

(講)本條モ市稅免除ニ屬ス可キモノヽ事ヲ規定シタルモノナリ
本條ノ皇族云々ハ明治七年十一月第百二十號布告地所名稱區別官有地第二種ニ依リ免稅セラルヽモノト知ルヘシ而シテ後日法律勅令ヲ以テ定メラレタル

二神地伊勢神宮山陵官國幣社府縣社及ビ民有ニアラサル社地ヲ云フ
第二種 地券ヲ發シ地租ヲ課セス地方税ヲ賦セサルヲ法トス尤府縣所有ノ地ハ地券ヲ發セス唯帳簿ニ記ス
但此地ニ在ル官舍ヲ貸渡ス時ハ借地料ヲ賦スベシ
一皇族賜邸
一官用地官院省使寮司府藩縣（本支）廳裁判所警視陸海軍（本分）營其他

日ハ如何《イカ》ナルカヲ今日ニ明定シ難《ガタ》シ

第九十九條 數個人ニ於テ專ラ使用スル所ノ營造物アルトキハ其修築《シウチク》及保存《ホゾン》ノ費用ハ之ヲ其關係者《クワンケイシヤ》ニ賦課ス可シ

市內ノ一區ニ於テ專《モツパ》ラ使用スル營造物アルトキハ其區內ニ住居シ若クハ滯在《タイザイ》シ又ハ土地家屋ヲ所有シ營業（店舖ヲ定メサル行商ヲ除ク）ヲ爲ス者ニ於テ其修築及保存ノ費用ヲ負擔《フタン》ス可シ但其一區ノ所有財產《シヨイウザイサン》アルトキハ其收入ヲ以テ先ツ其費用ニ充《ア》ツ可シ

（講）本條ハ市內ノ一部若クハ一區ニ屬《ゾク》スル營造物《エイゾウブツ》ノ修築保存費負擔者ノ事ヲ規定シタルモノナリ

第一項 數個人トハ市內ノ一部落《ブラク》ヲ云フ一區トハ第六十條ノ便宜《ベンギ》ニ依テ設ケタル區ヲ云フモノニシテ若シ市ノ下ニ區ヲ置カス又ハ區ノ一部ニ止マルトキハ所謂ル一部落《ブラク》ニシテ數個人中ニ包含《フクム》スヘキモノトス市一般ニ共用セス一個人又ハ數個人ニ於テ專《モツパ》ラ使用スル營造物ニ關《クワン》スル修築費《シウチクヒ》保存《ホゾン》費等ハ其

政府ノ許可ヲ得タル所用ノ地ヲ云フ

第三種　地劵ヲ發セス地租ヲ課セス地方税ヲ賦セサルヲ法トス

但人民ノ願ニヨリ右地所ヲ貸渡ス時ハ其間借地料ヲ納ムヘシ

一山岳丘陵林藪原野河海湖池沼澤溝渠堤塘道路田畑屋敷等其他民有ニアラサルモノ

一鐵道線路敷地

一電信架線柱

使用者ニ於テ負擔セサル可カラス是レ第八十五條ト同一ノ主旨ニ出ツルモノナリ而シテ其關係者トハ使用者及ヒ直接ニ利益アルモノヲ指ス又修築《ツクロイ》トハ大修繕《ツクロイ》及自然ノ破壞《ヤブレ》ニ因リ更ニ改築《タテナヲス》スルヲ云フ

第二項　數個人市有財産ヲ使用スル場合ニ於テ要スル費用ハ其數個人ノ負擔トシ之ヲ他人ニ賦課《フクワ》スルヲ得サルモノトス又滯在ハ第九十二條ニ掲《カヽ》グル者ト同シク三ケ月以上ニ及ヒタル者ニ限ル市内ノ一部云々トハ其部内ニ住居シ滯在《タイザイ》シ土地又ハ家屋ヲ有シ營業スル者等亦其修築《シウチク》及ヒ保存ノ費用ヲ負擔スヘキ義務ヲ生スルナリ若シ其一區ニ於テ使用シ費用ヲ負フニ際《サイ》シテハ一區所有財産ヨリ生スル利益ヲ以テ之ニ充《ア》テ猶ホ不足スルトキハ區内各人ニ其費用ヲ分擔セシムヘシ

本條ニ於テ營造物修築《シウチク》及保存ノ費用ヲ一部若クハ一區ノ負擔トナシタル所以ハ凡ソ權利アルモノハ義務ヲ負擔スヘキハ當然ナレハナリ第二項ニ市住民外ノ者ニ課税スルハ第九十二條及第九十三條ノ旨意《ムネ》ニ同シ其區内ニ特有財産アルトキハ先ツ其收入ヲ以テ之ニ充《ア》ツル所以ハ其區内ニ於テ便宜上ニ出ツルナリ

敷地
一燈明臺敷地
一各處ノ舊跡名區及ヒ公園等ノ民有ニアラサルモノ
一人民所有ノ權利ヲ失ヒシ土地
一民所ニアラサル堂宇敷地及ヒ墳墓地
一行刑場
第四種　地券ヲ發セス地租ヲ課セス地方税ヲ賦セザルヲ法トス
一寺院大中小學校說教場病院貧院等ノ民有ニアラサル者
民有地
第一種　地券

第百條　市税ハ納税義務《ナフゼイギム》ノ起《オコ》リタル翌月ノ初ヨリ免税理由ノ生シタル月ノ終迄《ヲハリマデ》月割ヲ以テ之ヲ徴收《チャウシウ》ス可シ
會計年度《クワイケイネンド》中《チウ》ニ於テ納税義務消滅《セウメツ》シ又ハ變更《ヘンカウ》スルトキハ納税者ヨリ之ヲ市長ニ届出ツ可シ其届出ヲ爲シタル月ノ終迄ハ從前ノ税ヲ徴收スルコトヲ得

(講)本條ハ市税ハ月割ニテ徴收《トリタテ》スルコトヲ規定《サダメ》シタルモノナリ

第一項　納税義務ノ起ルハ市內ニ住居ヲ定メ營業ヲ始メ又市內ニ土地家屋ヲ所有シタル時ヨリ起《オコ》ルモノナリ其納税義務ノ起リシ翌《ヨク》月分ヨリ月割ヲ以テ徴收《トリタテ》シ其義務ノ終リタル月マデニ止《トヾ》ムルナリ例《タトヘ》之ハ三月ニ甲市ニ移《ウツ》リタル者其翌月四月ヨリ義務ヲ生シ又六月ニ至リ他《タ》ニ移轉《ウツレ》ハ四月ノ初メヨリ六月ノ終迄三ケ月分ヲ徴收《トリタテ》スルナリ右ノ要件又ハ原由《ゲンユウ》ノ生止《セイシ》變更《ヘンコウ》ノ事アレハ一々之ヲ市長ニ届出ツヘシ

第二項　市長ハ此届出《トヾケイデ》ヲ以テ納税ヲ免除シ或ハ其額《タカ》ヲ減《ゲン》スルコトヲ爲スカ故ニ假令《タト》ヒ實際《ジッサイ》ニ於テ義務消滅《キエ》タルモ其届出ヲ爲サヽル間《アヒダ》ハ從來ノ税額ヲ徴《トリ》收《タテ》スルヲ得ルナリ

ヲ發シ地租ヲ課シ地方税ヲ賦スルヲ法トス
一人民各自所有ノ確證アル耕地宅地山林等ヲ云フ
但此地賣買ハ人民各自ノ自由ニ任スト雖𪜈潰レ地開墾等ノ如キ大ニ地形ヲ變換スルハ官ノ許可ヲ乞フヲ法トス
一人民數人或ハ一村或ハ數村所有ノ確證アル學校病院郷倉牧場𤸎場社寺等官有ニ

第百一條　市公共ノ事業ヲ起シ又ハ公共ノ安寧《アンチイ》ヲ維持《ヰヂ》スルカ爲メニ夫《ブ》役《エキ》及現品《ゲンピン》ヲ以テ納税者ニ賦課スルヿヲ得但學藝《ガクゲイ》美《ヒ》術《ジユツ》及手工《シユコウ》ニ關スル勞役《ラウエキ》ヲ課スルコトヲ得ス

夫《ブ》役《エキ》及現品《ゲンピン》ハ急迫ノ場合ヲ除クノ外直接市税ヲ準率ト爲シ且之ヲ金額ニ算出《サンシユツ》シテ賦課スヘシ

夫役ヲ課《クワ》セラレタル者ハ其便宜ニ從ヒ本人自ラ之ニ當《アタ》リ又ハ適當ノ代人ヲ出スコトヲ得又急迫《キハク》ノ場合ヲ除クノ外金圓ヲ以テ之ニ代フルコトヲ得

(講)本條ハ夫《ブ》役《エキ》現品《シナモノ》ノ課税ニ關スルヿヲ定メタルナリ

第一項　市公共ノ事業ヲ起シトハ道路、河溝、堤塘《ツヽミ》、學校、病院等ノ開築修繕《カイチクツクロイ》ノ如キヲ云ヒ安寧《アンチイ》ヲ維持《イヂ》スルカ爲メニトハ水火震災《シンサイ》等ノ防止《フセギ》又ハ騒亂事變《サハギミダル》等ノ際避難《ヒナン》ノ爲メニスル事業ヲ云フ學藝美術及手工ニ關スル勞役《ラウエキ》ヲ課スルコトヲ得ストハ例之《タトヘ》ハ土功《ドコウ》ノ爲メニ技師《ギシ》工師ヲ要シ建築《ケンチク》ノ爲メニ建築師《ケンチクシ》、彫《チヨウ》刻師《コクシ》等ヲ要スルヿアルモ此等ノ勞役《ラウエキ》ヲ目的トシテ夫《ブ》役《エキ》ヲ課スルコトヲ得サルナリ

在ラサル土地ヲ云フ
但此賣買ハ其所有者一般ノ自由ニ任スト雖𪜈潰地或ハ開墾等ノ如キ大ニ地形ヲ變換スルハ官ノ許可ヲ乞フヲ法トス
第二種 地券ヲ發シテ地租地方税ヲ賦セサルヲ法トス
一官有ニ在ラサル郷村社地及ヒ墳墓地等ヲ云フ
一民有ノ悪用水路溜池敷及堤敷及井溝敷

第二項 急迫《イソグ》ノ塲合トハ公共ノ安寧《アンテイ》ヲ維持《イヂ》スル爲メニト云フニ同シ水火風災《フウサイ》等ノ塲合ヲ云フ此ノ塲合ニハ其準率《ジユンリツ》ヲ問フニ遑《イトマ》アラサルノミナラス金錢ヲ要スルニ在ラス人力物品ヲ要スルコトナレハ斯《カ》ル塲合ハ之ヲ除キ其以外ハ直接市税即チ人ヲ指シテ取立ル市税ノ高ニ準《ジユン》シテ税率ヲ立テ且之ヲ金高ニ算出シテ賦課《フクワ》スヘシトス

第三項 本條ノ塲合ニ於テ人夫ヲ出シ力役《リヨクエキ》ニ從事セシメ現品ヲ出シテ調達《トヽノヘ》ヲ給スルハ金員ヲ出スヨリ便利ナルノミナラス農民間隙《ノウミンヒマ》ノ時ニ在テ空《ムナシ》ク時日ヲ消《シヨウ》スヘキヲ利用《リヨウ》シ大ニ納税者ノ義務ヲ輕減《カロク》スルノ利益アリ故ニ今日歐米ニ冠《クワン》タル獨逸《ドイツ》ノ如キモ今猶此法ヲ存《ソン》セリ然レ𪜈今此法ハ多ク町村ニ便益ニシテ市制ノ地ニ在テ其便益町村ニ比較《ヒカク》スレハ甚ダ僅少《ワツカ》ナリ

本條ハ公共ノ事業又ハ安寧《ヤスキ》ヲ維持《イヂ》スル塲合ニ限リタルモノハ他ノ課税ノ如ク常税トシテ課スヘキモノニアラサルカ故ナリ又學藝美術等ノ勞役《ラウエキ》ハ課税ニ厚《コウ》薄《ハク》ヲ生シ代人ヲシテ之ニ代《カハ》ラシムルコトヲ得ザルトニ由ル又直接市税ヲ準率《ジユンリツ》トナス所以ハ偏輕偏重《ヘンケイヘンチヨウ》ノ弊《ヘイ》ヲ防《フセ》ガン爲メナリ又金錢ヲ以テ代納セシムルモノ

地
一公衆ノ用ニ供スル道路
但地形ヲ變換スル時ハ管轄廳ノ許可ヲ請フヘシ

▲參照　明治十八年八月大藏省第六十一號達
地租條例
第四條　公立學校地、郷村社地、墳墓地、用惡水路、溜池堤塘、井溝、及公衆ノ用ニ供スル道路ハ地租ヲ免ス
第十五條　開墾地ハ鍬下年期明荒地ハ免租

ハ住民ノ貧富《ヒンプ》ニ應シ納税ニ自由ヲ與ヘンカ爲メナリ又代人ヲ許ス所以ハ老弱《ラウジヤク》幼者婦女ノ如キ自カラ役ニ堪《タ》フル能ハス且《カ》ツ人身自由ノ侵《オカ》ス可カラサレハ自己ノ便宜《ベンギ》ニ隨《シタガ》フモノナリ

第百二條　市ニ於テ徴收スル使用料、手數料（第八十九條）市税（第九十條）夫役ニ代フル金圓（第百一條）共有物使用料及加入金（第八十四條）其他市ノ收入ヲ定期内《テイキナイ》ニ納メサルトキハ市參事會ハ之ヲ督促シ猶之ヲ完納《クワンノフ》セサルトキハ國税滯納處分法《コクゼイタイナフシヨブンハフ》ニ依リ之ヲ徴收《チヤウシウ》ス可シ其督促《トクソク》ヲ爲スニハ市條例ノ規定ニ依リ手數料ヲ徴收スルコトヲ得
納税者中無資力《ムシリヨク》ナル者アルトキハ市參事會ノ意見《イケン》ヲ以テ會計年度内ニ限リ納税延期《ナフゼイエンキ》ヲ許スコトヲ得其年度ヲ越《コ》ユル場合ニ於テハ市會ノ議決ニ依ル
本條ニ記載スル徴收金ノ追徴《ツヰチヤウ》、期滿《キマン》得免《トクメン》及先取特權《センシユトクケン》ニ付テハ國税ニ關スル規則ヲ適用ス

年期明ノ翌年分ヨリ更定地價ニ依リ地租ヲ徵收ス
第十六條　開墾ヲ爲サントスル時ハ地方廳ノ許可ヲ受ク可シ開墾地ハ十五年以內ノ鍬下年期ヲ許可ス但年期中ハ原地價ニ依リ地租ヲ徵收ス
第二十條　荒地ハ其被害ノ年ヨリ十年以內免租年期ヲ定メ年期明ニ至リ原地價ニ復ス
▲參照　明治十年十一月二十

（講）本條ハ市稅其他總《スベ》テ市ノ收入金徵收《トリタテ》ニ關スル事ヲ規定シタルナリ
第一項ニ揭《カヽ》グル徵收《トリタテ》ニ付キ徵收《トリタテ》ノ令狀ニ示セル期限ニ納メザルトキハ市長ハ國稅怠納處分前ニ當リ其本人ニ就《ツ》キ之ヲ催促《サイソク》シ尚《ナ》ホ再應《サイワウ》納稅ノ督促《トクソク》ヲナシ此督促《トクソク》ヲナスニ就《ツ》キテハ市條例ノ定ムル處ニ依テ一個人ノ爲メニ特《トク》ニ市ノ手數ヲ要スルモノナレハ相當ノ手數料ヲ徵收《トリタテ》スヘシ
第二項　納稅者中無資力《ムシリヨク》ナル者アル𪜈ハ市參事會ノ意見《イケン》ニテ其會計年度間ハ納稅ノ延期《エンキ》ヲ許スコトヲ得ルナリ尤モ會計年度ヲ越《コ》ユル場合ハ延期ノ許否《キヨヒ》ヲ市會ノ議決ニ取ラサルヘカラス
第三項　追徵《ツイチヨウ》トハ跡《アト》ヨリ取立ルコトヲ云フ期滿得免《キマントクメン》トハ法律ニ定メタル期限ヲ經過《スギ》シタルニ由リ納稅者其義務ヲ免カルヽヲ云フ期滿得免《キマントクメン》ハ其適用ニ於テ二種トナル其一ハ物件ヲ獲得《エ》セシムルモノ即チ期滿所得ニテ其二ハ人權ヲ失《ウシナ》ハシムルモノ即チ期滿免除是レナリ要スルニ時ノ經過《スグル》ニ由リテ法ノ推《スイ》測《ソク》ト免除ノ證據《シヨウコ》トヲ生スルヲ云フ本條ノ先取特權《サキトリトクケン》トハ他ノ質入書入又ハ普《フ》通《ツウ》ノ債主《サイシユ》ニ先《サキダ》ツテ市稅ヲ取ルノ權利ヲ云フ本條ハ取立金ノ追徵《ツイチヨウ》期滿得免及

一日第七十九號布告國稅怠納處分法
租稅未納ノ者ハ從來怠納金ヲ徵シ本人身代限リヲ以テ取立ル等ノ處分モ有之處自今右處分ヲ廢止シ更ニ左ノ通區別相立處分致スヘシ此旨布告候事
第一條　徵收期限納期ヲ云ヲ過テ尙國稅ヲ上納セサル時ハ之ヲ賦課シタル財產ヲ公賣シテ徵收スヘシ若シ其財產他人ヘ賣買讓與シタル時ハ之ヲ買受讓受タ

先取特權《トクケン》ニ付テ國稅ノ規則ヲ適用スルモノトス

市ノ收入徵收《トリタテ》ニ付キ國稅怠納處分法ヲ適用《テキヨウ》スル所以ハ凡ソ賦課稅ヲ徵收スルニハ其ノ稅ノ性質ニ因リ之レヲ課スルノ法ヲ異ニスルノミ納稅者ニ於テ義務ヲ負擔スルニ輕重ノ別アルコトナシ故ニ之ヲ徵收スルニハ强迫執行《キヨウハクシツコウ》ノ性質《セイシツ》ヲ有スレハナリ又タ徵收督促《トクソク》ノ爲メニ手數料ヲ徵收スル所以ハ是レ其督促ヲ爲スニ付テハ勞費《ラウヒ》ヲ要スルコトナルヲ以テ之レヲ市ノ損害《ソンガイ》ニ歸《キ》セシムルノ理ナケレハナリ又タ無《ム》資力《シリヨク》者ノ爲メ未納處分ノ延期《エンキ》ヲ與《アタ》フル所以ハ是レ公賣等ノ處分ニ付《フ》スル爲メ却《カヘ》ツテ民力ヲ害《ガイ》スルヲ以テ斯《カ》ル恩惠《オンケイ》ノ途《ミチ》ヲ設ケタルモノナリ其ノ會計年度ヲ越《コ》ユル場合ニ於テハ市會ノ議決ニ依ラシムルモノハ行政機關ノ權限ハ其ノ會計年度內ニ止《トヾ》マリ其以外ニ及ハサルト會計年度ヲ過クレハ收支決算報告上ニ差支《サシツカ》ヘアルガ故ナリ

第百三條　地租ノ附加稅《フカゼイ》ハ地租ノ納稅者ニ賦課《フクワ》シ其他土地ニ對《タイ》シテ賦課スル市稅ハ其所有者又ハ使用者《シヨウシヤ》ニ賦課スルコトヲ得

ル者ヨリ完納セシムヘシ

徵收期限ノ下「後三十日」ノ四字アリタルヲ十四年二月十五號布告ニテ刪除セラル

但書入質入地所質入ハ其規則ニ從フノ財産ニ未納稅アル時其債主ニ於テ辨納スヘシト申立ル者ハ其意ニ任セ公賣ヲ行ハス

第二條 營業稅又ハ製造稅ヲ上納セサル時ハ其營業ヲ停止ス其製造品

(講)本條ハ地所ニ課スル市稅賦課法ノ事ヲ規定シタルナリ

地租ノ附加稅ハ第九十條第一項ノ塲合ニ課スル所ノ稅ニシテ地租ヲ納ムル者ニ賦課《フクワ》スルナリ其他土地ニ賦課《フクワ》スル市稅ハ其所有者ヨリ徵收《トリタテ》スルモ又ハ小作人ノ如キ使用者ヨリ徵收《トリタテ》スルモ市ノ適宜《テキギ》ニ規定スルヲ得ヘシ

本條ニ所謂ル地租ノ納稅者トハ地租條例第十二條ニアル地劵記名者《チケンキメイシヤ》若クハ質取主ヲ云フモノニシテ單《タン》ニ其所有權ニ限ラス又其使用者トハ質取主賃借人其他小作人等地劵記名者ニ非スシテ現ニ其土地ヲ使用スルモノヲ云フ

地租ノ附加稅ヲ地租納稅者ニ課スル所以ハ地租ト其法ヲ一ニセンカ為メナリ其他土地ニ課スル市ノ特別稅ヲ使用者ニ課スル所以ハ市住民ノ負擔ヲシテ市ニ就《ツキ》テ得ル所ノ利益ト伴隨《ハンズイ》セシメンカ為メナリ

第百四條 市稅ノ賦課《フクワ》ニ對《タイ》スル訴願ハ賦課令狀ノ交付後三箇月以內ニ之ヲ市參事會ニ申立ツヘシ此期限ヲ經過《ケイクワ》スルトキハ其年度內減稅《ゲンゼイ》免稅《メンゼイ》及償還《シヤウクワン》ヲ請求スルノ權利ヲ失フモノトス

(講)本條ハ市ノ課稅ニ對スル訴權及其訴訟手續ノ事ヲ規定シタルモノナリ

アル者ハ之ヲ公賣シ次ニ其器物ニ及ホスヘシ酒類及醬油造石税ハ前項ニ依リ處分シ仍ホ其製造用ノ諸建物ヲ公賣スルコトヲ得

但酒類醬油及製造用諸器物建物ハ自他ノ所有ヲ問ハズ其一部又ハ全部ヲ公賣シテ徴收ス

第三條　府縣税民費モ此規則ニ準シテ處分スヘシ

但各別ニ財産ヲ指定メテ賦課セサル民費

市税ノ賦課ニ對スル訴願トハ第九十條以下ノ規定ニ違フタル課税ニ對シテ訴願スルヲ云フ又課税令狀トハ納税期日前税目金額上納期日等ヲ記シ市參事會ヨリ發スルモノヲ云フ本條中三ケ月トアルハ九十日ヲ云フ即チ賦課令狀ヲ受取タル日ヨリ九十日以內ニ訴願スヘク然レモ此期限內ニ之ヲ申立テサル件ハ年度內即チ會計年度內ニ其權利ヲ失フモノトス

市税ノ賦課ニ關シ訴願セシムル所以ハ行政上ノ專横《ワガマヽ》ヲ防キ且《カ》ツ市民財産上ノ權利ヲ保護センカ爲メナリ又其權ヲ失フ期限ヲ會計年度內ニ減縮《ゲンシユク》シタル所以ハ市税ハ年々其税率《ゼイリツ》ヲ異ニスルト課税令狀ノ効力消滅《チカラキエ》スルニ由ルナリ

第百五條　市税ノ賦課及市ノ營造物《エイザウブツ》、市有財産幷其所得ヲ使用スル權利ニ關スル訴願ハ市參事會之ヲ裁決《サイケツ》ス但民法上ノ權《ケン》利《リ》ニ係《カヽ》ルモノハ此限ニ在ラス

前項ノ裁決ニ不服アル者ハ府縣參事會《フケンサンジクワイ》ニ訴願《ソグワン》シ其府縣參事會ノ裁決ニ不服アル者ハ行政裁判所《ギヤウセイサイバンシヨ》ニ出訴《シユツソ》スルコトヲ得

本條ノ訴願及訴訟ノ爲メニ其處分《シヨブン》ノ執行ヲ停止《テイシ》スルコトヲ得

徴收ニ付テハ土地家屋ヲ除キ他ノ財産ニ付先取特權アリトス

第四條　凡租税不納ニ付財產ヲ公賣セントスル時ハ地方官ニ於テ處分シ先ツ公賣ニ關スル入費ヲ引去リ而後國税府縣税民費ヲ徴シ剩餘アル時ハ之ヲ本人ニ還付ス若シ不足アル時國税府縣税ハ官ノ損失ニ歸シ民費ハ該區ノ損失ニ歸ス

附錄國税怠納處分法

ス

（講）本條ハ市税ノ賦課及市ノ財產使用權ニ關スル爭訟裁判權及其裁判ニ對スル上訴ノ事ヲ規定シタルナリ

營造物市有財產並其所得ヲ使用スル權利ニ關スルトハ第八十三條乃至第八十五條及第九十九條ノ使用權ノ有無若クハ加入金使用料修築《シウチク》保存《ホウゾン》ノ費用ニ關スル總《スベ》テノ爭論ヲ云フ

第三項ノ處分ノ執行トハ本條ノ裁決ニ非スシテ其訴願ノ原因《ゲンイン》トナリタル當初《ハジメ》ノ處分ヲ云故ニ市及府縣參事會ノ裁判ハ確定《クワクテイ》スルニ非サレハ之カ執行ヲナサヽルモノトス

本條ニ記載スル市税ノ裁判ヲ結局《ケツキヨク》行政裁判所ニ訴フルモノトスルハ市税ノ收入ハ皆公法上ノ收入ニ屬スルモノナレハナリ而シテ其ノ初メ之カ裁決ヲ市參事會ニ請フ所以ハ專《モツパ》ラ簡便《テガル》ノ主義《シユギ》ニ基《モトヅ》クモノナリ又營造物幷市有財產ノ使用權ニ至テハ民法ノ範圍《ハンヰ》ニ屬ス可キモノアリ例之《タトヘ》ハ市有ノ地所ヲ一個人ニ貸渡シタルトキハ其借地料ハ民法及訴訟法ニ準據《ジユンキヨ》シテ徴收《トリタテ》ス可キナリ此場合ニ於テ

但該財産ニ付テ區戸長役場ノ帳簿ニ記載セサル債主アル時ハ其殘金ヲ順次其債主ニ給付ス

第五條　刪除

第六條　財産公賣ノ際買請望人無之節該財産ハ之ヲ官沒スヘシ

▲參照　明治十六年八月八日第三十一號布告徵發令ニ依リ負擔スヘキ費用ノ怠納者ハ明治十年十一月第七十九號布告ニ依リ處分ス可シ但財産公賣ノ際買

ハ司法裁判所ニ出訴スルモノトス又訴願ノ爲メニ其處分ノ執行《シツカウ》ヲ停止《テイシ》セサルモノハ行政事務ノ澁滯《トヾコホリ》ヲ來スノ恐《オソレ》アレハナリ

第百六條　市ニ於テ公債ヲ募集《ボシウ》スルハ從前ノ公債元額ヲ償還《シヤウクワン》スル爲メ又ハ天災時變《テンサイジヘン》等已《ヤ》ムヲ得サル支出若クハ市ノ永久ノ利益トナル可キ支出ヲ要スルニ方リ通常ノ歳入ヲ増加スルトキハ其市住民ノ負擔《フタン》ニ堪《タ》ヘサルノ場合ニ限ルモノトス

市會ニ於テ公債募集ノ事ヲ議決スルトキハ併セテ其募集ノ方法、利息ノ定率及償還ノ方法ヲ定ム可シ償還ノ初期ハ三年以内ト爲シ年々償還ノ歩合《ブアヒ》ヲ定メ募集ノ時ヨリ三十年以内ニ還《クワン》了《レウ》ス可シ

定額豫算内ノ支出ヲ爲スカ爲メ必要《ヒツエウ》ナル一時ノ借入金ハ本條ノ例ニ依ラス其年度内ノ收入ヲ以テ償還《シヤウクワン》ス可キモノトス但此場合ニ於テハ市會ノ議決ヲ要セス

（講）本條ハ市公債募集《ツノル》ニ關スル事ヲ規定シタルモノナリ

受塁人ナキトキハ徴發區ニ没入シ不足金アル時ハ其區ノ損失ニ歸ス右費用ニ關スル處分ニ就キ不服アル者ハ明治十五年五月第廿二號布告ニ依ル可シ右奉勅旨布告候ヿ

第二十二號（明治十五年五月十日布告）

課税ニ關スル處分ニ就キ不服アリテ出訴セントスルモノハ先ツ其旨ヲ申立課額ヲ上納シ領收證書ヲ添ヘ其豎

本條公債ヲ募集《ツノル》ニハ三個ノ要件アル場合ニ募集スルモノトス

第一　舊公債償還《カヘス》ノ爲メナル時

第二　已《ヤ》ムヲ得サル支出《シヽユツ》ノ爲メナル時

第三　永久ノ利益トナルヘキ事業ノ爲メニ支出スル時

第一ノ場合ハ市ニ於テ先《サキ》前ノ負債ヲ償還《カヘス》ノ爲メ公債ヲ募集《ボシウ》シ以テ其需用《ジユヨウ》ヲ充《ミ》タスヿヲ得ヘシト雖モ人民ノ負擔ニ堪《タ》ヘサルヿヲ認《ミト》メサルニ於テハ之ヲ募集スルヿヲ得ス

第二　已《ヤ》ムヲ得サル支出トハ傳染病流行《デンセンビヤウハヤリ》水火震災《シンサイ》其他不慮《フリヨ》ノ厄難《ヤクナン》等都《スベ》テ天災時變《ジヘン》等ノ場合ノ如キ市ニ必要已《ヤ》ムヲ得サルモノヽ爲メニ支出スルヲ云

第三　永久ノ利益トナルヘキ事業トハ市力相當ノ事業ヲ起シ以テ市有財産ノ生産力《スギハイリヨク》若クハ市住民ノ經濟力《ナイザイリヨク》ヲ増進スルカ爲メ假令《タトヒ》一時ノ負擔ヲ増《マ》スモ永久ノ利益ヲ生スヘキ場合ヲ云フ

右三個ノ場合何レノ時ニ於テモ一時ノ歳入ヲ以テ支辨《シベン》シ能ハサル時ニ限ルモノトス以上費額《ヒガク》ノ支出ヲ要スル時ト雖モ妄《ミダリ》ニ公債ヲ募集《ボシウ》スヘカラス通常《ツウジヤウ》ノ歳

日ヨリ六十日內ニ訴出ツヘシ

但納税期限前ニ訴出テ訴訟中ト雖モ其期限ニ至レハ課額ヲ上納スヘシ

入ヲ増加《ゾウカ》スルモ市民其負擔ニ堪《タ》フ可キニ於テハ其歳入ヲ増加スヘク歳入ヲ増加シ市民其負擔ニ堪《タ》ヘサル時始メテ募集《ボシウ》ス可キモノトス

又公債ヲ募集スルニハ左ノ手續ニ從フ可シ

第一　募集ノ方法トハ第一公債募集高第二利子ノ定率《サダメ》例《タトヘ》ハ時ノ相場《サウバ》年何朱何割ト云フ如ク各地ノ狀況《モヨウ》ニ依リ隨時《ズイジ》其額ヲ定ムルモノヲ云フ第三公債價格《カカク》ノ定準《サダメ》例《タトヘ》バ公債額面百圓ニ付申込價格九十八圓以上ト定メ其以下ノ申込ニハ應《オウ》ゼス第四公債拂込度數及其每期《マイキ》ノ金額幷ニ期日第六申込期限及其保證金額

第二　償還ノ方法トハ第一每年利子拂渡ノ期日第二元金償還《カヘス》ノ年限及其度數例ヘハ公債募集ノ時ヨリ必ス三年以內ニ償還ヲ始メ年々步合ヲ定メテ三十年以內ニ還了《カヘシオハル》ヲ例規トス但其償還ノ初期ヲ三年ノ後トシ又其終期《オハリ》ヲ三十年以上トスル時ハ第百二十二條第一項ニ依リ內務大藏兩大臣ノ許可ヲ受クルヿヲ要ス

以上ノ議決ハ事重大ナルカ故ニ市會ノ會議ヲ必要トスト雖モ定額豫算內ノ支出ヲ爲スカ爲メ必要ナル一時ノ借入ハ市參事會之ヲ議決スルヲ得タリ

将來《シヤウライ》市町村ノ事業漸《ヤウヤ》ク發達《ハツタツ》スルニ從《シタガ》ヒ經常《キマリ》ノ歳入ヲ以テ支辨《シベン》スルコト能ハサルノ大事業ノ起ルヘキハ文化日進ノ度ニ應シ勢《イキホ》ヒ免レサル所ナリ其他天災事《テンサイジ》變不慮《ヘンオモハヌ》ノ厄難《ヤクナン》ニ罹《カヽ》リ其非常ノ凶歳饑饉《キヨウサイキン》ニ遭遇《アヒ》シ爲メニ大ニ民力ヲ減少シ市ノ負擔《フタン》ニ堪《タ》ヘサル塲合アランカ此塲合ニ於テハ豫《アラカジ》メ其費用ニ備《ソナヘ》ンカ爲メ資本ヲ蓄《チク》積《セキ》セントスルコトモ亦極メテ難《カタ》カルヘシ故ニ經常《キマリ》ノ歳入ヲ以テ支辨《シベン》スル能ハサル所ノ需用《モトメ》ニ應《オウ》ゼント欲スレハ市町村ヲシテ將來《シヤウライ》ノ歳入ヲ使用セシムルコトヲ得セシムルノ道ヲ開クノ外ナカルヘシ其將來ノ歳入ヲ使用セントセハ又タ必ラス公債ノ法ニ依ラサル可カラス即チ公債募集ノ方法ヲ設定《セツテイ》スル所以ナリ

第二欵　市ノ歳入出豫算及決算

(講)財政ヲ整理《セイリ》シ收支ノ平衡《ヘイカウ》ヲ保《タモツ》ニハ定額豫算表ヲ設ケサルヘカラス此豫算ヲ立テ失費《シツヒ》ヲ省《ハブ》キ濫出《ランシユツ》ヲ防《フセ》ギ決算ヲ〆收支ノ正否《セイヒ》ヲ知ル市町村ノ財政ハ政府ノ財政ニ均《ヒト》シク故ニ市町村ヲシテ預算表調製《トヽノヘ》ノ義務ヲ負ハシム若シ市町村ニ於テ此義務ヲ盡《ツク》サヽル時ハ法律上ノ權力ヲ以テ之ヲ强制《ムリオサヘコ》スルヲ得ヘシ

▲參照　明治十九年閣令第三號歳入歳出納規則第九條　一會計年度每年五月一日ヨリ翌年三月三十日迄ニ屬スル歳入歳出ハ第十條第十一條第十二條ノ塲合ヲ除キ總テ每年四月一日ヲ以テ開始ス

第百七條　市參事會ハ每會計年度收入支出《シウニウシシユツ》ノ豫知《ヨチ》シ得可キ金額ヲ見積《ミツモ》リ年度前二箇月ヲ限リ歳入出豫算表ヲ調製《テウセイ》ス可シ但市ノ會計年度ハ政府ノ會計年度ニ同シ
內務大臣ハ省令ヲ以テ豫算表調製《ヨサンヘウテウセイ》ノ式《シキ》ヲ定ムルコトヲ得

（講）本條ハ歳入出豫算表調製ノ事ヲ規定シタルモノナリ豫算表ヲ調製スルハ一方ニ在テハ理事者《リジシヤ》ヲシテ豫定ノ收支ヲ爲サシメ又一方ニハ超過《コエスギ》ス可カラサルノ制限《カギリ》ヲ負ハシムルモノナリ依テ以テ經費《ケイヒ》ノ濫出《ランシユツ》財政ノ紛亂《ミダレ》ヲ防《フセ》グノ益アルニ依ル又市ノ會計年度ヲ政府ノ會計年度ト同フスル所以ハ若シ之ヲ異《コト》ニスルトキハ交涉經費《コウセウケイヒ》ノ塲合ニ於テ不便ヲ來ス等ニ依ルモノナリ第百二十二條第五ヲ參觀スヘシ

第百八條　豫算表ハ會計年度前市會ノ議決ヲ取リ之ヲ府縣知事ニ報告《ホウコク》シ並地方慣行ノ方式ヲ以テ其要領《エウリヤウ》ヲ公告《コウコク》ス可シ
豫算表ヲ市會ニ提出《テイシユツ》スルトキハ市參事會ハ併セテ其市ノ事務報告書《ホウコクシヨ》及財產明細表《ザイサンメイサイヘウ》ヲ提出ス可シ

（講）本條ハ豫算表ヲ確定《クワクテイ》セシムル方法ノ事ヲ規定シタルモノナリ

第一項　市長ハ歳入出豫算ニ關スル市會ノ議決ニ對シテ不認可《フニンカ》ヲ與ヘ或ハ再議ニ付スル等ノ權利ヲ有セサルモ監督官廳《カントクヤクシヨ》ハ第百十八條ニ依リ其豫算ヲ强《キヤウ》行《カウ》スルノ權アリ而シテ市參事會ハ市會ノ議決シタル豫算表ヲ府縣知事ニ報告スルノ義務アリ

第二項　報告書《ホウコクシヨ》及明細表《メイサイヘウ》ハ市會ニ於テ歳入出豫算ヲ議決スルニ必要ナリトス故ニ之ヲ提出《サシダス》セシムルナリ

歳入出豫算表ヲ市會ノ議決ニ付スル所以ハ歳入出豫算ノ事タル之ヲ行政機關《キノクワン》ニ任スルヲ得ス是レ之ヲ市會ノ議決ニ付スル所以ナリ又府縣知事ニ報告スルモノハ府縣知事ハ市ノ行政監督權《カントクケン》ヲ有スルカ故ナリ又之ヲ公告スル所以ハ一般市住民ニ熟知セシメンカ爲メナリ

第百九條　定額豫算外ノ費用又ハ豫算ノ不足アルトキハ市會ノ認定《ニンテイ》ヲ得テ之ヲ支出スルコトヲ得

定額豫算中臨時《リンジ》ノ場合ニ支出スルカ爲メニ豫備費《ヨビヒ》ヲ置キ市參

事會ハ豫《アラカジ》メ市會ノ認定ヲ受ケスシテ豫算外ノ費用又ハ豫算《ヨサン》超過《クワ》ノ費用ニ充《ア》ツルコトヲ得但市會ノ否決シタル費途《ヒト》ニ充ツルコトヲ得ス

（註）本條ハ豫算表以外ノ認定《コンテイ》ニ關スル事ヲ規定シタルモノナリ

第一項　定額豫算外ノ費用トハ豫算表中其費目《ヒモク》ノ記載《キサイ》ナキモノヲ云ヒ費目《ヒモク》ノ流用《リウヨウ》トハ一方ノ費用ヲ減《ゲン》シ一方ノ費用ニ添加《ソヘクハ》ヘルヲ云フ此二個ノ場合ニ當ケハ更《サラ》ニ市町村會ノ議決ヲ經《フ》可キモノトス而シテ豫算外ノ費用ヲ追加《ツイカ》豫算《ヨサン》ト云ヒ豫算ノ不足ヲ豫算變更《ヘンコウ》ノ場合ト云フ此二個ノ場合ヲ議決スルニ當リ其事項タル官ノ許可ヲ要スルトキハ均《ヒトシ》ク其許可ヲ受ク可キコト、ス

第二項　定期豫算中豫備費ハ市會ノ認定《ミトメ》ヲ受ケスシテ豫算外超過《チヨウクワ》ノ費用ニ充《ア》ツルヿヲ得ルヲ規定ス但シ當初《ハジメ》豫算ヲ議決スルニ方《アタ》リ否決《ヒケツ》シタル費途《ヒト》ニハ此豫備費《ヨビヒ》ヲ支出スルコトヲ得ス右費用ニ使用セサル以上ハ市參事會ノ使用スル處ニ任スルモノトス

第百十條　市會ニ於テ豫算表《ヨサンヘウ》ヲ議決シタルトキハ市長ヨリ其

謄寫《トウシヤ》ヲ以テ之ヲ收入役《シウニフヤク》ニ交付ス可シ其豫算表中監督官廳《カントククワンチヤウ》若クハ參事會ノ許可ヲ受ク可キ事項《ジカウ》アルトキハ（第百二十一條ヨリ第百二十三條ニ至ル）先ツ其許可ヲ受ク可シ

收入役ハ市參事會（第六十四條第二項第三）又ハ監督官廳ノ命令アルニ非サレハ支拂《シハラヒ》ヲ爲スコトヲ得ス又收入役ハ市參事會ノ命令《メイレイ》ヲ受クルモ其支出豫算表中ニ豫定《ヨテイ》ナキカ又ハ其命令第百九條ノ規定ニ據《ヨ》ラサルトキハ支拂ヲ爲スコトヲ得ス

前項ノ規定ニ背キタル支拂《シハラヒ》ハ總《スベ》テ收入役ノ責任《セキニン》ニ歸ス

（講）本條ハ收入役收支方ノ準則《シユンソク》ヲ定メタルモノナリ

第一項ニ監督官廳《カントクヤクシヨ》トハ内務大藏兩大臣ヲ云ヒ參事會トハ府縣參事會ヲ云フ第二項ノ監督官廳《カントククワンチヨウ》トハ府縣知事ヲ云フ然《シカ》レ𪜈府縣知事ニ於テ收入役ニ支拂《シハラヒ》ノ命令《メイレイ》ヲ爲ス場合ハ甚タ少シ唯《タ》ダ市參事會ニ於テ支出ノ命令ヲ實行セサル場合ニ於テ臨時《リンジ》支出ヲ命スルコアルノミ又其命令《メイレイ》第百九條ノ規定《キテイ》ニ據《ヨ》ラサルトキトハ定額豫算以外ノ支出ヲ市會ノ認定《コンテイ》ヲ經《ヘ》ス又ハ豫備費《ヨヒヒ》ヲ市會ノ否決《ヒケツ》

シタル事項ニ向テ支出セン丁ヲ市參事會ニ於テ命令《メイレイ》シタル場合《メアヒ》ヲ云フ

既ニ市會ニ於テ豫算表ヲ議決シタルトキハ市長ハ之ヲ收入役ニ交附《ワタ》スヘシ然レ氏其議決シタル豫算表中監督官廳《カントクヤクショ》若クハ市參事會等ノ許可ヲ受ク可キ事項アル片ハ第百二十五條ヨリ第百二十七條ニ至ルノ手續《テツヽキ》ヲ爲ス可キナリ

第二項　收入役ハ市長ノ命令ヲ受クルモノナレ氏其支出豫算表中ニ豫定《ヨテイ》ナキカ或ハ第百九條ノ規定ニ依ラサル命令ナレハ拒絶《コバミ》スルコトヲ得ルノ權利アルモノナリ若シ其命令《メイレイ》ヲ拒《コバ》マス支拂《シハラヒ》ヲ爲シタル場合ニ於テハ其責任《セキニン》ハ收入役ニ歸《キ》スルモノナリ

第三項　前項ノ場合ニ非スシテ支出シタルトキトハ收入役ハ市ニ對《タイ》シテ其金額ヲ辨償《ベンシヨウ》セサル可カラス是レ第六十二條ニ所謂《イハユ》ル市長ノ收入役ヲ兼《カ》ヌルコヲ得サル所以ナリ

命令者《メイレイシヤ》ト執行者《シツカウシヤ》トヲ各分離《ブンリ》獨立《ドクリツ》セシムル所以ハ收支《シウシ》ヲ嚴《キビシク》ニシ財政《ザイセイ》ヲ整理《セイリ》シ支拂前ニ於テ其豫算ニ違フ所ナキヤヲ監査スルニ便ナルカ爲メナリ元來決算報告ヲ爲スハ即此目的ニ外ナラストト雖モ既ニ支拂後ニ係ルヲ以テ其監査

ハ往々時機ニ後ルヽノ憾アリ故ニ本制ハ收入役ニ負ハシムルニ其命令ノ正否ヲ査スルノ義務ヲ以テシタル所以ナリ又豫算表ニ關スル市會ノ議決ノ謄《ウツ》寫《シ》ヲ收入役ニ交付《ワタス》スルモノハ命令抗拒權《メイレイコバム》アルカ爲メナリ

第百十一條　市ノ出納《スヰタウ》ハ毎月例日ヲ定メテ檢査シ及毎年少クモ一回臨時檢査《リンジケンサ》ヲ爲ス可シ例月檢査《レイゲツケンサ》ハ市長又ハ其代理者之ヲ爲シ臨時檢査ハ市長又ハ其代理者ノ外市會ノ互選《ゴセン》シタル議員一名以上ノ立會《タチアヒ》ヲ要ス

(講)本條ハ出納調査ノ方法ヲ規定シタルモノナリ

市ノ出納ハ毎月例日ヲ定メテ撿査《ケンサ》シ及毎年少クモ一回以上市長若クハ市長ノ代理者之ヲ行フ又臨時撿査《リンジケンサ》ハ毎年一回以上市長ノ外ニ市會議員中ヨリ互選《ゴセン》シタル議員一名以上ノ立會《タチアヒ》ヲ要ス是レ本條ノ規定ナリ蓋シ臨時撿査《リンジケンサ》ハ鄭重《テイチヨウ》ヲ主《シユ》トスルノ旨趣《シシユ》ニ出デシモノナリ

以上ノ撿査《ケンサ》ヲ要スル所以ハ收支命令書ニシテ果《ハタ》シテ其命令《メイレイ》ノ如ク執行《シツカウ》シタルヤ否ヤヲ調査《チヨウサ》センカ爲メナリ又臨時撿査《リンジケンサ》ニ市會議員ノ立會ヲ要スル所以ハ其

收支命令《メイレイ》ハ果《ハタ》シテ市會ノ議決ニ適合《テキガウ》スルヤ否ヤ又市ノ財産《ザイサン》ハ正當ニ保管《ホクワン》セラルヽヤ否ヤヲ調査《チョウサ》シ決算報告ノ便ニ供センカ爲メナリ

第百十二條　決算《ケッサン》ハ會計年度ノ終ヨリ三箇月以内ニ之ヲ結了シ證書類《ショウショルヰ》ヲ併《アハ》セテ收入役ヨリ之ヲ市參事會ニ提出《テーシュツ》シ市參事會ハ之ヲ審査シ意見ヲ附シテ之ヲ市會ノ認定《ニンテイ》ニ付ス可シ其市會ノ認定《コンテイ》ヲ經《ヘ》タルトキハ市長ヨリ之ヲ府縣知事ニ報告スベシ決算報告《ナツサンハウコク》ヲ爲ストキハ第三十八條及第四十三條ノ例《レイ》ニ準《ジュン》シ市參事會員故障《コシャウ》アルモノトス

(講)本條ハ決算報告ニ關スル事ヲ規定シタルモノナリ

決算報告ノ目的《モクテキ》ニ二アリ

一、計算《ケイサン》ノ當否《トウヒ》及計算ト收支命令《メイレイ》ト適合《テキガウ》スルヤ否ヤヲ審査《シラベ》スル事之ヲ合計審査《シンサ》ト云フ

二、出納ト定額豫算表又ハ追加《ツイカ》豫算《ヨサン》若クハ豫算變更《ヘンコウ》ノ議決又ハ法律命令ト適合《テキガウ》スルヤ否ヤヲ査定《シラベ》スル事是ヲ行政審査ト云フ

收入役ハ毎會計年度《マイクワイケイ》ノ終《オハリ》ヨリ三ケ月以內ニ其ノ會計年度內ノ歳入出出納決算ヲ結了《ケツレウ》シ之レニ關係書類《クワンケイシヨルイ》ヲ添付《テンプ》シ市參事會ニ提出《テイシユツ》ス市參事會ハ收入役ヨリ提《テイ》出《シユツ》シタル收支決算書ヲ審閱《シラベ》調査シ其決算《ケツサン》ノ正否《セイヒ》ニ付意見書ヲ付シ市會ノ認定《ニンテイ》ニ附《フ》ス其ノ市會ノ認定《ニンテイ》ヲ經《ヘ》タルトキハ市長ハ之レヲ府縣知事ニ報告スルモノトス是故ニ收支命令《メイレイ》者卽チ市參事會員ニシテ市會議員ヲ兼ヌルトキハ第三十八條第四十三條ノ例ニ準《ジユン》シ故障《サハリ》アルモノトシテ其ノ議決ニ加ハヽルコトヲ得ス

本條ニ其ノ報告ヲ二段ニ區別《クベツ》スル所以ハ參事會員ト收入役トハ各分離《ブンリ》獨立《ドクリツ》シタルモノニシテ從テ其ノ責任ヲ別《ワカ》ツカ故ナリ然レトモ收入役ノ決算報告ハ參事會ニ向テ爲シ又タ其調査モ參事會ノ爲ス所ニシテ市會ニ對《タイ》シテハ常ニ參事會ノ責任ナリトス故ニ決算報告認定《ニンテイ》ノ議事ニ付テハ參事會議員又タハ議長ヲ兼《カ》ヌルコトアルモ其ノ議事ニ參與《アツカラ》スルコトヲ得スト規定シタル所以ナリ

第五章　特別《トクベツ》ノ財產ヲ有スル市區ノ行政

(講)本章ハ特別《トクベツ》ニ財產ヲ有スル市區ノ行政ノ事ヲ規定スルモノナリ

行政ノ便利ノ爲メニ畫《クワク》シタル區ト市町村内ニ於テ獨立《ドクリツ》ノ法人タル權利ヲ有スル各部トノ區別アルハ固《モト》ヨリ言《コト》ヲ俟《マ》タズ本制ハ一市町村ノ統《トウ》一ヲ尙《タツト》フモノニシテ一市町村内ニ獨立《ドクリツ》スル小組織《ソシヨク》ヲ存續《ソンゾク》シ又ハ造成《ソウセイ》スルコトヲ欲スルニアラズ然レ𪜈強《シヒ》テ此原則ヲ斷行《ダンカウ》セントスルトキハ一地方ニ於テ正當ニ享有《キヨウイ》スル利益ヲ傷害《シヤウガイ》スルノ恐《オソ》レアリ故ニ概《ガイ》シテ此旨《ム》趣《子》ニ依テ論ス可カラサルモノアリ是レ本章ノ設ケアル所以ナリ

第百十三條　市内ノ一區ニシテ特別ニ財産《ザイサン》ヲ所有シ若クハ營《エイ》造物《ゾウブツ》ヲ設ケ其區限リ特《トク》ニ其費用（第九十九條）ヲ負擔《フタン》ス府縣參事會ハ其市會ノ意見ヲ聞キ條例ヲ發行《ハツコウ》シ財産及營造物ニ關《クワン》スル事務《ジム》ノ爲メ區會ヲ設クルヿヲ得其會議ハ市會ノ例ヲ適用スルヿヲ得

（講）市ハ從來ノ區町ヲ總括《スベクヽツ》テ之ヲ統《トウ》一スル者ナレハ既ニ特別《トクベツ》ノ財産ヲ有スルノ部落《ブラク》アリ又市ノ區域廣濶《クイキクワウクワツ》ナルカ人口稠密《オホキ》ノ故ヲ以テ行政上ノ區畫《クワク》ヲ爲ス時該《ガイ》區畫中特別ノ財産ヲ有スルヿアランソ此塲合ニ於テハ全市《ゼンシ》ノ利害ト一區畫《クワク》ノ利害ト互《タガヒ》ニ抵觸《アタリフレ》スルコトアルヘケレハ今ハ一部管理《サハイ》ノ方法ヲ定メタリ

市內ノ一區ニシテ特別財產ヲ有シ若《モシ》クハ營造物《エイゾウブツ》ヲ設ケ其區內限リ費用ヲ負擔スルモノハ即チ獨立《ドクリツ》ノ法人タル權利ヲ存《ソン》スルモノト謂フ可シ而シテ此權利ヲ負擔《フタン》スル塲合ニ於テハ市會ノ關涉《クワンセウ》ヲ受ケス別ニ區會ヲ設ケ其財產ヲ處分スルヲ得此塲合ニ於テハ府縣參事會其市會ノ意見《イケン》ヲ聞キ特《トク》ニ條例ヲ發行《ハツカウ》シテ之ヲ定ム其市會ヲシテ之ヲ制定《セイテイ》セシメサル所以ハ市區ノ利益相抵觸《フレル》スルノ憂《ウレヒ》アルニ由ルナリ

第百十四條　前條ニ記載スル事務《ジム》ハ市ノ行政ニ關スル規則ニ依リ市參事會之ヲ管理《クワンリ》ス可シ但區ノ出納《スヰタウ》及會計《クワイケイ》ノ事務ハ之ヲ分別ス可シ

(講)本條ハ特別ニ財產ヲ有スル區ノ行政事務ノ事ヲ規定シタルモノナリ

前條ニ記載スル事務トハ財產及營造物ニ關《クワン》スル事務ヲ云ヒ又市ノ行政ニ關スル規則ニ依リトハ第六十四條以下ノ規定中右ノ事務ニ關スル規則ヲ以テ處理《サハイ》スルヲ云ヒ又市參事會之ヲ管理《シハイ》スヘシト云フハ此事務ノ爲メニ特別《トクベツ》ニ區員ヲ設クルコトナシト云フ意ナリ又但書ニ區ノ出納及會計ノ事務トハ特有《トクイウ》財產ニ關スル理財《リザイ》ノ事務ヲ云フ

市內一部ノ行政ハ自治上行政ノ一小部分ニ過《ス》ギス故ニ區部ニ關スル事務ハ區會之ヲ處分スト雖モ其管理《クワンリ》ハ市參事會之ヲ爲スナリ然レトモ會計ノ事務即チ出納及一部ノ共有財產及ヒ營造物ニ關スル費用幷ニ區會若クハ區《ク》總《ソウ》會ニ關スル費用ノ額ハ其區部ノ權利ヲ傷害《シヤウガイ》スルノ弊《ヘイ》ヲ防《フセ》グカ爲メ必ズ分別スヘキモノトスルナリ

第六章　市行政ノ監督

（講）本章ハ行政官廳《ヤクシヨ》ノ有スル市行政ノ監督權《カントクケン》及其監督《カントク》ノ方法ヲ規定シタルモノナリ

自治躰ハ國家行政ノ一區畫《クワク》ニシテ自主自由ヲ以テ國法ノ下ニ存《ソン》スト雖モ其行政專《モツパ》ラ自治躰ニ放任《ハウニン》スルトキハ其專橫《センワウ》ノ弊《ヘイ》ヲ來スノ恐《オソ》レアリ故ニ政府之カ監督ヲ爲サヽル可カラス其監督ノ目的方法タル自治躰ニ於テ法律上ノ限界《カギリ》ヲ踰越《コエ》ザルヤ否《イナ》國安ヲ妨害《ボウガイ》スヘキ事務ヲ行ハサルヤ否《イナ》又行政ノ統《トウ》一ヲ害《ガイ》セサルヤ否《イナ》ヲ監視《カンシ》セサル可カラス今此監督權《カントクケン》實行ノ方法要點《エウテン》ヲ擧《ア》グレハ左ノ如シ

一、法律有効《ユウカウ》ノ命令《メイレイ》及官廳ヨリ其權限內ニテ爲シタル處分ヲ遵守《ジユンシユ》スルヤ否ヤヲ監視《カンシ》スル事

二、事務ノ錯亂《ミダレ》澁滯《トヾコホリ》セサルヤ否ヤヲ監視《カンシ》シ時宜《ジギ》ニ依テハ强制《キヤウセイ》ヲ施《ホドコ》ス事（第百十七條）

三、公益ノ妨害《バウガイ》ヲ防《フセ》ギ殊《コト》ニ市町村ノ資力《シリヨク》ヲ保持《ホヂ》スル事

以上ノ目的ヲ達《タツ》スルカ爲メニハ左ノ方法アリ

一、自治躰ノ重役《ヂウヤク》ヲ認可《ニンカ》シ又ハ異議《イギ》ヲ容《イ》ルヽノ權アル事（第二十八條第二項第五十一條第五十二條第五十八條）

二、議決ヲ許可スル事（第百二十二條第百二十三條）

三、行政事務ノ報告ヲ爲サシメ書類帳簿ヲ查閲《シラベ》シ事務ノ現況《アリサマ》ヲ視察《シサツ》シ並《ナラビニ》出《スイ》納《ナウ》ヲ撿閲《アラタメ》スル事（第百十七條）

四、强制《キヤウセイ》豫算ヲ命《メイ》スル事（第百十八條）

五、上席ノ參事會ニ於テ代《カハツ》テ議決ヲ爲ス事（第百十九條）

六、市町村會及市參事會ノ議決ヲ停止《テイシ》スル事（第六十四條第六十五條）

七、市吏員懲戒《チヨウカイ》ノ權（第百二十四條）

八、自治躰ノ機關《キクワン》ヲ解散《カイサン》スルノ權（第百二十條）

夫レ監督《カントク》官廳カ自治行政ニ對《タイ》シ有セル監督權《カントクケン》實行ノ方法ハ上ニ列《レツ》スルカ如シ

而シテ第七ノ市吏員懲戒權《チヨウカイケン》ハ市吏員其人ニ對《タイ》スルモノニシテ自治躰ノ監督《カントク》トハ全《マツタ》ク別個《ベツコ》ノモノナリ且《カツ》懲戒處分《チヤウカイシヨブン》ハ自治體固有《コイウ》ノ事務ノ爲メニ行フヘキモノニ非スシテ專《モツバ》ラ委任《イニン》事務ノ爲メニ施《ホドコ》スヘキモノトス然《シカ》レ𪜈本制ニ於テハ之カ區別《クベツ》ヲ置《オ》カサルモノヽ如シ

第百十五條　市行政ハ第一次ニ於テ府縣知事之ヲ監督《カントク》シ第二次ニ於テ內務大臣之ヲ監督《カントク》ス但法律《ハフリツ》ニ指定《シテイ》シタル場合ニ於テ府縣參事會ノ參與《サンヨ》スルハ別段ナリトス

（講）本條ハ監督官《カントク》及ヒ其順序《シダイ》ヲ定ムルモノナリ
市行政ハ第一次ニ府縣知事之ヲ監督《カントク》シ第二次ニ內務大臣之ヲ監督《カントク》スルモノトス而シテ但書ニ法律ノ指定《シテイ》シタル場合ニ於テハ府縣參事會モ亦市ノ行政ニ參與シ之カ監督ヲ爲スヿアリトス其所謂《イハユル》法律ニ指定シタル場合トハ即チ第二十八條第二項第四十三條第五十一條第七十六條第三項第百十三條第百十九條第百二十條第百二十三條ノ塲合ヲ云フモノナリ

第百十六條　此法律中別段《ベツダン》ノ規定《キテイ》アル場合ヲ除クノ外凡ソ市ノ行政ニ關《クワン》スル府縣知事若クハ府縣參事會ノ處分若クハ裁決

ニ不服アル者ハ内務大臣ニ訴願《ソグワン》スルコトヲ得
市ノ行政ニ關スル訴願ハ處分書若クハ裁決書ヲ交付《カウフ》シ又ハ之ヲ告知《コクチ》シタル日ヨリ十四日以內ニ其理由ヲ具《グ》シテ之ヲ提出ス可シ但此法律中別ニ期限ヲ定ムルモノハ此限ニ在ラス
此法律中ニ指定スル場合ニ於テ府縣知事若クハ府縣參事會ノ裁決《サイケツ》ニ不服アリテ行政裁判所ニ出訴セントスル者ハ裁決書ヲ交付シ又ハ之ヲ告知シタル日ヨリ廿一日以內ニ出訴ス可シ
行政裁判所ニ出訴《シユツソ》スルコトヲ許シタル場合ニ於テハ內務大臣ニ訴願スルコトヲ得ス
訴願及訴訟ヲ提出《テイシユツ》スルトキハ處分又ハ裁決ノ執行ヲ停止《ザイシ》ス但此法律中別ニ規定アリ又ハ當該官廳ノ意見ニ依リ其停止ノ爲メニ市ノ公益《コウエキ》ニ害《ガイ》アリト爲ストキハ此限ニ在ラス
(講)本條ハ府縣知事若クハ府縣參事會ノ處分若クハ裁決ニ對《タイ》スル訴願上訴及其期限等ノ事ヲ規定シタルモノナリ

第一項　市ノ行政ニ關シ府縣知事府縣參事會ノ處分若クハ裁決ニ不服《フフク》アル者ハ何人ニテモ訴願スヘキヤヲ定ム

第二項　市ノ行政ニ關シテ不服《フフク》アル者之ヲ訴願スルノ期限ハ此法律各條項中特《トク》ニ其規定アル塲合ヲ除《ノゾ》キ其他ハ市長區長參事會府縣知事府縣參事會內務大臣何レニ訴願スルモ一切本項ノ規定ニ從フ可シ

第三項　裁判所ニ出訴スル𪜈ノ塲合ヲ規定スルモノナリ

第四項　一事ニ付訴願上訴二途《ト》ニ依ルヘカラサルヿヲ規定シタルモノナリ

第五項　訴願及ヒ訴訟ヲ提出《サシダ》スル時ハ總《スベ》テ其事件ノ確定《クワクテイ》スル迄ノ處分又ハ裁決ノ執行《シツカウ》ヲ停止《テイシ》スルヿヲ規定セル者ナリ然レ𪜈各條ニ規定アルモノハ勿論《モチロン》又ハ當該《トウガイ》官廳ノ意見ニ依リ其停止《テイシ》ノ爲メニ市ノ公益ニ害《ガイ》アリト爲ストキハ直《タヾ》チニ之カ執行ヲ爲ス可キモノトス

本條ニ別段ノ規定《キテイ》アル塲合トハ是レ本條第三項行政裁判所ニ出訴スルヿヲ得ル塲合ヲ云フモノニシテ

本條第二項ノ訴願トハ第一項ノ訴願即チ內務大臣ニ呈《テイ》スル訴願ニ限ラス市參

事會ノ處分又ハ裁決ニ對《タイ》シ府縣知事若クハ府縣參事會ニ爲《ナ》ス訴願及市會若クハ市參事會ニ爲ス訴願モ亦本項ノ豫見《ヨケン》スル所ナリ且ツ第二項但書ノ塲合ハ獨《ヒト》リ市會及市參事會ニ訴願スル時ニ之アルノミトス而シテ其但書ノ塲合トハ（第一）選擧人《センキヨ》ノ名簿ニ關スル訴願第十八條第二項（第二）市會議員選擧ノ効力《カウリヨク》ニ關スル訴願第二十八條第一項（第三）市税賦課ニ關スル訴願第百四條是レナリ階級審理《カイキウシンリ》ノ法ヲ要スル所以ハ凡ソ人ハ神明《カミ》ニ非レハ誰《タレ》カ誤謬《アヤマリ》ナキヲ保センヤ故ニ其重複《チヨウフク》ヲ顧《カヘリミ》ス本條ノ設《モウ》ケアル所以ナリ

又本條ニ行政裁判所ニ出訴スルヿヲ許《ユル》シタル塲合ニハ内務大臣ニ訴願スルヿヲ得ストシタル所以ノモノハ是レ既ニ行政裁判所ニ出訴スルノ途《ミチ》アリ亦更ニ内務大臣ニ上訴スルノ途《ミチ》ヲ與《アタ》フルノ理ナケレハナリ

第百十七條　監督官廳ハ市行政ノ法律命令ニ背戻《ハイレイ》セサルヤ其事務錯亂《サクラン》澁滯《シフタイ》セサルヤ否《イナヤ》ヲ監視《カンシ》ス可シ監督官廳ハ之カ爲メニ行政事務ニ關シテ報告ヲ爲サシメ豫算及決算等ノ書類帳簿《シヨルヰチヤウボ》ヲ徴《チヤウ》シ並實地ニ就テ事務ノ現況《ゲンキヤウ》ヲ視察《シサツ》シ出納ヲ檢閲《ケンエツ》スルノ權ヲ

有ス

（講）本條ハ市ノ行政ニ付キ監督官廳《カントクヤクショ》ノ監督實行《ジツカウ》ノ方法ヲ規定シタルモノナリ監督ノ方法之ヲ別テ二ト爲ス曰ク市行政カ法律命令《メイレイ》ノ範圍《ハンヰ》内ニ於テ行政事務ヲ執行スルヤ否《イナ》ヲ監視《カンシ》シ及其事務ノ錯亂澁滯《ミダレトヽコホリ》セサルヤ否ヲ監視スルモノトス

本條ニ所謂《イハユ》ル報告トハ第二十八條第二項第百八條第百十二條ノ場合ヲ指《サ》ス其他報告ヲ爲ス場合ナシト云フニ非ス市ハ監督官廳ノ命令《メイレイ》アルニ從テ之ヲ差出スノ義務アレハナリ

本條ニ二箇ノ監視權アルハ一方ニ在テハ市行政カ法律命令《メイレイ》ニ背《ソム》キ又ハ事務錯《ミダ》亂澁滯《レトヽコホリ》シテ行政ノ統一《トウ》ヲ害《ガイ》スル等ノ弊《ヘイ》ヲ未萌《ミホウ》ニ防《フセ》ギ一方ニ在テハ市行政カ範《ハン》圍《ヰ》内ヲ犯《オカ》ス等ノ事アル場合ニハ直《タヾ》チニ之ヲ禁止《キンシ》セシムルニ由ルモノナリ

第百十八條　市ニ於テ法律勅令ニ依テ負擔《フタン》シ又ハ當該官廳《タウグワイクワンチヨウ》ノ職權ニ依テ命令スル所ノ支出ヲ定額豫算《テイガクヨサン》ニ載セス又ハ臨時之ヲ承認《シヤウニン》セス又ハ實行セサルトキハ府縣知事ハ理由《リユウ》ヲ示シテ其支出額ヲ定額豫算表ニ加ヘ又ハ臨時支出《リンジシユツ》セシム可シ

豫算決算之ヿハ第百七條
○出訴期限ハ第百十六條
（參觀）

市ニ於テ前項ノ處分《シヨブン》ニ不服アルトキハ行政裁判所ニ出訴スルコトヲ得

（講）本條ハ監督權《カントクケン》實行方法ノ强制命令《キヨウセイメイレイ》ノ事ヲ規定シタルモノナリ
本條ハ市ニ於テ相當ノ義務ヲ盡《ツク》サヽル場合ニ在テハ府縣知事ハ强制《キヨウセイ》以テ之ヲ爲サシムルノ權アルヲ示ス法律命令ニ依リ云々トハ法律命令ヲ以テ明《アキラ》カニ規定セラレタル職權ヲ有スル官廳カ其職權ヨリ命令スルモノヲ指スナリ即チ本制第八十八條ニ規定シタル者ヲ云ヒ定額預算ニ載セストハ第百八條ノ會計年度ノ豫算ニ載セサルヲ云ヒ又臨時《リンジ》之ヲ承認《シヤウニン》セストハ第百九條ノ追加《ツイカ》豫算ヲ認《ニン》諾《ダク》セサルヲ云ヒ又實行セサルトハ市會ニ於テ定額豫算ニ載セ又ハ追加豫算ヲ認許《ニンキヨ》スルモ市參事會ニ於テ收入役ニ對《タイ》シ其支出命令《メイレイ》ヲ爲サヽルヲ云フナリ
第二項ニ行政裁判所ニ出訴スルヲ許スハ權利保護《ホゴ》ノ途《ミチ》ヲ開《ヒラ》キタルナリ
當該《トウグワイ》官廳ノ職權ニ依テ命令スル所ノ費用ヲ支出スルハ市若クハ其組合《クミアヒ》ノ義務トナス然ルニ之ヲ豫算表ニ記入セス又臨時《リンジ》ニ支出セサルカ如キアラハ府縣

○市會ハ第十一條以下
○市參事會ハ第四十九條以下
○府縣參事會ノヿハ第百二十七條
（參觀）

知事ハ之ヲ豫算表ニ加ヘシメ若クハ臨時《リンジ》ニ支出セシムルノ職權アリ然レ𪜈此强制《キヤウセイ》ニ就テハ又義務ノ存スルアリテ則チ理由ヲ附セサル可カラサルナリ是等强制ヲ爲スニ當テハ必常ノ注意謹愼ヲ加ヘサルヘカラス又注意謹愼ヲ加フヘシト雖モ時ニ越權《エツケン》等ノ失ナシト云フ可カラス故ニ本條第二項ノ設ケアリテ府縣知事專制ノ處分ヲ爲スヿヲ防グモノナリ

第百十九條　凡市會《シクワイ》又ハ市參事會《シサンシクワイ》ニ於テ議決ス可キ事件ヲ議決セサルトキハ府縣參事會代テ之ヲ議決ス可シ

（講）本條ハ監督權實行方法ノ一ナル府縣參事會ノ代テ議決スヘキ場合ヲ規定シタルモノナリ

市會ノ議決スヘキ事件トハ本制第三十條以下ニ規定シタルモノヲ云ヒ又市參事會ニ於テ議決スヘキ事件トハ第六十四條以下ニ規定シタルモノヲ云フ此議決ハ市會自身《ジシン》ガ權利ヲ放棄《ハウキ》シタル場合ニ於テ行フヘキモノナリ而シテ其市會ニ代ルノ權ヲ府縣知事ニ任セスシテ之ヲ府縣參事會ニ委任シタル所以ハ凡ソ議事ハ必ス之ヲ集合体ニ委任セサルヘカラス卽チ市參事會ノ上ニ位スルモノ

○市會ノ議決ス可キ日ハ第三拾一條
○市參事會ノ事務ハ第六十四條
（參觀）

ハ府縣參事會ナルヲ以テナリ

第百二十條　内務大臣ハ市會ヲ解散《カイサン》セシムルコトヲ得解散ヲ命《メイ》シタル場合ニ於テハ同時ニ三箇月以内更《サラ》ニ議員ヲ改選《カイセン》ス可キコトヲ命ス可シ但改選市會ノ集會スル迄ハ府縣參事會市會ニ代テ一切ノ事件ヲ議決ス

（講）本條ハ監督權實行方法ノ一ナル市會ヲ解散《カイサン》セシムルノ權アルヲ定ルナリ
市會ヲ解散スルハ特《ヒト》リ内務大臣ニ限《カギ》ル而シテ其如何ナル場合ニ於テ解散ヲ命セラルヘキカ法律上更ニ之ヲ指定《サシサダメ》セストモ蓋シ議事法ニ背キ又ハ治安ニ害アリト認《ミト》ムル場合ニ限ル可シ
市會解散權ヲ内務大臣ニ任シタル所以ノモノハ蓋シ市會解散ノ事タル重大ナルヲ以テナリ而シテ其一旦《イツタン》解散ヲ命シタル時ニ於テ改選議員ノ招集マデ府縣參事會ノ市會ニ代《カハ》リ議決スル所以ハ前條ノ講述ト同一ノ理由ナリ

第百二十一條　左ノ事件ニ關《クワン》スル市會ノ議決ハ内務大臣ノ許可ヲ受クルコトヲ要ス

一　市條例ヲ設ケ並《ナラビニ》改正《カイセイ》スル事

二　學藝《ガクゲイ》美術《ビジユツ》ニ關《クワン》シ又ハ歷史《レキシ》上貴重ナル物品ノ賣却讓與《バイキヤクジヤウヨ》質《シチ》入書入交換《カウカン》若クハ大ナル變更《ヘンカウ》ヲ爲ス事

前項第一ノ場合ニ於テハ勅裁《チヨクサイ》ヲ經《ヘ》テ之ヲ許可ス可シ

（講）本條ハ市會權限內ノヿニ關スルトキト雖モ或ル場合ニ於テ內務大臣ノ許可ヲ要スル旨ヲ定ム

本條ニ所謂《イハユル》學藝美術ニ關スル物品トハ市內共有ノ書畫古器《コキ》物等ヲ云ヒ又歷史《シ》上貴重《キチヨウ》ナル物品トハ寶器《ホウキ》什物《ジウモツ》若クハ傳記等ノ歷史上ニ必要ノ關係ヲ有スル物品ヲ云フナリ

本條以下第百二十七條ニ至ル迄ハ市ノ事務中重大ノ事件ニシテ啻《タヾ》ニ市ノ利害ニ關スルノミナラス一般ノ利害ニ關係ヲ來スモ　ナレハ特《トク》ニ最上ノ監督官廳タル內務大臣ノ許可ヲ要スルナリ

本條第一ノ場合ハ市條例ハ最モ重要《ヂウエウ》ナルモノニシテ凡ソ條例ヲ以テ自治ノ規定トスレハナリ而テ之ヲ設定《セツテイ》スルハ此法律ノ許ス所ナレトモ万一此法律ノ規定

▲參照　明治十八年八月十五日第二十五號布告
本製第百三十三條ニ依リ本制施行ノ日ヨリ發ス
土地ニ賦課スル區町村費ハ明治十九年度ヨリ地租七分ノ一ヲ超過スルヲ得ス
但非常ノ費用ハ豫知スヘカラサルノ天災時變ノ費用ヲ云フ別ニ賦課スルヲ得此場合ニ於テハ區町

ニ違背《タガフ》場合ナキヲ保ス可カラス是レ特《トク》ニ内務大臣　認可ヲ得ル所以ナリ

第二　學藝美術ニ關シ歷史ニ關スル貴重《キチヨウ》ナル物品ハ國ノ品位《ヒンイ》ヲ貴《タット》クシ幸福《サイハイ》ヲ増進《ゾウシン》スルニ於テ最モ與《アツカ》ツテ力《チカラ》アリトス故ニ之カ處分ヲナスニハ輕忽《ケイコツ》ニ附スヘカラス是レ本條ノ設ケアル所以ナリ

第百二十二條　左ノ事件《ジケン》ニ關スル市會ノ議決ハ内務大臣及大藏大臣ノ許可ヲ受クルコトヲ要ス

一　新《アラタ》ニ市ノ負債《フサイ》ヲ起シ又ハ負債額ヲ増加シ及第百六條第二項ノ例ニ違《タガ》フモノ但償還期限《シヤウクワンキゲン》三年以内ノモノハ此限ニ在ラス

二　市特別《トクベツ》税《ゼイ》並使用料、手數料ヲ新設《シンセツ》シ増額《ゾウガク》シ又ハ變更スル事

三　地租七分ノ一其他直接國税百分ノ五十ヲ超過《テウクワ》スル附加税ヲ賦課スル事

四　間接《カンセツ》國接ニ附加税ヲ賦課スル事

五　法律勅令ノ規定ニ依リ官廳ヨリ補助スル歩合金《ブアヒキン》ニ對《タイ》シ

村會若クハ水利土功會ノ評決ヲ取リ府知事縣令ノ指揮ヲ請フヘシ

明治十四年二月二十日第十六號布告

府縣警察費ニ對シ國庫ヨリ下渡シ金ノ割合來ル十四年度ヨリ左ノ通相定候條此旨布告候事

第一條　東京府ハ警察費總高ノ十分ノ六トス

第二條　京都府大坂府並各縣沖繩縣ヲ除クハ地方税支出高十分

出金額ヲ定ムル事

（講）本條モ監督權實行方法ノ一ナル議決許可ノ事ヲ規定シタルモノナリ本條ニ記載スル五個ノ場合市會之ヲ決議スルノ權アリト雖モ其議決直《タヾチ》ニ實行ノ力ヲ有スルニ非ス最モ重要ニシテ且ツ財政《ザイセイ》ニ關スルカ故ニ內務大藏兩大臣ノ認許《コンキヨ》ヲ要スルモノトス

第二項ノ例ニ違《タガ》フトハ例《タト》ヘハ償還《シヤウクワン》ノ初期《シヨキ》ノ三年以內ナラサルカ又ハ還了《クワンレウ》期限ノ三十年以外ニ及フモノヽ如シ又第二ノ市特別税使用料等ハ第九十條及八十八條第二項ニ同シ第三ニ揭ケタル直接國税及附加税及第四ノ間接國税ノ事モ亦第九十條ニ詳《ツマビラ》カナレハ茲《コヽ》ニ贅《ゼイ》セス第五ニ揭クル官廳ヨリ補助《ホジヨ》スル歩合金トハ例《タト》ヘハ警察軍事《ケイサツグンジ》ノ如キ全國ニ關スル行政事務ニシテ國庫ヨリ其補助ヲ受クルモノヲ云フ

本條五個ノ場合ニ於テ內務大藏兩大臣ノ許可ヲ得ル所以ハ一ニハ國税ニ關係ヲ有シ又一ニハ此五個ノ法宜《ヨロ》シキヲ得サル時ハ國家ノ財政ニ影響《エイキヤウ》ヲ及ホスノ恐《オソ》レアルヲ以テナリ

ノ三トス
第三條 前二ケ條割合ノ外警察官吏巡査ヲ除クノ外等外吏並之ニ準スヘキ傭内外國人ノ諸給與警視廳ノ廳費ハ從前ノ通國庫ヨリ支給ス

第百二十三條 左ノ事件ニ關《クワン》スル市會ノ議決ハ府縣參事會《フケンサンジクワイ》ノ許可ヲ受クルコトヲ要ス

一 市ノ營造物《エイザウブツ》ニ關スル規則ヲ設《セフ》ケ並改正《カイセイ》スル事

二 基本財產《キホンザイサン》ノ處分ニ關スル事（第八十一條）

三 市《シ》有《ユウ》不動產《フドウサン》ノ賣却讓與並質入書入ヲ爲ス事

四 各個人特ニ使用スル市有土地使用法ノ變更《ヘンカウ》ヲ爲ス事（第八十六條）

五 各種《カクシユ》ノ保證《ハウシヨウ》ヲ與フル事

六 法律勅令ニ依テ負擔スル義務ニ非スシテ向五箇年以上ニ亙《ワタ》リ新ニ市住民ニ負擔ヲ課スル事

七 均一《キンイツ》ノ税率《ゼイリツ》ニ據《ヨ》ラスシテ國税府縣税ニ附加税ヲ賦課スル事（第九十條第二項）

八 第九十九條ニ從《シタガ》ヒ數個人又ハ市内ノ一區ニ費用ヲ賦課スル事

九　第百一條ノ準率《シユンリツ》ニ據《ヨ》ラスシテ夫役及現品ヲ賦課スル事

【講】本條ハ前二條ト異ニシテ專ラ市ノ事務ニ關スルカ故ニ市參事會ノ許可ヲ要スルモノナリ

市ノ營造物ニ關スル規則ハ第三十一條第九第十條第二項基本《キホン》財産ノ事ハ第三十一條第七及第八十一條市有不動産賣却讓與《ジヨウヨ》等ノ事ハ第三十一條第六及ヒ十七條ニ明カナリ次ニ第五ニ記載シタル各種ノ保証トハ市ノ公益ニ關スル一個人ノ事業ニ對《タイ》シ義務ヲ盡サヽルニ於テハ保證者タル市之カ辨償ヲ爲ヽル可カラサルノ類ヲ云フ第六ニ揭《カヽ》クル五ケ年以上ニ亘《ワタ》リ新ニ賦課スルトハ例《タト》ヘハ道路《ドウロ》開鑿《カイサク》ノ如キ一時ニ竣工《シユンコウ》スル能ハスシテ五年以上ニ亘ル大事業ヲ起シ其工費ノ負擔ヲ每年若干額《ジヤクカンガク》ヲ支出スヘシト議決シタル片ノ如キヲ云フ第七ニ記載シタル均一ノ税率《ゼイリツ》ニ據ラスシテ云々ハ第九十條第八ニ揭クル事ハ第九十九條ニ明カナリ第九ニ揭クル夫役現品ハ急迫ノ塲合ヲ除《ノゾ》クノ外直接市税ヲ準率トシテ之ヲ賦課ス可キモノナリ即チ第百一條ニ明カナリ

本條ニ列擧《レツキヨ》スル九個ノ塲合ニ於テ府縣參事會ノ許可ヲ要スル所以ハ財政ノ事

△參照　明治九年四月十四日第三十四號太政官達
官吏懲戒例
今般官吏懲戒例左之通相定候條此旨相達候事
官吏懲戒例
第一條　自今私罪ヲ除クノ外ハ官吏職務上ノ過失ハ本屬長官ニ於テ懲戒ノ權ヲ有スヘシ
第二條　懲戒法三種トス第一譴責第二罰俸第三免職。

タル自治体ノ盛衰《セイスイ》ニ關ス自治体ノ盛衰ハ國家ノ榮枯《エイコ》ニ關スルヲ以テ財政ノ其宜キヲ得ルト否トハ國家ノ榮枯存亡ニ關スルカ故ニ國家ハ財政ニ關スル或ル議決許可ノ權ヲ有シ以テ其後害ヲ未萌《ミホウ》ニ防《フセ》ガント欲スルニ在ルナリ

第百二十四條　府縣知事ハ市長、助役、市參事會員、委員、區長其他市吏員ニ對シ懲戒處分ヲ行フコトヲ得其懲戒處分ハ譴責及過怠金《クワタイキン》トス其過怠金ハ二十五圓以下トス
追《オツ》テ市吏員ノ懲戒法《チヤウカイハフ》ヲ設クル迄ハ左ノ區別ニ從ヒ官吏懲戒例ヲ適用ス可シ
一　市參事會ノ懲戒處分（第六十四條第二項第五）ニ不服アル者ハ府縣知事ニ訴願シ府縣知事ノ裁決ニ不服アル者ハ行政裁判所ニ出訴スルコトヲ得
二　府縣知事ノ懲戒處分ニ不服アル者ハ行政裁判所ニ出訴スルヿヲ得
三　本條第一項ニ掲載スル市吏員職務ニ違フコト再三ニ及

第三條　譴責ハ懲戒ノ輕キモノトシテ本屬長官ヨリ譴責書ヲ付ス
第四條　罰俸ハ一月分拾分ノ壹ヨリ少カラスノ俸ヲ奪フ俸ヲ追スルノ法其一月給俸半額以下ハ一月俸中ニテ追了シ其以上ハ毎月俸給ノ半額ヲ領收シ徴滿テ大藏省ニ送付ス（此一條ハ十三年第四號公達ニテ改正ノ文ナリ
第五條　懲戒ヲ以テ免職スル者ハ本屬長官

狀《シヤウ》重キ者又ハ行狀ヲ亂リ廉恥ヲ失フ者財産ヲ浪費シ其分ヲ守《マモ》ラサル者又ハ職務擧ラサル者ハ懲戒裁判ヲ以テ其職ヲ解クコトヲ得其隨時解職スルコトヲ得可キ者ハ（第六十三條）懲戒裁判ヲ以テスルノ限ニ在ラス

總テ解職《カイシヨク》セラレタル者ハ自己ノ所爲ニ非スシテ職務ヲ執《ト》ルニ堪ヘサルカ爲メ解職セラレタル場合ヲ除クノ外退隱《タイイン》料《レウ》ヲ受クルノ權ヲ失フモノトス

四　懲戒裁判ハ府縣知事其審問《シンモン》ヲ爲シ府縣參事會之ヲ裁決《サイケツ》ス其裁決ニ不服アル者ハ行政裁判所ニ出訴スルコトヲ得

市長ノ解職《カイシヨク》ニ係ル裁決ハ上奏《ジヤウソウ》シテ之ヲ執行ス

監督官廳ハ懲戒裁判《チヨウカイサイバン》ノ裁決前吏員ノ停職《テイシヨク》ヲ命シ並給料《キウレウ》ヲ停止スルコトヲ得

（講）本條ハ市員ノ懲戒《チヨウカイ》ニ關スル事ヲ規定シタルモノナリ

本條ハ府縣知事ハ市長助役市參事會員等ヲ懲戒スルノ權アリ其懲戒法ヲ示シ

ノ意見ニ從ヒ其奏任ハ具狀奏請シテ之ヲ免シ位記ヲ返上セシム

但懲戒ニ由ルニアラスシテ免職スル者ハ長官旨ヲ諭シ本人ヨリ辭職ノ願ヲ差出サシメ然後ニ免許ス可シ

第六條　諸省長官ハ所屬奏任官ヲ懲戒ス

第七條　府縣奏任官ハ太政大臣之ヲ懲戒ス府縣並警視廳判任官ハ其長官之ヲ懲戒ス

タルモノナリ而シテ未タ懲戒法ノ設アラサルニヨリ如何ナル場合ニ懲戒處分スヘキカ如何ナル場合ニ譴責《ケンセキ》シ如何ナル場合ニ過怠《クワタイ》金ヲ懲《チヨウ》ス可キヤ之ヲ知ルニ由《ヨシ》ナク且處分ニ不服《フフク》アル時ハ如何スヘキヤヲ知ルニ由ナシ故ニ第二項ニ於テ其依ル可キ法ヲ示シタルモノナリ

譴責《ケンセキ》トハ不注意《チウイ》ヨリ生スル過失ヲ譴責《ケンセキ》スルヲ云ヒ過怠《クワタイ》金トハ怠慢《オコタリ》ノ制裁《セイサイ》トシテ市吏ニ科スル所ノ科金ヲ云フ

此懲戒處分ノ權ヲ有スルモノハ市參事會及府縣知事トス其市參事會ノ懲戒處分ニ不服アル者ハ府縣知事ニ又府縣知事ノ處分又ハ裁決ニ不服アル者ハ行政裁判所ニ出訴スルコトヲ得

懲戒裁判ヲ言渡ス場合ハ左ノ如シ

（一）職務ニ違《タガ》フコト再《サイ》三ニ及ヒタル時（二）職務ニ違フノ情狀《ジヨウゼウ》重キ時（三）行狀《カウゼウ》ヲ紊《ミダ》リ廉恥《レンチ》ヲ失フ時（四）財產ヲ浪費《ラウヒ》シ其分ヲ守ラサル時（五）職務ノ擧ラサル者ナル時卽チ是ナリ

本條第三項其隨時解職《ズヰジカイシヨク》スルヿヲ得ヘキ云々ハ懲戒裁判ヲ爲スヲ要セズシテ

第八條　四等以下ノ判事ハ司法卿之ヲ懲戒ス府縣官判事ヲ兼ル者ノ其所屬判任官ニ於ルニ他ノ奏任以上府縣官ノ協議ヲ得タル後之ヲ懲戒ス

第九條　府縣長官警視長官其所屬判任官ヲ懲戒スルニ其譴責ヲ專行スルコトヲ得ルヲ除クノ外其罰俸免職ヲ行フハ便宜處分シテ速ニ內務卿ヘ屆出ヘシ府縣官判事ヲ兼ル者其所屬

隨時《ズイジ》解職スルヿヲ得レハナリ

總《スベ》テ解職セラレタル者自己《ジコ》ノ所爲《シヨヰ》ニ在ラズシテ云々トハ本項ハ自己ノ所爲ニ依リテ解職セラレタル者ハ退隱料《タイインレウ》ヲ受クルノ權ヲ失ヒ自己ノ所爲ニ在ラズシテ職務ヲ執ルニ堪《タ》ヘサル者即チ年老《トシヨリ》身心衰《オトロ》ヘタル爲メ或ハ疾病《シツペイ》ニ罹《カカ》リタル爲メニ解職セラレタルモノハ退隱料ヲ受クルノ權ヲ失ハサルヲ示シタルナリ

第四項ハ懲戒裁判上ノ順序《ジユンヂヨ》及不服者ノ訴願手續ヲ定メタルモノナリ

第百二十五條　市吏員及使丁其職務ヲ盡サス又ハ權限《ケンゲン》ヲ越《コ》エタル事アルカ爲メ市ニ對《タイ》シテ賠償《バイシヤウ》ス可キコトアルトキハ府會參事會之ヲ裁決《サイケツ》ス其裁決ニ不服アル者ハ裁決書ヲ交付シ又ハ之ヲ告知シタル日ヨリ七日以內ニ行政裁判所ニ出訴スルコトヲ得但出訴ヲ爲シタルトキハ府縣參事會ハ假《カリ》ニ其財產《ザイサン》ヲ差押《サシオサ》フルコトヲ得

(註)本條ハ市吏員及使丁《シテイ》カ怠慢《オコタリ》又ハ越權《エツケン》ノ爲メ市ニ對スル賠償《ツクナヒ》ノ事ヲ規定シ

判任官ノ罰俸免職ヲ行フハ便宜處分シテ速ニ司法卿ニ屆出ヘシ
第十條 其有心故造私罪ニ入ル者ハ職務上ノ罪ト雖モ之ヲ司法官ニ移シ本屬長官專ニ處分スルコトヲ得ス
司法省達第十四號明治九年四月廿七日
檢事
官吏懲戒例第十條ニ其有心故造私罪ニ入ル者ハ職務上ノ罪ト雖モ之ヲ司法卿ニ移シ云々ト有之

タルナリ

市吏員及使丁《シテイ》ニシテ其職務ヲ盡《ツク》サス又ハ權限ヲ越《エ》ニタル爲メ市ニ損害《ソンガイ》ヲ生シタル件ハ市ニ對シテ賠償《バイシヤウ》セザル可カラザルハ勿論ナリ差押《サシオサヘ》トハ其裁判ノ未確定《ミクワクテイ》中義務者ノ財産處分權ヲ拘束《コウソク》スル所ノ假處分ヲ云フ是レ市吏員及使丁ノ財産ノ隱匿失亡《シツボウ》セシコトヲ防《フセ》グカ爲メナリ此場合ニ於テ府縣參事會カ財産ノ假差押《カリサシオサヘ》ヲ爲スハ其權利《ケンリ》ニシテ別ニ司法《シハウ》裁判所ニ請求《セイキウ》スルニ及ハス

第七章 附則

（講）本章ハ此法律施行《シカウ》ニ關スルコト及現行法ト此市制トノ關係ノ事ヲ規定シタルモノナリ

第百二十六條 此法律ハ明治二十二年四月一日ヨリ地方ノ情《ゼウ》況《キヤウ》ヲ裁酌《サイシヤク》シ府縣知事ノ具申《グシン》ニ依リ内務大臣指定スル地ニ之ヲ施行ス

（講）此法律ハ明治二十二年四月一日ヨリ地方ノ民情ヲ裁酌シテ府縣知事ノ申立ニヨリ内務大臣ニテ之ヲ取調ベ施行スルモ可ナリト指定スル地方ニ施行スルモノトス抑モ本條ヨリ以下ハ市制ノ全《マツタ》ク行ハレタル后ハ自然消滅《ゼンシヤウメツ》スルモ

ニ付テハ以來右等ノ者ハ司法卿若クハ檢事直チニ之ヲ受ケ司法卿若シハ檢事ニ於テ其有心故造ニ非ラズ又律ニ觸レサルコトヲ判スル𪜈ハ之ヲ本屬長官ニ還付シテ其處分ニ任スヘキ儀ト可相心得此旨相達候事

○市參事會ノヿハ第百四十九條以下

○市會ノヿハ第十一條以下

○市條例ハ第十條

（參觀）

ノナリ而シテ此法律タル二十二年四月ニ至ルモ全國ニ通シテ實行スト云フヿニ非ス人智ノ適度ニ隨《シタガ》ヒ實施スルモノナリ

第百二十七條　府縣參事會及行政裁判所ヲ開設スル迄ノ間府縣參事會ノ職務ハ府縣知事行政裁判所ノ職務ハ内閣ニ於テ之ヲ行フ可シ

（講）府縣參事會及行政裁判所ナルモノハ目今《モツコン》其設ナシ故ニ其設置アルマデノ間之ニ屬スル職務ハ府縣知事及内閣ニ於テ取扱フ可キモノトス

第百二十八條　此法律ニ依リ初テ議員ヲ選擧スルニ付市參事會及市會ノ職務幷市《シ》條《デウ》例《レイ》ヲ以テ定ム可キ事《ジ》項《カウ》ハ府縣知事又ハ其指命スル官吏ニ於テ之ヲ施行スヘシ

（講）此法律ニヨリ初メテ議員ヲ選擧スルニ付テ法律ノ規定ヲ實施《ジツシ》スルニ未タ市會ナク又市參事會ナク全ク此法律ニ云フ市ノ機關タルヘキモノナキニ依リ其市會又ハ參事會ニ於テ行フヘキ事務ハ府縣知事又ハ其知事ノ指令スル官吏代テ之ヲ行フヘキヿヲ定メタルモノトス又市條例ヲ以テ定ムル事項トハ議員ノ選擧卽チ市會ヲ組織《ソシヨク》スルニ必要ナル條例ヲ云フモノナリ

○人口ノヿハ第十一條（參觀）

○區別ハ明治二十年大藏省告示第九拾五號（參觀）

第百二十九條　社寺《シヤジ》宗教《シウケウ》ノ組合ニ關シテハ此法律ヲ適用セス現行《ゲンカウ》ノ例規及其地ノ習慣《シウカン》ニ從フ

（講）社寺宗敎ノ組合トハ神佛耶蘇《シンブツヤソ》等ノ氏子敎會ヲ云フ其事ニ付テハ此法律ヲ適用セザルヿヲ規定スルナリ

第百三十條　此法律中ニ記載《キサイ》セル人口ハ最終《サイシウ》ノ人口調査ニ依リ現役《ゲンエキ》軍《グン》人ヲ除キタル數ヲ云フ

（講）此法律中ニ人口何萬何千何百等ト記載シタル人口ハ其時最終ノ人口調ニヨリ現役軍人ヲ除キタル數ニテ算スルコトヽス

第百三十一條　現行《ゲンカウ》ノ租《ソ》税《ゼイ》中此法律ニ於テ直接《チヨクセツ》税《ゼイ》又ハ間接税トス可キ類別《ルヰベツ》ハ内務大臣及大藏大臣之ヲ告示ス

（講）本條ハ直接税間接税ニ稱スルモノヽ中ニハ往々《ワウ〳〵》判別ニ苦《クルシ》ムモノアルヲ以テ其區別ヲ解釋者《カイシヤクシヤ》ニ一任セス内務大藏兩大臣ノ告示ヲ以テ指定ス可キ事定

メタルモノナリ而シテ内務大藏兩大臣ノ告示ハ前ニ記載シタレハ今茲ニ重複セス

第百三十二條　明治九年十月第百三十號布告各區町村《カククテウソン》金穀《キンコク》公《コウ》借共有物取扱《シヤクキヤウイウブツトリアツカヒ》土木《ドボク》起功《キコウ》規則《キソク》、明治十一年七月第十七號布告郡《グン》區町村編制《クテウソンヘンセイ》法第四條、明治十七年五月第十四號布告區町村會《クテウソンクワイ》法《ハフ》、明治十七年五月第十五號布告、明治十七年七月第二十三號布告、明治十八年八月第二十五號布告其他此法律ニ抵觸《テイシヨク》スル成規《セイキ》ハ此法律施行ノ日ヨリ總《スベ》テ之ヲ廢止《ハイシ》ス

(講)本條ハ此法律ト現行法トノ關係ノ事卽チ現行法中此法律ニ抵觸《テイシヨク》スルモノハ此法律施行《シカウ》ノ日ヨリ廢止スヘキヿヲ定メタルナリ

第百三十三條　内務大臣ハ此法律實行《ジツコウ》ノ責《セメ》ニ任《ニン》シ之カ爲メ必《ヒツ》要《エウ》ナル命令《メイレイ》及訓令《クンレイ》ヲ發布ス可シ

(講)本條ハ此法律實施ニ付テハ内閣《ナイカク》ノ連帶責任《レンタイセキニン》ニ非スシテ内務大臣之カ責任ヲ負ヒ必ス法律ノ規定セル如ク之ヲ實施セサル可ラサル事ト又之カ爲メニ要

スル所ノ命令及訓令ヲ發スルノ權ヲ有スル事ヲ規定シタルモノナリ

市制講義終

鼇頭参照 町村制講義

丹羽翦講義

町村制

(講)市ト町村トハ其名ヲ異《コト》ニシ其制度《セイド》ヲ同フセズト雖𪜈其實際《ジツサイ》ノ差異《チガイ》ハ唯ダ人口ノ疎密《ソミツ》ト事務ノ繁閑《ハンカン》トニ據《ヨ》リテ分チタル區別ニ過《ス》ギズ故ニ法律ハ各自特《トク》別《ベツ》ノ制度《セイド》ヲ有スト雖モ其條項モ亦概《オホム》ネ同一様ニシテ其間《アヒダ》ニ著《イチジル》シキ相違ノ廉《カド》アルヲ見ズ而シテ政府ハ何カ故ニ分離《ブンリ》シテ其制度《セイド》ヲ設《マウ》ケタルヤ蓋《ケダ》シ人口稠密《チウミツ》ニシテ萬民群《グン》ヲ為ス都會《トクワイ》ノ地ニ於テハ自ラ情況《ジヨウキヨウ》ヲ異《コト》ニシテ行政ノ事務隨《シタガ》フテ繁雜《ハンザツ》ナラザルヲ得ス之ヲ人口鬆疎《マバラ》ニシテ風俗敦朴《トンボク》ナル他ノ村落《ムラ》ニ比スレハ万事ノ模様《モヤウ》必ズ巨多《キヨタ》ノ異動《イドウ》有ルヲ免レス然レハ大体ノ組織《ソシヨク》ニ於テハ其目的方向ヲ共ニスルトモ行政事務施行《シコウ》ノ上ニ於テ實際《ジツサイ》必要ナル部分ハ彼此其制ヲ別ニシテ處置《シヨチ》其宜キヲ得サル可ラス是レ人口ヲ標準《メヤス》トシテ都鄙《トヒ》ノ區別ヲ立テ一ヲ市トシテ他ヲ町村ト為シテ各別ニ其法ヲ設ケシ所以ナランン

然リト雖モ町村ハ郡ノ下ニ屬《ゾク》ス可キ行政區畫《ククワク》ニシテ府縣ヲ合セテ三階級《カイキウ》ヲ立

ツル分土ノ最下級《サイカキウ》ニ在リ市ハ同ジク國土分畫《ブンクワク》ノ最下級《サイカキウ》ニ位《クライ》スル行政區畫タリト雖モ直《タヾチ》ニ府縣ニ隷屬《レイゾク》スルモノニシテ町村ノ如ク郡ノ支配《シハイ》ヲ受ケズ是レ市ト町村トノ二者ニ於テ最モ著《イチジル》シキ區別ト云フ可シ之ヲ要スルニ現今ノ制度《セイド》ニ於テ三府ヲ始メ其他繁華《ハンクワ》ノ都市《トシ》ニハ郡ノ外別ニ區ノ一畫《クワク》ヲ設ケテ郡ト對峙《タイジ》シ獨《ドク》立《リツ》シテ其經濟《ケイザイ》ヲ保《タモ》テルニ等《ヒト》シ云《イハ》ヾ今日ノ區制《クセイ》ニ改良《カイリヤウ》ヲ加ヘテ稍《ヤヽ》其範圍《ハンイ》ヲ廣《ヒロ》フシ人口二万五千以上ノ市街地《シガイ》ハ皆ナ郡ヨリ獨立《ドクリツ》シテ市トナリ其他ハ皆郡ニ屬シ町村トナス故ニ町村制ハ市制ヲ施行《シカウ》スル都會名市《トクワイメイシ》ヲ除キ爾餘《ソノヨ》ノ市街宿驛鄉《シユクエキゴウ》村《ソン》ノ部分ニ付テ施行セラルヽノ法律ナリ

第一章　總則

（講）本章ニ記載スル事項ハ總則ニシテ此法律ノ根源《コンゲン》ナリ卽チ町村及其區域《クイキ》町村住民及其權利義務、町村條例トス而シテ町村制ハ之ヲ分テ八章トナシ更《サラ》ニ細《サイ》別シテ第一章ハ上ニ記スルカ如ク第二章ハ町村會、町村會組織《ソシヨク》及撰擧、職務權限及處務規程第三章ヲ町村行政、町村吏員ノ組織選任《ソシヨクセンニン》、町村吏員ノ職務權限町村吏員ノ給料及給與、第四章ヲ町村有ノ財產ノ管理《クワンリ》、町村有財產及町村稅

▽參照 明治十壹年七月廿二日大政官第十七號布告
郡區町村編制法
郡區町村編制法左之通被定候條此旨布告候事
郡區町村編制法
第一條 地方ヲ畫シテ府縣ノ下郡區町村トス
第二條 郡町村ノ區域名稱ハ總テ舊ニ依ル
第三條 郡ノ區域廣濶ニ過キ施政ニ不便ナル者ハ一郡ヲ畫シテ數郡トス東西南北上中某郡ト云フ如シ

第五章ハ町村內各部ノ行政、第六章ハ町村組合、第七章ハ町村行政ノ監督《カントク》、第八章ハ附則ト爲ス

第一欵 町村及其區域

（講）本欵ハ町村ノ何タルコト及其元素《ゲンソ》タル疆土《キヤウド》ノ事ヲ明《アキラ》カニス

第一條 此法律ハ市制ヲ施行《シカウ》スル地ヲ除《ノゾ》キ總テ町村ニ施行スル者トス

（講）本條ハ此法律ヲ施行《シカウ》スル場所ヲ定メタルモノニシテ此町村制ハ市制ヲ施行スル都市《トシ》ヲ除《ノゾ》キ其他ノ市街宿驛鄕村《シユクヱキゴウソン》ニ施行スル法律ナリ

第二條 町村ハ法律上一個人ト均《ヒトシ》ク權利ヲ有シ義務ヲ負擔《フタン》シ凡町村公共《コウキヤウ》ノ事務ハ官ノ監督ヲ受テ自ヲ之ヲ處理スル者トス

（講）町村ハ市ト同ジク法人ナルヲ以テ權利ヲ有シ義務ヲ負擔《フタン》シ町村內公共ノ事務ハ町村會及町村長ノ代議政及行政機關《キクワン》ニ據《ヨツ》テ自カラ其事務ヲ處理《シヨリ》スルコトヲ得ルナリ然レﾄﾓ其事ヲ處理《シヨリ》スルヤ第七章ニ規定スル官廳《クワンチヤウ》ノ監督ヲ受クル事等ハ全ク市ト異《コトナ》ルコトナシ

第四條　三府五港其他人民輻湊ノ地ハ別ニ一區トナシ其廣濶ナル者ハ區分シテ數區トス

第五條　每郡ニ郡長各一員ヲ置キ郡ノ狹少ナルモノハ數郡ニ一員ヲ置クヿヲ得

第六條　每町村ニ戶長各一員ヲ置ク又數町村ニ一員ヲ置クヿヲ得

但區內ニ町村區ヲ以テ戶長ノ事務ヲ兼ヌルヿヲ得

(追加)

抑《ソモ〳〵》法律ノ所謂ル人ハ體軀《タイク》アル自然ノ人ノミニ限ラス會社學校等ノ如キ權利ヲ有シ義務ヲ負《フ》擔スルヲ得ル集合体モ亦人トシテ視《ミ》ルヘシ即チ之ヲ稱《シヤウ》シテ法人ト謂《イ》ヒ無形《ムケイ》人ト謂《イ》フ町村モ亦此種《コノシユ》ノ人ナリ

第三條　凡町村ハ從來《ジウライ》ノ區域ヲ存シテ之ヲ變更《ヘンカウ》セス但將來其變更ヲ要スルコトアルトキハ此法律ニ準據《ジユンキヨ》ス可シ

(講)町村ノ區域《クイキ》ハ市ト同シク從來ノ成立《ナリタチ》ヲ存《ソン》シテ之ヲ變更《ヘンコウ》セサルヲ以テ原則《ゲンソク》トスレ圧其土地ノ情況《アリサマ》ニヨリテハ互《タカヒ》ニ相《アヒ》分合配置《ハイチ》スルノ便ヲ與《アタ》フル主意《シユイ》ナレハ町村ノ貧弱《ヒンジヤク》ニシテ獨立《ドクリツ》ノ本分ヲ盡《ツク》ス能ハサルモノハ町村制第四條ノ方法ニ從《シタカ》フテ或《アルヒ》ハ合併《カツペイ》シ或ハ分離《ハナレ》シテ經濟《ケイサイ》ヲ立ツルノ便《ベン》ヲ得可シ故ニ市ト町村トノ區別ハ人口二万五千ヲ以テ標準《メヤス》トスレ圧假令《タト》ヒ其數ニ滿《ミ》タサル市街地ニテモ事務繁劇《ハンゲキ》ノ要地ニシテ市制ノ施行《シカウ》ヲ必要トスル塲合ニ於テハ接近《セツキン》ノ町村ヲ合セテ獨立《ドクリツ》ノ都市《トシ》ト爲《ス》ルヲ得ヘシ故ニ此點ニ就《ツイ》テハ其運動《ウンドウ》ノ範圍頗《ハンイスコブ》ル自由ニシテ理由書中ニモ既ニ本制ハ町村ノ分合ニ就《サイ》テ詳細《シヤウサイ》ナル規則ヲ設ケズ各地ノ情況《ジヤウキヤウ》ヲ斟酌《ソンシヤク》スルノ餘地《ヨチ》ヲ存《ソン》スルナリト說明シタルヲ以テ後來《コウライ》各地ノ情況《ジヤウキヨウ》ニ

分合ノ必要ヲ感《カン》スル場合ニハ市町村會、郡參事會ノ意見《イケン》ヲ聞キ府縣參事會ノ議決ニヨリ内務大臣ノ許可ヲ受ケテ何時ニテモ實行スルヿヲ得可シ我邦《ワガクニ》ノ行政區《ク》畫《クワク》ハ明治ノ初年全國ヲ分チテ府《フ》藩《ハン》ノ二トシ同四年藩ヲ廢《ハイ》シ縣ヲ置キ縣ヲ分チ大小區トナス其後又十一年ニ至リ第十七號布告ヲ以テ郡區町村編制《ヘンセイ》法ヲ頒布《ハンプ》セラレタリ是ニ於テ乎我國ノ行政區《ク》畫《クワク》ハ分レテ中央《チウワウ》政府府縣郡區町村ノ四等トナレリ本條ニ所謂《イハユル》從來ノ區域《クイキ》トハ即チ此第十七號布告ニ依リ定リタル町村ノ區域《クイキ》ヲ云フ

第四條　町村ノ廢置《ハイチ》分合《ブンガフ》ヲ要スルトキハ關係《クワンケイ》アル市町村會及郡參《グンサン》事會《ジクワイ》ノ意見ヲ聞キ府縣參事會之ヲ議決《ギケツ》シ内務大臣ノ許可ヲ受ク可シ

町村境界ノ變更《ヘンカウ》ヲ要《エウ》スルトキハ關係アル町村會及地主ノ意見《イケン》ヲ聞キ郡參事會之ヲ議決ス其數郡ニ渉《ワタ》リ若クハ市ノ境界《ケイカイ》ニ渉《ワタ》ルモノハ府縣參事會之ヲ議決ス

町村ノ資力《シリヨク》法律上ノ義務ヲ負擔《フタン》スルニ堪《タ》ヘス又ハ公益上《コウエキジヤウ》ノ必

第七條　明治十三年四月八政官第十四號布告ヲ以テ追加此編制法ヲ施行シ難キ島嶼ハ其例ヲ異ニスルヲ得

（追加）
第八條　地方ノ便益若クハ人民ノ請願ニ由リ止ムヲ得サル理由アルモノハ郡區町村ノ區域名稱ヲ變更スルヿヲ得

（追加）
第九條　第三條第四條第七條第八條ノ施行ヲ要スル時ハ府知事縣令ヨ

り内務卿ニ具狀シ政府ノ裁可ヲ受クヘシ
但町村區域名稱ノ變更ハ内務卿ノ認可ヲ受クヘシ

明治十三年四月八日大政官第十四號布告

（追加）

明治十一年七月第十七號布告郡區町村編制法左ノ通リ追加候條此旨布告候事

要アルトキハ關係者ノ異議ニ拘《カヽ》ハラス町村ヲ合併シ又ハ其境界《カイ》ヲ變更スルコトアル可シ

本條ノ處分《シヨブン》ニ付其町村ノ財産處分ヲ要《エウ》スル時ハ併《アハ》セテ之ヲ議決ス可シ

（講）本條ハ町村ノ分合廢置《ハイチ》境界《ケイカイ》ノ變更《ヘンコウ》ヲ爲ス權力《ケンリヨク》ノ在ル所ヲ定ムルナリ

第一項　町村ノ廢置《ハイチ》分合トハ町村ヲ廢《ハイ》シテ市ニ併《アハ》合シ或ハ市ノ一郡ヲ割《サ》テ町村ヲ置キ或ハ一町村ヲ割《サイ》テ數町村ト爲シ數町村ヲ合シテ一町村ト爲スヲ云フ又關係アル市町村會及郡參事會トハ其廢置《ハイチ》分合ヲ來タシタル市町村會ト其町村ヲ管轄《クワンカツ》スル郡參事會ヲ云フ

第二項　關係アル町村會トハ其變更《ヘンコウ》ヲ受クル町村會ヲ云フ又地主ノ意見ヲ聞キトハ其變更ヲ要スル土地ニ關係アル所有者ノ意見ヲ聞クヲ云フ

第三項　法律上ノ義務トハ卽チ本制第八十八條ニ規定スル所ノモノヲ云フ本項ノ場合ハ町村ノ分合境界《ケイカイ》ノ變更ニ關係アル町村會郡參事會及ヒ地主ノ異《イ》議《ギ》アルニ拘《カヽ》ハラス分合ニ付テハ府縣參事會境界《サカイ》變更《ヘンコウ》ニ付テハ郡參事會ニ於

テ之ヲ決行《ケツカウ》ス可キモノトス又公益上必要アル場合トハ町村ノ資力貧弱《シリヨクヒンジヤク》ナル
カ區域狹少《クイキケウセウ》ナルカ又ハ廣濶《ヒロキ》ニ過《ス》キテ實際本制ヲ適施《テキシ》スル能ハサル場合ヲ云フ

第四項　財産處分ヲ要ス云々トハ分合變更ヲ為スニ付財産處分及ヒ使用權ヲ定メ其他財産調理《チヨウリ》ヲ為スノ必要アルトキハ分合變更ヲ議決スルト同時ニ亦之ヲ議決セシメ町村區域ノ變更ノ為メ町村ノ共有財産ヲ合併町村ニ讓渡《ユヅリワタ》スヲ云本條ニ於テ町村ノ分合ヲ要スル時ニ際《アタ》リ內務大臣ノ許可ヲ要スル所以ハ其事件ノ重大ニシテ一國行政上ノ關係《クワンケイ》ヲ及ホスヿアレハナリ又市會ノ意見ヲ聞ク可シトスル所以ハ町村ノ廢置《ハイチ》分合ハ市ニ關係ヲ及ホス場合アルヲ以テナリ郡參事會ノ意見ヲ聞クヘシトスルハ町村ハ固ヨリ郡ノ下ニ屬《ゾク》シ其監督《カントク》ヲ受クルヲ以テナリ然リ而シテ廢置分合ノ時ハ其關係アル市町村會ノ意見ヲ聞《キ》クノミニシテ變更ノ時ハ地主ノ意見ヲ聞《キ》クヿヲ要スル所以ハ特《トク》ニ其變更ニ係ル地主ノ利害ニ關スルヲ以テナリ
又第三項ノ場合ニ於テ關係者ノ異議《イギ》アルニ拘《カヽ》ハラス町村ヲ合併變更《ガツペイヘンコウ》スル所以ハ町村ノ利益ト公益ノ點《テン》ヨリ起《オコ》リタル法文ナリ即チ町村ノ資《シ》力ニシテ法

○參事會行政裁判所ノ事ハ第百三十條上訴期限ハ第百二十條(參觀)

律上ノ義務ヲ負擔《フタン》スルニ堪《タ》エサルカ又ハ公益上必要アル場合トニ由ル者也第四項ニ於テ財産處分ノ議決ヲ府縣參事會又ハ郡參事會ニ委任シタルモノハ理由書ニ曰ク蓋《ケダシ》此等ノ處分ハ强《アナガ》チ法理ニ泥《ナヅマ》ス專《モツパ》ラ情義《ジヨウギ》ニ依ルヲ以テ穩當《オンタウ》トス但專斷《センダン》偏私《ヘンシ》ノ弊《ヘイ》ナカラシメンカ爲メ其處分ヲ參事會ニ任セリ而シテ其參事會ノ議決ニ對《タイ》シテハ司法ノ裁判ヲ仰《アフ》グヲ許サズト司法裁判ヲ許サヽル所以ハ是等ノ事件ハ行政事務ニ屬スル所ニシテ司法裁判ニ屬ス可キモノニアラサレハナリ

第五條　町村ノ境界ニ關スル爭論《サウロン》ハ郡參事會之ヲ裁決《サイケツ》ス其數郡ニ渉《ワタ》リ若クハ市ノ境《ケイ》界ニ渉ルモノハ府縣參事會之ヲ裁決ス其郡參事會ノ裁決ニ不服《フフク》アル者ハ府縣參事會ニ訴願《ソグワン》シ其府縣參事會ノ裁決ニ不服アル者ハ行政裁判所ニ出訴スルコトヲ得

(講)本條ハ町村ノ境界《ケイカイ》ニ關スル爭論《サウロン》裁判權ノ事ヲ規定シタルモノナリ

町村ノ境界《ケイカイ》ニ關《クワン》スル爭論《サウロン》ハ公法上ノ權利ノ廣狹《クワウケフ》ニ關スルヲ以テ公法ニ屬《ゾク》セリ故ニ此類ノ爭《アラソヒ》ノ起リシトキハ司法裁判ヲ求《モト》ムルヲ許サズシテ郡參事會之ヲ裁決スト雖モ若シ其境界《ケイカイ》甲乙數郡ニ渉《ワタ》ルカ或ハ一郡内ナルモ市ノ境界ニ關スル

○權利義務ニ關シ條例ヲ設クル事ハ第十條
○滯在者ノ事ハ第九十二條
○住民權ノ爭論ハ第百三十七條
（參觀）

トキハ府縣參事會ニ訴《ウツタ》フ可キモノトス而シテ之ニ不服《フフク》アルトキハ第一ノ場合ハ府縣參事會ヨリ行政裁判所ニ第二ノ場合ハ行政裁判所ニ訴《ウツタ》フルコトヲ得ルナリ

第二款　町村住民及其權利義務《ケンリギム》

（講）本欵ハ町村住民及其住民ノ權利義務ニ關スル規定ナリ

第六條　凡町村內ニ住居ヲ占《シ》ムル者ハ總《スベ》テ其町村住民トス
凡町村住民タル者ハ此法律ニ從《シタガ》ヒ公共ノ營造物《エイゾウブツ》並町村《テウソン》有《イウ》財產《ザーサン》ヲ共用《キヨウヨウ》スルノ權利ヲ有シ及町村ノ負擔《フタン》ヲ分任スルノ義務ヲ有スルモノトス但特《コト》ニ民法上ノ權利《ケンリ》及義務《ギム》ヲ有スル者アルトキハ此限ニ在ラス

（講）本條ハ町村ノ民住トナル資格《シカク》ヲ定ムルモノナリ

第一項　凡《オヨ》ソ町村內ニ住居スル者ハ本籍寄留ノ別ナク皆ナ町村住民トスルナリ尤モ第九十二條ノ滯在《ダイザイ》者ハ住民ニ非サルモノト知ルベシ

第二項　凡ソ住民ハ一方ニハ其町村公共ノ學校病院水道等ノ營造物並《エイザウブツナラビ》ニ町村

○公民權ノ事ハ第八條
○同條失權ノ事ハ第九條
○公民權爭論ノ事ハ第三十七條町村吏員ノ事ハ第五十三條ニ在リ
（參觀）

有ノ財産ヲ共用スルノ權利《ケンリ》アリ一方ニハ町村ノ負擔《フタン》ヲ分任スルノ義務アルナリ但特《トク》ニ町村共有ノ建物《タテモノ》或ル一私人ニテ借受《カリウ》ケアル場合ノ如キハ共用スルヲ得サルノ一例ニテ其一私人ニ使用ノ權アルナリ然レ𪜈皇族《クワウゾク》ハ此範圍《ハンイ》外ニ在テ其町村税賦課《フクワ》等ニ至テモ特《トク》ニ定ムルナリ第九十八條ヲ參觀《サンクワン》スヘシ

第七條　凡帝國臣民《テイコクシンミン》ニシテ公權《コウケン》ヲ有スルノ獨立ノ男子二年以來(一)町村ノ住民トナリ(二)其町村ノ負擔ヲ分任《ブンニン》シ及(三)其町村内ニ於テ地租ヲ納《オサ》メ若クハ直接國税《チヨクセツコクゼイ》年額二圓以上ヲ納ムル者ハ其町村公民トス其公費ヲ以テ救助《キウジヨ》ヲ受ケタル後二年ヲ經ヘサル者ハ此限ニ在ラス但場合ニ依リ町村會ノ議決《ギケツ》ヲ以テ本條ニ定ムル二箇年ノ制限《セイゲン》ヲ特免《トクメン》スルコトヲ得
此法律ニ於テ獨立ト稱《セウ》スルハ滿二十五歳以上ニシテ一戸ヲ搆《カマ》ヘ且治産《ヂサン》ノ禁《キン》ヲ受ケサル者ヲ云フ

（講）本條ハ町村公民タルノ資格《シカク》並ニ其要件ノ有無及町村參政權《サンセイケン》等ノ事ヲ定メタルモノナリ

公民タル者ノ資格《シカク》ノ要件ハ其土地ノ民度《ミンド》習俗《シウゾク》ニ從《シタガ》ヒ各地方ノ情況《ジヨウキヨウ》ヲ斟《ク》酌《ミ》以テ町村ノ自主ノ權ニ任セ適宜《テキギ》之ヲ定ムル方便利ナリトスト雖モ然ルトキハ各地方區々《マチマチ》ニ涉《ワタ》リ隨《シタガツ》テ權利上公平ヲ失《ウシナ》フノ恐《オソ》レアルカ故ニ本制ハ市町村住民中市制町村制第七條ニ規定シタル要件ニ適《テキ》スルトキハ直《タヾチ》ニ公民タルヲ得ルモノトスルナリ是レ從前ノ法ニ比《ヒ》シテ著《イチヂ》ルシキ變化ヲ來《キタ》シタルモノナリ府縣會議員ノ選擧ニ於テハ本籍住居ヲ以テ權利ノ標準《メヤス》ト爲シ其地ニ本籍アル者ニ非レハ數十年住居ヲ定メテ其地ノ事情ニ通曉《ツウキヨウ》シ其地ノ經濟《ケイザイ》ニ直接ノ利害ヲ感《カン》スル者ト雖モ議員ニ選擧セラルヽノ權ナク只《タ》ダ其本籍アルカ爲メニ實際其地ニ住居セス其地ノ事情ニ通《ツウ》セサル者ノ却《カヘツ》テ議員ニ選擧セラレ間々《マヽ》迂濶《ウクワツ》ナル考《カンガヘ》ヲ以テ漫《ミダリ》ニ地方經濟《ケイザイ》ノ得失《トクシツ》ヲ議了《ギレウ》スル者アリ是レ從來政度《セイド》ノ弊《ヘイ》ナリ今此法ヲ一變シテ斷然《ダンゼン》本籍寄留ノ別ヲ廢《ハイ》シ毫《スコシ》モ其間ニ畛域《サカイ》ヲ存《ソン》セス實際ノ現住者ヲ以テ直《タヾチ》ニ其住民ト定メタルハ大ニ其良法《リヨウハウ》ト謂《イ》フ可キナリ而シテ民ニ住民ト公民トノ別ヲ分チ住民ニシテ以上ノ三資格《シカク》ヲ有スル者ヲ以テ公民ト爲シ之ニ與《アタフ》ルニ其地ノ選擧ニ參與《アツカリ》シ又名譽職《メイヨシヨク》ニ選擧セラルノ權ヲ以テシタルハ勢《イキホヒ》止ムヲ得サル

○公民權ノ資格ハ第七條
○選擧權ハ第十三條
○被選擧權ハ第十五條
○名譽職ノ事ハ第十六條
○町村會ハ第十一條以下
○訴願出訴期限ハ第百二十條
○參事會行政裁判ノ事ハ第百三十條
（參觀）

所ナリ

第八條　凡町村公民《コウミン》ハ町村ノ選擧ニ參與《サンヨ》シ町村ノ名譽職《メイヨシヨク》ニ選擧セラルヽノ權利《ケンリ》アリ又其名譽職ヲ擔任《タンニン》スルハ町村公民ノ義務ナリトス

左ノ理由《リイウ》アルニ非サレハ名譽職ヲ拒辭《キヨジ》シ又ハ任期中退職《タイシヨク》スルコトヲ得ス

一　疾病《シツペイ》ニ罹《カヽ》リ公務ニ堪《タ》ヘサル者
二　營業《エイゲフ》ノ爲メニ常ニ其町村內ニ居ルコトヲ得サル者
三　年齡滿《マン》六十歲以上ノ者
四　官職ノ爲メニ町村ノ公務ヲ執《ト》ルコトヲ得サル者
五　四年間無給《ムキウ》ニシテ町村吏員《リヰン》ノ職ニ任シ爾後《ジゴ》四年ヲ經過《ケイクワ》セザル者及六年間町村議員ノ職ニ居リ爾後六年ヲ經過セザル者
六　其他町村會ノ議決ニ於テ正當ノ理由アリト認《ミト》ムル者

前項ノ理由ナクシテ名譽職ヲ拒辭《キヨジ》シ又ハ任期中退職シ若クハ無任期ノ職務《シヨクム》ヲ少クモ三年間擔當《タントウ》セス又ハ其職務ヲ實際《ジツサイ》ニ執行セサル者ハ町村會ノ議決ヲ以テ三年以上六年以下其町村公民タルノ權ヲ停止《テイシ》シ且同年期間其負擔《フタン》ス可キ町村費ノ八分一乃至四分一ヲ增課《ゾウクワ》スルコトヲ得

前項町村會ノ議決《ギケツ》ニ不服アル者ハ郡參事會ニ訴願《ソグワン》シ其郡參事會ノ議決ニ不服アル者ハ行政裁判所ニ出訴スルコトヲ得

(講)本條ハ町村ノ公民權ヨリ生スル權利義務等ヲ規定スルモノナリ

凡ソ市町村ノ公民タル者ハ一方ニ於テ市町村ノ選擧ニ參與《サンヨ》シ其名譽職《メイヨシヨク》ニ選擧セラルヽノ權利ヲ與《アタ》ヘラルヽモ他ノ一方ニ於テハ又其職務ニ服《フク》スルヲ以テ法律上當然《トウゼン》ノ義務ト定メ其疾病《シツペイ》ニ罹《カヽ》リ公務ニ堪ヘザル者營業ノ爲メニ其町村內ニ住スルヲ得サル者年齡滿六十歲以上ノ者官職ノ爲メニ町村ノ公務ヲ執《ト》ルコトヲ得サル者四年間無給ニシテ町村吏員ノ職ニ任シ爾後《ジゴ》四年ヲ經過《ケイクワ》セサル者及六年間町村會議員ノ職ニ居リ爾後《ジゴ》六年ヲ經過《ケイクワ》セサル者其他町村會ノ議決ニ

於テ正當ノ理由アリト認《ミト》ムル者等ノ數個條ノ理由アルニ非スシテ漫《ミダリ》ニ名譽職《メイヨシヨク》ヲ拒辭《キヨジ》スル等ノ事ヲ爲ス能《アタ》ハサルモノトス是レ其職ニ居《イ》テ其職ヲ實際ニ執行《シツカウ》セサルカ如キハ其任《ニン》ヲ盡《ツク》サヽル怠慢《タイマン》ノ人ニシテ法律ヲ以テ其罪ヲ問フノ道《ミチ》ヲ設クルハ當然《トウゼン》ノ事ナリ

第九條　町村公民タル者第七條ニ掲載《ケイサイ》スル要件ノ一ヲ失フトキハ其公民タルノ權《ケン》ヲ失《ウシナ》フモノトス

町村公民タル者身代限處分中又ハ公權《コウケン》剝奪《ハクダツ》若クハ停止《テイシ》ヲ附加ス可キ重輕罪ノ爲メ裁判上ノ訊問《ジンモン》若クハ勾留《カウリウ》中又ハ租稅《ソゼイ》滯納《タイナウ》處分《シヨブン》中ハ其公民タルノ權ヲ停止ス

陸海軍ノ現役《ゲンエキ》ニ服スル者ハ町村ノ公務ニ參與セサルモノトス

町村公民タル者ニ限リテ任ス可キ職務ニ在ル者本條ノ場合ニ當《アタ》ルトキハ其職務ヲ解《ト》ク可キモノトス

（講）本條ハ町村公民タル者公民權ヲ失《ウシナ》フ場合ヲ示《シメ》シタルモノナリ

○條例ヲ設クル場合ハ第十一條第十四條第

第七條ノ要件ハ市制第九條ニ明《アキラ》カナレハ之ヲ贅《ゼイ》セズ

第三欵　町村條例

(講)本欵ハ町村ノ自主權ニ屬《ゾク》スル町村條例設定ノ範圍《ハンイ》ヲ示スモノナリ疆土《キヨウド》アリ人民アルモ自治ノ權ナケレハ自治体トハ謂《イ》フ可カラス自主ノ權トハ町村ノ自治体ニ於テ法律ノ許《ユル》ス範圍《ハンイ》內ニ於テ其內部ノ事務ヲ整理《セイリ》スルカ爲メニ法規ヲ立ツルノ權利ヲ云フモノニシテ自治ノ義ト混同《コンドウ》スベカラズ而シテ其規定《キテイ》シタル例規ハ法律ト同一ノ効力《コウリヨク》ヲ有スルモノナリ其明文ヲ以テ條例ヲ許シタル場合ハ第十一條第十四條第三十一條第五十二條第五十六條第六十五條第七十七條第八十四條第九十一條第百二條第百十四條トス其他條例ト云ハスメ條例ニ均シキ規定ヲ許シタル場合ハ亦少《スクナ》カラス其條例ト明言セサル所以ハ專《モツパ》ラ許可ヲ要セサルニ在リ卽チ町村制第四十二條第五十條第六十四條ナリ

第十條　町村ノ事務及町村住民ノ權利《ケンリ》義務《ギム》ニ關シ此法律中ニ明文ナク又ハ特例《トクレイ》ヲ設《マウ》クルコトヲ許《ユル》セル事項《ジコウ》ハ各町村ニ於テ特ニ條例ヲ設ケテ之ヲ規定スルコトヲ得

三十一條第五十二條第五十六條第六十五條第七十七條第八十四條第九十一條第九十七條第百二十條第百十四條
○規定ヲ設クル場合ハ第四十一條第五十條第六十四條
○條例ヲ新設改正ルス儀共ハ第三十三條
○同上ニ付許可ヲ受クルハ第百二十五條第百二十七條
（參觀）

町村ニ於テハ其町村ノ設置ニ係ル營造物《エイゾウブツ》ニ關シ規則ヲ設クルコトヲ得

町村條例及規則ハ法律命令《メイレイ》ニ抵觸《テイショク》スルコトヲ得ス且之ヲ發行スルトキハ地方慣行《クワンカウ》ノ公告式ニ依ル可シ

（講）本條ハ町村ニ町村條例及規則ヲ設定《セッテイ》スルノ權《ケン》ヲ付與《フヨ》シタル規定ナルモノニシテ町村ニ於テ條例ヲ設クルヿヲ得ル場合ヲ示シ併《アハ》セテ其性質《セイシツ》ヲ定ムルナリ本制中明文ナク又ハ特例ヲ設クルヿヲ許《ユル》セル限内ハ市ニ於テ條例ヲ設定《セッテイ》シ得ルノ領分《レウブン》ナリ此二個ノ場合ニ於テ市ニ特《コト》ニ條例ヲ設クルコトヲ許《ユル》シタル所以ハ各地其風俗習慣《フウゾクシウクワン》ノ異《コト》ナル所アルカ故ニ一定ノ法ヲ全國ニ適用《テキヨウ》スルノ弊害《ヘイガイ》アランコトヲ恐《オソ》レテナリ然《シカ》レ𪜈各市ニ於テ設《マウ》クル所ノ條例及規則ハ此法律ノ主旨《シユシ》ニ基《モトツ》キ抵觸《テイショク》スヘカラサルナリ

第二項　町村規則ハ之ヲ條例ニ比《ヒ》スレハ事稍輕《コトヤヽカル》キモノニ係《カヽ》リ營造物ニ關スル規定ナリ

第三項　自治權ハ本ト國權ヨリ分與《ブンヨ》セラレタルモノナルヲ以テ決ノ立法權ト對等《タイトウ》ノ力ヲ有スルモノニアラス隨《シタカウ》テ其自治權ヲ以テ設定シタル例規ハ亦法律命令ニ抵觸《テイシヨク》スルコトヲ得《エ》ズ又一例規ヲ市會ニ於テ議決シ且《カ》ツ許可ヲ受ケタルモ町村ノ人民ニ向テハ未ダ其効力《カウリヨク》アリト爲《ナ》ス可カラス故ニ之ヲ有効《イウコウ》ノ例規ト爲《ナ》スニハ公告式《コウコクシキ》ニ依リ發行セサル可カラス

第二章　町村會

（講）町村ノ政務ニ代議行政ノ二種アリ是レ猶《ナ》ホ國《クニ》ニ立法行法ノ二政權アルカ如シ而シテ町村モ亦市ト同シク疆土《キヨウド》人民ノ二元素《ゲンソ》ヨリ成レル集合体《シウガウタイ》ニシテ同シク法人ナルヲ以テ之ニ代《カワツ》テ思想《シソウ》ヲ發露《アラハ》シ之ニ代《カハツ》テ業務ヲ行フ所ノ機關《キクワン》ナカル可カラス其機關《キクワン》ハ即チ政務ノ數《スウ》ニ伴《トモナ》フテ代議ノ機關《キクワン》ト行政ノ機關トノ二者アルヲ要ス

代議ノ機關トハ即町村會ニシテ往時《ムカシ》町村ノ寄合《ヨリアヒ》ト稱《シヨウ》セシモノニ起《オコ》リ維新《イシン》後ニ至テ府縣會ト同ク各地方ニ町村會ヲ開キタリ然レ圧其法律ヲ以テ制定《セイテイ》シタルハ即明治十三年ノ區町村會法ヲ創始《ハジメ》トシ其後明治十七年ノ改正ヲ經テ今日ニ

及ヘリ

本章第一款ニハ町村會ノ組織及議員選擧ノ事ヲ記載シタルモノナリ

第一款　組織《ソシヨク》及選擧《センキヨ》

(講)本款ハ町村ノ代議機關ノ組織《ソシヨク》及議員選擧ノ方法ヲ掲《カヽ》ク卽チ町村ノ代議機關ナル町村會ハ如何ニ之ヲ組織《ソシヨク》スルカ其議員ハ何人カ選擧シ何人カ選擧セラルヽカ選擧ノ方法ノ事項ヲ規定セルモノナリ

其組織トハ町村會ノ構造法《ツクリカタ》ニ乄町村會ヲ構造《コウゾウ》スルモノハ町村會議員ニシテ町村會議員ハ町村公民ヨリ推擧《スイキヨ》スル町村公民ヨリ議員ヲ推擧《スイキヨ》スル方法ヲ名《ナヅ》ケテ選擧ト云フ而シテ本款規定セル事項ハ第一町村會議員ノ選擧及其定員第二其任期及改選第三選擧被選擧權ヲ有スル者第四選擧ノ手續及其方法第五選擧ノ終《シウキ》局《ヨク》卽チ當選者等ニ關スル事是ナリ

是等ノ組織ノ方法ニ至テハ外國ニ行ハルヽ所モ各國異同《イドウ》アリテ其制一ナラス本制ノ如キモ古來ノ沿革《エンカク》時勢人情ヲ考察《カウサツ》シ傍《カタワ》ラ外國ノ例ヲ參酌《クミ》テ以テ其宜キヲ制定シタルモノナリ

○選擧權ノ資格ハ第十三條
○被選擧ノ資格ハ第十五條
○人口査定ハ第百三十五條
○町村條例ハ第十一條
（參觀）

第十一條　町村會議員ハ其町村ノ選擧人《センキヨニン》其被選擧權アル者ヨリ之ヲ選擧ス其定員《テイイン》ハ其町村ノ人口ニ準《ジユン》シ左ノ割合ヲ以テ之ヲ定ム但町村條例ヲ以テ之《コレ》ヲ增減《ゾウゲン》スルコトヲ得

一　人口千五百未滿ノ町村ニ於テハ　議員八人
一　人口千五百以上五千未滿ノ町村ニ於テハ　議員十二人
一　人口五千以上一萬未滿ノ町村ニ於テハ　議員十八人
一　人口一萬以上二萬未滿ノ町村ニ於テハ　議員二十四人
一　人口二萬以上ノ町村ニ於テハ　議員三十人

（講）本條ハ町村會議員ノ選擧ト及其定員ノ事ヲ規定ス町村會議員ニ於テモ又市會議員ト同シク其數ニ制限ナカル可カラス人口幾許《イクバク》アル町村ハ幾許《イクバク》ノ議員ヲ以テ議會ヲ組織《ソシヨク》スルヤハ卽本條ノ規定スル所トス市制ニ於テハ人口增加《ゾウカ》ノ數ニ應《ワウ》シ議員遞加《テイカ》ノ法ヲ定ムト雖モ本條ニ於テハ遞加法ヲ採《ト》ラズ人口ノ數ニ應シテ豫《アラカジ》メ之カ定員ヲ定メタルモノハ蓋《ケダ》シ立法者ハ人口二万五千以上ノ市街地ニハ市制ヲ布《シ》クモノトシ以テ町村人口ノ最多數《サイタスウ》ヲ

○直接稅ハ第三十條（參觀）

制限シタルヲ以テ豫《アラカジ》メ人口ヲ區別シ其數ニ應《ワウ》シテ議員ノ數ヲ定ムルヿヲ得ルモ市ニハ人ノ最多數ニ制限《カギリ》ナキヲ以テ豫メ人口ヲ區別スルヿ能ハサルニ由ルナリ

市會ノ定員ハ人口五万未滿《ミマン》ハ三十人トシ五万以上ハ三十六人トシ十万、二十万ノ市ニ於テハ夫《ソレ》々遞加《テイカ》ノ法ヲ以テ六十人ニ至ルヲ極度《キヨクド》ト爲《ナ》ス町村會ノ定員ハ人口千五百未滿ハ八人ノ低點《テイテン》ヨリ起《オコ》リ漸次《ゼンジ》人口ノ增加《ゾウカ》ト共ニ其數ヲ增シテ遂《ツイ》ニ三十人ニ至ルヲ定限《カギリ》ト爲セリ定員ノ數ヲ總《スベ》テ偶數《グウスウ》ト爲シタルハ第十三條等級選擧ノ法ニ據《ヨ》リタルモノナリ且《カツ》現今各地方町村會ノ議員定數ヲ標準《メヤス》ニ取リタルモノナリ

第十二條　町村公民（第七條）ハ總テ選擧權《センキヨケン》ヲ有ス但其公民權ヲ停止《テイシ》セラルヽ者（第八條第三項、第九條第二項）及陸海軍《リクカイグン》ノ現役ニ服スル者ハ此限ニ在ラス

凡内國人ニシテ公權ヲ有シ直接《チヨクセツ》町村稅ヲ納ムル者其額町町村公民ノ最多《モツトモ》ク納稅《ノウゼイ》スル者三名中ノ一人ヨリモ多キトキハ第七條

▲參照 明治十七年五月七日第十四號布告區町村會法
第九條 議員ヲ選擧スルヲ得ヘキ者ハ滿二十歳以上ノ男子ニシテ其區町村ニ住居シ其區町村ニ於テ地租ヲ納ムル者ニ限ル
但府縣會規則第十三條第一欵第二欵第三欵ニ觸ルヽ者及陸海軍々人現役ノ者ハ選擧人タルコトヲ得ス
府縣會規則
第十三條 府縣

ノ要件《エウケン》ニ當ラスト雖モ選擧權ヲ有ス但公民權ヲ停止《テイシ》セラルヽ者及陸海軍ノ現役《ゲンエキ》ニ服スル者ハ此限ニ在ラス
法律ニ從テ設立《セツリツ》シタル會社其他法人《ハフジン》ニシテ前項ノ場合ニ當ルトキモ亦同シ

(講)本條ハ町村會議員ヲ選擧スルノ權利ヲ有スルハ何人ナルヤヲ規定シタルモノナリ

本條ノ規定ニ依レハ選擧權ヲ有スル者ハ左ノ三種トス

第一町村公民

第二内國人ニシテ公權ヲ有シ直接町村税ヲ納《オサ》ムル者其額《ガク》町村公民ノ最多ク納税スル者三名中ノ一人ヨリモ多キトキ

第三法律ニ從テ設立《セツリツ》シタル會社其他法人ニシテ第二ノ場合ニ當ルモノ

又第九條第二項則チ身代限又ハ訊問拘留《ジンモンコウリウ》中租税滞納《タイナウ》等ノ爲メニ公民權ヲ停止《テイ》セラレサル者ハ皆選擧ノ權ヲ有スルモノナリ

本條ノ特例《トクレイ》ヲ設ケテ利害ノ關係最モ厚《アツ》キ地方ノ人民ヲ保護《ホゴ》スルハ亦本制ノ主《シユ》

會ノ議員タルコヲ得ヘキ者ハ滿二十五歳以上ノ男子ニシテ其府縣内ニ本籍ヲ定メ滿三年以上住居シ其府縣内ニ於テ地租拾圓以上ヲ納ムル者ニ限ル但シ左ノ各款ニ觸ルヽ者ハ議員タルコヲ得ス

第一款　風癲白痴ノ者

第二款　明治十五年二月十四日第十號布告ヲ以テ左ノ通リ改正ス

舊法ニ依リ一年以上懲役及

意《イ》ニ於テ止ムヲ得サル所ナラン

第十三條　選擧人ハ分テ二級《キフ》ト爲ス

選擧人中直接町村稅ノ納額《ナフガク》多キ者ヲ合セテ選擧人全員《センイン》ノ納ムル總額ノ半ニ當ル可キ者ヲ一級トシ爾餘ノ選擧人ヲ二級トス

一級二級ノ間納稅額《ナフゼイガク》兩級ニ跨《マタガ》ル者アルトキハ一級ニ入ル可シ

又兩級ノ間ニ同額ノ納稅《ナフゼイ》者二名以上アルトキハ其町村ニ住居スル年數ノ多キ者ヲ以テ一級ニ入ル若シ住居ノ年數ニ依リ難キトキハ年齡《ネンレイ》ヲ以テシ年齡ニモ依リ難キトキハ町村長抽籤《チウセン》ヲ以テ之ヲ定ム可シ

選擧人每級各別《カクベツ》ニ議員ノ半數ヲ選擧ス其被選擧人ハ同級內ノ者ニ限ラス兩級《リヤウキウ》ニ通《ツウ》シテ選擧《センキヨ》セラルヽコトヲ得

（講）本制ニ於テハ納稅額ニ依テ選擧人ノ等級ヲ立テ選擧權ヲ以テ町村負擔《フタン》ノ輕重《ヂウ》ニ伴隨《ベンズイ》セシムルモノナリ

町村會議員ヲ撰擧スルニ其選擧權ヲ有スル者ヲ二級ニ分チテ各其半數ヲ選擧

ヒ國事犯禁獄ノ刑ニ處セラレ滿期後五年ヲ經サル者舊法ニ依リ公權剝ヲ奪及ヒ停止セラレタル者又ハ一年以輕上重禁錮ノ刑ニ處セラレ主刑滿期後五年ヲ經サル者

第三欵　身代限リノ處分ヲ受ケ負債ノ辨償ヲ終ヘサル者

セシムルハ例《タトヘ》バ直接町村稅ノ金額ヲ三千圓ト假定《カリサダメ》シ百五十圓ツヽ納ムル者二名百三十圓ツヽ納ムル者三名百十圓ツヽ納ムル者二名百圓ツヽ納ムル者二名アル片ハ合計千百十圓トナル此場合ニ於テ百五十圓ヨリ百十圓マデノモノ七名ハ一級選擧人ニシテ百圓ツヽ納ムル者二名ノ中一名ハ一二兩級ノ間ニ跨《マタガ》ルモノニシテ則チ同額納稅者二名アル場合ナルカ故ニ住居年數又ハ年齡等ノ法ニ依テ其內一名ヲ上級卽チ一級ニ入レ他ノ一人ヲ下級卽チ二級ニ組入ルヽモノトス

選擧ハ各級半數ヲ選擧ス而シテ其選擧人ハ各級異《コト》ナリト雖モ被選擧人ニ至テハ其區域《クイキ》アルコトナシ故ニ二級ニ入ル可キ資格《シカク》ノ人ト雖モ一級ヨリ選擧セラルヽコトヲ得ルナリ

名譽職ニ任スルハ町村公民ノ輕《カル》カラサル義務ナレハ資產《シサン》アル者ニ非レハ之ニ任スルコト能ハズ而シテ市制ニ於テハ選擧人ヲ三級ニ分チ町村制ニ於テハ二級ニ分チタルハ市ト町村トハ人口ノ多《タ》寡《クワ》且《カツ》貧富《ヒンプ》ノ等差《チカイ》アルヲ以テナリ然ルニ町村ノ選擧人中ニ非常ニ多額ノ稅金ヲ納ムルカ又ハ大ナル町村ニテ其納稅者

ノ等差《チガイ》甚シキ類ニシテ二級選擧法ヲ適當トセサル場合ニハ三級選擧法ヲ設クルコトヲ得ヘシ

第十四條　特別《トクベツ》ノ事情アリテ前條ノ例《レイ》ニ依リ難《カタ》キ町村ニ於テハ町村條例ヲ以テ別ニ選擧《センキヨ》ノ特例ヲ設《マウ》クルコトヲ得

（講）町村ニ於テハ選擧人ヲ二級ニ分ツヲ原則トスレ𪜈時トシテハ或ル特別ノ事情ノ為メ前條ノ例ニ依ルヿ能ハサルヿアリ此場合ニ於テハ選擧ノ特例《トクレイ》ヲ設クルコトヲ得特別ノ事情アル町村トハ選擧人寡少《スクナク》シテ其税額ノ等差《チガイ》モ亦極《キハ》メテ少ク選擧ニ等級ヲ設クルノ必要ナキ小町村ニ於テハ前條ノ例ニ據《ヨ》リ難キ町村ヲシテ不便ヲ免レシメンタメ本條ヲ設ケタルナリ選擧ノ特例トハ三級選擧法ヲ設クルカ又ハ等級《トウキウ》ヲ廢《ハイ》スルカ或《アルヒ》ハ全ク他ノ方法ヲ定ムル如キヲ云フ

第十五條　選擧權ヲ有スル町村公民（第十二條第一項）ハ總テ被《ヒ》選擧《センキヨ》權《ケン》ヲ有ス

左ニ掲《カヽ》クル者ハ町村會議員タルコトヲ得ス

○町村條例ハ第十條
○町村條例ハ新設改正ハ第百二十五條（參觀）

一參照　明治十七年五月七日太政官第十四號布告

四町村會法十條　議員タ

ルヿヲ得ヘキ者ハ滿二十五歳以上ノ男子ニシテ其區町村ニ住居シ其區町村內ニ於テ地租ヲ納ムル者ニ限ル但府縣會規則第十三條第一欵第二欵第三欵第四欵ニ觸ルヽ者ハ議員タルヿヲ得ス

▲參照　明治十三年四月太政官第十五號布告

府縣會規則

第十三條　府縣會ノ議員タルヿヲ得ヘキ者ハ滿二十五歳以上ノ男子ニ

一　所屬《シヨゾク》府縣《フケン》郡《グン》ノ官吏《クワンリ》

二　有給《イウキフ》ノ町村吏員

三　撿察官《ケンサツクワン》及警察官吏《ケイサツクワンリ》

四　神官《シンクワン》僧侶《ソウリヨ》及其他諸宗《シヨシウ》教師《ケフシ》

五　小學校《セウガクカウ》教員《ケフヰン》

其他官吏ニシテ當選《タウセン》シ之ニ應《オウ》セントスルトキハ所屬長官ノ許可ヲ受ク可シ

代言人ニ非スシテ他人ノ爲メニ裁判所又ハ其他ノ官廳ニ對シテ事ヲ辨《ベン》スルヲ以テ業《ゲフ》ト爲ス者ハ議員《ギヰン》ニ選擧セヲルヽコトヲ得ス

父子兄弟タルノ縁故《エンコ》アル者ハ同時ニ町村會議員タルコトヲ得ス其同時ニ選擧《センキヨ》セラレタルトキハ投票《トウヘウ》ノ數ニ依テ其多キ者一人ヲ當選《トウセン》トシ若シ同數ナレハ年長者ヲ當選トス其時ヲ異《コト》ニシテ選擧セヲレタル者ハ後者議員タルコトヲ得ス

シテ其府縣内ニ本籍ヲ定メ滿三年以上住居シ府縣内ニ於テ地租拾圓以上ヲ納ムル者ニ限ル但シ左ノ各款ニ觸ルヽ者ハ員議タルコトヲ得ス

第一款　風癲白痴之者

第二款　明治十五年二月十四日第十號布告ヲ以テ左之通リ改正ス舊法ニ依リ一年以上懲役及ヒ國事犯禁獄ノ刑ニ處ラレ滿期後五年ヲ經サル者舊法ニ依

町村長《チヤウソンチヤウ》若クハ助役《ジヨヤク》トノ間父子兄弟タルノ縁故アル者ハ之ト同時ニ町村會議員タルコトヲ得ス若シ議員トノ間ニ其縁故《エンコ》アル者町村長若クハ助役ニ選擧セラレ認可ヲ受クルトキハ其縁故アル議員ハ其職《シヨク》ヲ退《シリゾ》ク可シ

（講）本制ニ於テハ所屬《シヨゾク》府縣郡ノ官吏有給ノ市町村吏員撿察官及警察官吏神官《シンクワン》僧侶《ソウリヨ》及其他諸宗教師《シヨシウケウシ》小學校教員等ノ諸人ハ皆ナ町村會議員タルヿヲ得ズト雖モ其無給吏員即チ名譽職員《メイヨシヨクイン》ニ在テハ假令《タト》ヒ親《シタシ》ク町村ノ行政事務ニ服《フク》スル吏員ト雖𪜈法律上其議員タルヲ得ヘキ權ヲ與《アタ》ヘタリ理由書ニ曰ク市町村ノ行政事務ヲ掌《ツカサド》ル名譽職《メイヨシヨク》ヲ擔任《タンニン》シ公共事務ニ從事スル者ヲ代議會ニ加フルヲ許《ユル》スハ穩《オダ》當《ヤカ》ナラザルカ如シト雖モ地方ニ依リテハ多少適任《テキニン》ノ人ヲ得可カラサルヲ以テナリ行政ト代議ト最モ利害ノ抵觸《フレ》易《ヤス》キ塲合ニ關シテハ市制第三十八條以下ノ條ニ於テ豫《アラカジメ》之ニ處スルノ法數條ヲ設ケタリ云々ト多ク適任《テキニン》ノ人ヲ得可カラサルヲ憂《ウレ》フルノ精神《セイシン》ハ即チ善《ヨ》シ之カ爲メニ行政吏員ヲシテ代議會ニ列《レツ》スルハ其可ナル所以《ユヘン》ヲ見ズ立法府タル議會ト行政府タル市町村吏員トハ相須《アヒマツ》テ其公務

り公權ヲ剝奪ス及ヒ停止セラレタル者及ハ一年以上輕重禁錮ノ刑ニ處セラレ主刑滿期後五年ヲ經サル者

第三欵　身代限リノ處分ヲ受ケ負債ノ償辨ヲ終ヘサル者

第四欵　官吏教導職及ヒ陸海軍諸卒現役ノ者

○等級ノ事ハ第十三條（參觀）

ヲ進歩スルモノニシテ互《タガヒ》ニ圓滑《エンコツ》ノ働《ハタラキ》ヲ要ス可キハ勿論《モチロン》ナリト雖モ抑《ソモソ》モ亦二者ノ間ニ劃然《カギリ》タル限界《サカイ》ヲ立テ彼此其職務上ノ權利ヲ以テ互《タガヒ》ニ相牽制《ヒキマワシ》刺衝《シシヨウ》スル無クンハ立法行政ノ二府ハ結局《ツマリ》混淆《コンコウ》シテ其分界ヲ亂《ミダ》シ不都合ヲ見ルコト少《スクナ》カラザル可シ市制第三十八條本制第四十條等ニ於テ會議ノ事件議長議員及其父母兄弟妻子ノ一身上ニ關スル事件ニ付テハ議會ニ列シ其議決ニ加ハルヿヲ得サル規則ヲ設ケラレタルモ此箇條《カデウ》ヲ屢《シバ〳〵》應用《ワウヨウ》シテ議員ノ退席《タイセキ》ヲ命スルカ如キコトアリテハ實ニ市町村ノ不幸ニシテ公共ノ損害《ソンガイ》少《スクナ》キニ非ラス適任《テキニン》ノ人ヲ得《エ》難《ガタ》キ憂《ウレヒ》ヨリハ行政ト議政ト相牴觸《テイシヨク》シテ事業ノ澁滯《シウダイ》ヲ生ス可キ憂《ウレヒ》ヲ重《オモ》シトス可シ

第十六條　議員ハ名譽職《メイヨシヨク》トス其任期ハ六年トシ毎三年各級ニ於テ其半數ヲ改選《カイセン》ス若シ各級ノ議員二分シ難キトキハ初回ニ於テ多數ノ一半ヲ解任《カイニン》セシム初回ニ於テ解任ス可キ者ハ抽籤《チウセン》ヲ以テ之ヲ定ム

退任ノ議員ハ再選《サイセン》セラルヽコトヲ得

（講）本條ハ議員職務ノ性質《セイシツ》ト其在職《サイシヨク》年限幷ニ改選法ヲ規定セルモノナリ

○定員ハ第十一條
○等級ハ第十三條
○補欠員選擧ハ第二十六條（參觀）

町村會議員ト市會議員トノ任期ニ差異《チガイ》アルコトナシ選擧ニ定期選擧ト補闕《ホケツ》選擧トノ二種アリ本條ニ於ケル選擧手續ハ定期選擧ノ事ニ係《カヽ》ルナリ選擧ノ事務タル其關スル所輕《カル》カラザルヲ以テ其細則《サイソク》ニ至ルマテ法律ヲ以テ之ヲ規定スルヲ要ス其單《タン》ニ手續ニ屬スル事項ト雖𪜈力《ツト》メテ法律ニ之ヲ制定《セイテイ》スル所以ノモノハ選擧ノ公平確實《クワクジツ》ナルコトヲ保シ行政ノ干渉《カンセウ》ヲ防《フセ》ギ或ハ干渉《カンセウ》ノ疑《ウタガヒ》ヲ避《サ》ケンカ爲メナリ其選擧上ノ手續等ハ市制第十六條ノ下ニ明カナリ

第十七條　議員中闕員《ケツヰン》アルトキハ毎三年定期改選《テイキカイセン》ノ時ニ至リ同時ニ補闕選擧《ホケツセンキヨ》ヲ行フ可シ若シ定員三分ノ一以上闕員アルトキ又ハ町村會町村長若クハ郡長《グンチヨウ》ニ於テ臨時《リンジ》補闕《ホケツ》ヲ必要ト認《ミト》ムルトキハ定期前ト雖モ其補闕選擧ヲ行フ可シ

補闕議員ハ其前任者ノ殘任期間《ザンニンキカン》在職《ザイシヨク》スルモノトス

定期改選及補闕選擧トモ前任者ノ選擧セラレタル選擧等級《センキヨトウキウ》ニ從テ之カ選擧ヲ行フ可シ

（講）本條ハ議員ニ欠員ヲ生シ之レヲ補《オギノ》フ爲《タ》メ補欠選擧ヲ要スル時如何《イカ》ニ爲ス

○選舉權資格ハ第七條及第十二條

○町村長ハ第五十二條

○選舉ノ無効ハ第二十三條

○同上ノ事ニ付爭論ハ第三十七條（參觀）

ヘキヤヲ規定セルモノナリ

本條ハ市制第十七條ト同一ノ事ヲ規定シタルモノナリト雖モ其末項ニ於テ一ノ差異《サイ》アリ即チ市制ニハ選舉等級及選舉區ニ從テ之カ選舉ヲ行フ可シトアリ而シテ本條ニハ及選舉區ノ四字ナキコト是レナリ

兩制ノ間《アヒダ》此差異《サイ》アルモノハ則チ市ハ其區域廣濶《クヰイクワウクワツ》又ハ人口稠密《チウミツ》ナル場合ニ市條例ヲ以テ選舉區ヲ設クルコトヲ許スモ町村制ニハ第二十五條ニ同上ノ場合ニ於テ選舉分會ヲ設クルコトヲ許《ユル》スモ選舉區ヲ設クルコトヲ許サヽルニ由ル

第十八條　町村長ハ選舉ヲ行フ毎ニ其選舉前六十日ヲ限リ選舉原簿《キヨゲンボ》ヲ製シ各選舉人ノ資格《シカク》ヲ記載《キサイ》シ此原簿ニ據《ヨ》リテ選舉人名簿ヲ製ス可シ

選舉人名簿ハ七日間町村役場ニ於テ關係者《クワンケイコン》ノ縱覽《ジウラン》ニ供ス可シ若シ關係者ニ於テ訴願《ソグワン》セントスルコトアルトキハ同期限内ニ之ヲ町村長ニ申立ツ可シ町村長ハ町村會ノ裁決《サイケツ》（第三十七條第一項）ニ依リ名簿ヲ修正《シウセイ》ス可キトキハ選舉前十日ヲ限リテ

之ニ修正ヲ加ヘテ確定名簿《カクテイメイボ》トナシ之ニ登錄《トウロク》セラレサル者ハ何人タリトモ選擧ニ關《クワン》スルコトヲ得ス

本條ニ依リ確定シタル名簿ハ當選《タウセン》ヲ辭《ジ》シ若クハ選擧ノ無效《ムコウ》トナリタル場合ニ於テ更ニ選擧ヲ爲ストキモ亦之ヲ適用《テキヨウ》ス

（講）選擧ヲ爲スノ準備《ジユンビ》ニ屬スル事ハ之ヲ行政機關卽チ町村長ニ委任スル事ハ市長ニ異ナルコナシ而シテ其準備《ジユンビ》タル事務ハ選擧ノ基礎《モトヒ》タル選擧名簿ヲ制スルヲ以テ第一トス本制ハ所謂永續名簿《エイゾクメイボ》ノ法ニ依ラス選擧ヲ行フ毎ニ名簿ヲ新《アラタ》ニスルノ法ヲ取レリ卽チ選擧ヲ行フ毎ニ選擧人名簿ヲ調製《チヨウセイ》シテ之ニ猶豫《イウヨ》期限ヲ付シ關係者ヲシテ其間自由ニ故障《コシヤウ》ヲ申立テシム故障申立ニ依リ名簿ヲ修正《シウセイ》シ申立終結《オハル》シタル時ハ始メテ確定《クワクテイ》名簿ト稱ス

選擧原簿トハ各選擧人被選擧人ノ資格《シカク》ヲ記シタルモノニシテ選擧人名簿ハ唯《タヾ》其名ヲ記シタルノミ

此名簿ニ付故障ノ申立アリタルトキハ町村會之ヲ裁決ス其裁決ニ依リ修正《シウセイ》ヲ要スルトキハ選擧前十日ヲ限リ之ヲ修正《シウセイ》スルモノトス

○選擧分會ノ事ハ第二十五條(參觀)

○選擧掛ノ職務ハ第二十七條第二十八條

○代理者ノ事ハ

第十九條　選擧ヲ執行《シツコウ》スルトキハ町村長ハ選擧ノ場所日時ヲ定《サダ》メ及選擧ス可キ議員ノ數ヲ各級《カクキフ》ニ分チ選擧前七日ヲ限リテ之ヲ公告《コウコク》ス可シ

各級ニ於テ選擧《センキヨ》ヲ行フノ順序《ジユンジヨ》ハ先ツ二級ノ選擧ヲ行ヒ次ニ一級ノ選擧ヲ行《オコナ》フ可シ

(講)前條ノ手續ヲ了《オ》ヘ町村長ニ於テ選擧ヲ行ハントスルトキハ選擧ノ公告ヲ選擧執行《シツカウ》前七日限リ町村長之ヲ爲シ其公告書ニハ選擧ノ場所日時及ヒ一級ノ選擧スヘキ議員何人二級ハ何人トノ旨ヲ記スヘシトス然ルニ實際《ジツサイ》町村ノ便宜《ベギ》ニ依リ各選擧人ニ對《タイ》シ召集狀《シヨウシウジヤウ》ヲ發スルモ妨ゲナシ

第二項ニ先ツ二級ノ選擧ヲ行フ所以ハ多數ノ選擧人ニ十分滿足《マンゾク》ナル選擧ヲ行ハシムルノ注意ナリ

第二十條　選擧掛ハ名譽職《メイヨシヨク》トシ町村長ニ於テ臨時ニ選擧人中ヨリ二名若クハ四名ヲ選任シ町村長若クハ其代理者ハ其係長トナリ選擧會ヲ開閉《カイヘイ》シ其會場ノ取締ニ任ス

第二十五條
（參觀）

（講）本條ハ選擧掛ノ組織及職務ヲ規定シタルモノナリ
町村長ノ選擧掛ヲ撰任スルハ市長ニ異《コト》ナルヿナシ選擧掛ヲ集議体トナシ町村長ニ於テ無給職ノ選擧掛ヲ臨時《リンジ》ニ選擧人中ヨリ二名若クハ四名ヲ選ビ町村長若クハ其代理者掛長トナリ選擧會ノ開閉《カイヘイ》ヲ掌《ツカサド》リ會塲ノ取締《トリシマリ》ヲ擔任《タンニン》スルコト、ス選擧掛ヲ二名カ又四名ト限リタルハ第廿三條ノ末《スヱ》項ノ議決ヲ爲ス塲合ニ掛長ヲ加ヘテ奇數《キスウ》ナラサレハ議決上不便《フベン》ヲ感スルナリ
選擧掛ノ議決ハ確定《クワクテイ》ノモノニアラス故ニ異議《イギ》ノ申立ヲ爲スコトヲ得ルナリ本條ニ市制第二十條ノ如キ但書ノナキハ町村ニ於テハ選擧區ヲ設クルノ必要ナケレハナリ

第二十一條　選擧《センキヨ》開會中ハ選擧人ノ外何人タリトモ選擧會塲《センキヨクワイジヤウ》ニ入ルコトヲ得ス選擧人ハ選擧會塲ニ於テ協議《ケフギ》又ハ勸誘《クワンイウ》ヲ爲スコトヲ得ス

（講）選擧開會中ハ何人タリトモ選擧人ノ外ハ會塲ニ入ルノ權ナキナリ又選擧人ハ會塲ニ於テ何人ヲ選擧スヘキカノ協議《サウダン》又ハ誰某《タレソレ》ヲ選擧スヘシト說《ト》キ勸《スヽ》メヲ爲スヲ得ザルナリ

〇選擧ヲ行フ人ハ第貳拾四條係長ノ事ハ第二十條
〇選擧人ノ名簿ハ第十八條
〇準選者ノ事ハ第二十六條
〇開函ノ分會ハ同時ニスルヿハ第二十五條
（參觀）

第二十二條　選擧ハ投票《トウヘウ》ヲ以テ之ヲ行フ投票ニハ被選擧人ノ氏名ヲ記シ封緘《ホウカン》ノ上選擧人自ヲ掛長ニ差出ス可シ但選擧人ノ氏名ハ投票ニ記入《キニウ》スルコトヲ得ス
選擧人投票ヲ差出ストキハ自己ノ氏名及住所《ヂウショ》ヲ掛長ニ申立テ掛長ハ選擧人名簿ニ照《テラ》シテ之ヲ受ケ封緘ノ儘《マヽ》投票函《トウヘウバコ》ニ投入ス可シ但投票函ハ投票ヲ終《ヲハ》ル迄之ヲ開クコトヲ得ス

（講）本條モ前條ノ精神《セイシン》ヨリ來《キタ》ル規定ニシテ選擧ハ投票ニヨリ投票ハ匿名《ジヨクメイ》トシ且《カツ》封緘《フウカン》ノ儘《マヽ》自《ミヅカ》ラ掛長ニ差出《サシダ》サシム但此投票ノ法ヲ用フルコトナルヲ以テ選擧人ノ氏名ハ投票ニ記載《カキノ》スルヿヲ得ズ此匿名《ジヨクメイ》投票ハ選擧人外ノ者窃《ヒソカ》ニ投票ヲ爲シ及一人ノ選擧者ガ數多《アマタ》ノ投票ヲ爲スノ事等アルヲ恐《オソ》レテナリ
第二項　選擧人投票ヲ差出《サシダ》ストキニハ自分ノ姓名《セイセイ》住所ヲ掛長ニ申立テ掛長ハ選擧人名簿ニ照《テラ》シテ之ヲ受クルハ投票ノ重複等《ヂウフクトウ》ヲ避《サ》クルニ在リ掛長ハ其受ケタル投票ヲ開カズ封《フウ》ノ儘《マヽ》投票函ニ投入スベシトス
封緘《フウカン》ノ儘《マヽ》投票函ニ投入セシムルハ掛長ト雖モ尙ホ其選擧ノ內幕《ウチマク》ヲ知ラシメ

○選擧人定數ハ第十九條
○選擧功力ニ關スル訴願ハ第二十九條
○開上議決ハ第三十七條
○投票方法ハ第十二條
○被選擧權資格ハ第十五條
（參觀）

サル爲メナリ又但書ニ投票函ヲ開クコヲ嚴禁《ゲンキン》シタルハ選擧中種々《シユ〳〵》ノ弊害《ヘイガイ》ヲ生スルノ恐《オソ》レアルヲ以テナリ

第二十三條　投票ニ記載《キサイ》ノ人員其選擧ス可キ定數《テイスウ》ニ過《ス》キ又ハ不足アルモ其投票ヲ無效《ムコウ》トセス其定數ニ過クルモノハ末尾《マツビ》ニ記載シタル人名ヲ順次《ジユンジ》ニ棄却《キキヤク》ス可シ

左ノ投票ハ之ヲ無效《ムコウ》トス

一　人名ヲ記載《キサイ》セス又ハ記載セル人名ノ讀《ヨ》ミ難《ガタ》キモノ

二　被選擧人ノ何人タルヲ確認《カクニン》シ難キモノ

三　被選擧權《ヒセンキヨケン》ナキ人名ヲ記載スルモノ

四　被選擧人氏名ノ外他事《タジ》ヲ記入スルモノ

投票ノ受理《ジユリ》並效力ニ關スル事項《ジカウ》ハ選擧掛假ニ之ヲ議決ス可否《カヒ》同數ナルトキハ掛長之ヲ決ス

（講）本條ハ投票ノ效力《チカラ》ニ關スル規定ナリ

投票ニ記載ノ人員其定員ヨリ過《ス》ギ又ハ不足アルモ之ヲ以テ其投票ヲ無效《ムコウ》トセ

○投票差出方ハ第十二條委任狀書式ハ明治六年第二百十五號布告（參觀）

ス然ルニ其過《ス》グル者ハ末尾《スヱ》ニ記載シタル人名ヲ順次《シダイ》ニ棄却《ステ》ルヘシ例《タトヘ》之ハ被選擧人三十人ヲ定員トセハ各級選擧人ニ於テハ其三分一則チ十人ヲ選テ其投票ニ記載スヘキニ或ハ九名ヲ記載シ若《モシ》クハ十一名ヲ記載シタルトキハ其九名ニノ不足ノ場合ハ全級ヲ通シテ多數ヲ以テ定メ過《ス》グル時ハ其末尾《スヱ》則チ十一番目ニ記載シタル一名ヲ棄却《ステ》ルヘシ無効《ムコウ》ノ投票トナル事項ハ市制第二十三條ノ講義ニ就テ參觀《サンクワン》スベシ

第二十四條　選擧《センキヨ》ハ選擧人自ラ之ヲ行フ可シ他人ニ託《タク》シテ投票ヲ差出スコトヲ許サス

第十二條第二項ニ依リ選擧權《センキヨケン》ヲ有スル者ハ代人ヲ出シテ選擧ヲ行フコトヲ得若シ其獨立《ドクリツ》ノ男子ニ非サル者又ハ會社其他法人ニ係《カヽ》ルトキハ必ス代人ヲ以テス可シ其代人ハ内國人ニシテ公權《コウケン》ヲ有スル獨立ノ男子ニ限ル但一人ニシテ數人ノ代理《ダイリ》ヲ爲スコトヲ得ス且代人ハ委任狀ヲ選擧《センキヨ》掛ニ示シテ代理《ダイリ》ノ證トス可シ

（講）本條ハ他人ニ託《タク》シテ選擧スルヲ得ル場合ト得ザル場合トヲ定メタルモノ

ナリ即チ選擧人自カラ出頭《シユツトウ》スルニアラサレハ如何ナル場合ト雖モ投票ヲ爲ス
ヲ得ス他人ニ託《タク》シテ選擧ヲ禁《キン》シタル場合ハ左ノ如シ
市公民タルニ依リ選擧權ヲ有スル選擧人ナル時
右ノ場合ニハ選擧人自ラ選擧ヲ行ヒ他人ニ託《タク》シテ投票スルコトヲ許サス
第二項　第十二條第二項多額《タカク》ノ納稅ヲ爲スニヨリ選擧權ヲ有スル者ハ代人ニテ選擧ヲ爲スヲ得ル場合ハ左ノ如シ
第一獨立《ドクリツ》ノ男子ニ非サル者
第二會社其他法人ニ係《カヽ》ル時
獨立ノ男子トハ第七條末項《スヱ》ニ規定シタル條件ヲ具備《グビ》セサル者ヲ云フナリ
會社トハ法律ニ依テ設定《セツテイ》シタル會社ヲ云ヒ其他ノ法人トハ公共ノ組合《クミアヒ》等ヲ指《サ》シテ云フ是等ハ無形人ナルカ故ニ必ス代表者《ダイヘウシヤ》ノ處理《サハイ》ヲ待《マ》タサルヲ得サレハナリ
其代人タル者ハ内國人ニメ總《スベ》テ選擧代人タルヲ得ヘキ資格《シカク》ヲ制限《セイゲン》シタル者ナリ即チ第七條第一項ニ於ケル第一第二ノ要件ヲ具《ソナヘ》タル者ニ限リ且《カツ》二名以

○選擧本會ハ第十九條第二十條
○同上手續ハ第二十條以下
○取締ノ事ハ第二十條
(參觀)

上ノ代理ヲ禁《キン》シ委任狀ヲ示《シメ》サシム依《ヨツ》テ其自己《ジコ》其事務ヲ委任セラレタル者ナルコトヲ証スヘキナリ

第二十五條　町村《チヤウソン》ノ區域《クイキ》廣濶《クワウクワツ》ナルトキ又ハ人口稠密《チウミツ》ナルトキハ町村會ノ議決ニ依リ區畫《クワク》ヲ定メテ選擧分會《センキヨブンクワイ》ヲ設クルコトヲ得但特《コト》ニ二級選擧人ノミ此分會ヲ設クルモ妨《サマタ》ケナシ

分會ノ選擧掛ハ町村長ノ選任《センニン》シタル代理者ヲ以テ其長トシ第二十條ノ例ニ依リ掛員二名若クハ四名ヲ選任ス

選擧分會ニ於テ爲シタル投票函《トウヘウバコ》ノ儘本會ニ集メテ之ヲ合算シ總數《ソウスウ》ヲ以テ當選ヲ定ム

選擧分會ハ本會ト同日時ニ之ヲ開ク可シ其他選擧ノ手續會場ノ取締《トリシマリ》等總テ本會ノ例ニ依ル

(講)本條ハ選擧分會ヲ設クルヿヲ得ヘキ事及其之ニ關《クワン》スル細則《サイソク》ヲ定メタルモノナリ

本條第一項ハ市制第十四條第一項ニ又第二項ハ第二十條ノ但書ニ該當《アタ》ルモノ

ナリ此ニ注意《チウイ》スヘキハ選擧區ト選擧分會ノ差異《サイ》アル是レナリ選擧區トハ毎區獨立《ドクリツ》シテ其選擧ヲ行フモノニシテ其區限リ當選ヲ定ムルヿヲ得ルト雖モ選擧分會ハ選擧會ノ一支部《シブ》タルニ過《ス》ギス故ニ其投票ハ之ヲ本會ニ合算《ガッサン》シテ以テ之カ當選ヲ定ム可キモノトス

選擧分會ヲ設クルニハ町村會ノ議決ヲ要ス其議決ハ町村ノ區域廣濶《クヰイクワウクワツ》ニシテ選擧人ヲシテ一個ノ選擧場ニ出頭《シユツトウ》セシムルニ不便ナルカ又選擧人非常ニ多クシテ選擧場繁雜《ハンザツ》ノ恐アル場合ニハ町村會ノ議決ヲ以テ町村ノ便宜《ベンギ》ヲ謀《ハカ》リ數組ニ區量《クワク》ヲナシ其區毎《クミゴト》ニ選擧分會トテ選擧場ノ出張所《シユツチヤウジヨ》ヲ設ケ此處ニ於テ其組内ノ選擧人ノ投票ヲ受取ヿヲ得ルナリ然レトモ妄《ミダ》リニ分會ヲ設クルヿ能ハズ其之ヲ分ツヤ一級二級ノ區別ナク土地ノ遠近《エンキン》ニヨリ一區畵ヲ定ムルヲ以テ本則トスト雖モ選擧階級《カイキウ》ニ由テ處分スルモ妨《サマタ》ゲナシトス

分會ハ本會ヲ終《オ》ヘタル後ニ於テ開クコトヲ得サルヲ以テ町村長ヨリ選任《センニン》シタル町村長ノ代理者選擧掛長トナリ第二十條ノ例ニ依リテ選擧掛ヲ其分會ニ出頭セシメテ其事務ヲ處理《サムイ》セシムルヲ以テ其事務ニ就《ツイ》テハ一切町村長ノ責《セメ》ニ

○無効投票ハ第二十三條
○當選者ニ告知ハ第二十八條
○當選ノ取消無効ハ第二十九條第三十條

歸《キ》スヘキモノトス

本條第一項末段《マツダン》ニ二級選擧人ノミ特ニ此分會ヲ設クルヿヲ許《ユル》シタル所以《ユエン》ハ他ナシ二級選擧人ハ其人員一級選擧人ニ比《ヒ》シ常《ツネ》ニ夥多《オビタダシキ》ナルヲ以テ單《タン》ニ二級選擧人ノミ分會シテ能《ヨ》ク本條ノ目的ヲ達《タツ》スルコトヲ得レハナリ

第三項　分會ノ投票ハ投票函ニ入レタル其儘《ソノマヽ》ニテ本會ニ取集《トリアツ》メテ投票數ヲ合算シ其總數《サウスウ》ニテ當選者ヲ定ムルコト丶ス分會ハ便宜《ベンギ》上設ケタルモノナレハ本會ニテ開緘《カイカン》シ計算《ケイサン》スルハ當然《タウゼン》ナリ

第四項　選擧分會ハ本會ト同日時ニ開クヘキモノトス同日時ナラサレハ秘密《ヒミツ》選擧ノ効力《チカラ》ニ害《ガイ》アル等ノ弊《ヘイ》アリ其他總《スベ》テ本會ノ例ニヨリテ選擧ノ事ヲ處理《サハイ》スルモノナリ

第二十六條　議員ノ選擧ハ有效投票《イウコウトウヘウ》ノ多數ヲ得ル者ヲ以テ當《トウ》選《セン》トス投票ノ數相同キモノハ年長者ヲ取リ同年ナルトキハ掛長自ラ抽籤《チウセン》シテ其當選ヲ定ム
仝時ニ補闕員《ホケツヰン》數名ヲ選擧スル中ハ（第十七條）投票數ノ最多キ

○仝上爭論裁決ハ第三十七條（參觀）

○選擧掛ノ事ハ第二十條第二十五條（參觀）

者ヲ以テ殘《ザンニ》任期ノ最長キ前任者ノ補闕《ホケツ》ト爲シ其數相同キトキハ抽籤《チウセン》ヲ以テ其順序《ジユンジヨ》ヲ定ム

（講）議員選擧ハ有効投票過半數ヲ得ル者ヲ以テ當選ト爲スヲ原則《ゲンソク》トスト雖モ本條ニハ特《トク》ニ比較《ヒカク》多數法《スウハウ》ヲ取リ有効投票ノ多數ヲ得タル者ヲ以テ當選者トナシ最多《サイタ》數《スウ》者ヨリ順次《ジユンジ》之ヲ取リ定員滿限《マンゲン》ニ至テ止ム

又同時ニ數名ノ補欠員《ホケツイン》ヲ定ムルトキハ投票ノ多寡《タクワ》ニ從ヒ投票最多《サイタ》數《スウ》ノ者ヲ前任者ノ殘任期《ザンニンキ》最長キ者ノ補欠員《ホケツイン》ト定メ而シテ投票同數ナル者ハ年長ニ依リ同年ナルモノハ抽籤《クジビキ》ニ依ル

町村會議員ノ投票ニ比較《ヒカク》多數法《スウハウ》ヲ取リ投票ノ原則《ゲンソク》ニ從《シタガ》ハサルハ町村會議員ノ如キハ原則《ゲンソク》ニ從ヒ投票ヲ爲サシムルトキハ却《カヘツ》テ好結果《コウケツクワ》ヲ得ズ故ニ比較多數ノ法ヲ取リ其便《ベン》ヲ謀《ハカ》ル者ナリ

第二十七條　選擧掛《センキヨガヽリ》ハ選擧録ヲ製《セイ》シテ選擧ノ顚末《テンマツ》ヲ記録《キロク》シ選擧ヲ終リタル後之ヲ朗讀《ラウドク》シ選擧人名簿《センキヨニンメイボ》其他關係《クワンケイ》書類《シヨルイ》ヲ合綴《ガツテツ》シテ之ニ署名ス可シ

○當選者ハ第二十六條(參觀)

投票ハ之ヲ選舉錄ニ附屬シ選舉ヲ結了《ケツレウ》スルニ至ル迄之ヲ保存ス可シ

(講)本條ハ選舉ノ結果《ケツクワ》ヲ明《アキラ》カニスル爲メ設ケタルモノニシテ選舉掛ハ選舉人ニ告知スル爲メ及ヒ他日ノ參考《サンカウ》ニ供《キヨウ》スル爲メ選舉錄《センキヨロク》ヲ製《セイ》シ選舉人ノ召集《セシウ》ヨリ議員當選ノ事ニ至ルマテ其顚末《テンマツ》ヲ詳細《シヤウサイ》ニ記錄《キロク》スヘシ

關係書類トハ選舉ニ關スル一切《サイ》ノ書類ヲ指《サ》ス是等《コレラ》ノ書類ヲ合綴《ガツテツ》シテ選舉掛之ニ署名《シヨメイ》スヘキナリ其署名スル所以ハ自ラ選舉掛タリシヲ証スルカ爲メナリ

投票ハ選舉ヲ結了《ケツレウ》スル迄必要ナルカ故ニ選舉錄ニ附ケ添《ソ》ヘ保存《ホソン》スヘシ蓋《ケダシ》本制ハ選舉手續上頗《コブ》ル精密《セイミツ》ノ規定ヲ設ケタルモノナリ卽チ第二十一條第二十二條第二十四條ノ如キハ選舉人ヲシテ奸計《カンケイ》ヲ施《ホドコ》ス可キノ餘地《ヨチ》ナカラシムルナリ

第二十八條　選舉ヲ終《オハ》リタル後選舉掛長ハ直ニ當選者《タウセンシヤ》ニ其當選ノ旨《ムネ》ヲ告知ス可シ其當選ヲ辭セントスル者ハ五日以內ニ之ヲ町村長ニ申立ツ可シ

一人ニシテ兩級ノ選舉ニ當リタルトキハ同期限內《ドウキゲンナイ》何レノ選舉

○再選手續ハ第十八條以上
○上訴期限ノ事ハ百二十條
（參觀）

ニ應ス可キコトヲ申立シ可シ其期限内ニ之ヲ申立テサル者ハ總《スベ》テ其選擧ヲ辭スル者トナシ第八條ノ處分ヲ爲ス可シ

（講）本條ハ市制第二十七條註釋ヲ參照スレハ明了ナリト雖モ此ニ第二項ニ於テ少《スコシ》ク差《サ》アルノミ第二項ハ萬一ヲ豫防《ヨバウ》センカ爲メニシテ既ニ第十九條第二項ノ規定アル以上ハ兩級ノ選擧ニ當《アタ》ルカ如キコトアラサル可シト雖モ若《モ》シ兩級ノ選擧ニ當《アタ》リタル𪜈ハ本人ニ於テ其一ヲ撰《エラ》ハサルトキハ何レノ選擧ニモ應《ワウ》セサリシモノトシテ其應《ソノワウ》セサリシハ故障《コシヤウ》アルヤ否《イナ》ヤヲ第八條ノ規定ニ依リ處分ス可キモノトス

第二十九條　選擧人選擧ノ効力《カウリヨク》ニ關シテ訴願《ソグワン》セントスルトキハ選擧ノ日ヨリ七日以内ニ之ヲ町村長ニ申立ツルコトヲ得（第三十七條第一項）

町村長ハ選擧ヲ終《ヲワ》リタル後之ヲ郡長ニ報告シ郡長ニ於テ選擧ノ效力ニ關シ異議《イギ》アルトキハ訴願ノ有無《ウム》ニ拘《カヽヘ》ラス郡參事會ニ付シテ處分ヲ行フコトヲ得

選擧ノ定規ニ違背《イハイ》スルコトアルトキハ其選擧ヲ取消シ又被選

擧人中其資格《シカク》ノ要件ヲ有セサル者アルトキハ其人ノ當選ヲ取《トリ》消《ケ》シ更ニ選擧ヲ行ハシム可シ

（講）本條ハ市制第二十八條ト同一ノ事ヲ規定シタルモノナレ𪜈第二項ニ於テ少シク差異《チガイ》アリ卽チ市制ニ在テハ市長選擧ヲ終《オハ》リタル後之ヲ府縣知事ニ報告《ホウコク》シ府縣知事アルトキハ府縣參事會ニ付シテ處分ヲ行フコトヲ得ルモノトス

本條ハ町村會議員選擧ノ効力《コウリヨク》有無ニ關シ異議《イギ》申立ノ權ヲ有スル者ハ獨《ヒト》リ選擧人ニ止《ト》マラス第三十七條ニ依レハ町村長モ亦此權アリトス又郡長ハ公益上ノ必要ヨリシテ右選擧ノ効力《チカラ》ニ付參事會ニ付シテ處分スルノ權アリトス

選擧人ニシテ其選擧ノ効力ニ關シテ不服《フフク》ヲ申立テントスルトキハ選擧會當日ヨリ起算《カンジヤウ》シ七日以內ニ之ヲ町村長ニ申立ツルヲ得

選擧ノ手續法律ノ規定ニ背《ソム》キタル時其不法ハ選擧全体ニ付テ存《ソン》スルモノトス全体ニ存スル不法ハ其選擧全体ヲ取消《トリケ》シ若シ被選擧人中ニ其資格《シカク》ヲ有セサル者アリシトキハ不法ハ其人ニノミ存《ソン》スレハ其人ノ當選ノミヲ取消《トリケ》シ更《サラ》ニ選擧ヲ爲サシムルモノナリ

○當選者ノ資格ハ第十五條第二十三條第二十六條
○町村會裁決ノ不服ハ第三十七條
（參觀）
○町内制ハ第十條
○總會ハ第五十一條
（參觀）

第三十條　當選《タウセン》者《シヤ》中《チウ》其資格《シカク》ノ要件ヲ有セサル者アルコトヲ發見シ又ハ就職《シウシヨク》後《ゴ》其要件ヲ失フ者アルトキハ其人ノ當選ハ效力ヲ失フモノトス其要件ノ有無ハ町村會之ヲ議決《ギケツ》ス

（講）本條ハ當選者中ニ其資格《シカク》ノ要件ヲ有セサルコトヲ發見《ハツケン》スルトキ又ハ就職《シウシヨク》後《ゴ》ニ之ヲ失《ウシノ》フ者アレハ其人ノ當選ヲ無効《ムコウ》トシ退職《タイシヨク》セシムルコトヲ規定ス詳ナルハ市制第三十九條ヲ參觀ス可シ

第三十一條　小町村ニ於テハ郡參事會ノ議決ヲ經町村條例ノ規定《キテイ》ニ依リ町村會ヲ設ケス選擧權ヲ有スル町村公民《コウミン》ノ總會ヲ以テ之ニ充《ア》ツルコトヲ得

（講）本條ハ小町村代議會ニ關スル事ヲ規定シタルモノナリ
本條ニ據《ヨレ》ハ小町村ニ於テハ町村會ヲ設ケス之ニ代フルニ其公民ノ總會ヲ以テス其所謂小町村トハ何ヲ以テ之ヲ定準《テイジユン》ト爲《ナ》スヤニ至テハ郡參事會ノ議決ト町村條例ノ裁可《サイカ》トニ依テ定ムルモノニシテ本制ノ確定《クワクテイ》スル所ニ非ス
抑《ソモソ》モ議會ハ町村法人ノ代表者タリ一町村ノ人民ノ意想《イソウ》ヲ代表スル少數ヲ以

○町村會ハ第十一條以下

テスルヨリ多數ヲ以テセハ多數人民ノ意想《イサウ》ヲ代表スルニ於テ違《タガ》フヿ少シトス因《ヨツ》テ一人ニテモ多ク又其何人ナルヲ問《ト》ハス集會《シウクワイ》シテ輿論《ヨロン》ヲ取ルコソ至當《シタウ》ナレ圧費用ノ多額《タガク》ト議決ノ終結《オハル》ヲ見ルヿ能ハサルニヨリ議員ナルモノヲ選擧シテ各自《カクジ》ノ意思《オモヒ》ヲ代表セシムル所以ナリ然《シカ》リト雖モ土地ノ情況《アリサマ》ヲ察セス又其事情ヲ顧《カヘリ》ミサレハ却《カヘツ》テ自治ノ精神《セイシン》ニ反《ハン》スルモノナレハ宜《ヨロ》シク其地方ノ情況《ジヤウキヤウ》ヲ酌量《シヤクレウ》セサル可カラス小町村ノ如キハ其公民權ヲ有スル者或ハ被選擧權ヲ有スル者モ寡《スクナ》ク町村會ヲ開設《カイセツ》スル能ハサルノ場合アリ此等ノ場合ニ於テハ町村條例ヲ規定シテ之カ變更《ヘンコウ》ヲ為《ナ》サヽル可カラス而シテ各自《カクジ》ヲシテ意見《イケン》ヲ町村事務上ニ吐《ハ》カシムルモ其弊害《ヘイガイ》アルヲ見ス是レ本條ノ趣意ナリ
小町村ニ町村會ヲ設ケサル所以ハ專《モツパ》ラ理論《リロン》ニ拘泥《コウデイ》セスシテ簡易《カンイ》ニ就《ツ》カシメント欲スルニ在リ

第二欵　職務《シヨクム》權限《ケンゲン》及處務《シヨム》規定《キテイ》

(講)本欵ハ代議機關タル町村會ノ職務權限《シヨクムケンゲン》及ヒ處務規定《シヨムキテイ》ヲ載《ノ》ス

第三十二條　町村會ハ其町村ヲ代表《ダイヘウ》シ此法律ニ準據《ジユンキヨ》シテ町村

○範圍外ノ議決ヲ爲ストキハ第六十八條第百二十四條(參觀)

○定額豫算臨時支出等ノコトハ第二十二條

○議決セルトキノ事ハ第百二十三條

○議決ノ許可ヲ得ル事ハ第百二十五條第百

一切ノ事件並從前特《コト》ニ委任セラレ又ハ將來法《ハウ》律《リツ》勅《チヨク》令《レイ》ニ依テ委任セラルヽ事件ヲ議決スルモノトス

(講)町村會ハ町村ノ代表者ニシテ町村ノ代表機關タリト雖モ外《グワイ》部《ブ》ニ對《タイ》シテ町村ヲ代表スルハ行政機關ノ任ナリトス然《シカ》リト雖モ若《モ》シ之カ職務ニ制限《カギリ》ヲ設ケスシテ町村内ノ事一切《サイ》町村會ノ干渉《カンセウ》セサルコトナキカ如キニ至テハ其弊害《ヘイガイ》亦少シトセス故ニ町村會ニ於テ議定スルヲ得可キモノハ此法律ニ於テ町村會ニ附與《フヨ》シタル町村會ノ權限ハ町村會ノ事務ニ止《ト》マリ其他ノ事務ハ從來ノ委任《イニン》ニ依リ又ハ將來《シヤウライ》法律勅令ニ依テ特《トク》ニ委任スル事項ニ限リテ參與《アツカ》ルモノトス若シ夫《ソ》レ此權限内ノ事項ニ非レハ議定シ得サルナリ

第三十三條　町村會ノ議決スヘキ事件ノ概目《ガイモク》左ノ如シ

一　町村條例及規則ヲ設ケ幷改正《カイセイ》スル事

二　町村費ヲ以テ支辨《ベン》ス可キ事業但シ第六十九條ニ掲《カ》クル事務ハ此限ニ在ラス

三　歳入出豫算《ヨサン》ヲ定メ豫算外《ヨサングワイ》ノ支出及ヒ豫算超過《テウクワ》ノ支出ヲ

二十六條第百廿七條範圍外ノ議決ヲ第六十八條（參觀）

認定《ニンテイ》スル事

四　決算報告ヲ認定《ニンテイ》スル事

五　法律勅令ニ定ムルモノヲ除《ノゾ》クノ外使用料、手數料、町村税及夫役現品ノ賦課徴收《チヨウシウ》ノ法ヲ定ムル事

六　町村有不動產ノ賣買交換《コウクワン》讓受讓渡幷質入書入ヲ爲ス事

七　基本財產ノ處分ニ關スル事

八　歲入出豫算ヲ以テ定ムルモノヲ除《ノゾ》クノ外新ニ義務ノ負擔《フタン》ヲ爲シ及權利ノ棄却《キキヤク》ヲ爲ス事

九　町村有ノ財產及營造物《エイザウブツ》ノ管理方法ヲ定ムル事

十　町村吏員ノ身元保證金《ミモトハウシヨウキン》ヲ徵《チヤウ》シ並其金額ヲ定ムル事

十一　町村ニ係ル訴訟《ソシヨウ》及和解《ワカイ》ニ關スル事

（講）本條ハ町村會ノ議事權限ヲ規定セルモノナリ

使用料トハ土地並營造物ヲ使用シタル賃錢《チンセン》ヲ云フ手數料トハ一個人又ハ數人町村ニ手數ヲ掛《カ》ケタル其賃錢例之《タトヘ》ハ帳簿記入等ノ如キ場合ヲ云フ町村税トハ

町村ニ負擔スル費用及ヒ町村行政ノ經費《ケイヒ》ヲ云ヒ基本財産トハ動産《ドウサン》不動産《ドウサン》積立《ツミタテ》金穀等ヨリ生《シヨウ》スル利益《リエキ》ノミヲ費消《ツヒヤ》シテ其原品《ゲンピン》タル財産ハ動《ウゴ》カスベカラサルモノヲ云フ本條ニ於テ議決ス可キ事件ノ概目ハ左ノ如シ

一　町村會ハ第十條ノ規定ヲ遵守《マモリ》シ以テ其條例及規則ヲ制定《セーテイ》シ若《モシ》クハ改正《カイセイ》シ廢《ハイ》止スルノ權アリトス

二　町村ノ經費《ケイヒ》ヲ以テ支辦《シベン》スヘキ一切ノ事業ハ凡《スベ》テ町村會ノ議決ヲ經《ヘ》ルモノトス但第六十九條ニ掲《カヽ》グル事務ハ町村長ノ管《ツカサドル》業ニ屬《ゾク》スルモノトス

三　町村會ハ歳出豫算卽チ町村自治ノ事務又ハ第六十九條ニ掲《カヽ》クル所ノ事務ヲ行フノ費用及ヒ歳入豫算卽チ賦課徵收額《フクワチヤウシウガク》ヲ議定スルノ權アリ豫算外ノ支出トハ始メヨリ豫算ナカリシ費額支出ヲ意議《イギ》シ豫算超過《テウクワ》ノ支出トハ豫算アリシモ其豫算額ヨリ多額ノ支出ヲ云フナリ

四　決算報告トハ町村年度末《ネンドマツ》ニ於ケル總勘定《ソウカンヂヤウ》ノ報告ヲ云フ町村會ハ此ノ歳入出ノ決算報ヲ審査《シンサ》シ之ニ對《タイ》シテ認《ミトメ》定ヲ與《アタ》フノ權アリ

五　町村會ハ法律勅令ニ規定セル賦課徵收《フクワチヨウシウ》法ヲ除《ノゾ》クノ外其ノ他ノ諸稅賦課《シヨゼイフカ》

ノ義ニ至テハ議決アリトス使用料營造物手數料夫《ブ》役《エキ》及現品ハ前ニ講述《コウジュツ》シタレハ今茲ニ略ス

六　町村ニ於テ或ハ町村稅ノ負擔《フタン》ニ堪《タ》ヘサル時或《アルヒ》ハ公益ノ事業ヲ爲《ナ》シ其他已《ヤ》ムヲ得サル場合ニ於テハ町村有不動產ヲ書入質入若クハ賣却《バイキヤク》ヲ爲ス事アルヘシ

七　基本財產トハ町村ノ資力《シリヨク》ヲ維持《イジ》スルニ付必要ナルモノニシテ之ヲ通常ノ費用ニ供スル能ハサルモノナリ今之ヲ處分スルトハ存廢《ソンハイ》ニ關スル事又ハ利《リ》殖《シヨク》ノ道ヲ計《ハカ》ル等ヲ云フナリ

八　歲入出豫算ノ外新《アラタ》ニ義務ノ負擔《フタン》ヲ爲《ナ》シ權利ノ棄却《キキヤク》ヲ爲ストハ例《タトヘ》之ハ水利《スイリ》土《ド》功《コウ》等ノ爲メ町村ノ負擔ヲ受ケ或ハ數町村ニ關《クワン》スル組合事業ノ權利ヲ拋《ステ》棄ルノ類ヲ云フ

第三十四條　町村會ハ法律勅令ニ依リ其職權《シヨクケン》ニ屬スル町村吏員ノ選擧ヲ行フ可シ

（講）本條ハ市制第三十二條ト同シク町村會ハ町村長其他ノ吏員ヲ選擧スルノ

十二條
○書記其他附屬員ハ第六十三條
○區長及其代理者ハ第六十四條
○委員ハ第六十五條（參觀）
○監督官廳ハ第百十九條（參觀）

權利アルヲ示シタルナリ町村吏員ノ選擧ニ關スル町村會ノ職權ハ本制中ニ於テ既ニ規定タリト雖モ本制ノ外又法律勅令ヲ以テ之ヲ定ムルコトアルヘキヲ以テ廣《ヒロ》ク法律勅令ニ依リト云ヒタルナリ此ニ所謂《イハユ》ル法律トハ第五十三條ヲ指《サ》シタルモノニシテ又勅令トアルハ後來ノ爲メニ餘地《ヨチ》ヲ存《ソン》シタルモノナルベシ其選擧ノ手續ハ第四十六條ニ規定セリ而シテ町村長及助役ノ選擧ハ第五十九條ニ從《シタガ》ヒ認可《ニンカ》ヲ受ケサル可カラス

第三十五條　町村會ハ町村ノ事務ニ關スル書類《シヨルヰ》及計算《ケイサン》書《シヨ》ヲ撿閲シ町村長ノ報告ヲ請求《セイキウ》シテ事務ノ管理、議決ノ施行《シカウ》並收入支出ノ正否ヲ監査《カンサ》スルノ職權ヲ有ス

町村會ハ町村ノ公益ニ關スル事件ニ付意見書ヲ監督官廳ニ差出スコトヲ得

（謹）本條ハ市制第三十三條ト同一ノ法文ニシテ町村事務ニ對スル町村會監査《カンサ》ノ權ヲ定メタルモノナリ

町村會ハ町村長ノ執行《シツカウ》スル町村ノ行政事務ヲ監査《カンサ》シ町村會ノ議決ノ旨《ムネ》ニ違《タガ》フ

○制裁ノコトハ第百二十三條第百二十四條（參觀）
○住民ハ第六條
○公民ハ第七條
○公民ノ失權ハ第九條
○選擧權ハ第十二條

コトナキヤ否《イナ》ヤヲ撿定《ケンテイ》シ町村事務ノ書類計算書町村長ノ報告等ヲ撿閲《ケンエツ》スルハ其監査《カンサ》ノ方法タルヲ以テ町村長ハ其要《モトメ》ニ應《ワウ》ズルノ義務アリ
町村吏員ノ處置《ショチ》其當ヲ得サルカ爲メ町村ノ公益ヲ害《ガイ》シ或ハ其權利ヲ害《ガイ》スル等ノ者アルトキハ町村會ハ之ニ對《タイ》シテ損害賠償《ソンガイバイショウ》ノ訴ヲ爲スノミナラズ意見書ヲ内務大臣府縣知事及郡長ニ差出スコトヲ得ルナリ

第三十六條　町村會ハ官廳ノ諮問《シモン》アルトキハ意見ヲ陳述《チンジュツ》ス可シ

（講）町村會ハ各省《カクシヨウ》大臣府縣知事又ハ郡長ヨリ諮問アルトキハ其事柄《コトガラ》ニ付テ意見ヲ陳述《チンジュツ》スベシ若シ其諮問《タツネ》ニ應《ワウ》セズ意見ヲ陳述セサルトキハ第百二十三條第百二十四條ノ制裁《セイサイ》ヲ蒙《カフ》ムルベシ

第三十七條　町村住民及公民タル權利《ケンリ》ノ有無撰擧權及被選擧權ノ有無選擧名簿ノ正否《セイヒ》並其等級ノ當否《タウヒ》代理ヲ以テ執行スル撰擧權（第十二條第二項）及町村會議員ノ効力（第二十九條）ニ關スル訴願《ソグワン》ハ町村會之ヲ裁決《サイケツ》ス

○被選擧權ハ第十五條
○名簿ハ第十八條
○等級ハ第十三條
○郡參事會府縣參事會行政裁判所ハ第百三十條
○村會ノ設ケナキ町村ハ第三十一條
○上訴期日ノヿハ第二十條
（參觀）

前項ノ訴願中町村住民及公民タル權利ノ有無並撰擧權ノ有無ニ關スルモノハ町村會ノ設《マウ》ケナキ町村ニ於テハ町村長之ヲ裁決ス町村會若クハ町村長ノ裁決ニ不服《フフク》アル者ハ郡參事會ニ訴願シ其郡參事會ノ裁決ニ不服アル者ハ府縣參事會ニ訴願シ其府縣參事會ノ裁決ニ不服アル者ハ府縣行政裁判所《ギヤウセイサイバンシヨ》ニ出訴スル事ヲ得

本條ノ事件ニ付テハ町村長ヨリモ亦訴願《ソグワン》及訴訟ヲ爲スコトヲ得

本條ノ訴願及訴訟ノ爲メニ其執行ヲ停《テイ》止《シ》スルコトヲ得ス但判決確定《カクテイ》スルニ非サレハ更ニ選擧ヲ爲スコトヲ得ス

（講）本條ハ町村會ハ公法上ノ爭《アラソヒ》ニ付テハ始審《シシン》ノ裁決ヲナスノ權アルコトヲ示シタルモノナリ卽チ町村住民及町村公民タルノ權利ノ有無撰擧權被選擧權ノ有無選擧人名簿《メイボ》ノ正否並其等級ノ當否《タウヒ》代理ヲ以テ執行《シツカウ》スル撰擧權及町村會議員選擧ノ效力《コウリヨク》ニ關《カン》スル訴願ハ町村會之レヲ裁決ス是等ノ塲合ニ於テ

町村會ノ設《マウ》ケナキ町村卽チ第三十一條ノ場合ノ如キ公民總會《ソウクハイ》ヲ設ケサル小町村ニ於テハ之ヲ總會《ソウクハイ》ニ提出《テイシユツ》セスシテ町村長ニ申出裁決ヲ受クルナリ而シテ前項ニ揭ケタル被選擧權以下ノ事ニ付訴願ノ起ルコトナシ只《タダ》其訴願スヘキ事項ハ小町村ニ於テ公民住民ノ權利並選擧ノ權ニ關スル訴願ニ付規定スルノミニシテ足レリトスルナリ又本項ニ第一項中ノ被選擧權及選擧人名簿ノ正否《セイヒ》以下ノノ事件ヲ省《ハブ》キタル所以ハ旣ニ町村會ノ設ケナキトキハ從テ此等ノ事實ヲ生《シヤウ》セサレハナリ

本條ノ事件ニ付テハ町村長ハ撰擧ヲ無効《ムコウ》ト判決《ハンケツ》セラレ或ハ被選擧人ト町村長トノ間《アヒダ》ニ其資格《シカク》ノ有無ヲ爭《アラソ》フカ如キニ至テハ町村長ハ自《ミツカ》ラ進《ス、》ンテ訴願及ヒ訴訟ヲ爲《ナ》スコトヲ許《ユル》セリ是レ各人權利ヲ害《ソコナ》フヿヲ恐《オソ》レテナリ

本制ニ於テハ訴願訴訟ヲ差出《サシダ》ストキハ其事件ノ執行《シツカウ》ヲ停止《テイシ》スルヲ正則トナスト雖モ本條ハ其例外ニシテ第百二十條末項《マツコウ》但書ニ記載スル此法律中別ニ規定アルモノヽ一ニシテ此場合ニ於テ訴願及訴訟ヲ起《オコ》スモ行政機關ハ之ニ關セスシテ其事件ヲ執行《シツカウ》スルコトヲ得ヘシ

○議員タルコトハ第十一條第十五條
○選擧人ノコトハ第十六條（參觀）
○故障ノコトハ第四十條
○議長ノ職務ハ第四十七條以下（參觀）

但書ニ判決確定《カクテイ》スルニアラサレハ更《サラ》ニ選擧ヲ爲《ナ》スコトヲ得ストアルハ前裁決決ニ依リ更ニ選擧ヲ要スルトキハ其選擧ハ判決確定《カクテイ》ノ後ニアラサレハ行フコトヲ得サルナリ然《シカ》レ圧此但書ハ前項凡《スベ》テノ塲合ニ適用《テキヨウ》スヘキモノニアラサルナリ

第三十八條　凡議員タル者ハ選擧人ノ指示《シジ》若クハ委囑《ヰシヨク》ヲ受ク可ラサルモノトス

（講）本條ハ議員タル者ノ本分ヲ示シタルモノナリ
凡ソ議員ノ任アルモノハ獨立不羈《ドクリツフキ》ノ主義《シユギ》ヲ持《ジ》スルヲ貴《タツト》ブ故ニ村民ノ輿論《ヨロン》ニ反《ハン》スルノ外ハ撰擧人ノ指示《シジ》ニ從ヒ或ハ委囑《タノミ》ヲ受ケテ事ヲ議員ノ本分ニアラザルナリ本條ヲ設ケタル所以ハ議員ノ職務ヲ以テ撰擧人ノ委任ニ出ツルモノヽ如ク視做《ミナ》シ議員ハ撰擧人ノ示シタル條件ヲ恪遵《ラクジユン》ス可キモノト爲スノ誤リヲ來サヽランカ爲《タメ》ナリ

第三十九條　町村會ハ町村長ヲ以テ其議長トス若シ町村長故《コ》障《シヤウ》アルトキハ其代理タル町村助役ヲ以テ之ニ充ツ

○故障アルトキ會議ハ第三十九條
○決算報告ノ故障ハ第百十三條

（講）本條ヨリ第四十九條ニ至ルマテハ町村會ノ處務規定ヲ定メタルモノナリ
故障アルトキハトハ次條ニ規定スル會議ノ事件議長及其父母兄弟若クハ女子ノ一身上ニ關係《クハンケイ》スル場合ヲ云フ
本條ニ於テハ町村長若クハ其代理者タル町村助役ヲ以テ町村會ノ議長ト定メ市會ノ如ク議員ヲ互選《ゴセン》セサル者ハ理由書ニ曰ク「町村ニ於テハ町村長及助役ノ外事務ニ練熟《ナレル》スル者多カラスシテ殊《コト》ニ議長ノ任ニ堪《タ》フル者少《スクナ》ク且《カツ》一人一個ノ責任《セキニン》ヲ以テ行政ノ全体ニ任スル場合ニ於テハ成ル可ク議員ト密接《ミツセツ》ノ關係《クワンケイ》ヲ有セシムルヿ必要ナレハナリ」ト依レ之観レ之ニ立法者ノ精神《セイシン》タル適任《テキニン》ノ人ヲ得難《エガタ》シト云フニ在リ然レ圧今本制ヲ施行スルハ人口二万五千未満ノ地ニアルヲ以テ其大町村ニ在テハ強《アナガ》チ適任《テキニン》ノ人ニ乏《トボ》シト云フニ在ヲサレハ此等ノ事ハ一般ノ法律ヲ以テ之ヲ定メス寧《ムシ》ロ之ヲ町村條例ニ放任《ウチマカ》スヲ可《カ》トスルナリ

第四十條　會議ノ事件《ジケン》議長及其父母兄弟若クハ妻子ノ一身上ニ關スル事アルトキハ議長ニ故障《コシヨウ》アルモノトシテ其代理者之ニ代《カハ》ルヘシ

（參觀）

○町村長及ヒ助役ノ事ハ第五十二條以下（參觀）

議長代理者共ニ故障アルトキハ町村會ハ年長《ネンチヤウ》ノ議員ヲ以テ議長ト爲ス可シ

（講）議事ノ公平《コウヘイ》ヲ保《タモテ》ル爲メ町村會々議ノ事件ガ議長及議長ノ父母兄弟若クハ妻子ノ一身上ニ關スル事柄《コトガラ》ナレハ議長ハ忌避《キヒ》シテ退席《タイセキ》シ代理者タル助役之ニ代《カハ》ルコトヽス其他議長及其代理者ノ故障《コシヤウ》トスルモノ尚ホ一アリ第百十三條ノ決算報告《ケツサンホウコク》ノ塲合是ナリ此塲合ニ於テモ町村長ニ關スル故障《コシヤウ》アル𪜈ハ助役議長トナリ町村長助役共ニ其關係アルトキハ年長ノ議員ヲ議長トナスナリ

忌避《キヒ》トハ治罪法第二百七十條以下ニ在テ此者ハ此豫審《ヨシン》判事ノ親屬《シンゾク》ナル故ニ我ニ利ナシ必ス幾分カ一方ノ利ヲ計《ハカ》ルト思フ𪜈ハ之ヲ避《サ》ケテ外ノ判事ヲ其掛リニ願《ネガ》フヲ云フ

年長者ヲ議長ノ代理トスル所以ハ年長者ハ世故《ヨノコトガラ》ニ慣熟《ナレ》シ經驗《ケイケン》ニ富《ト》メルノ推測アレハナリ

第四十一條　町村長及助役ハ會議ニ列席《レツセキ》シテ議事ヲ辦明《ベンメイ》スルコトヲ得

○議員ノ數ハ第十一條
（參觀）
○議決ノ概日ハ第三十三條

（講）町村長及助役ハ議案ヲ準備《ジユンビ》スルノ任アルカ故ニ亦議會ニ列席《レツセキ》シテ議事ヲ辨明《ベンメイ》スルヿヲ得是レ市會ト異《コト》ニシテ簡便《カンベン》ナル會議法ナリ
本條ノ旨趣《シシユ》市制第三十九條ト同一ナレ圧市ニハ參事會アリ市長及助役ハ之カ會員タルヲ以テ本條町村長及助役ナル語ニ代ルニ市參事會員ナル語ヲ以テセリ

第四十二條　町村會ハ會議ノ必要アル每ニ議長之ヲ招集《セウシフ》ス若シ議員四分ノ一以上ノ請求アルトキハ必ス之ヲ招集ス可シ其招集並會議ノ事件ヲ告知スルハ急施《キウシ》ヲ要スル場合ヲ除クノ外少クモ開會ノ三日前タル可シ但町村會ノ議決ヲ以テ豫《アラカジ》メ會議日ヲ定ムルモ妨《サマタ》ケナシ

（講）本條ハ町村會ハ其會議ヲナス事件ノアル每《ゴト》ニ之ヲ開キ豫《アラカジ》メ期日ヲ定メテ通常會ヲ開クヲ例トセザルナリ然レ圧其招集《セウセウ》ノ告知及ヒ議題ノ告知ハ開會三日以內ニ於テスルヲ通常トシ至急ヲ要スル場合ニアラサル以上ハ議員ヲシテ可成議題ヲ熟知《ジユクチ》スル餘地《ヨチ》アラシム

○議員ノ數ハ第十一條
○議決ノ概目ハ第三十三條（參觀）

本條ノ市制第四十條ト差異《チガイ》アルハ市制ニハ市參事會ノ請求アルトキト云ヘル一句ヲ附記《フキ》シ又第二項ヲ設ケ市參事會員ヲ市會ノ會議ニ招集《セウシウ》セルトキモ又前項ノ例ニ依ルコトヲ示シタリ

第四十三條　町村會ハ議員三分ノ二以上出席《シユツセキ》スルニ非サレハ議決スルコトヲ得ス但同一ノ議事ニ付招集《セウシウ》再回《サイクハイ》ニ至ルモ議員猶三分ノ二ニ滿タサルトキハ此限ニ在ラス

（講）本制ハ會議ハ議員三分ノ二以上出席《シユツセキ》スルニ非サレハ議決スルコトヲ得サルヲ正則トスレ𪜈同一事件ノ議事ニ付招集再會《セウシウサイクハイ》ニ及フモ猶ホ定數ニ滿タサル時ハ假令《タト》ヒ半數ニ足ラサルモ議決スルヲ得可シ是レ議員タル者議權ヲ放棄《ステ》タル者ト見做スナリ若シ議員ノ故障《コシヤウ》ニヨル除名《ジヨメイ》ノ爲メニ定數ニ滿《ミ》タサル塲合ハ第四十五條第二項ノ規定ニ據《ヨ》ルヘキナリ

議員三分ノ二以上ノ出席ヲ議決ニ要スル所以《ユエン》ハ町村人民ノ思想輿論《シソウヨロン》ヲ充分《ジウブン》ニ表發《ヘウハツ》センコトヲ希望《ノゾム》ヨリ出タルモノナリ

第四十四條　町村會ノ議決ハ可否ノ多數ニ依リ之ヲ定ム可否

同數ナルトキハ再議《サイギ》議決《ギケツ》ス可シ若シ猶同數ナルトキハ議長《ギチヤウ》ノ可否スル所ニ依ル

（講）本條ハ議事ノ決定法ヲ規定スルモノナリ

議員多數ナレハ卽多數人民ノ意想《イソウ》ヲ代表《ダイヘウ》スルカ故ニ少數議員ノ意見ヲ異《コト》ニスルモ多數ニ因《ヨツ》テ決スルハ是レ議事ノ原則《ゲンソク》ナリトス

本條再議《サイギ》ニ付スルハ議長ノ議決權ヲ有スルハ本條ノ塲合ニ限《カギ》リテ他《タ》ニ之無キカ故ニ鄭重《テイチヨウ》ニセシムル者ナリ

第四十五條　議員ハ自己及其父母兄弟若クハ妻子ノ一身上ニ關《クワン》スル事件ニ付テハ町村會ノ議決ニ加ハルコトヲ得ス

議員ノ數此除名《ヂヨメイ》ノ爲メニ減少《ゲンセウ》シテ會議ヲ開クノ定數ニ滿タサルトキハ郡參事會町村會ニ代テ議決ス

（講）本條ハ第四十條ノ規定《キテイ》ト同シク且《カ》ツ市制第四十三條ト同意ニシテ町村會議員モ亦議長ト同樣身上《シンジヤウ》ニ係《カヽ》ル故障《コシヤウ》ノ規程ナリトス唯《タヾ》第二項郡參事會ノ職務ヲ府縣參事會ニ於テ行フノ差《サ》アルノミ

○町村吏員ハ第五十二條以下
○投票法ハ第二十二條
○無効トナル投票ハ第二十三條差出人ハ第二十四條
○町村吏員ノ認可ヲ受クヿハ第六十條第六十二條
○再選ノヿハ第六十一條
(參觀)

第四十六條　町村會ニ於テ町村吏員ノ選擧《センキヨ》ヲ行フトキハ其一名每ニ匿名投票《ヂクメイトウヘウ》ヲ以テ之ヲ爲シ有効投票《イウカウトウヘウ》ノ過半數ヲ得ル者ヲ以テ當選トス若シ過半數ヲ得ル者ナキトキハ最多數ヲ得ル者二名ヲ取リ之ニ就《ツイ》テ更ニ投票セシム若シ最多數ヲ得ル者三名以上同數ナルトキハ議長自ラ抽籤《チウセン》シテ其二名ヲ取リ更ニ投票セシム此再投票ニ於テモ猶過半數ヲ得ル者ナキトキハ抽籤《チウセン》ヲ以テ當選ヲ定ム其他ハ第二十二條、第二十三條、第二十四條第一項ヲ適用《テキヨウ》ス
前項ノ選擧ニハ町村會ノ議決ヲ以テ指名推籤《スイセン》ノ法ヲ用フルコトヲ得

(講)本條ハ市制第四十四條ノ規定ト同シク町村會カ其職權ニ依テ行フ町村吏員選擧ノ手續《テツヾキ》ナリ此當選ノ決定ハ議員選擧ノ法ニ異《コト》ナリテ過半數《クワハンスウ》ノ法ナリトス
町村會ニ於テ町村助役ノ選擧ヲ行フニハ第五十三條ニ揭《カヽゲ》タル其町村ノ公民中年齡滿三十歲以上ニノ撰擧權ヲ有スル者ノ中ヨリ町村長又ハ助役ニ適當《テキトウ》トス

○傍聽ヲ禁スルハ第四十七條(參觀)

ル人物ヲ選《エラ》ミ匿名《ジヨクメイ》ノ投票ヲナスヘシ其他投票順序《ジユンジヨ》等ハ市制第四十四條ヲ參觀ス可シ

第四十七條　町村會ノ會議ハ公開《コウカイ》ス但議長ノ意見ヲ以テ傍聽《バウチヤウ》ヲ禁《キン》スルコトヲ得

(講)町村會ハ公明正確《コウメイセイカク》ヲ旨《ムネ》トシ且《カ》ツ町村ノ利害得失《リガイトクシツ》ヲ議スル者ナレハ其利害ニ關係者町村人民ヲシテ之ヲ了知《レウチ》セシメサル可カラス是レ議事ヲ公會スル所以ナリ

第四十八條　議長ハ各議員ニ事務ヲ分課《ブンクハ》シ會議及選擧ノ事ヲ總理シ開會閉會並延會ヲ命シ議場ノ秩序《チツジヨ》ヲ保持ス若シ傍聽者ノ公然贊成又ハ擯斥《ヒンセキ》ヲ表シ又ハ喧擾《ケンゼウ》ヲ起ス者アルトキハ議長ハ之ヲ議場外ニ退出セシムルコトヲ得

(講)本條ハ議長ノ職權《シヨクケン》内ノ件々《ケン〳〵》ナリ議長ハ各議員ニ事務ノ分課例《ブンクハタトヘ》ハ堤防《テイボウ》ノ議事ニ議員中委員ヲ指定シテ臨檢《リンケン》セシムル等ノコトヲナシ會議及選擧ノ事ヲ總括處理《クハツサハイ》シ開閉幷延會ノ命ヲ下シ議場ノ規律整肅序次嚴正《セイシュクジヨジゲンセイ》ナルコトヲ終始保持

○議決ノ概目ハ第三十三條
○選擧ノヿハ第十八條以下
○出席ノヿハ第四十三條
（參觀）

▲參照 府縣會規則
第九條 府縣會ハ議事ノ細則

スヘシトス

第四十九條 町村會ハ書記ヲシテ議事録《ギジロク》ヲ製シテ其議決及選擧ノ顛末《テンマツ》並出席議員ノ氏名ヲ記録《キロク》セシム可シ議事録ハ會議ノ末之ヲ朗讀《ラウドク》シ議長及議員二名以上之ニ署名《シヨメイ》ス可シ

町村會ノ書記ハ議長之ヲ選任《センニン》ス

（講）本條ハ議事録《ギジロク》ノ規定ニシテ町村會ハ本條ニ據《ヨ》リ必ス議事録ヲ製セサルヘカラス因《ヨツ》テ町村會ハ其會議ニテ議決シタル事件ノ要領《エウレイ》又ハ吏員ノ撰擧ヲナシタルトキハ其撰擧ノ結果幷當撰者ノ氏名等ヲ書記ニ命《メイ》シテ記録《キロク》セシムヘシ之ヲ名《ナヅ》ケテ議事録ト稱スルナリ

本條ハ市制第四十七條ト同一ノ事ヲ規定シタルモノナレモ市制第四十七條第二項ニ在ル議決ヲ市長ニ報告スルノ規定ヲ本條ニ省《ハブ》キタリ是レ畢竟《ヒツキヨウ》町村會ノ議長ハ町村長ナルヲ以テ別ニ報告スルノ要ナキニヨル

第五十條 町村會ハ其會議細則ヲ設《マウ》ク可シ其細則ニ違背《ヰハイ》シタル議員ニ科《クハ》ス可キ過怠金《クワタイキン》貳圓以下ノ罰則ヲ設クルコトヲ得

ヲ議定シ府知事縣令ノ認可ヲ得テ之ヲ施行スルヿヲ得
府縣會ハ議員ノ内招集ニ應セス又ハ事故ヲ告ケスシテ參會セサル者ヲ審査シ其職者タルヲ決ススヲ得
明治十四年二月十四日第四號布告ヲ以テ左ノ一項ヲ追加ス
府知事縣令ト府縣會トノ間ニ於テ法律ノ見解ヲ異ニシ又ハ權限ヲ爭フヿアル片ハ双方ヨリ其事由ヲ具狀シ政

（講）本條ハ町村會ニ於テ會議ニ係《カヽ》ル細則《サイソク》ヲ設《マウ》ケ之ニ違《タガ》ヒタル者ハ過怠《クワタイ》金二圓以下ノ罰則《バツソク》ヲ附《フ》スルコトヲ得ル旨ヲ規定シタルナリ會議ノ事件ニ付テハ組織《ソシヨク》權限議決法等ハ既ニ本制ニ規定アリト雖モ議場ニ於ケル細則《サイソク》ハ町村會ニ於テ設定スヘキモノナリ市制第四十八條ヲ參觀スヘシ

第五十一條　第三十二條ヨリ第四十九條ニ至ルノ規定《キテイ》ハ之ヲ町村總會《ソウクハイ》ニ適用ス

（講）第三十二條ヨリ第四十九條ニ至ルマテノ各條項ハ町村會ノ職務權限及處務規定ナリ本條ハ卽チ町村總會ノ職務權限及處務規定ノ事ヲ定メタルモノニシテ其職務權限及處務規程ハ第五十條ヲ除クノ外ハ町村會ト同一ナリ

第三章　町村行政《テウソンギヤウセイ》

（講）代議機關ト行政機關トハ各分離《カクブンリ》セサル可カラズ而シテ市町村ノ行政法ニ於テ著《イチヂ》シキ相違《サウイ》ノアルハ市ニ參事會アリテ町村ニ參事會ナク市長以下市參事員助役等ノ執行《シツカウ》ス可キ行政事務ハ町村長以下助役等ノ執行ス可キ所ト別段區別アルニ非スシテ町村ノ行政ハ之ヲ町村長一人ニ任《マカ》シ補助員《ホジヨイン》卽助役一名若《モシ》

府ノ裁定ヲ請フヘシ此場合ニ於テ府知事縣令ハ其議事若シクハ會議ヲ中止スルヿヲ得

○町村條例ハ第十條
○町村長資格ハ第五十三條
○任期ハ第五十四條
○有給吏員ハ第五十五條第五十六條第五十七條第五十八

クハ數名ヲ置《オ》キ以テ之ヲ補助《ホジヨ》セシム即チ町村ハ特任制《トクニンセイ》ヲ取ルナリ而シテ小町村ノ行政ハ力《ツト》メテ簡易《カンイ》ノ編制《ヘンセイ》ニ依ルヲ要スルヲ以テナリ且《カツ》多ク適任《テキニン》ノ人ヲ得難《ガタ》キトニ依《ヨ》ルモノトス然レ𪜈大町村ニ在テハ一概《ガイ》ニ簡易《カンイ》ノ編制《ヘンセイ》ニ依ルヲ要セス又適任《テキニン》ノ人ヲ得難キコアラサルヘシ而シテ此事ハ今日ノ情況《ジヤウキヤウ》ニテハ都會《トクワイ》ノ地ニ非《アラ》サレハ望《ノゾ》ム可カラサレハ大町村ニ於テモ亦集議制ヲ施行《シカウ》ス可キ必要アリヤ否《イナ》又之ヲ施行《シカウ》シ得ヘキヤ否ヤハ姑《シバラ》ク施行《シカウ》ノ上ヲ俟《マツ》テ知ルヘキナリ

第一欵　町村吏員ノ組織選任《ソシヨクセンニン》

(講)本款ハ町村吏員ノ組立《クミタテ》方幷ニ其選任ノ規定ナリ

第五十二條　町村ニ町村長及町村助役各一名ヲ置ク可シ但町條例ヲ以テ助役ノ定員《テイヰン》ヲ增加《ゾウカ》スルコトヲ得

(講)本條ハ町村行政機關組織ノ事ヲ規定シタルモノニシテ市制第四十九條ニ相當スルモノナリ町村長ハ町村ノ統轄者《トウカツシヤ》ニシテ助役ハ其補助員《ホジヨイン》ナリ故ニ助役ノ町村長ニ屬《ゾク》スルハ市助役ノ市長ニ於ルカ如ク集議体《シウギタイ》ニアラス總《スベ》テ町村長ノ指揮《シキ》ニ從《シタガ》ヒ之ヲ補助《ホジヨ》スルモノナレハ其事務ハ皆町村長ノ專決《センケツ》スルモノニシテ

條
○職務ハ第六十八條第六十九條第七十條（參觀）
○町村會ノ了ハ第十一條以下
○町村會議トナルヿヲ得サルハ第十五條
○有給吏員ナル件ノ例外ハ第五十六條（參觀）

其責任《セキニン》ハ町村長一人ニ皈《キ》スヘシ但《タヽ》シ助役ハ實際《ジツサイ》事務ノ繁簡《ハンカン》ニ從《シタカ》ヒ定員ニ不足スルトキハ町村條例中ニ規定シテ助役ノ定員ヲ増加《ゾウカ》スルコトヲ得ベシ

第五十三條　町村長及助役ハ町村會ニ於テ其町村公民中年齡《ネンレイ》滿《マン》三十歳以上ニシテ選擧權ヲ有スル者ヨリ之ヲ選擧《センキヨ》ス

町村長及助役ハ第十五條第二項ニ掲載《ケイサイ》スル職《シヨク》ヲ兼《カ》ヌルコトヲ得ス

父子兄弟タルノ縁故《エンコ》アル者ハ同時ニ町村長及助役ノ職《シヨク》ニ在ルコトヲ得ス若シ其縁故アル者助役ノ選擧《センキヨ》ニ當ルトキハ其當選ヲ取消シ其町村長ノ選擧ニ當リテ認可《ニンカ》ヲ得ルトキハ其縁故《エン》アル助役ハ其職ヲ退ク可シ

（講）本條ハ町村長及助役ニ選擧セラルヽニハ如何《イカ》ナル資格《シカク》ヲ要スルカヲ定メタルモノナリ

本條ニ依レハ町村長及助役ニ選擧セラルヽニハ三箇ノ條件アルヲ要ス

第一　公民ナル事
第二　年齢満《ネンレイマン》三十歳以上ナル事
第三　選擧權ヲ有スル事

町村長及助役ハ有給ノ町村吏員ヲ兼《カ》ヌルコトヲ得サルハ其有給職ノ爲メ名譽職《シヨク》ヲ全《マツタ》フセサルノ恐《オソ》レアレハナリ

町村行政事務執行上ニ町村長ト助役アルハ町村長ノ事務ヲ補《タス》クルノミナラス事務ノ進歩《シンポ》センヲ望《ノゾ》ムナリ然《シカ》ルニ父子兄弟ノ縁故《エンコ》アル者同時ニ町村長助役トナルニ至レハ互《タガヒ》ニ牽制《ケンセイ》シテ本分ヲ盡《ツク》スコト能ハス是レ同時ニ就職《シウシヨク》ヲ許《ユル》サヾル所以《ユエン》ナリ

町村長及助役ヲシテ第十五條第二項及ヒ第四項ニ掲《カヽ》グル府縣郡ノ吏員其他ノ職務ヲ兼任《ケンニン》セシメサルハ議員ノ例ニ同シ又此等ノ者卽チ府縣郡ノ吏員等ニハ町村會議員タルコトヲ得セシメス或ハ之ニ選擧セラルヽコトヲ得スト雖モ本條ノ被選擧ハ之ヲ有スルナリ故ニ此等ノ者ニシテ當選シ郡長ノ認可《ニンカ》ヲ經《ヘ》タルトキハ本條第二項ノ規定ニ依リ從來《ジウライ》ノ職ヲ辭《ジ》セサル可カラサルナリ

○郡參事會ノヿハ第百三十條
○有給吏員ハ隨時退職スルヿハ第五十七條
○再選ノヿハ第六十七條
○職務ハ第六十八條第六十九條第七拾條（參觀）
○實費辨償ハ第七十五條
○義務職務ノヿハ第八條（參觀）

第五十四條　町村長及助役ノ任期《ニンキ》ハ四年トス

町村長及助役ノ選擧《センキヨ》ハ第四十六條ニ依テ行フ可シ但投票同數ナルトキハ抽籤《チウセン》ノ法ニ依ラス郡參事會之ヲ決ス可シ

（講）本條ハ町村長及ヒ町村助役ノ任期ト其選擧方法トヲ規定シタルモノナリ市制第五十條及第五十一條ニ據レハ市長及ヒ助役ハ其任期ヲ六年トセリ然《シカ》ルニ本條ニ町村長及助役ノ任期ヲ四年トシタルモノハ町村長及助役ハ名譽職ニシテ有給吏員ニアラサレハ其任期ノ久《ヒサ》シキハ其義務ヲ負擔セシムルノ重《オモ》キニ過《ス》クルモノト思考《シコウ》シ市ノ名譽職參事會員ト同シク四年トナシタルモノナリ選擧方法ハ選擧ノ際《サイ》投票同數ナルトキハ他ノ吏員ヲ選擧スルト同シク抽籤《チウセン》法ニ依ラスシテ郡參事會ニテ其當選ヲ決スヘシ是レ抽籤《チウセン》法ヨリモ一層《ソウ》相當ニシテ且便宜ノコトナルヲ以テナリ

第五十五條　町村長及助役ハ名譽職《メイヨシヨク》トス但第五十六條ノ有給町村長及有給助役ハ此限ニアラス

町村長ハ職務取扱《トリアツカヒ》ノ爲メニ要スル實費辨償《シクヒベンシヤウ》ノ外勤務《キンム》ニ相當ス

ル報酬《ホウシウ》ヲ受クルコトヲ得助役ニシテ行政事務ノ一部ヲ分掌《ブンシヤウ》スル場合(第七十條第二項)ニ於テモ亦同シ

(講)本條ハ町村長及助役ノ性質《セイシツ》ヲ規定シタルモノナリ

町村ノ公務ニ任スルハ名譽《メイヨ》職《シヨク》ト專務《センム》職《シヨク》トノ二種ニ分《ワカ》ツト雖モ本制ニ主トシテ名譽職ヲ擴張《クワクチヤウ》シタル理由ハ前ニモ講述《コウジユツ》シタルカ如シ又本制ニ於テ名譽職ト為スコトヲ規定シタル場合ニ於テハ市町村ハ必之ニ遵依《シタガヒ》テ決シテ有給職ト為スヲ得ス然レ𪜈小町村ニ於テ名譽職ニ屬《ゾク》スルモノト雖モ大市町村ニ在テハ專務吏員ヲ置《ヲ》クヲ要スルコトアリ是レ己《ヤ》ムヲ得サルナリ名譽職タル者ハ俸給《ホウキウ》ヲ受ケサルニ在リ然《シカ》レ𪜈何人ト雖モ己《オノレ》ヲ損《ソン》シテ人ヲ益スルノ義務ナキヲ以テ其職務ニ從事スルニ必要ナル實費《ジツピ》ハ勿論《モチロン》之カ辨償《ベンシヤウ》ヲ受ケサルヘカラス是レ本條第二項ノ設《マウ》ケアル所以ナリ

第二項　町村長ハ無給職《ムキウシヨク》タルコト前項ノ如シト雖モ實費《ジツピ》ノ辨償《ベンシヤウ》ハ無論《ムロン》之ヲ受クルコトニテ此外ニモ勤務《キンム》相當《サウトウ》ノ報酬《ムクヒ》ヲ受クルノ權アリトス又第七十條第二項ニ依リ助役ニシテ町村長ノ管掌《クワンシヤウ》スル町村行政事務ノ一部分ヲ分掌《ブンシヤウ》スル

○町村條例ハ第十條
○名譽職ニアラサルコハ第十五條
○公民タル資格ハ第七條
○認可ノ事ハ第五十九條
（參觀）

第五十六條　町村ノ情況《ジヤウキヤウ》ニ依リ町村條例ノ規定ヲ以テ町村長ニ給料《キウレウ》ヲ給スルコトヲ得又大ナル町村ニ於テハ町村條例ノ規定《キテイ》ヲ以テ助役一名ヲ有給《イウキウ》吏員《リヰン》ト為スコトヲ得

有給町村長及有給助役ハ其町村公民タル者ニ限《カギ》ラス但當選《タウセン》ニ應《オウ》シ認可ヲ得ルトキハ其公民タルノ權ヲ得

（講）本條ハ前條ニ對《タイ》スル例外《レイグワイ》即チ町村長及ヒ助役ヲ有給吏員トナス場合ノ事ヲ規定シタルモノナリ

第一項　理由書ニ曰ク「本制ニ於テ名譽職《メイヨシヨク》ト為《ナ》スヘキコトヲ規定《キテイ》シタル場合ニ於テハ市町村ハ必ス之ニ遵依《ジユンイ》スヘシ決《ケツ》シテ有給職ト為《ナ》スヲ得ス然《シカ》レ氏小町村ニ於テ名譽職ニ皈《キ》スル者ト雖モ大市町村ニ在テハ專務《センム》吏員《リヰン》ヲ置クヲ要スルコアリ專務職トハ特別《トクベツ》ノ技術《ギジユツ》若クハ學問上ノ養成《ヤウセイ》ヲ要スル職務並ニ事務繁多《ハンタ》ニシテ本業ノ餘暇《ヨカ》ヲ以テ無給ニテ負擔《フタン》セシムルコ能《アタ》ハサル職務ナリ此《カク》ノ如キ職務ハ有給吏員トナスヲ常例《ジヤウレイ》ト為《ナ》セリ此條理ノ範圍內《ハンイナイ》ニ於テ市町村ハ自己《ジコ》ノ便宜《ベンギ》ニ依リ有給吏員若クハ無給吏員ヲ置《オ》クヘキ者トス」ト以テ町

○退隱料ノコトハ第七十七條第七十八條第七十九條第八十條（參觀）

町村長助役一名ヲ有給吏員トナスヲ得ルノ理由ヲ見ルヘシ本條ニ於テ情況《ジヤウキヤウ》ニ依《ヨ》リ云々トハ卽チ此塲合ヲ云フ者ニテ町村長ハ名譽職ニシテ町村公民ノ務《ツト》ムル義務者ナリト雖モ若シ其町村內ニ吏務ニ熟練《ジユクレン》ノ者ナキカ又ハ其町村ノ事務繁劇《ハンゲキ》ニシテ之ガ吏員タル者一身ヲ擧《ア》ゲテ之ニ專委《マカ》スルニ非サルヨリハ其職務ヲ盡《ツク》ス能《アタ》ハサル塲合アル地方ニ於テハ町村條例ノ規定《キテイ》ヲ以テ第五十五條ノ明文ニ拘《カヽ》ハラス本條ニ於テ町村長ニ給料ヲ與《アタ》フルコトヲ得セシメタルナリ

第二項　有給町村長及有給助役ハ固《モト》ヨリ廣《ヒロ》ク適任《テキニン》ノ人ヲ求《モト》ムヘキ者ナレハ其町村公民ニ限ラス其町村會ニ於テ適任《テキニン》ト認《ミト》ムル者ヲ選擧セシムルノ旨意《シイ》ナリ又公民權ナキ者モ町村長若クハ助役ニ選任シ府縣知事ノ認可《ニンカ》ヲ得タル上ハ其當選《タウセン》ニ應《ヲウ》シタル町村長若クハ助役ハ其在職ノ間ハ勿論《モチロン》退職後《タイシヨクゴ》ト雖モ公民ト同樣權利ヲ得ヘシ

第五十七條　有給町村長及有給助役ハ三ケ月前ニ申立ツルトキハ隨時《ズヰジ》退職《タイシヨク》ヲ求ムルコトヲ得此塲合ニ於テハ退隱料《タイヰンレウ》ヲ受クルノ權ヲ失フモノトス

○不認可ノ事及ヒ不服ノ事ハ第六十條(參觀)

(講)本條ハ市制第五十五條第三項ト同一ノ事ヲ規定シタルモノナリ本條ニ於テハ有給町村長及ヒ助役ニ限リ隨時《ズイジ》退職ヲ許《ユル》シ無給ノモノハ隨時《ズイジ》退職《タイショク》ヲ許サス名譽職ハ一ノ公義務トシテ法律ニ定メタル原由《ゲンイウ》ナケレハ擅《ホシイマヽ》ニ退職ヲ許サヽルニ由ル

第五十八條　有給町村長及有給助役ハ他ノ有給ノ職務《ショクム》ヲ兼任《ケンニン》シ又ハ株式會社ノ社長及重役トナルコトヲ得ス其他ノ營業《エイゲウ》ハ郡長ノ認可ヲ得ルニ非サレハ之ヲ爲スコトヲ得ス

(講)本條ハ市制第五十六條ト同一ノ事ヲ規定シタルモノニシテ町村長及助役ハ有給ノ職務ナレハ會社ノ社長等トナルヲ得サルハ爲メニ本職ノ怠慢《タイマン》ヲ來《キタ》シ又其間信用ノ點《テン》ニ於テ抑壓《ヨクアツ》スルノ嫌《キラ》ヒアルヲ以テナリ市制第五十六條ノ下ニ明カナレハ今茲ニ重複《チヨウフク》ノ勞《ロウ》ヲ煩《ワヅラ》ハサス而シテ市制ト本條トノ差異《チカイ》アルハ唯其他ノ營業《エイゲフ》ヲ爲《ナ》スノ許可ヲ郡長ニ得ルト府縣知事ニ得ルトノミ是其直轄官廳《チヨクカツクワンチヤウ》ニ異ニスルヨリ生スルモノナリ

第五十九條　町村長及助役ノ選擧ハ府縣知事ノ認可《ニンカ》ヲ受ク可シ

(講)町村長及助役ハ町村ノ機關ニシテ國《クニ》ニ直隷《チヨクレイ》スルモノニアラス故ニ町村自

○參事會ハ第百三十條
○再選ノヿハ第六十一條
○選擧方法ハ第四十六條
（參觀）

カラ之ヲ選擧スルハ當然《タウゼン》ナリト雖モ町村ハ國家ノ一部分タルノミナラス町村ノ行政ハ一般施政《シセイ》ニ關係ヲ及ホシ遂《ツイ》ニ國家ノ利害《リガイ》ニ關スルニ至ルヘシ故ニ町村長ハ其選擧ニ關シ監督《カントク》ヲ加ヘサル可カラス是レ本條ノ設ケアル所以ナリ

本條ハ市制第五十二條第二項ノ初メニ規定シタル所ト同シ

第六十條　府縣知事前條ノ認可ヲ與ヘサルトキハ府縣參事會《フケンサンシクワイ》ノ意見ヲ聞クコトヲ要ス若シ府縣參事會同意セサルモ猶府縣知事ニ於テ認可ス可カラスト爲ストキハ自已ノ責任《セキニン》ヲ以テ之ニ認可ヲ與ヘサルコトヲ得

府知事ノ不認可ニ對シ町村長又ハ町村會ニ於テ不服アルトキハ内務大臣ニ具申《グシン》シテ認可ヲ請フコトヲ得

（講）本條ハ町村長并助役選擧不認可《フニンカ》ノ塲合ヲ規定シタルモノナリ

府縣知事ニ於テ町村長及ヒ町村助役ノ當選ヲ不適當《フテキトウ》ト認定《ニンテイ》シ之ガ認可《ニンカ》ヲ與《アタ》ヘサルトキハ必ス先ツ府縣參事會ニ付シテ其意見《イケシ》ヲ聞《キ》クヲ要ス是レ府縣知事ハ固《モト》ヨリ其選擧ヲ許否《キヨヒ》スルノ權《ケン》ヲ有スト雖トモ本條ハ府縣知事ノ獨斷專横《ドクダンワカヤ、》ニ

○選擧方法ハ第四十六條
○監督官廳ハ第百十九條
（參觀）

ニ流《ナガ》レンコトヲ恐《オソ》レ不認可《フニンカ》ノ場合ニ於テハ府縣參事會ノ意見《イケン》ヲ聞《キ》ク可キモノトセリ然レ𪜈府縣知事ハ只《タヽ》之ヲ聞《キ》クニ止《トヽマ》リ必ス其意見ニ從《シタカ》ハサルヘカサルノ義務アルモノニアラス故ニ本條ニ於テハ府縣知事ハ參事會ノ同意ナキニモ拘ハラス自己《ジコ》ノ意見《イケン》ヲ以テ其選擧ヲ認可セサルヿヲ得ルモノトセリ

第六十一條　町村長及助役ノ選擧其認可《ニンカ》ヲ得サルトキハ再選擧ヲ爲ス可シ

再選擧ニシテ猶其認可ヲ得サルトキハ追《オツ》テ選擧ヲ行ヒ認可ヲ得ルニ至ルノ間認可ノ權アル監督官廳《カントククワンチヤウ》ハ臨時ニ代理者ヲ選任シ又ハ町村費ヲ以テ官吏ヲ派遣《ハケン》シ町村長及助役ノ職務ヲ管掌《クハンシヤウ》セシム可シ

（講）本條ハ市制第五十二條ト同意ナリ

町村長及助役ノ選擧認可《ニンカ》ヲ得サルコトヽ確定《クワクテイ》スレハ町村會ハ再選擧《サイセンキヨ》ヲ爲スヘシトス

第二項　其再選擧《サイセンキヨ》モ猶《ナホ》認可《ニンカ》サレザルトキハ追《オツ》テ選擧ヲ行ヒ認可《ニンカ》ヲ得ルマテノ間府縣知事ハ臨時《リンジ》ニ代理者ヲ選任スルカ又ハ町村費ニテ官吏ヲ差遣《サシツカ》ハシ町

○職務撿閲ノ事ハ第百二十一條
○兼任ノ事ハ第五十二條
（參觀）

村長助役ノ職務ヲ取扱《トリアツカ》ハシムヘシトス
本條ニ所謂《イハユ》ル監督官廳《カントクカンチヨウ》トハ郡役所ヲ指《サ》スナリ

第六十二條　町村ニ收入役《シウニウヤク》一名ヲ置ク收入役ハ町村長ノ推薦《スヰセン》ニ依リ町村會之ヲ選任ス
收入役ハ有給吏員ト爲シ其任期ハ四年トス
收入役ハ町村長及助役ヲ兼《カ》ヌルコトヲ得ス其他第五十六條第二項、第五十七條及第七十六條ヲ適用《テキヨウ》ス
收入役ノ選任ハ郡長ノ認可ヲ受ク可シ若シ認可ヲ與ヘサルトキハ郡參事會ノ意見ヲ聞《キ》クコトヲ要ス郡參事會之ニ同意セサルモ猶郡長ニ於テ認可ス可カラスト爲ストキハ自己ノ責任《セキニン》ヲ以テ之ニ認可ヲ與ヘサルコトヲ得其他第六十一條ヲ適用ス
郡長ノ不認可ニ對シ町村長又ハ町村會ニ於テ不服アルトキハ府縣知事ニ具申《グシン》シテ認可ヲ請フコトヲ得
收入支出《シウニウシシユツ》ノ寡少《クワセウ》ナル町村ニ於テハ郡長ノ許可ヲ得テ町村長又

○給料ノ異儀アルヿトハ第七十八條(參觀)

ハ助役ヲシテ收入役ノ事務ヲ兼掌《ケンシヤウ》セシムルコトヲ得

(講)本條ハ町村收入役ノ資格《シカク》及選任法幷ニ其性質任期等ノ事ヲ規定シタルモノナリ

本條ハ各項共《トモ》ニ前六十條六十一條ノ講義ヲ參觀《サンクワン》スヘシ收入役ノ選擧法ニ至テハ唯町村會適宜《テキギ》ニ撰擧スルト町村長ノ推選《スイセン》ニ依《ヨ》ルトノ差アルノミ又市制第五十八條トハ收入役ノ認可權《ニンカケン》ニ關スル制限《カギリ》ノ有無ト收入支出ノ寡少《スクカ》キ町村ニ於テ町村長又ハ助役ニ收入役ヲ兼ヌルヿヲ許シタルト身元保証金《ミモトホシヤウ》ヲ要スルト否トノ差アルノミ

收支《シウシ》寡少《スクナ》キノ町村ニ於テ町村長又ハ助役ニ兼任《ケンニン》ヲ許《ユル》ス所以《ユヘン》ハ万止ムヲ得サルニ出ツルモノニシテ本制ノ精神《セイシン》ニ非ス又市ノ收入役ニ身元保証金《ミモトホシヤウ》ヲ要シテ町村收入役ニハ之ヲ要セサル所以《ユヘン》ハ町村ノ收支ハ市ニ比《ヒ》シ概《ガイ》シテ少額《セウガク》ナルヲ以テナリ

第六十三條　町村ニ書記其他必要ノ附屬員《フゾクヰン》並使丁ヲ置キ相當ノ給料ヲ給ス其人員ハ町村會ノ議決ヲ以テ之ヲ定ム但町村長

ニ相當ノ書記料ヲ給與《キフヨ》シテ書記ノ事務ヲ委任《ヰニン》スルコトヲ得
町村附屬員ハ町村長ノ推薦《スヰセン》ニ依リ町村會之ヲ選任シ使丁ハ町村長之ヲ任用ス

（講）本條ハ市制第五十九條ト同一ノ規定ナリ
町村ニ書記其他必要ノ附屬員《フツクイン》幷使丁ヲ置《オ》キ皆有給《イウキウ》ノ職《シヨク》トシテ相當《サウタウ》ノ給料ヲ給スルモノトス其人員ハ町村會ノ議決ニテ之ヲ定ムルナリ但《タヽシ》費途《ヒト》節減《セツゲン》ノ為メ町村長ニ相當《サウタウ》ノ書記料ヲ給與《アタヘ》テ書記ノ事務ヲ委任スルノ便法《ベンハウ》ヲ設《マウ》クルコトヲ得ルナリ理由書ニ曰ク町村ニ於テハ書記其他ノ吏員ヲ置キ俸給《ホウキウ》ヲ支出スルノ義務アリト雖モ本制ハ小町村ノ為メ一《イツ》ノ便法《ベンハウ》ヲ設《マウ》ケ町村長ニ一定ノ書記料ヲ給シテ其便宜ニ從ヒ書記ノ事務ヲ保擔《ホタン》スルヲ許《ユル》サントス此便法《ベンハウ》ヲ設《マウ》ケ及其書記料ノ額《ガク》ヲ定ムルハ町村會ノ職權《シヨクケン》ニ在ルヘキモノトス（町村制第六十三條第一項）若シ町村長ニ於テ其金額ニ不足アリト為ストキハ町村制第七十八條ニ依リ之ヲ郡參事會ニ申立ツルコトヲ得ヘシ其他ノ細目《サイモク》ハ今之ヲ制定《セイテイ》セス蓋《ケダ》シ書記料ヲ給與スルトキハ町村長ニ於テハ自《ミツカ》ラ其事務費ヲ節約《セツヤク》スルヲ得ヘシ

○公民ハ第七條
○選擧權ヲ有スル者ハ第十二條
○選擧法ハ第四十六條
○區會設置ハ第百十四條

第六十四條　町村ノ區域廣濶《クイキクワウクワツ》ナルトキ又ハ人口稠密《チウミツ》ナルトキハ處務便宜《シヨムビンギ》ノ爲メ町村會ノ議決ニ依リ之ヲ數區ニ分チ毎區區長及其代理者各一名ヲ置《オ》クコトヲ得區長及其代理者ハ名譽職《メイヨシヨク》トス

區長及其代理者ハ町村會ニ於テ其町村ノ公民中選擧權ヲ有スル者ヨリ之ヲ選擧《センキヨ》ス區會(第百十四條)ヲ設《マウ》クル區ニ於テハ其區會ニ於テ之ヲ選擧ス

(講)本條ハ市制第六十條ニ對《タイ》スルノ條ニシテ本條ニ於テハ區ヲ設《マウ》クルト否《イナ》トノ決定權《ケツテイケン》ヲ町村會ノ議決ニ任《マカ》スノ規定ナリ理由書ニ曰ク區ハ市町村内別ニ特《ドク》立シタル一ノ自治體タルニ非ス區長モ亦其固有《コイウ》ノ職權《シヨクケン》アルニ非スシテ單《タン》ニ町村長市參事會ノ事務ヲ補助執行《ホジヨシツコウ》スルノ便ニ供《ソナ》フルニ過《ス》ギス故ニ區長ハ市町村ノ機關《キクワン》ニシテ區ノ機關ニ非ス區ハ法人ノ權利ヲ有セス財産ヲ所有セス歳計豫《サイケイヨ》算《サン》ヲ設ケス又議會若クハ其他ノ機關《キクワン》ヲ存《ソン》スルコトナシ蓋《ケダ》シ區ヲ設クルトキハ施政《シセイ》ノ周到《シウタウ》ナルヲ得ヘク一市町村内ノ各部ニ於テ利害《リガイ》ノ軋轢《アツレキ》スルヲ調和《チヨウクワ》シ市

町村費賦課《フクワ》ノ不平均《フヘイキン》ヲ矯《タ》メ又能《ヨ》ク行政ノ勞費《ロウヒ》ヲ節略《セツリヤク》スルヲ得ヘシ要スルニ區長ヲ設《マウ》クルハ更《サラ》ニ自治ノ良元素《リヨウゲンソ》ヲ市町村制中ニ加フルモノニシテ舊制《キウセイ》ノ伍長組長等ノ例ヲ襲用《ウギモチヒ》セルナリ但從前ノ區內ニ存スル戶長ノ類ト混《コン》スヘカラス又區ニシテ從來固有《コイウ》ノ財產《ザイサン》アル時ノ例ハ第五章ノ說明ニ詳述《シヨウジユツ》スヘシト

第六十五條　町村ハ町村會ノ議決《ギケツ》ニ依リ臨時又ハ常設《ジヤウセツ》ノ委員ヲ置クコトヲ得其委員ハ名譽職トス

委員ハ町村會ニ於テ町村會議員又ハ町村公民中選擧權ヲ有スル者ヨリ選擧シ町村長又ハ其委任ヲ受ケタル助役《ジヨヤク》ヲ以テ委員長トス

常設委員ノ組織《ソシヨク》ニ關シテハ町村條例ヲ以テ別段《ベツダン》ノ規定《キテイ》ヲ設クルコトヲ得

(講)本條ハ市制第六十一條ト同一ノ事ヲ規定シタルモノナリ

委員ニ臨時《リンジ》及常設ノ二種アリ町村會ノ議決ヲ以テ之レヲ置キ別ニ給料ヲ給セス

○區長ハ第六十四條
○委員ハ第六十五條
○報酬ノヿハ第七十五條（參觀）
○町村長助役ノ任期ハ第五十四條
○收入役ノ任期ハ第六十二條

委員ニハ町村會議員又ハ町村公民ヲ以テ之ニ充《ア》テ町村ノ行政機關タル町村長又ハ助役之カ委員長トナリテ自治ノ事務ヲ共同處理《キヨウドウシヨリ》スルノ良慣習《リヨウクワンシウ》ヲ養成《ヤウセイ》スヘルノ利益ハ市制第六十一條ノ講義ニ述ヘタル如クナレハ本條ニ就《ツイ》テ參觀《サンクワン》スヘシ尤《モツト》モ町村ハ市ト異《コト》ナレハ委員ノ選擧上ニ付テハ市ト自ラ其趣《オモムキ》ヲ異《コト》ニナセリ又委員《イヰン》ノ組織《ソシヨク》ニ關シテハ必スシモ本條ノ如クナスヲ要セサレハ町村條例ヲ以テ別段ニ組織方法ヲ設クルコトヲ得ルモノト知ルヘシ

第六十六條　區長及委員ニハ職務取扱《シヨクムトリアツカヒ》ノ爲メニ要スル實費辨《ベン》償《シヤウ》ノ外町村會ノ議決《ギケツ》ニ依リ勤務ニ相當スル報酬《ハウシウ》ヲ給スルコトヲ得

（講）本條ハ町村ニ於ケル區長及委員ハ名譽職《メイヨシヨク》ナルカ故ニ別ニ勤務《キンム》ニ相當《サウトウ》スル報酬《ムクヒ》ヲ給スルコトヲ定メタルモノニシテ第五十五條第二項市制第六十二條及第六十三條ニ同シキヲ以テ之ヲ略《リヤク》ス

第六十七條　町村吏員ハ任期《ニンキ》滿限《マンゲン》ノ後再選セラルヽコトヲ得
町村吏員及使丁ハ別段ノ規定又ハ規約《キヤク》アルモノヲ除クノ外隨時解職《カイシヨク》スルコトヲ得

(參觀)
○町村吏員使丁ハ第六十三條
○監督官ノコハ第百十九條
○參事會行政裁判所ハ第百三十條
○財産管理ノコハ八十一條以下
○懲戒處分不服ノ事ハ第百二十八條
○使用料ハ第八

(講)本條ニ所謂《イハユル》町村吏員トハ町村長助役委員區長及收入役ヲ稱《シヤウ》スルナリ任期アル町村吏員其任期滿限《マンゲン》ノ後再選《サイセン》セラルヽヲ得ルハ其理由第十六條ノ議員ニ同シ又任期等ノ定メナキ町村吏員及ヒ小使ヲ何時ニテモ解職《カイシヨク》スルコヲ得ルハ市制第六十三條ノ吏員及小使ト同樣ナリ

第二欵　町村吏員ノ職務權限《シヨクムケンゲン》

(講)本款ニハ別ニ處務規程ノ定メナシ是レ市制第三章第二款ト異《コト》ナル所ナリ其他市制第三章第二款ニ講義スルト同意ナレハ就《ツイ》テ參觀《サンクワン》スヘシ

第六十八條　町村長ハ其町村ヲ統轄《トウカツ》シ其行政事務ヲ擔任《タンニン》ス
町村長ノ擔任スル事務ノ概目《ガイモク》左ノ如シ
一　町村會ノ議事ヲ準備《ジユンビ》シ及其議決ヲ執行《シツカウ》スル事若シ町村會ノ議決其權限ヲ越エ法律命令ニ背キ又ハ公衆ノ利益《リエキ》ヲ害スト認ムルトキハ町村長ハ自己ノ意見ニ依リ又ハ監督官廳ノ指揮《シキ》ニ依リ理由ヲ示シテ議決ノ執行ヲ停止《テイシ》シ之ヲ再議セシメ猶其

十四條
○手數料ノ事ハ第八十九條
○町村稅ノ事ハ第九十條
○夫役現品ハ第百一條
○許可ヲ受クヘキ事ハ第百二十五條第百二十六條第百二十七條
○上訴期限ハ第百二十條
（參觀）

議決ヲ更《アラタ》メサルトキハ郡參事會ノ裁決《サイケツ》ヲ請フ可シ其權限ヲ越エ又ハ法律勅令ニ背《ソム》クニ依テ議決ノ執行ヲ停止シタル場合《バアヒ》ニ於テ府縣參事會ノ裁決ニ不服《フフク》アル者ハ行政裁判所ニ出訴スルコトヲ得

二　町村ノ設置ニ係ル營造物ヲ管理《クワンリ》スル事若シ特ニ之カ管理《クワンリ》者《シヤ》アルトキハ其事務ヲ監督《カントク》スル事

三　町村ノ歲入ヲ管理シ歲入出豫《ヨ》算表《サンヘウ》其他町村會ノ議決ニ依テ定マリタル收入支出ヲ命令《メイレイ》シ會計及出納ヲ監視《カン》スル事

四　町村ノ權利ヲ保護《ハウゴ》シ町村有ノ財產《ザイサン》ヲ管理スル事

五　町村吏員及使丁ヲ監督《カントク》シ懲戒處分《チヤウカイシヨブン》ヲ行フ事其懲戒處分ハ譴責《ケンセキ》及五圓以下ノ過怠金《クワタイキン》トス

六　町村ノ諸證書及公文書類ヲ保管《ハウクワン》スル事

七　外部ニ對シテ町村ヲ代表《ダイヘウ》シ町村ノ名義ヲ以テ其訴訟《ソシヨウ》並和《ワ》解《カイ》ニ關シ又ハ他廳若クハ人民ト商議《シヤウギ》スル事

八 法律勅令ニ依リ又ハ町村會ノ議決ニ從テ使用料、手數料、
町村税及夫役現品《フエキゲンピン》ヲ賦課《フクワ》徴收《チヤウシウ》スル事

九 其他法律命令又ハ上司ノ指令《シレイ》ニ依テ町村長ニ委任シタル
事務ヲ處理《シヨリ》スル事

(講)町村長ハ町村ノ統轄者《トウカツシヤ》ニシテ町村ノ行政機關ナレハ其行政事務ニ屬《ゾク》スルハ一切之ヲ負擔《フタン》スルモノトス町村長ノ擔任スル事務ヲ分テ九箇トナス

第一 町村會ノ議事ヲ準備《ジユンビ》シ町村會ノ議決ニシテ越權《エツケン》不法又ハ公益ヲ害《ガイ》スルト認《ミト》ムルトキハ町村長ニ於テ之ヲ停止《テイシ》シ之ヲ再議《サイギ》セシメ猶ホ其議ヲ更《アラタ》メサルトキハ訴願若クハ出訴スルヲ得ルナリ

又町村長ノ意見ヲ以テ停止《テイシ》スルノミナラス監督官廳《カントクヤクシヨ》ノ指揮《シキ》ニ依リ其執行《シツカウ》ヲ停止《テイシ》セシム是レ亦行政上一般公益ヲ害スル場合ニ於テ已《ヤ》ムヲ得サルニ出ヅルモノナリ

第二 町村ノ營造物《エイゾウブツ》ヲ管理《シハイ》スルハ町村長ノ擔任ナレ𪜈場合ニ依リテハ特《コト》ニ之カ管理者《シハイシヤ》アルトキノ場合ヲ定ムルナリ

〇司法警察官ノ事ハ治罪法（參觀）

第三　別ニ講義ヲ要セスシテ明《アキラ》カナリ
第四　町村ノ權利ヲ保護《ホゴ》スルトハ外部即チ他町村若クハ内部一個人若クハ數個人ニ對《タイ》シ町村ノ權利ヲ害《ガイ》セラレサル樣注《チウ》意ヲナスヲ云フ
第五六　亦タ別ニ講義ヲ要セス
第七　町村會ハ町村ヲ代表《ダイヘウ》シ議政ヲ掌《ツカサド》ルモノナレ𪜈其議決ヲ實行《ジツコウ》スルハ町村長ニアラサルモノトス
第八　別ニ講義ヲ要セス
第九　法律命令又ハ上《ギヤウ》司ノ指令《シレイ》ニ依テ町村長ニ委任シタル事務トハ前項ニ記載スル事務ノ外ニ委任《イニン》シタル事務ヲ町村長ニ於テ之ヲ處理《シハイ》スル旨ヲ定ム本條第一項ニ町村長トアルヲ市制ニハ市參事會トアルハ集議制《シウギセイ》ト特任制《トクニンセイ》トノ別アルヨリ生スルナリ
第二項ニ於テ郡參事會ノ行《オコナ》フ職務ハ市制ニハ府縣參事會ニ於テ行フノ差異《チガイ》アルハ是レ其直接《チヨクセツ》ノ監督官廳《カントクヤクシヨ》ヲ異《コト》ニスルヨリ生《シヤウ》スルナリ

第六十九條　町村長ハ法律命令ニ從ヒ左ノ事務ヲ管掌《クワンシヤウ》ス

一　司法警察補助官タルノ職務《シヨクム》及法律命令ニ依テ其管理ニ屬スル地方《チハウ》警察《ケイサツ》ノ事務但別ニ官署ヲ設ケテ地方警察事務ヲ管掌セシムルトキハ此限ニ在ラス

二　浦役場《ウラヤクバ》ノ事務

三　國ノ行政並府縣郡ノ行政ニシテ町村ニ屬スル事務但別ニ吏員ノ設《マウ》ケアルトキハ此限ニ在ラス

右三項中ノ事務ハ監督官廳ノ許可《キヨカ》ヲ得テ之ヲ助役ニ分掌《アンシヤウ》セシムルコトヲ得

本條ニ掲載スル事務ヲ執行《シツカウ》スルカ爲メニ要スル費用ハ町村ノ負擔《フタン》トス

(講)本條ハ町村長カ府縣郡ノ事務ヲ委任セラレタル場合ヲ規定シタルモノナリ町村長ハ司法警察補助官《ケイサツホヂヨクワン》タルノ職務アリトス又法律命令《メイレイ》ニ依テ其管轄《クワンクワツ》地方ノ警察事務管掌《クワンシヨウ》ノ義務アリトス

二浦役場《ウラヤクバ》ノ事務トハ難破船及ヒ漂流物《ヘヨウリウブツ》ノ取扱等ノ事務ヲ云フナリ

○助役ノ員數及増加ノ事ハ第十二條
○助役ノ資格ハ第五十三條
○助役任期ハ第五十三條
○名譽職有給ノ事ハ第五十五條第五十六條
(參觀)

三國《クニ》ノ行政事務府縣郡ノ行政ニシテ町村ニ屬《ゾク》スル事務ヲ取扱《トリアツカ》フ爲メニ別ニ吏員ノ設《マウ》ケアルトキハ町村長カ之ヲ管理スルニ及バスト云フ

本條ハ市制第七十四條ニ同シ唯《タヾ》第五項中助役《ジョヤク》トアルヲ市制ニハ市參事會員ノ一名トアルノ差《サ》アルノミ

第七十條　町村助役ハ町村長ノ事務ヲ補助《ホジョ》ス

町村長ハ町村會ノ同意《ドウイ》ヲ得テ助役ヲシテ町村行政事務ノ一部ヲ分掌《ブンシャウ》セシムルコトヲ得

助役ハ町村長故障《コシャウ》アルトキ之ヲ代理ス助役數名アルトキハ上席者之ヲ代理ス可シ

(講)本條ハ市制第六十九條ニ於テ市參事會ノ職務ヲ規定シタル條文ヲ町村ノ助役ニ適用《テキヨウ》シタルニ過《ス》ギス

町村助役ハ町村事務執行《シツコウ》上ニ於テ町村長ノ事務ヲ補助《タスク》ルヲ以テ職務《ショクム》トス然レ圧町村會ノ同意ヲ得テ事務ノ一部ヲ專任分掌《センニンブンシャウ》スベキ旨ヲ町村長ヨリ命ゼラルヽトキハ之ニ任セサル可カラス是レ市長ノ市參事會ニ於ケルト異ナルコトナ

○收入役ノ事ハ第六十二條
○職務ノヿハ第百十條

シ而シテ市制第六十九條ニハ行政事務ノ一部ヲ分掌《ブンシヨウ》セシムル名譽職《メイヨシヨク》市參事會員ニ職務取扱ノ爲メニ要スル實費辨償《ジツピベンシヤウ》ノ外勤務《キンム》ニ相當《サウトウ》スル報酬《ホウシウ》ヲ受クルヿヲ記載《キサイ》シテ而シテ本條ニ之カ記載ナキモ市參事會員ト同樣ノ給與ヲ爲サヽル可カラサルヿハ第五十五條ヲ參觀《サンクワン》スベシ

本條第二項ニ從《シタガ》ヒ町村助役ニ於テ專任分掌《センニンブンシヤウ》シタル事務ニ就《ツイ》テハ町村長之ヲ監《カン》督《トク》スルハ勿論《モチロン》ナリト雖《イヘド》モ其町村ニ對《タイ》スル直接《チヨクセツ》ノ責任ハ町村長ニ歸《キ》セシメス助役ノ責《セメ》ニ歸《キ》スルナリ

第七十一條　町村收入役ハ町村ノ收入ヲ受領《ジユリヤウ》シ其費用ノ支拂ヲ爲シ其他會計事務ヲ掌《ツカサド》ル

(講)町村收入役ノ職務トスル所ハ町村ノ收入ヲ受取リ町村ノ費用ノ支拂《シハラヒ》ヲ爲スコト其他會計ノ事務是レナリ而シテ本條ノ支拂ハ第百十條第二項正當《セイトウ》ノ支拂《ハラヒ》ニ非《アラ》サレハ同條第三項ニヨリ收入役之ヲ賠償《バイシヤウ》セサル可カラス但《タヾ》シ支拂《シハラヒ》ヲ爲《ナ》スニハ監督官廳ノ命令《メイレイ》ナルカ又ハ町村長ノ命令《メイレイ》ニシテ之ヲ預《ヨ》算《サン》ニ照《テラ》シ其費目ノ豫定《ヨテイ》アルカ若《ゴト》クハ町村會ノ議決ト符合《アフ》トキニ非レハ之ヲ爲スヲ得ス

○書記任期ノヿハ第六十三條（參觀）

○區長其他設置ノヿハ第六十四條

○報酬ノヿハ第六十六條（參觀）

○委員設置ハ第六十六條（參觀）

○報酬ノヿハ第六十六條

○委員長ノヿハ第六十五條

第七十二條　書記ハ町村長ニ屬《ゾク》シ庶務《シヨム》ヲ分掌ス

（講）書記ハ町村長ニ屬スル町村行政上ノ機械《キカイ》ナリ町村長ノ指揮命令《サシヅメイレイ》ニ從《シタガ》ヒ庶《シヨ》務《ム》ニ從事《ジウジ》スルコト現今《ゲンコン》ノ戸長役場用掛若クハ筆生《ヒツセイ》ニ類スルモノナリ

第七十三條　區長及其代理者ハ町村長ノ機關《キクワン》トナリ其指揮命令ヲ受ケテ區內ニ關スル町村長ノ事務ヲ補助執行《ホジヨシツコウ》スルモノトス

（講）町村ノ區域廣濶《クイキヒロキ》ナルカ人口稠密《オホキ》ニシテ不便《フベン》ナルトキハ一町村ヲ數區ニ分《ブン》畫《クワク》シ區長及其代理者ヲ置《オ》クト雖モ町村長ノ指揮命令《サシヅメイレイ》ヲ受《ウ》ケテ其事務ヲ補助《タスケ》執行スルモノトス故ニ其受持《ウケモチ》區內ダケニ關スル事務ヲ補助執行スルモノナリ

第七十四條　委員（第六十五條）ハ町村行政事務ノ一部ヲ分掌シ又ハ營造物《エイゾウブツ》ヲ管理《クワンリ》シ若クハ監督《カントク》シ又ハ一時ノ委託《ヰタク》ヲ以テ事務ヲ處辨《シヨベン》スルモノトス

委員長ハ委員ノ議決《ギケツ》ニ加ハルノ權ヲ有ス助役ヲ以テ委員長ト爲ス場合ニ於テモ町村長ハ臨時委員會ニ出席《シユツセキ》シテ其委員長ト

爲リ並其議決ニ加ハルノ權ヲ有ス

常設《ジヤウセツ》委員《ヰヰン》ノ職務權限ニ關シテハ町村條例ヲ以テ別段《ベツダン》ノ規定ヲ設クルコトヲ得

（講）本條ハ市制第七十三條ト同一ノ事ヲ規定シタルモノナリ

第六十五條ノ委員ハ本條第一項ニ規定スル所ノ職務例《タト》ヘバ土木、衛生《エイセイ》、若クハ學務ヲ分掌《ブンシヤウ》シ又ハ營造物《エイゾウブツ》即チ學校病院水道ノ管理《サハイ》若《モシ》クハ監督《カントク》シ又臨時《リンジ》ノ委託《イタク》ヲ以テ事務ヲ處辨《シヨベン》スルモノトス

第二項　委員長ハ委員ノ議決ニ加《クハ》ハルノ權アリ又町村長自《ミヅカ》ラ委員長トナラス助役ヲ以テ委員長ト爲ス場合ニ於テモ其會議ニ出席《シユツセキ》シテ隨意《ズヰヰ》ニ議決ニ加ハルコトヲ得本條ノ市制ト異《コト》ナル所ハ第二項ニ委員長トアリ市制ニハ市長トアリ然レ𪜈其實同一ナリトス何トナレハ本制第六十五條ニ於テ市長又ハ其委任ヲ受《ウ》ケタル助役之カ委員長タルヿヲ示《シメ》シ而シテ其助役ノ委員長タル場合ハ本條第二項中別ニ之ヲ規定シタレハナリ

○名譽員ハ第十六條第五十五條第六十四條第六十五條
○別ニ規定アルハ第五十五條第六十五條第六十六條
○書記料ハ第六十三條
(參觀)

第六十五條第二項及ヒ本條第三項ニ依《ヨ》リ常設《ジヤウセ》委員ノ組織《ソシヨク》職務權限町村會ノ議決ヲ以テ適宜《テキギ》ニ之ヲ定ムルコトヲ得ルナリ

第三款　給料《キウレウ》及給與《キウヨ》

(講)本款ハ町村有給吏員ノ給料及名譽職《メイヨシヨク》ノ給與《キウヨ》等ノ事ヲ規定シタルモノナリ

第七十五條　名譽職員ハ此法律中別ニ規定《キテイ》アルモノヲ除クノ外職務取扱ノ爲メニ要スル實費《ジツピ》ノ辨償《ベンシヤウ》ヲ受クルコトヲ得實費《ジツピ》辨償額《ベンシヤウガク》、報酬《ハウシウ》額《ガク》及書記料ノ額《ガク》(第六十三條第一項)ハ町村會之ヲ議決ス

(講)名譽職員《メイヨシヨクイン》ニシテ實費《ジツピ》支辨《シベン》若《モシ》クハ報酬《ムクヒ》ヲ受クルヲ得ルノ場合ハ前條第五十五條第六十六條ニ規定アリト雖モ本條ハ尚《ナ》ホ其區域ヲ擴張《クワクチヤウ》スル爲メ前條ニ定メタル規定ノ外ト雖モ之ヲ受クルコトヲ得ルモノナリ
實費辨償額報酬額《ベンシヨウガクムクヒガク》等ヲ町村會ニ議決ヲ要スル所以《ユエン》ハ公民ノ資産《シサン》ニ影響《エイキヤウ》ヲ及ホスカ故ニ輕忽《ケイコツ》ニ附《フ》ス可カラサルヲ以テナリ
本條第二項ニ書記料ノ額ト云ヘル一句ヲ附記《フキ》シタルモノハ第六十三條第一項

○有給町村長有給助役ハ第五十六條
○其他有給吏員ハ第六十二條第六十三條
(參觀)

ニ町村長ニ相當ノ書記料ヲ給與《アタヘ》シテ書記ノ事務ヲ委任《イニン》スルコトヲ得ルモノトシテ市ノ名譽職ニハ此《カク》ノ如キ場合ナキヲ以テナリ

第七十六條　有給《イウキウ》町村長有給助役其他有給吏員及使丁ノ給料《キフレウ》額《ガク》ハ町村會ノ議決ヲ以テ之ヲ定ム

町村會ノ議決ヲ以テ町村長及助役ノ給料額ヲ定ムルトキハ郡長ノ許可《キヨカ》ヲ受クルコトヲ要《エウ》ス郡長ニ於テ之ヲ許可ス可カラスト認《ミト》ムルトキハ郡參事會ノ議決ニ付シテ之ヲ確定《カクテイ》ス

(講)本條ハ有給吏員及ヒ使丁《シテイ》ノ給料額《キウリヤウガク》ノコトヲ定ムルナリ

本條モ亦前條第二項ト同シク有給吏員ノ給料若《モ》シ多額《タガク》ニ過《ス》グレハ町村ノ負擔《フタン》ニ堪《タ》ヘサルノ恐《オソ》レアリ然《シカ》ルニ少額《セウガク》ニ過《ス》グル片ハ適任者《テキニンシヤ》ヲ得ルノ道《ミチ》ニ付患《ウレヒ》アレハ宜《ヨロ》シク町村會ニ附《フ》シテ適當《テキタウ》ノ處置《シヨチ》アランヿヲ要ス

本條ニ於テ有給町村吏員ノ財產上ノ請求ニ官廳《ヤクシヨ》ノ干涉《タチイル》ヲ要スルハ給料額ノ多《タ》寡《クワ》ニ從《シタカツ》テ人物《ジンブツ》ヲ得ルト否トニ關シ町村ノ利害《リガイ》ニ關《クワン》スルヿ大ナレハナリ故ニ町

△參照　明治十七年一月四日

村長以下ノ給料ハ其人毎《ヒトゴト》ニ付テ之ヲ定ムルモノニシテ又之ヲ定ムルハ町村會ノ權限ニ屬《ゾク》スト雖モ町村長及助役ノ給料額ノ當否ハ郡長ノ認定《ニンテイ》ヲ受ケサルヘカラス而シテ郡長ニ於テ町村ノ定ムル給料額ヲ以テ多キニ過ギ又ハ不足アリト爲《ナ》ス𪜈ハ認可《ニンカ》ヲ拒《コバ》ミ郡參事會ノ集議《シウギ》ニ付シテ之ヲ確定《クワクテイ》セシムルノ權アリ市制ニ於テハ市長ノ給料額ト助役ノ給料額トニ付區別《クベツ》ヲ爲シ市長ノ給料額ハ内務大臣ノ許可《ユルシ》ヲ得テ定ム可キ者トシ内務大臣之ヲ許可ス可カラスト認《ミト》ムル𪜈ハ府縣參事會ノ議決ニ付《フ》シテ之ヲ確定《クワクテイ》ス可キモノトセリ是レ二制ノ差異《サイ》アル所ナリ

市制ト町村制ト其許可《ユルシ》ヲ得《ウ》ヘキ官廳《ヤクシヨ》ヲ異《コト》ニスルハ其直接ノ監督《カントク》官廳ヲ異《コト》ニスルヨリ生《シヤウ》スルナリ

又町村條例ヲ以テ町村長及助役ノ給料ヲ定ムルコトヲ許サヽルハ蓋《ケダ》シ第五十六條ニ於テ町村長及助役ニ給料ヲ給スルヿヲ町村條例ニ定ムルヿヲ許《ユル》シタル以上ハ其給料額ヲ同時ニ定ムルヿヲ許《ユル》シテ妨《サマタ》ケナカランカ

第七十七條　町村條例ノ規定ヲ以テ有給吏員ノ退隱《タイイン》料《レウ》ヲ設クルコトヲ得

第一官院省廳
府縣ヘ達
官吏恩給令左ノ通相定候條此旨相達候事
官吏恩給令
第一條　官吏恩給ハ文官勅任官奏任官判任官其本官奉職ノ年數及ヒ其年齡ニ依リ退官後之ヲ支給ス但本官ハ出仕ニ準ス

(講)本條ハ市制第七十七條ト同一ニシテ吏員ニ退隱料《タイインリヤウ》ヲ給スル所以ヲ規定セルモノナリ
退隱料《タイーンリヤウ》ハ一方ニ在テハ有力ノ人ヲ得一方ニ在テハ獨立《ドクリツ》ノ氣力《キリヨク》ヲ以テ事務ヲ取ラシメ職務ヲ退《シリゾ》キテ後チ生活《スギハヒ》ノ途《ミチ》ニ彷徨《サマヨ》ノ憂《ウレ》ヒナキヲ慮《オモンパカ》リ而シテ之ヲ設クルハ宜《ヨロ》シク官吏恩給令《オンキウレイ》等ノ振合《フリアヒ》ニ依《ヨ》ルヘシトス

第七十八條　有給吏員ノ給料《キウレウ》退隱料其他第七十五條ニ定ムル給與《キウヨ》ニ關シテ異議《イギ》アルトキハ關係者《クワンケイシヤ》ノ申立ニ依リ郡參事會之ヲ裁決ス其郡參事會ノ裁決ニ不服アル者ハ府縣參事會ニ訴願シ其府縣參事會ノ裁決ニ不服アル者ハ行政裁判所ニ出訴スルコトヲ得

(講)本條ハ有給吏員ノ給料ト退隱料《タイヽンリヤウ》ニ付訴願ノ手續ヲ示《シメ》シタルモノナリ
有給吏員ノ給料退隱料《タイ・ンリヤレ》實費辨償《ベンシヤウ》額及書記料等ハ該《ガイ》吏員ヨリ町村ニ請求《セイキウ》シテ之ヲ受クルノ權アリ其請求ニ對《タイ》シテ訴願ヲ爲スノ期限等ハ第百二十條第二項第

三項ノ手續ヲ參觀《サンクワン》スヘシ
本條ノ市制第七十八條ト差異《サイ》アルハ其監督官廳《カントクヤクシヨ》ヲ異《コト》ニスルニヨル卽チ市制ニ於テハ其異議《イギ》ヲ第一ニ決《ケツ》スルモノハ府縣參事會ニシテ本條ニハ第一ノ裁決ヲ爲スモノハ郡參事トス又其裁判ノ法モ二級三級ノ別アリ卽チ市制ハ府縣參事會ノ裁決ニ不服《フフク》ナレハ行政裁判所ニ出訴シ本條ニハ郡參事會ノ裁決ニ不服アレハ府縣參事會ニ訴願シ府縣參事會ノ裁決ニ不服ナレハ行政裁判所ニ出訴スルモノトス

第七十九條　退隱料ヲ受クル者官職《クワンシヨク》又ハ府縣郡市町村及公共組合ノ職務ニ就キ給料《キウレウ》ヲ受クルトキハ其間之ヲ停止シ又ハ更ニ退隱料ヲ受クルノ權ヲ得ルトキ其額舊退隱料《ガクキウタイインレウ》ト同額以上ナルトキハ舊退隱料ハ之ヲ廢止ス

(講)退隱料ハ他ノ職業ニ就《ツ》カサル者ニ安全《アンゼン》ノ生活《スギハヒ》ヲ得セシメント欲スルニ在リ故ニ有給吏員ニシテ任期滿チテ再選セラレヽトキ又ハ府縣郡町村及ヒ公共組合ノ職務ニ就《ツ》キ給料ヲ受クルトキハ其間退隱料ヲ停止《テイシ》シ又更《サラ》ニ退隱料ヲ受

クルノ權ヲ得ルトキハ舊退隱料《キウタイヰンリヤウ》ハ之ヲ廢止《ハイシ》スルハ二重ノ退隱料ヲ受クルヿナカラシムルナリ其他市制第七十九條及第八十一條ニ明カナルヲ以テ略《リヤク》ス

第八十條　給料、退隱料《タイヰンレウ》、報酬《ハウウ》及辨償《ベンシヤウ》等ハ總テ町村ノ負擔トス

(講)前數條ノ給料及給與《キウヨ》ノ事ハ總《スベ》テ町村行政《ギヤウセイ》事務ニ關スル給與ハ町村費ヨリ之ヲ支辨《シベン》スヘキモノト定メタリ

第四章　町村有財産《ザイサン》ノ管理《クワンリ》

(講)本章ニハ町村有財産ノ取扱方《トリアツカヒカタ》ヲ規定ス本章ハ町村ノ財政《ザイセイ》ニ關《クワン》スルヲ以テ最モ注意《チウイ》ヲ要ス可キナリ

町村ハ市ト同シク自《ミツカ》ラ其町村ノ事務ヲ執行《シツカウ》スルニ付テハ之ニ要スル資《シ》金ナカルベカラサルヲ以テ此法律ニテ其財産所有權ヲ一個人ニ均《ヒトシ》ク又町村ニ從來所有スル經濟《ケイザイ》ヲ理《オサム》ルノ專權《センケン》ヲ與《アタ》ヘタリ然レトモ町村ノ財産ノ管理《シハイ》及徴稅《チヨウゼイ》ノ方法ニシテ其宜《コロン》キヲ失《ウシナ》フトキハ法人タル町村ヲ維《タ》持《モツ》ツヿ能ハサルニ至ルヘシ故ニ町村ノ財務ニ愼重《ツヽシミ》ヲ要スルハ市ノ財務ニ同シクスヘキナリ

第一欵　町村有財産及町村稅

第八十一條　町村ハ其不動産、積立《ツミタテ》金《キン》穀等《コクトウ》ヲ以テ基本財産《キホンザイサン》ト為シ之ヲ維持《ヰジ》スルノ義務アリ
臨時ニ収入《シウニウ》シタル金穀ハ基本財産ニ加入ス可シ但寄附《キフ》金等《キントウ》寄附者其使用ノ目的《モクテキ》ヲ定ムルモノハ此限ニ在ラス

（講）町村ニシテ資力貧弱《シクヨクマツシヤク》ナレハ自治ノ費用何ヲ以テカ之ニ供《キヨウ》セン町村ノ貧弱《ヒンジヤク》ハ國家ノ財政ニ關ス故ニ町村ハ殖利《シヨクリ》ノ道ヲ計《ハカ》リ不動産積立《ツミタテ》金穀ハ勿論収益《モチロンシウエキ》アルモノハ總《スベ》テ之ヲ基本《キホン》財産トシ町村自治体ノ基本《キホン》ヲ鞏固《カタク》ニスルヲ勉《ツト》メサル可カラス
不動産トハ土地家屋等ニテ凡《スベ》テ移《ウツ》ス能ハサルモノヲ云ヒ積立《ツミタテ》金穀トハ収益《シウエキ》上ヨリ積立《ツミタツ》ル金穀ナリ臨時《リンジ》ニ収入《シウ》シタル金穀トハ定マリナク時ニ随《シタガ》ヒ収入スルモノ即チ寄附金穀等ヲ指ス此等ハ皆基本財産ニ加入スヘキナリ但シ他《タ》ニ費途《ツカフ》ノ目的《モクテキ》ナクシテ寄附《キフ》シタル者ハ加ヘサル可カラスト雖モ使用ノ目的ヲ定メタル寄附金ハ其目的ニ充《ア》テサル可カラストスルナリ

基本財産ナルモノハ町村ノ負擔《フタン》ヲ輕減《カロク》シ町村人民ノ團結力《ダンケツリヨク》ヲ鞏固《カタク》ニスルニ最大必要ナレハ可成之ヲ増殖《フヤ》シ保護《ホゴ》セザルヘカラサルナリ

第八十二條　凡町村財産ハ全町村ノ爲メニ之ヲ管理《クワンリ》シ及共用スルモノトス但特ニ民法上ノ權利ヲ有スル者アルトキハ此限ニ在ラス

(講)町村有財産ハ町村ノ爲メニ管理《シハイ》シ又ハ共有スルモノナリ本條ハ其財産ノ管理《シハイ》ト使用トノ權利アルコトヲ示《シメ》シタルナリ而シテ町村有財産トハ營造物《エイザウブツ》タルト其他ノ財産タルトヲ問《ト》ハス總テ町村有財産ヲ云フ此町村有ノ財産ヲ三種ト爲ス曰ク公有財産曰ク私有《シイウ》財産曰ク共有財産是《コレ》ナリ公有財産トハ公共ノ營《エイ》造物《ゾウブツ》其他公共ノ爲メニ用ユル財産ヲ云フ又私有財産トハ市ノ利益《リエキ》ノ爲メ之ヲ利用シ之ヲ賃貸《チンタシ》シ其レヨリ生《シヤウ》スル利益ヲ以テ町村ノ一部ト爲ス可キ財産ヲ云フ又共有財産トハ入會《イリアヒ》山林秣塲牧塲《マグサバウシカヒバ》等ノ如キ町村人民ノ使用ニ供《キヨウ》シ町村ノ收入ニ屬《ゾク》セサル財産ヲ云フナリ

本條ハ第六條ト照應《シヤウオウ》セシメタルモノニシテ彼《カレ》ハ住民ノ權利上ヨリ財産共用ノ

第八十三條　舊來ノ慣行《クワンカウ》ニ依リ町村住民中特ニ其町村有ノ土地物件ヲ使用スル權利《ケンリ》ヲ有スル者アルトキハ町村會ノ議決ヲ經《フ》ルニ非サレハ其舊慣《キウクワン》ヲ改ムルコトヲ得ス

（講）舊慣《シキタリ》ハ法律ト同シク其効ヲ有スルモノナレハ之ヲ尊重《ソンチヨウ》セサルヘカラス舊來ノ慣行《シタタリ》ニ依リ云々トハ或ル町村ノ一部ニ於テ其町村住民タルノ資格ヲ以テ特《トク》ニ或《アル》物件ヲ使用《ツカフ》ノ慣行《シキタ》アルモノヲ云フ故ニ町村住民ノ資格《シカク》ニアラスシテ己《オン》レ一個ノ資格《シカク》ヲ以テ特《トク》ニ或ル物件ヲ使用スルノ權利ヲ習慣《シウクワン》ニヨリ有スル者ハ則チ所謂ル民法上ノ權利ヲ有スルモノニシテ此權利ヲ取揚《トリアク》ルニハ町村會ノ議決ヲ經《フ》ル、ニ非サレハ其舊慣《シキタリ》ヲ改《アラタ》ムルヿ《コト》ヲ得ス

第八十四條　町村住民中特ニ其町村有ノ土地物件ヲ使用《シヨウ》スル權利ヲ得ントスル者アルトキハ町村條例ノ規定《キテイ》ニ依リ使用料《シヨウレウ》若クハ一時ノ加入金《カニウキン》ヲ徴收《チヤウシウ》シ又ハ使用料加入金ヲ共ニ徴收シテ之ヲ許可スルコトヲ得但特ニ民法上使用ノ權利ヲ有スル者ハ此限ニ在ラス

（講）本條ハ前條ノ規定ニ反《ハン》シ新規《シンキ》ニ土地物件ノ使用《シヨウ》ヲ許《ユル》ストキハ總《スベ》テ町村條

例ノ規定ニ據《ヨ》ル可キ旨《ムネ》ヲ示《シメ》シタルナリ

本條ノ使用權ハ假令《タトヒ》使用料《シヨウリヤウ》ヲ出スコトアルモ普通《フツウ》民法上ノ使用權ニアラサルナリ唯《タヽ》前條ト異《コト》ナル點《テン》ハ古來《コライ》ノ慣行《シキタリ》ニ依《ヨ》リ既《スデ》ニ得タルト將來新《コレカラアラタ》ニ得ルトノ差《チガイ》アルノミナリ

町村住民中一人又ハ數人ニテ町村有財產ヲ使用《シヨウ》セントスル者ハ町村條例ノ規定ニ從《シタカ》ヒ使用料加入金ヲ納《オサ》メテ其使用權《シヨウケン》ヲ得ヘキモノトス

第八十五條　使用權ヲ有スル者（第八十三條第八十四條）ハ使用ノ多寡《タクワ》ニ準《ジユン》シテ其土地物件ニ係《カヽ》ル必要費用ヲ分擔《ブンタン》ス可キモノトス

（講）本條ハ前二條ノ場合ニ使用權《シヨウケン》ヲ有スル者ノ義務ヲ定メタリ

町村ノ土地物件ヲ使用スル權アル者ハ其土地物件ノ使用料ヲ納《オサム》ルノミナラス其他土地物件ニ係《カヽ》ル費用ヲ負擔《フタン》スヘキ義務アルモノトス必要ナル費用トハ其使用ニ係《カヽ》ル土地物件ノ修理《ツクロヒ》費及租稅等ノ負擔ヲ云《イ》ウ此等ノ費用ヲ負擔スル義務アルハ其物ヨリ得《エル》所ノ入額《ニウガク》ヲ以テ支辨《シベン》スヘキハ一般《イツパン》ノ通則《キマリ》ナレハナリ

第八十六條　町村制ハ町村ノ爲メニ必要《ヒツエウ》ナル場合ニ於テハ使用權(第八十三條、第八十四條)ヲ取上《トリア》ケ又ハ制限《セイゲン》スルコトヲ得但特ニ民法上使用ノ權利ヲ有スル者ハ此限ニ在ラス

(講)本條ハ町村多數ノ公益《コウエキ》ノ爲《タ》メニ小數使用者ノ利益卽チ民法上ノ使用權《シヨウケン》ヲ除《ノゾ》キ第八十三條第八十四條ニ於テ使用權ヲ得タル者ノ使用權ヲ町村ノ必要アル場合《メアヒ》ニ當《アタ》リ使用權ヲ取揚《トリアゲ》又ハ之ニ制限《カギリ》トテ使用權ヲ得タル物件ノ中其幾分《イクブン》丈《ダケ》ヲ取揚《トリアゲ》ル等ノ規定ナリ

町村有財産《ザイサン》ハ全《ゼン》町村ノ共用《キヤウヨウ》スルモノニシテ他《タ》ニ使用權ヲ得セシメタル時ト雖モ必要上ニ就《ツイ》テハ其使用權ヲ取揚《トリアゲ》ケ又ニ制限《セイゲン》スルコトヲ得ヘシ然《シカ》ルニ是《コレ》ハ唯《タ》ダ町村ノ規則《キソク》ニヨリ使用シタル場合ノミニシテ民法上特有《トクイウ》スル權利ニ關シテハ之ヲ取上《トリアゲ》ルヿヲ得ス

第八十七條　町村有財産ノ賣却貸與《バイキヤクタイヨ》又ハ建築工事《ケンチクコウジ》及物品調達《テウタツ》ノ請負《ウケオヒ》ハ公ケノ入札ニ付ス可シ但臨時急施ヲ要スルトキ及入《ニフ》札《サツ》ノ價額《カガク》其費用ニ比シテ得失相償《ツクナ》ハサルトキ又ハ町村會ノ認

許《キヨ》ヲ得ルトキハ此限ニ在ラス

(講)本條ハ町村ノ理財《リザイ》ニ關《クワン》スル町村會ノ權限ヲ制限《セイゲン》シタルモノナリ町村有財産ノ賣却貸與《バイキヤクカシ》又ハ建築《ケンチク》工事等ハ可成公平《コウヘイ》ニシテ町村住民ノ嫌疑《ウタガヒ》ヲ避《サ》ケンカ爲メ公《ヲホヤケ》ノ入札法ヲ用テ不公平ノ處置《トリハカラヒ》ナキヲ要スルモノナリ然《シカ》レ圧事急劇《キウゲキ》ニ出デ丶入札ヲ爲《ナ》スノ遑《イトマ》ナキカ又ハ其事小ニシテ入札法ヲ用ユルニ損益《ソンエキ》相償《アヒツクナ》ハサルトキハ例外《レイグハイ》ヲ設ケテ其規定ニ據《ヨ》ラス其處置《トリハカラヒ》ヲ爲《ナ》スコトヲ許《ユル》シタルナリ

第八十八條　町村ハ其必要ナル支出及從前《ジウゼン》法律命令ニ依テ賦《フ》課《クワ》セラレ又ハ將來《シヤウライ》法律勅令ニ依テ賦課セラルヽ支出ヲ負擔《フタン》スルノ義務アリ

町村ハ其財産ヨリ生スル收入《シウニウ》及使用料《シヨウレウ》、手數料《テスウレウ》(第八十九條)並科料《クワレウ》、過怠金《クワタイキン》其他法律勅令ニ依リ町村ニ屬《ゾク》スル收入ヲ以テ前項ノ支出ニ充《ア》テ猶不足アルトキハ町村税(第九十條)及夫役現品(第百一條)ニ賦課徴收《フクワチヨウシウ》スルコトヲ得

（講）本條ハ町村ノ負擔《フタン》及收入《シウニウ》ニ關《クワン》スル事ヲ規定《キテイ》シタルモノナリ
町村ノ必要《ヒツエウ》ナル支出《シヽユツ》トハ町村自治《ジチ》ニ關《クワン》スル行政ノ經費《ケイヒ》ヨリ其他府縣郡ヨリ町村長ニ委任セラレタル行政事務費町村有財産維持《ザイサンイジ》修繕ニ要スル費用又土木工事ニ要スル費用《ヒヨウ》其他臨時《リンジ》費用ヲ云フモノナリ
町村ハ其住民ヲシテ町村ノ爲《タ》メニ義務ヲ盡《ツク》サシムルノ權利《ケンリ》ナカル可カラス シテ此權利ナキトキハ共同《キヨウドウ》ノ目的《モクテキ》ヲ達《タツ》スルコト能ハズ故ニ町村ハ必ス其町村ニ屬《ゾク》スル百般《ヒヤツパン》ノ經費《ケイヒ》ヲ支出《シシユツ》シ又從前既ニ町村ノ負擔《フタン》ト定メラレタル支出《シヽユツ》又ハ將《シヤウ》來《ライ》法律勅令ヲ以テ町村ニ賦課《フクワ》セラルヽ費用ハ總《スベ》テ之ヲ負擔《フタン》スルノ義務アリトスルナリ而シテ町村ノ支出ハ何《ナニ》ヲ以テ之ニ充《ア》ツルト云フニ先ツ町村ノ財産ヨリ生《シヤウ》スル收入《シウニウ》ヲ之ニ充《ア》テ仍《ナ》ホ不足《フソク》アルトキハ町村税第九十條及第百一條ノ規定ニ據《ヨ》リ賦課徴收《フクワチヨウシウ》スルコトヲ得

第八十九條　町村ハ其所有物及營造物《エイゾウブツ》ノ使用ニ付又ハ特ニ數個人ノ爲メニスル事業《ジゲフ》ニ付使用料又ハ手數料ヲ徴收《チヤウシウ》スルコトヲ得

（講）町村ハ其所有物品及學校病院等營造物《エイゾウブツ》ノ使用又ハ數個人卽チ町村內ノ一

部人民ノ爲メニスル事業ヲ興《オコ》シタルトキ使用料等ヲ徴收《チヨウシウ》スルヲ得ルナリ是物件《ブツケン》ヲ賃借《チンシヤク》スル者ハ其使用料《シヤウリヤウ》ヲ出スハ勿論《モチロン》ノ事ニシテ古今普通《フツウ》ノ原則《ゲンソク》ナリ

市制第八十九條ノ部ニ就《ツイ》テ參觀スヘシ

第九十條　町村税トシテ賦課スルコトヲ得可キ目《モク》左ノ如シ

一　國税府縣税ノ附加税《フカゼイ》

二　直接《チヨクセツ》又ハ間接《カンセツ》ノ特別税《トクベツゼイ》

附加税ハ直接ノ國税又ハ府縣税ニ附加シ均一《キンイツ》ノ税率《ゼイリツ》ヲ以テ町村ノ全部ヨリ徴收《チヨウシウ》スルヲ常例《ジヤウレイ》トス特別税ハ附加税ノ外別ニ町村限リ税目《ゼイモク》ヲ起シテ課税《クワゼイ》スルコトヲ要スルトキ賦課徴收スルモノトス

(講)町村税トハ現今ノ町村費ニ當《アタ》ル者ニシテ之ヲ賦課《フクワ》スヘキ種目《シユモク》ハ二種アリ(一)國税又ハ府縣税現今ノ地方税ニ當ルノ割増《ワリマシ》税(二)市限特別《トクベツ》ニ種目《シユモク》ヲ起《オコ》シタル税ナリ附加《フカ》税ハ地租其他直接ノ國税又ハ府縣税ニ割合セ均一ノ準率《ジユンリツ》ヲ以テ町村ノ全部ヨリ徴收《チヨウシウ》スルヲ常例《ジヤウレイ》トス特別《トクベツ》税ハ國税府縣税ノ準率《メヤス》ニ依ラス別種ノ税ヲ起《オコ》シテ賦課《フクワ》スルモノヲ云フナリ又附加税ヲ細別シテ直接國税又ハ

▲參照 明治十八年九月二十四日第三十一號布告違警罪即決例(條文ヲ略ス)

間接國稅ニ附加《フカ》スルモノトノ二トナス

附加《フカ》稅ノ特別《トクベツ》稅ニ優《マサ》ル所以ハ附加《フカ》稅ニ在テハ納稅者《ナウゼイシヤ》ノ收益《シウエキ》等既《スデ》ニ國稅府縣稅ノ賦課《フクワ》ニテ知《シ》ル者《モノ》多キヲ以テ調查《チヨウサ》ノ手數ヲ要セサルニ在リ特別稅ナルモノハ市町村必要ノ費用《ヒヨウ》ヲ支辨《シベン》スルニ附加稅ヲ以テシ猶《ナホ》足ラサルトキニ限リ特別《トクベツ》ニ町村限リ稅目ヲ起《オコ》シテ賦課徵收《フクワチヨウシウ》スルモノトス

第九十一條 此法律ニ規定セル條項《デウコウ》ヲ除《ノゾ》クノ外使用料手數料(第八十九條)特別稅《トクベツゼイ》(第九十條第一項第二)及從前ノ町村費ニ關スル細則《サイソク》ハ町村條例ヲ以テ之ヲ規定ス可シ其條例ニハ科料一圓九十五錢以下ノ罰則《バツソク》ヲ設クルコトヲ得

科料ニ處《シヨ》シ及之ヲ徵收《チヨウシウ》スルハ町村長之ヲ掌《ツカサド》ル其處分ニ不服アル者ハ令狀交付《レイジヤウコウフ》後《ゴ》十四日以內ニ司法裁判所ニ出訴スルヿヲ得

(講)本條ハ使用料、手數料、特別稅、及其他ノ課稅ニ關《クワン》スル細則《サイソク》ハ町村條例ヲ以テ之ヲ規定スヘキ旨ヲ定ム此《コノ》法律ニ規定セル條項《デウコウ》ヲ除《ノゾ》クトハ使用料手數料特別税ニ關《クワン》スル本制ノ規定ニ違《タガ》フテ細則《サイソク》ヲ設《マウ》クルコヲ得ズトノ意ナリ又從前ノ區町村費トハ明治十七年第十四號布告區町村會法ニ依リ區町村會及水利土功會又ハ學區會ノ議決ヲ以テ賦課徴收《フクワチヨウシウ》スル地價割、反別割、營業割《エイゲウワリ》戶別割等ノ區町村經費《ケイヒ》ヲ云フナリ
本條ニ制裁《セイサイ》ヲ附《フ》セサルモノハ命令《メイレイ》ノ權力《ケンリヨク》ナキヲ以テ右條例ニハ違警罪《イケイザイ》ノ範圍《ハンヰ》タル科料《クワレウ》金ヲ出《イダ》サシムルノ罰則《バツソク》ヲ設《マウ》クルコトヲ得ルナリ

第九十二條　三箇月以上町村內ニ滯在《タイザイ》スル者ハ其町村税ヲ納ムルモノトス但其課税《クワゼイ》ハ滯在ノ初ニ遡《サカノボ》リ徴收ス可シ

(講)本條ハ第六條ノ例外《レイグワイ》法ニテ卽チ町村住民ニ非《アラ》ザル滯在者《タイザイシヤ》ニシテ町村ノ負《フ》擔《タン》ヲ分任スルノ義務アルコヲ規定シタルモノナリ
町村税ヲ賦課《フクワ》スヘキ人ハ町村內ニ住居ヲ構《カマ》フルモノハ勿論《モチロン》三ケ月以上町村內ニ滯在《タイザイ》スルトキハ其町村税ヲ納《オサ》ムルノ義務アルモノトス又滯在《タイザイ》ノ初メニ遡《サカノボ》リトハ其町村ニ來着《タイチヤク》ノ日マデ遡《サカノボ》リテ課税《クワゼイ》スルニ非ズ其納税義務ノ生《ジヤウ》ズルハ

▲參照　明治四年四月四日布告戶籍法則第十六則宿帳ハ七日每ニ驛遞ハ其驛出張驛遞掛ノ改ヲ受自餘ハ其戶長ヘ差出シ改ヲ受クベシ旅籠屋ニ限ラズ都テ逗留三日以上ハ其戶長ニ屆ケ人民輻湊

スル三都府ノ如キハ其時々戸長ヨリ其廳ヘ屆クヘシ九十日以上ハ寄留トシ第十二則ノ手續ヲ爲スヘク旅人病氣又ハ異變ノ節速ニ屆ケ出ルハ勿論ナリ明治十九年九月二十八日内務省令第十九號

第六條　他府縣又ハ他郡區ニ寄留シタル片自己ノ所有地ニ於テハ寄留者ヨリ他人ノ所有地若クハ自己又ハ他人ノ借地借家ニ

一般《イツパン》ノ場合《バアヒ》ト均《ヒトシ》ク來着《ライチヤク》ノ翌月《ヨクゲツ》初メニアリ是レ町村税ハ退去月ノ終迄《オハリマデ》徴收《トリタテ》スヘキモノナレハナリ

第九十三條　町村内ニ住居ヲ搆《カマ》ヘス又ハ三ケ月以上滯在スルコトナシト雖モ町村内ニ土地家屋ヲ所有シ又ハ營業ヲ爲ス者（店舗《テンポ》ヲ定メサル行商《カウシヤウ》ヲ除《ノゾ》ク）ハ其土地家屋營業若クハ其所得ニ對《タイ》シテ賦課スル町村税ヲ納ムルモノトス其法人《ハウジン》タルトキモ亦同シ但郵便電信及官設鐵道《クワンセツテツドウ》ノ業ハ此限ニ在ラス

（講）本條モ亦前條ト同シク町村住民外ノモノニシテ町村費負擔ノ義務アル者ノ事ヲ規定シタルナリ

其市内ニ住居ヲ搆ヘス又三ケ月以上滯在《タイザイ》スルコトナシト雖モ其町村内ニ土地家屋ヲ所有シ又ハ町村内ニテ營業《エイゲフ》ヲ爲《ナ》ス者（店舗《ミセ》ヲ定メサル行商《テアキナヒ》即チ呼賣《ヨビウリ》ヲ除《ノゾ》クノ外）其土地家《イヘ》屋營業者《エイゲウシヤ》若《モ》シクハ其所得《シヨトク》ニ對《タイ》シテ賦課《フクワ》スル町村税ヲ納《オサ》ムルモノトス而シテ其納ムル税目ハ地租家屋税又ハ營業《エイゲフ》税及是《コレ》ヨリ生《シヤウ》スル所得税ノ附加《フカ》税若《モシ》クハ是等ノモノニ賦課《フクワ》スル特別税《トクベツゼイ》ナリトス

於テハ寄留者及地主又ハ家主又ハ其地所其家ヲ管理スル者ヨリ十日以内ニ其地戸長ニ屆出且同時ニ本籍地戸長ヘ屆書ヲ發送スヘシ

第九條正當ノ事由ナクシテ前數條ニ違背シタル者ハ貳拾錢以上壹圓貳拾五錢以下ノ科料ニ處ス

凡《オヨ》ソ權利《ケンリ》アルモノハ義務アルハ理《リ》ノ當《マサ》ニ然《シカ》ル可キナリ町村ハ其疆土《キヨウド》及住民ヲ支配《シハイ》スルノ權ヲ有スルモノニシテ其町村内ニ來《キタ》リ土地家屋ヲ有シ又ハ營業ヲ爲スモノアル片ハ其土地家屋若《モシ》クハ營業及其所得ニ對《タイ》シ又町村税ヲ課《クワ》スルノ權アリ又其土地家屋ヲ有スル他町村住民ニ在テハ其町村ノ保護《ホゴ》ヲ受ケ利益ヲ得ル者ナレハ亦之ニ對《タイ》スルノ義務アリテ町村ニ對スル町村税ヲ納ムヘキナリ

第九十四條　所得税《シヨトクゼイ》ニ附加税ヲ賦課シ及町村ニ於テ特別ニ所得税ヲ賦課セントスルトキハ納税者ノ町村外ニ於ケル所有ノ土地《トチ》家屋《カオク》又ハ營業《エイゲウ》(店舗ヲ定メサル行商ヲ除ク)ヨリ收入スル所得ハ之ヲ控除《コウジヨ》ス可キモノトス

(講)本條ハ第九十二條第九十三條ニ定メタル納税者《ナウゼイシヤ》ニ重複《チヨウフク》ノ課税《クワゼイ》ヲ爲スヿヲ防《フセ》ガン爲《タ》メニ設《マウ》ケラレタル規定ナリ

町村住民中他町村内ニ於テ收入《シウニウ》スル所得ハ其市ノ所得《シヨトク》ニアラサルヲ以テ之ニ課税《クワゼイ》セズ唯《タ》ダ其自己《ジコ》ノ町村内ニ於テ收入スル所得及他市町村ニ一時行商《アキナヒ》

シテ得タルモノヲ以テ其人ノ所得高《シヨトクダカ》トナシ之ニ對《タイ》シテノミ所得税ノ附加税及特別所得税ヲ課《クワ》スルモノトス蓋《ケダ》シ町村税ハ其財産所在地ニ就《サイ》テ之ヲ賦課《フクワ》スルノ趣旨《シユシ》ナレハナリ若《モ》シ然ラサレハ重複課税《チヨウフククワゼイ》ノ嫌《キラヒ》アレハナリ滞在者《タイザイシヤ》ニ在テハ特《コト》ニ然《シカ》リトス

▲參照 明治二十年三月二十三日布告勅令第五號所得税法

第二條 所得ハ左ノ定則ニ據テ算出スヘシ

第一 公債証書其他政府ノ特許ヲ得テ發スル證券ノ利子營業ニアラサル貸金預金ノ利子株式ノ利益配當金官私ヨリ受クル俸給手當年金恩給金及割賦

第九十五條 數市町村ニ住居ヲ搆《カマ》ヘ又ハ滞在スル者ニ前條ノ町村税ヲ賦課《フクワ》スルトキハ其所得ヲ各市町村ニ平分《ヘイブン》シ其一部分ニノミ課税ス可シ但土地家屋又ハ營業ヨリ收入《シウニウ》スル所得ハ此限ニ在ラス

(講)數市町村ニ住居ヲ搆《カマ》ヘトハ店舗《ミセ》ヲ開《ヒラ》キ營業ヲ為スモノヲ云ヒ又滞在者《タイザイシヤ》トハ三ケ月以上他《タ》ノ市町村ニ滞在《タイザイ》スルモノヲ云ヒ前條ノ町村税トハ所得税ノ附加税及特別所得税ヲ云フ此等《コレラ》ノ町村税ヲ課《クワ》スルトキニハ其人ノ所得ヲ各市町村ニ平分《ヘイブン》シテ其一部分《イチブブン》ダケニ課税《クワゼイ》スベシトス然《シカ》ラサレハ二重ノ課税《クワゼイ》ヲ受《ウ》クルニ至レハナリ尚《ナ》ホ市制第九十五條ノ講義ニ就《ツイ》テ見《ミ》ルヘシ

第九十六條 所得税法第三條ニ掲クル所得ハ町村税ヲ免除ス

賞與金ハ直ニ其額ヲ以テ所得トス
第二　第一項ヲ除クノ外資產又ハ營業其他ヨリ生スルモノハ其種類ニ應シ收入金高若クハ收入物品代價中ヨリ國稅地方稅區町村學備荒儲蓄金製造ノ原質物代價販賣品ノ原價種代肥料營利事業ニ屬スル場合物件ノ借入料修繕料雇人給料負債ノ利子及雜費ヲ除キタルモノヲ以テ所得トス

（講）本條ハ別ニ講義ヲ要セス市制第九十六條ヲ參觀スヘシ

第九十七條　左ニ揭クル物件《ブツケン》ハ町村稅ヲ免除ス

一　政府、府縣郡市町村及公共組合《コウキヨウクミアヒ》ニ屬シ直接《チヨクセツ》ノ公用ニ供スル土地、營造物《エイゾウブツ》及家屋

二　社寺及官立公立ノ學校《ガクコウ》病院《ビヤウイン》其他學藝《ガクゲイ》美術《ビジユツ》慈善《ジゼン》ノ用ニ供スル土地、營造物《エイザウブツ》及家屋

三　官有ノ山林又ハ荒蕪地《クワウブチ》但官有山林又ハ荒蕪地ノ利益《リエキ》ニ係《カヽ》ル事業ヲ起《オコ》シ內務大臣及大藏大臣ノ許可ヲ得テ其費用《ヒヨウ》ヲ徵收《チヨウシウ》スルハ此限ニ在ラス

新開地《シンカイチ》及開墾地《カイコンチ》ハ町村條例ニ依リ年月ヲ限《カギ》リ免稅《メンゼイ》スルコトヲ得

（講）本條ハ町村稅ヲ免除《メンヂヨ》スヘキモノヽ事ヲ規定シタルモノナリ

本條ニ所謂《イハユ》ル公共組合トハ理由書ニ據《ヨ》レハ水利土功ノ組合社寺宗敎ノ組合《クミアヒ》ノ類ヲ云フ又第二ニ揭《カヽ》グルモノハ宗敎《シウケウ》々育《ケウイク》衛生《エイセイ》美術《ビジユツ》慈善《ジゼン》ノ用ニ供《キヨウ》スル財產ナリ此財產ハ法人ノ所有スルトキニ限《カギ》ラス其財產《ソノザイサン》使用ノ目的《モクテキ》ニ依《ヨ》リ其財產ニ對《タイ》シ

△參照 明治七年十一月七日第百二十號布告地所名稱區別

官有地

第一種 地券ヲ發セス地租ヲ課セス地方税ヲ賦セサルヲ法トス

一 皇居地 皇居離宮等ヲ云

一 神地 伊勢神宮山陵官國幣社及ヒ民有ニアラサル社地ヲ云フ

第二種 地券ヲ發シ地租ヲ課セス地方税ヲ賦セサルヲ法トス

光モ府縣所有ノ地ハ地券ヲ

免除《メンジヨ》スルモノトス

第九十八條 前二條ノ外町村税ヲ免除《メンジヨ》ス可キモノハ別段ノ法律勅令ニ定ムル所ニ從フ皇族ニ係《カヽ》ル町村税ノ賦課《フクワ》ハ追テ法律勅令ヲ以テ定ムル迄現令ノ例《レイ》ニ依ル

(講)本條モ亦町村税免除《メンジヨ》ニ屬《ゾク》スヘキ者ノ事ヲ規定シタルモノナリ別段ノ法律勅令トハ現行《ゲンコウ》法中ノ法律勅令ヲ云フニ非ス將來頒布《コレカラハンプ》スル所ノモノヲ云フ前二條ノ外町村税ヲ免除《メンジヨ》ス可キモノハ卽チ將來頒布《ハンプ》セラルヽ法律勅令ニ依《ヨ》ルニ非レハ其特權《トクケン》ヲ得ル能ハサルヘシ又皇族《コウゾク》云々現今《ゲンコン》ノ例《レイ》ニ依《ヨ》ルトハ卽チ地所名稱《メイシヤウ》區別第二種第一項等ニ依ルヲ云フ其他市制第九十八條ノ講義ニ就テ見《ミ》ルヘシ

第九十九條 數個人ニ於テ專《モツパ》ラ使用スル所ノ營造物《エイゾウブツ》アルトキハ其修築《シウチク》及保存《ハウゾン》ノ費用ハ之《シ》ヲ其關係者《クワンケイシヤ》ニ賦課ス可シ

町村內ノ一部ニ於テ專ラ使用《シヨウ》スル營造物アルトキハ其部內ニ住居シ若クハ滯在《タイザイ》シ又ハ土地家屋ヲ所有シ營業《エイゲフ》(店鋪ヲ定メ

發セス唯帳簿ニ記入ス
但此地ニ在ル官舍ハ貸渡ストキハ借地料ヲ賦スヘシ
一皇族賜邸
一官用地　官院省使司府藩縣（本支）廳裁判所警視廳陸海軍（本分）營其他政府ノ許可ヲ得タル所有ノ地ヲ云
第三種　地券ヲ發セス地租ヲ課セス地方稅ヲ賦セサルヲ法トス
但人民ノ願ニヨリ右地所ヲ貸渡ストキハ其間借地料ヲ納

サル行商ヲ除《ノゾ》ク）ヲ爲ス者ニ於テ其修築及保存ノ費用ヲ負擔《フタン》ス可シ但其一部ノ所有財產アルトキハ其收入ヲ以テ先ツ其費用《ヨウ》ニ充《アツ》ツ可シ

（講）本條ハ數個人又ハ一區ニ限《カギ》リ賦課《フクワ》スル町村稅ノコトヲ定ム

町村住民中數個《スウコ》人ヲ限《カギ》リテ專用營造物《センヨウエイゾウブツ》ノ修築保存費《シウチクホゾンヒ》ハ一般《イツパン》ノ町村稅ヨリ支出セスシテ之ヲ其關係者《クワンケイシヤ》即チ營造物《エイゾウブツ》ヲ使用《シヨウ》スル者ニ賦課《フクワ》スルモノトス

本條ニ所謂《イハユル》數個人トハ町村內ノ一部內《ブナイ》ヲ云フモノニシテ單《タン》ニ數個ノ一私《シ》ニ屬《ゾク》スルモノハ全《マツタ》ク其數人私ノ共有ニシテ更《サラ》ニ本制ノ關係《クワンケイ》スル所ニ非サルナリ本條ニ於テ利益ヲ得ル者ヲシテ其使用スル物件《ブツケン》ニ要スル費用ハ之ヲ使用者ニ賦課《クハ》スルハ公平《コウヘイ》ノ法ナリ又町村內ノ一部《ブ》ニ於テ使用スル營造物《エイザウブツ》アル場合モ前述ニ同シク其部內《ブナイ》ニ住居スル者ヨリ其費用《ヒヨウ》ヲ徵收《トリタテ》スヘシ而シテ其一部ノ所有財《ザイ》產《サン》アリテ之カ收入利益アルトキハ之ヲ以テ先《マツ》其費用《ヒヨウ》ニ充《ア》テルナリ

本條ハ固《モト》ヨリ收稅平等《シウゼイヘイトウ》ノ精神《セイシン》ヲ擴張《クワクチヤウ》サレタルモノナルモ其事タル町村稅平等賦課《フクワ》ノ例則《レイソク》ニ違《タガ》フモノナルヲ以テ第百二十八條ヨリ郡參事會ノ許可《ユルシ》ヲ要

メシムヘシ
一山岳丘陵林藪原野河海沼池澤溝渠堤塘道田畑屋敷等ニ他民有地ニアラサル者
一鐵道線路敷地
一電信架線路敷地
一各所ノ舊蹟名區及公園等民有地ニアラサルモノ
一人民所有ノ權理ヲ失セシ土地
一民有地ニアラサル堂字敷地及墳墓地
一行刑場
第四種　地券ヲ發セス地租ヲ課セス地方稅

スルナリ

第百條　町村稅ハ納税義務《ナフゼイギム》ノ起リタル翌月《ヨクゲツ》ノ初ヨリ免税理由《メンゼイリイウ》ノ生シタル月ノ終迄月割ヲ以テ之ヲ徵收《チヤウシウ》ス可シ
會計年度中ニ於テ納税義務消滅《セウメツ》シ又ハ變更《ヘンコウ》スルトキハ納税者ヨリ之ヲ町村長ニ届出ツ可シ其届出ヲ爲シタル月ノ終迄《オハリ》ハ從《ジウ》前《ゼン》ノ税ヲ徵收スルコトヲ得

（講）本條ハ納税義務《ナツゼイギム》ノ起滅《キメツ》ニ關《クワン》スル事ヲ規定シタルモノナリ
町村稅ハ總《スベ》テ納税義務ノ起《オコ》リタル月ヲ除《ノゾ》キ翌《ヨク》月ノ初《ハジ》メヨリ免税《メンゼイ》スヘキ理由ノ生《シヤウ》シタル月ノ終迄《オハリマデ》月割ニテ取立《トリタ》ツヘシ
會計年度中ニ納税義務《ナウゼイギム》他町村ヘ轉居《テンキヨ》等ニテ消滅《キエル》カ又ハ所得金高ノ增減《ゾウゲン》等ニテ變更《ヘンコウ》シタルトキハ納税者ヨリ町村長ニ其旨《ソノムネ》届出ヅヘシ其届出ヲ爲シタル月ノ末《スヘ》マデハ從前《ジウゼン》納メ來《キタ》リタル稅ヲ取立《トリタテ》ラルヽトモ異議《イギ》ヲ申立ルヿヲ得サルナリ
本條ニ於テ納税義務ノ起滅共《キメツトモ》ニ月ヲ以テ定メ日ヲ以テ定メサルモノハ計算《ケイサン》ノ

煩《ワヅラハ》シキヲ避《サ》ケンカ為《タ》メナリ

第百一條　町村公共《コウキヨウ》ノ事業ヲ起《オコ》シ又ハ公共ノ安寧《アンチン》ヲ維《ヰ》持《ジ》スルカ為メニ夫《フ》役《エキ》及現品《ゲンピン》ヲ以テ納税者ニ賦課スルコトヲ得但學藝《ガクゲイ》美術《ビジツ》及手工《シユコウ》ニ關スル勞役《ラウエキ》ヲ課《クワ》スルコトヲ得ス

夫役及現品ハ急迫《キウハク》ノ場合ヲ除クノ外直接町村税ヲ準率《ジユンリツ》ト為シ且ツ之ヲ金額ニ算出シテ賦課《フクワ》ス可シ

夫役ヲ課《クワ》セラレタル者ハ其便宜《ビンギ》ニ従ヒ本人自ヲ之ニ當リ又ハ適當《テキトウ》ノ代人ヲ出スコトヲ得又急迫《キフハク》ノ場合ヲ除クノ外金圓ヲ以テ之ニ代《カ》フルコトヲ得

(講)本條ハ夫役現品《フヤクゲンピン》ノ課税《クワゼイ》ニ關《クワン》スルヿヲ定メタルモノナリ

町村公共ノ事業トハ道路《ダウロ》橋梁《ケウリヤウ》學校病院ノ普請《フシン》等ヲナスヲ云ヒ又公共ノ安寧《アンネイ》ヲ維持《イジ》スルカ為《タ》メニトハ水火震災《シンサイ》等ノ防止《フセキ》等ノ難《ナン》ヲ避《サ》クル為《タ》メニ人夫及現品《シナモノ》ヲ以テ納税者《ナウゼイシヤ》ニ割付《ワリツケ》取立ツルコトヲ云フ又學藝美術《ガクゲイビジユツ》及手工ニ關《クワン》スル勞役《ロウエキ》トハ総ヘテ被《ヒ》課税《クワゼイ》者自《ミツカ》ラ任《ニン》スルニアラサレハ其賦役《フエキ》ヲ辦《ベン》スル能ハサルモノヲ云フナ

ヲ賦セサルヲ法トス

一寺院大中小學校説教場病院貧院等民有地ニアラサルモノ

○明治十七年十一月十八日第九十四號布達

凡官有地ハ人民ノ使用ヲ許シタル者ヲ除クノ外其所在區町村費ノ賦課ニ應スル儀ト心得ヘシ此旨相達候事

但道路疏水等ノ為メ該區町村ヘ手當金ヲ給與スルハ各々適宜タルヘシ

明治十七年三

日十五日第七號布告地租條例
第四條　公立學校地郷村社地墳墓地用惡水溜池堤塘井溝及公衆ノ用ニ供スル道路ハ地租ヲ免ス
第十五條　開墾地者鍬下年期ヲ荒地ハ免租年期明ノ翌年分ヨリノ更定地價ニ依リ地租ヲ徴收ス
第十六條　開墾ヲ為サントスルトキ
▲參照　明治十年十一月二十一日第七十九號布告

リ

第百二條　町村ニ於テ徴收スル使用料《シヨウレウ》手數料《テスウレウ》（第八十九條）町《テウ》村《ソン》税《ゼイ》（第九十條）夫役ニ代フル金圓（第百一條）共有物《キヨウイフブツ》使用料及加《カ》入金《ニフキン》（第八十四條）其他町村ノ收入ヲ定期内《テイキナイ》ニ納メサルトキハ町村長ハ之ヲ督促《トクソク》シ猶之ヲ完納《クワンナウ》セサルトキハ國税滯納處分法《コクゼイタイナウシヨブンハウ》ニ依リ之ヲ徴收ス可シ其督促《トクソク》ヲ為スニハ町村條例ノ規定ニ依リ手數料ヲ徴收《チヨウシウ》スルコトヲ得

納税者中無資力《ムシリヨク》ナル者アルトキハ町村長ノ意見《イケン》ヲ以テ會計年度内ニ限リ納税延期《ナフゼイエンキ》ヲ許スコトヲ得其年度ヲ越《コ》ユル場合ニ於テハ町村會ノ議決ニ依ル

本條ニ記載《キサイ》スル徴收金ノ追徴《ツイチヨウ》、期滿《キマン》、得免《トクメン》及先取特權《センシユトクケン》ニ付テハ國税ニ關《クワン》スル規則ヲ適用《テキヨウ》ス

（講）本條ハ町村税其他總《スベ》テ町村ノ收入金徴收《トリタテ》ニ關《クワン》スル事ヲ規定シタルモノナリ第一項市制第百二條ト同シク使用料《シヨウリヤウ》、手數料、町村税等ノ怠納《タイノウ》處分法ヲ定ム

租税未納ノ者ハ従來怠納金ヲ徴シ本人身代限ヲ以テ取立ツ等ノ處分モ有之處自今右處分ヲ廢止シ更ニ左ノ通區別相立處分致スヘシ此旨布告候事

第一條 徴收期限(毎期ヲ云)ヲ過テ尚國税ヲ上納セサル時ハ賦課シタル財産ヲ公賣シテ徴收スヘシ若其財産他人ヘ賣與讓與シタル時ハ之ヲ買受讓受ケタル者ヨリ完納セシムヘシ

ルモノニシテ総《スベ》テ町村ニ納《オサ》ムヘキ税金料金等ヲ納《オサ》ムルコトヲ怠《オコタ》ルモノハ町村長ヨリ之ヲ監督《カントク》シ猶《ナ》ホ之ヲ完納《クワンノウ》セサルトキハ國税怠納《コクセイタイナウ》處分法ニヨリ之ヲ徴收《トリタテ》スヘシ其督促《トクソク》ヲ爲スニハ町村條例ノ規則ニ依《ヨ》リ手數料ヲ徴收《トリタテ》スルヿヲ得

第二項 納税者《ナフゼイシヤ》中無資力者《ムシリヨク》アルトキニハ直《タヾチ》ニ公賣處分《コウバイシヨブン》ニ付《フ》スルモ却《カヘツ》テ得失相《トクシツアヒ》償《ツグナ》ハサルトキハ町村長ノ意見《イケン》ニテ會計《クワイケイ》年度内ニ限《カギ》リテ納税ノ延期《エンキ》ヲ許《ユル》スコトヲ得其年度ヲ越《コ》ユル場合ニハ町村會ノ議決《ギケツ》ニ依リテ許否《キヨヒ》ヲ決《ケツ》スルナリ

追徴《ツイチヨウ》トハ脱税《ダツゼイ》等ノ場合ニアトヨリ取立ルヲ云ヒ期滿《キマン》得免《トクメン》トハ法律ノ定メタル期限《キゲン》ヲ經過《スギ》シ義務者納税《ナウゼイ》ヲ免《マヌカ》ルヲ云ヒ先取特權《サキドリトクケン》トハ質入主抵當主《シチイレヌシテイタウヌシ》等ニ先《サキダ》チ町村税ヲ引去《ヒキサ》ルノ權利ヲ云フ

町村ノ諸收入《シヨシウ》ニ付キ國税滯納《コクゼイタイノウ》處分法ヲ適用《テキヨウ》スル所以ハ國税ト云ヒ府縣税《フケンゼイ》ト云ヒ又市町村税ト云フモ唯《タヾ》其費途ヲ異《コト》ニシ之ヲ議スルノ法同シカラサルノミニシテ一旦《イツタン》之ヲ徴收《トリタテ》スルトキハ納税者《ナウゼイシヤ》ノ義務者ニ於テハ輕重《ケイヂウ》ノ別ナク皆ナ強《シ》ヒテ之ヲ執行《シツカウ》スルノ性質《セイシツ》ヲ有スルモノナレハナリ若《モ》シ此處分法《コノシヨブンハウ》ナクンハ其義務ヲ免《マヌカ》ルヽヿヲ得サルモノナリ

但書入質入地所質入ハ其規則ニ從フノ財產ニ未納稅アル時其債主ニ於テ辨納スベシトノ申立アル者ハ其意ニ任セ公賣ヲ行ハス

第二條 營業稅又ハ製造稅ヲ上納セサル者ハ其營業ヲ停止ス其制造品アル者ハ之ヲ公賣シ次ニ其器物ニ及ホスヘシ酒類及醬油造石稅ハ前項ニ依テ處分シ仍ホ其製造用ノ諸建物ヲ公賣スルヿヲ

第百三條 地租ノ附加稅《フカゼイ》ハ地租ノ納稅者ニ賦課シ其他土地ニ對《タイ》シテ賦課スル町村稅ハ其所有者又ハ使用者ニ賦課スルコトヲ得

(講)本條ハ地租ノ附加稅《フカゼイ》ヲ賦課《フクワ》スル法ヲ定ムルナリ

地租ノ附加稅ハ地租ヲ納《オサ》ムル者ニ賦課《フクロ》ス卽チ當時《ソノトキ》ノ地券記名者《チケンキメイシヤ》又ハ質取主《シチトリヌシ》ニ賦課《フクワ》シ其他反別割《タンベツワリ》等ノ法ニ依《ヨ》リ徵收スル町村稅ハ其地主又ハ地借人等ニ課《クロ》スルコトヲ得ルナリ故ニ賣買讓渡《ウリワタシ》其他ノ方法ニ依《ヨ》リ旣《スデ》ニ其所有權《シヨイウケン》他人ニ移轉《イテン》スルモ未タ地券《チケン》ノ書換《カキカヘ》ヲ爲《ナ》サヽル間《アヒダ》ハ前所有者ヲ以テ納稅者トス又使用者《シヨウシヤ》トハ賃借人《チンシヤク》其他小作人等地券記名者《チケンナマヘヒト》ニ非《アラ》スシテ現《ゲン》ニ其土地ヲ使用スルモノヲ云フ

第百四條 町村稅ノ賦課《フクワ》ニ對《タイ》スル訴願《ソクワン》ハ賦課令狀《フクワレイジヤウ》ノ交付後《カウフゴ》三ケ月以內ニ之ヲ町村長ニ申立ツ可シ此期限ヲ經過《ケイクワ》スルトキハ其年度內減稅免稅及償還《コウクワン》ヲ請求《セイキウ》スルノ權利ヲ失《ウシナ》フモノトス

(講)本條ハ町村ノ課稅ニ對《タイ》スル訴權《ソケン》及其訴訟手續《ソシヨウテツヾキ》ノ事ヲ規定シタルモノナ

得
但酒類醬油及其製造用諸器物建物ハ自他ノ所有ヲ問ハス其一部又ハ全部ヲ公賣シテ徵收ス
第三條　府縣稅民費モ此規則ニ準シテ處分スヘシ
但格別ニ財產ヲ相定メテ賦課セサル民費徵收ニ付テハ土地家屋ヲ除ク他ノ財產ニ付先取特權アリトス
第四條　凡租稅不納ニ付財產ヲ公賣セントスル時ハ地方

リ

町村稅ノ賦課《フクワ》ニ付テ不服《フフク》アリテ訴願セントスル者ハ必ス本條規定ノ如ク三ケ月以內ニ町村長ニ申立其更正《コウセイ》ヲ要求《モトメ》ベシ此期限ヲ經過《ケイクワ》シタルトキハ其年度內ハ要求ノ權利ヲ失《ウシナ》フモノトス

町村稅ノ賦課《フクワ》ニ對《タイ》スル訴願ノ理由又課稅令狀《クワゼイレイジヤウ》ノ事等ハ市制第百四條ノ講義ニ明《アキラ》カナリ

第百五條　町村稅ノ賦課及町村ノ營造物《エイゾウブツ》、町村有ノ財產《ザイサン》並所得ヲ使用スル權利《ケンリ》ニ關スル訴願ハ町村長之ヲ裁決《サイケツ》ス但民法上ノ權利ニ係《カヽ》ルモノハ此限ニ在ラス

前項ノ裁決ニ不服アル者ハ郡參事會《グンサンジクワイ》ニ訴願シ其郡參事會ノ裁決ニ不服アル者ハ府縣會參事ニ訴願《ソグワン》シ其府縣參事會ノ裁決ニ不服アル者ハ行政裁判所ニ出訴《シユツソ》スルコトヲ得

本條ノ訴願及訴訟ノ爲メニ其處分ノ執行《シツコウ》ヲ停止スルコトヲ得ス

官ニ於テ處分シ先ツ公賣ニ關スル入費ヲ引去リ而後國稅府縣民費ヲ徵シ剩餘アル時ハ之ヲ本人ニ還付ス若シ不足アル時國稅府縣稅ハ官ノ損失ニ歸シ民費ハ該區ノ損失ニ歸ス

但該財產ニ付テ區戶長役場ノ帖簿ニ記載セル債主アル時ハ其殘金ヲ順次其債主ニ給付ス

第五條　十一年第三十四號布告ヲ以テ追加シ十四年第五號布告ヲ以テ刪除ス

(講)本條ハ町村稅ノ賦課《フクワ》及町村ノ財產使用權《シヨウケン》ニ關《クワン》スル訴訟裁判權《ソシヤウサイバンケン》及其裁判ニ對《タイ》スル上訴ノ事ヲ規定シタルモノナリ

町村稅ノ賦課《フクワ》及町村ノ財產ニ關《クワン》スル訴願及訴訟ノ手續ハ最初《ハジメ》ニ町村長ニテ之ヲ裁決ス此場合ニ於テ町村長ハ訴願ノ始審廷《シシンテイ》ナリ但《タヾシ》町村ノ一個人タル場合卽チ町村ニ貸金《カシ》アル銀行ヨリ其償還《シヨウクワン》ヲ求《モト》ムル等ノ類民法上ノ權利ハ行政上ノ處分ヲ訴願セス直《タヾチ》ニ其町村ヲ被告《ヒコク》トシテ民事裁判所《サイバンシヨ》ヘ出訴スヘキナリ又町村長ノ裁決ニ不服《フヘク》アル者ハ郡參事會ニ訴願スル順序《レダイ》ハ前ニ述《ノ》ベタル如クナリ

第三項ニ所謂ル處分トハ本條ノ裁決《サイケツ》ニ非スシテ其訴願ノ原因《モト》トナリタル當初《ハジメ》ノ處分ヲ云フ故ニ町村長郡參事會ノ裁判ハ確定《クワクテイ》スルニ非レハ之カ執行《シツコウ》ヲ停止《テイシ》セス公賣スルモノハ公賣シ取上《トリアク》ルモノハ取上クル等ノ處分ヲ爲《ナ》スナリ是レ町村事務ノ澁滯《トヽコホリ》ヲ恐《オソ》レルハナリ

第百六條　町村ニ於テ公債ヲ募集《ボシウ》スルハ從前ノ公債元額ヲ償《シヤウ》還《クワン》スル爲メ又ハ天災時變《テンサイジヘン》等已《トウヤ》ムヲ得サル支出若クハ町村永久《エイキウ》

第六條　財產公賣ノ際買請望人無之節該財產ハ之ヲ官沒スヘシ
明治十一年二月二十一日大藏省乙第七號達租稅未納者處分取扱方心得（本文略）
明治十七年五月七日第十四號布告區町村費怠納者處分法（本文略之）
▲第百三條參照
明治十五年五月十日第二十二號布告課稅ニ關スル處分ニ付キ不服アリテ出訴セントスル者ハ先

ノ利益トナル可キ支出ヲ要スルニ方リ通常ノ歲入ヲ增加《ゾウカ》スルトキハ其町村住民ノ負《フ》擔《タン》ニ堪《タ》ヘサルノ場合ニ限ルモノトス町村會ニ於テ公債《コウサイ》募集《ボシウ》ノ事ヲ議決スルトキハ併《アハ》セテ其募集方法利息ノ定率《テイリツ》及償還《シヤウクワン》ノ方法ヲ定ム可シ償還ノ初期《シヨキ》ハ三年以內ト爲シ年々償還ノ歩合《ブアヒ》ヲ定メ募集ノ時ヨリ三十年以內ニ還了《クワンレウ》ス可シ
定額《テイガツ》豫《ヨ》算《サン》內《ナイ》ノ支出ヲ爲スカ爲メ必要《ヒツヨウ》ナル一時ノ借入金ハ本條ノ例《レイ》ニ依ラス其年度內ノ收入ヲ以テ償還ス可キモノトス

（講）本條ハ町村公債《コウサイ》ノ募集《ボシウ》ノヿヲ定ム
町村ハ法人タルヲ以テ或《ア》ル場合ニ於テ負債《フサイ》ヲ起《オコ》ス權利アルモ其方法宜《ヨロシ》キヲ得サレハ却《カヘツ》テ町村ニ永久《エイキウ》憂《ウレヒ》ヲ遺《ノコ》スヘキカ故ニ本條ニハ市制第百六條ト同シク其方法ヲ定ムルモノニシテ町村ニ於テ本制ニ定ムル所ニ依テ豫《アラカジ》メ將來《シヤウッイ》ノ歲入ヲ使用スルトキハ其元利償還《カヘス》ニ充《ア》ツル所ノ金額ハ將來《シヤウライ》ノ歲入中ヨリ減却《ゲンキヤク》スルモノナレハ負債《フサイ》ノ多寡《タクワ》ト償還《シヤウクワン》期限ノ長短トニ從《シタガ》ッテ町村ノ財政《ザイセイ》ニ影《エイ》

ツ其旨ヲ申立課額ヲ上納シ領收証書ヲ添ヘ其翌日ヨリ六十日内ニ訴出ツヘシ
但納税期限前ニ訴出テ訴訟中ト雖モ其期限ニ至レハ課額ヲ上納スヘシ

○明治十七年七月四日第二十三號布告
區町村會ニ於テ評決シタル區町村費ニ關シ不服アリテ出訴セントスルモノハ都テ明治十五年五月第二十二號布告ニ依ルヘシ

響《キヨウ》スル所少《スクナ》カラス又町村會ニ於テハ公債ヲ募《ボ》集《シウ》スルトキハ資《シ》本ノ運《ウン》轉《テン》宜《ヨロシ》キカ故ニ知ラス識ラス町村ノ資力《シリヨク》ニ不《フ》相當《サウトウ》ノ事業ヲ起シ又ハ今日ニ負擔《フタン》スヘキノ義務モ漫《ミダ》リニ後年ニ傳《ツタ》ヘントスルノ弊害《ヘイガイ》アルニ至ルヘシ故ニ本制ニ於テハ容易ニ之ヲ起《オコ》スコトヲ許《ユル》サヽルナリ

市町村ノ事業中重大ニシテ多額ノ資《シ》本ヲ要スルモノハ經常《ケイジヤウ》ノ歳入《サイニウ》ヲ以テ支辦《シベン》シ難《ガタ》キヿ勿論《モチロン》ナリ今此ノ憂《ウレヒ》ヲ防《フセ》ガンカ爲メニハ便益《ベンエキ》ナリト云フヘシ從來各地方ニ公共ノ大事業ヲ起スヘキ必要アルモ其資本ヲ得ルニ道無キ爲メ徒《イタツ》ラニ一時姑息《コソク》ノ策《サク》ヲ以テ當時ヲ彌縫《マニアヘ》スルニ過《ス》ギサリシカ今ヤ本制市町村ニ公債募《ボ》集《シウ》ノ權ヲ許《ユル》與シテ必要ノ場合ニハ之レヲ應用《タラカ》シテ市町村ノ公益ヲ謀《ハカ》ルコトヲ得《エ》セシム是レ大ニ地方人民ノ滿足《マンゾク》シテ喜《ヨロコ》ブ所ナル可シ然レ𪜈其理由書中ニモ述《ノ》べラレタルカ如ク之ニ伴《トモナ》フノ弊害《ヘイガイ》亦《マ》タ甚《ハナハ》ダ恐《オソ》ル可キモノアリ一個人ノ生活《セイクワツ》ヨリ考《カンガ》フルモ收入支出相償《アイツグナ》ハサルカ若《ゴト》キ場合ニハ利子ノ高キモ後日ノ苦《クルシ》ミモ顧《カヘリ》ミズ先ヅ取リ敢《ア》ヘズ資金ヲ借《カ》リ入レテ當座《タウザ》ヲ凌《シノ》ガントスルハ人情ノ常《ツネ》ナリ忽《タチマ》チ目前ニ直接ノ苦《クルシ》ミヲ受クル可キ一個人ノ私計《シケイ》ニ於テスラ斯《カク》ノ如シ況《マ》シテ市町

▲參照明治十九年三月六日閣令第三號歳入出出納規則第九條　一會計年度（毎年四月一日ヨリ翌年三月三十一日マデ）ニ屬スル歳入歳出ノ出納ハ第十條第十一條第十二條ノ場合

村ト云ヘル一團《ダン》ノ法人ニ代《カハ》リテ公共ノ事務ヲ執レル行政者ハ隨分資本《ズイブンシホン》ノ得易《エヤ》キ方角ニ向《ムカ》フテ一時ノ急《キウ》ヲ免レント謀《ハカ》ラサルニモ限《カギ》ラス是レ本制ニ嚴重《ゲンジウ》ナル規定ヲ設ケテ敢テ漫《ミダ》リニ公債ヲ募《ボ》集《シウ》スルヲ許《ユル》サヽル所以ナリ

本條ハ市制第百六條ト同一ノ事ヲ規定シタルモノナレ𪜈末項《マツコウ》ニ於テ一ノ差異《チカイ》アリ即チ市制ニハ但書ヲ設ケ市會ノ決議ヲ要セサルヿヲ記載スレ𪜈本條ニハ之カ明文ナシ故ニ末項ノ場合ト雖モ町村會ノ議決《ケツ》ヲ經《ヘ》ザル可カラサルナリ

第二款　町村ノ歳入出豫《ヨ》算《サン》及決算《ケツサン》

（講）本款ニハ町村財政ノ三要件タル定額《テイカク》豫算《ヨサン》收支《シウシ》、決算報告《ケツサンホウコク》ノ事ヲ規定ス

第百七條　町村長ハ毎會計年度收入支出ノ豫知《ヨチ》シ得可キ金額ヲ見積リ年度前二箇月ヲ限リ歳入出豫算表ヲ調製《テウセイ》ス可シ但町村ノ會計《クワイケイ》年《チン》度《ド》ハ政府ノ會計年度ニ同シ

內務大臣ハ省令ヲ以テ豫算《ヨサン》表《ヘウ》調製《テウセイ》ノ式《シキ》ヲ定ムルコトヲ得

（講）町村ノ財政ヲ整理《セイリ》スルニ付テハ亦國家ノ財政ニ於ケルト均《ヒトシ》ク此法則ニ據《ヨ》ラサルヘカラス是レ失費《シツピ》ヲ省《ハブ》キ濫出《ランシユツ》ヲ防《フセ》グニ在リ而シテ之レガ法方タル三箇

ヲ除キ總テ毎年四月一日ヲ以テ開始ス

アリ

一　歳入出ニ制限《セイゲン》ヲ置《オ》ク事

二　收支ヲ嚴正《ゲンセイ》ナラシムル事

三　決算ヲ明《アキラ》カナラシムル事

右三個ノ條件ニヨリ町村長ハ毎年會計年度町村ノ收入支出ノ豫算《ヨサン》ヲ立テ毎年一月三十一日限リ豫算表ヲ調製《チヨウセイ》スヘシ又豫算表調製ノ式《シキ》ハ內務省令ヲ以テ之ヲ一定シテ町村會ヲシテ之ニ準據《ヨヲ》セシムルコトヲ得ルモノトス

第百八條　豫算表ハ會計年度前町村會ノ議決ヲ取リ之ヲ郡長ニ報告《ハウコク》シ並地方慣行《クワンコウ》ノ方式ヲ以テ其要領《ウリヤウ》ヲ公告《コウコク》ス可シ
豫算表ヲ町村會ニ提出《テイシユツ》スルトキハ町村長ハ併《アハ》セテ其町村事務報告書及財產《ザイサン》明細表《メイサイヘウ》ヲ提出ス可シ

(講)本條ハ豫算表《ヨサンヘウ》ヲ確定《クワクテイ》セシムル方法ノ事ヲ規定シタルモノナリ

本條ニ所謂市ノ事務ト報告書トハ既往將來《キワウシヤウライ》ニ付キ歳入出豫算表ニ關係《クワンケイ》アル事務ノ摸樣《モヨウ》及說明書《セツメイ》ヲ云ヒ又財產明細表トハ總《スベ》テ市有財產ヲ類別詳記《ルイベツシヤウキ》セシモノ

ヲ云フナリ

豫算表ハ會計年度《クワイケイネンド》ノ始マル前ニ町村會ノ議決ヲ取リ一面《メン》之ヲ郡長ニ報告《ホウコク》シ一面ニハ地方慣行《カンカウ》ノ方式《ハウシキ》即チ掲示《ケイシ》等ニテ豫算表ノ要領《エウレイ》ヲ一般《イッパン》ニ公告スヘシトス郡長ニ強制豫算《キャウセイヨサン》トテ命令《メイレイ》ヲ以テ強《シヒ》テ豫算表ニ組入《クミ》レシムル權アルヲ以テナリ

其豫算表ニハ町村事務ノ顛末《テンマツ》報告《ホウコク》書及共有財産明細表《メイサイヘウ》ヲ添《ソ》ヘテ町村會ニ付スルコトヽス

第二項ニ於テ事務報告書及財産《ザイサン》明細表ヲ提出《サシダ》スノ義務ヲ町村長ニ負《オ》ハシムルハ町村會ニ於テ豫算表ヲ議スルニ當《アタ》リ之ヲ參考《サンコウ》ニ供《キョ》シ以テ各議員ヲシテ行政事務ノ現況《ゲンキヤウ》ト財産ノ多寡《タクワ》トヲ熟知《ジュクチ》セシムル等ノ意《イ》ニ出ツ

第百九條　定額豫算外《テイカクヨサングワイ》ノ費用又ハ豫算ノ不足アルトキハ町村會ノ認定《ニンテイ》ヲ得テ之ヲ支出スルコトヲ得

定額豫算中臨時ノ場合ニ支出スルカ爲メニ豫備費《ヨビヒ》ヲ置キ町村長ハ豫《アラカジ》メ町村會ノ認定ヲ受ケスシテ豫算外ノ費用又ハ豫算超過《クワ》ノ費用ニ充《ア》ツルコトヲ得但町村會ノ否決《ヒケツ》シタル費途ニ充ツ

ルコトヲ得ス

（講）本條ハ豫算外《ヨサングワイ》ノ費用支出《ヒヨウシユツ》ノ方法ヲ示シタルモノナリ

定額豫算外《テイガクヨサングワイ》ノ費用《ヒヨウ》トハ豫算表歳出中其費目ノ記載《カキノセ》ナキモノヲ云ヒ又豫算ノ不足《ソク》トハ歳出中其費目ノ記載アリト雖モ其豫算ノ實費《ジツピ》ニ足《タ》ラサルヲ云フ

會計年度中豫算外ノ費用ヲ要シ又ハ豫算ノ不足アルトキハ町村會ノ議決ニ依リ之ヲ支出スルコトヲ得

又定額豫算中臨時《リンジ》ノ場合ニ支出スルカ爲メニ豫備費《ヨビヒ》ヲ置《オ》クトキハ町村長ハ豫《アラカジ》メ町村會ノ認定《ニンテイ》ヲ受《ウ》ケスシテ豫算外ノ費用又ハ豫算超過《テウクワ》ノ費用ニ充《ア》ツルヿヲ得

但町村會ノ否決シタル費途《ヒト》ニ充《ア》ツルヿヲ得ズ

第百十條　町村會ニ於テ豫算表《ヨサンヘウ》ヲ議決シタルトキハ町村長ヨリ其謄寫《トウシヤ》ヲ以テ之ヲ收入役ニ交付ス可シ其豫算表中監督官廳《カントククワンチヤウ》若クハ參事會《サンジクワイ》ノ許可ヲ受ク可キ事項アルトキハ（第百二十五條ヨリ第百二十七條ニ至ル）先ツ其許可ヲ受ク可シ

收入役《シウニウヤク》ハ町村長（第六十八條第二項第三）又ハ監督官廳ノ命令《メイレイ》アルニ非サレハ支拂《シハラヒ》ヲ爲スコトヲ得ス又收入役ハ町村長ノ命令ヲ受クルモ其支出豫算表中ニ豫定ナキカ又ハ其命令第百九條ノ規定《キテイ》ニ依ラサルトキハ支拂ヲ爲スコトヲ得ス

前項ノ規定ニ背キタル支拂ハ總《スベ》テ收入役ノ責任《セキニン》ニ歸《キ》ス

（講）本條ハ收支ニ關《クワン》スル要則《エウソク》即チ財政《ザイセイ》ノ三大嚴則《ゲンソク》ノ一ナル收支嚴正《デンセイ》ノ事ヲ規定シタルモノナリ

町村會ニ於テ議決シタル豫算表《ヨサンヘウ》ノ謄寫《ウツシ》ハ町村長ヨリ之ヲ町村ノ收入役《シウニウエキ》ニ交付《ワタ》スヘシ（町村長ニ於テ收入役ヲ兼《カ》ヌルトキハ例外《レイグワイ》トス）尤《モツト》モ第百二十五條ノ内務大臣ノ許可《ユルシ》第百二十六條ノ内務大藏兩大臣ノ許可第百二十七條ノ郡參事會《グンサンジクワイ》ノ許可ヲ要《エウ》スル場合ハ其許可ヲ受ケ其豫算確定《ヨサンクワクテイ》シタル後《ノチ》之ヲ交付《ワタ》スヘキモノトス

收入役ハ町村長ヨリ第六十八條第二項第三ノ明文《メイブン》ニ依《ヨ》リ發《ハツ》スル命令《メイレイ》又ハ内務大臣府縣知事郡長ノ命令《メイレイ》アルニ非サレハ決《ケツ》シテ町村公金ノ支拂《シハラヒ》ヲ爲《ナ》スヲ得ス

又縦ヒ町村長卽チ收支命令者《シウシメイレイシヤ》ノ命令ヲ受クルト雖モ其支出豫算表《ヨサンヘウ》中ニ豫定ナキカ或《アルヒ》ハ第百九條ノ規定ニ依ラサル命令《メイレイ》ナレハ拒絶《キヨゼツ》スルヿヲ得ルノ權利《ケンリ》アルモノナリ故ニ收入役若シ前項ノ規則《キソク》ヲ犯《ヲカ》シ漫《ミダ》リニ支拂ヲナシタル場合ニ之カ爲メニ町村ニ損失《ソンシツ》ヲ蒙《カフム》ラシメタル片ハ其責任《セキニン》ハ收入役ニ皈《キ》スルモノニシテ其辨償《ベンシヨウ》ヲナスベキモノトス是《コ》レ權利ヲ嚴格《ゲンカク》ニ實行セシメント欲スルニ由ル是レ一方ニ在テハ權利ナリト雖モ他ノ一方ニ在テハ必ス遵守《ジユンシユ》セサルヘカラサルノ義務ナリトス

第百十一條　町村ノ出納ハ毎月例日ヲ定メテ撿査《ケンサ》シ及毎年少クモ一回臨時撿査ヲ爲ス可シ例月撿査《レイゲツケンサ》ハ町村長又ハ其代理者之ヲ爲シ臨時撿査《リンジケンサ》ハ町村長又ハ其代理者ノ外町村會ノ互選《ゴセン》シタル議員一名以上ノ立會《タチアヒ》ヲ要ス

(講)本條ハ收入役ノ取扱《トリアツカ》ヒタル出納調査《スイノフシラベ》ノ方法ヲ規定シタルモノナリ

出納《スイノウ》ヲ調査《テヨウサ》スル方法二アリ卽チ左ノ如シ

第一　例月撿査《レイゲツケンサ》

第二　臨時撿査《リンジケンサ》

例月撿査トハ毎月一回例《クワイレイ》日ヲ定メ町村長又ハ代理者《ダイリシヤ》ニテ撿査《ケンサ》ス

臨時《リンジ》撿査《ケンサ》トハ一ヶ年一回以上臨時《リンジ》撿査《ケンサ》ヲ為ス臨時撿査ヲ為スニハ町村長又ハ其代理者ノ外町村會ノ互選《ゴセン》シタル議員一名以上ノ立會《タチアヒ》ヲ要ス

此二箇《カ》ノ撿査《ケンサ》ヲ要スル所以ハ収支命令書ニシテ果《ハタ》シテ其命令《メイレイ》ノ如ク實行《ジツカウ》セラレシヤ否《イナ》ヤヲ調査《チヨウサ》センカ為《タ》メナリ又臨時撿査ニ町村會議員ノ立會《タチアヒ》ヲ要スル所以ハ其収支《シウシ》命令《メイレイ》ハ果《ハタ》シテ町村會ノ議決ニ背《ソム》クヿナキヤ又町村ノ財産ハ果《ハタ》シテ正當ニ保護《ホゴ》セラルヽヤ否《イナヤ》ヲ調査《チヨウサ》スル等《トウ》ニ在ルナリ

第百十二條　決算《ケツサン》ハ會計年度ノ終ヨリ三箇月以内ニ之ヲ結了《ケツレウ》シ證書類ヲ併セテ収入役ヨリ之ヲ町村長ニ提出《テイシユツ》シ町村長ハ之ヲ審査《シンサ》シ意見ヲ附シテ之ヲ町村會ノ認定《ニンテイ》ニ付ス可シ第六十二條第六項ノ場合ニ於テハ前例ニ依リ町村長ヨリ直ニ之ヲ町村會ニ提出ス可シ其町村會ノ認定ヲ經タルトキハ町村長ハ之ヲ郡長ニ報告《ハウコク》ス可シ

（講）本條ハ決算報告《ケツサンホウコク》ニ關《クワン》スル事ヲ規定シタルモノナリ
本條ニ據《ヨ》レハ決算報告《ケツサンホウコク》ヲ分テ二トス
第一　收入役ノ決算報告
第二　町村長ノ決算報告
收入役ハ毎會計年度《マイクワイケイチンド》ノ終《オハリ》ヨリ三ケ月以内ニ其會計年度内ノ歳入出々納《サイコウシユツスイナウ》決算ヲ結了《ケツレウ》シ之ニ關係《クワンケイ》書類ヲ添《ソ》ヘ町村會ニ提出《テイシユツ》スルモノトス町村會員ハ收入役ヨリ提出《テイシユツ》シタル收支決算書ヲ撿閲《ケンーツ》シ其決算ノ正否《セイヒ》ニ付意見書《イケンシヨ》ヲ付シ之ヲ町村會ニ提出《テイシユツ》スルモノトス
抑《ソモ／＼》決算報告《ケツサンホウコク》ノ目的《モクテキ》ハ會計上ノ審査《シンサ》ト行政上ノ審査《シンサ》トノ二者ニシテ其會計上ノ審査ハ出納計算《スイケウケイサン》ノ當否《タウヒ》ト實際《ジツサイ》ノ出納其收支命令《シウシメイレイ》ト適合《テキガフ》スルヤ否《イナ》ヲ審査スルニ在リ又行政上ノ審査《シンサ》ハ實際ノ出納ト定額《テイガク》預算表又ハ追加《ツイカ》豫《ヨ》算若《サンモシ》クハ預算變更《カヘル》ノ議決又ハ法律命令ト適合《テキガフ》スルヤ否ヲ查定《シラブル》ニ在リ故ニ會計審査《シンサ》ハ會計主任者《シユニン》ニ對《タイ》シ又行政審査ハ町村理事者《リジシヤ》ニ對シ町村會之ヲ行フモノナリ

第六十二條第六項町村長ニシテ收入役ヲ兼《カ》ヌル場合《バアヒ》ニ於テハ前項ノ例《レイ》ヲ履《フ》ムコ由《ヨシ》ナキヲ以テ町村長ヨリ直《タヾチ》ニ町村會ニ提出《テイシユツ》スヘシ

第百十三條　決算報告ヲ為ストキハ第四十條ノ例ニ準《ジユン》シテ議長代理者共ニ故障アルモノトス

（講）決算報告《ケツサンホウコク》ヲ為ス町村會ノ議場ニテハ第四十條ノ一身上ニ關《クワン》スル忌避《キヒ》ノ場合ノ例《レイ》ニ準《ジユン》シ議長即チ町村長及ヒ代理者即チ町村助役共《トモ》ニ故障《コシヤウ》アルモノトシテ年長ノ議員議長トナルモノトス是《コ》レ議事ノ公平ヲ保《タモ》ツナリ
決算報告ヲ要スル所以ハ計算ヲ明《アキラ》カニシ以テ財政ヲ整頓《セイトン》セシメンカ為メナリ

第五章　町村內各部ノ行政《ギヤウセイ》

（講）本章ニハ一町村內ノ區即チ便宜《ベンギ》ノ為《タ》メニ設《マウ》ケタル區部《クブ》ニシテ別ニ一區ヲ為ス所ニ關《クワン》スル行政ノ事ヲ掲《カヽ》グ

第百十四條　町村內ノ區（第六十四條）又ハ町村內ノ一部若クハ合併町村（第四條）ニシテ別ニ其區域ヲ存シテ一區ヲ為スモ

ノ特別《トクベツ》ニ財產ヲ所有シ若クハ營造物《エイゾウブツ》ヲ設《マウ》ケ其區限リ特ニ其費用（第九十九條）ヲ負擔《フタン》スルトキハ郡參事會ハ其町村會ノ意見ヲ聞キ條例ヲ發行《ハツカウ》シ財產及營造物ニ關スル事務ノ爲メ區會又ハ區總會《クソウクワイ》ヲ設クルコトヲ得其會議ハ町村會ノ例《レイ》ヲ適用スルコトヲ得

（講）本條ハ市制第百十三條ト同樣ノ場合ニ必要ナルモノナリ

町村內ノ區トハ第六十四條ニ據《ヨ》リ町村ノ區域廣濶《クイヱクワウクワツ》ナルトキ又ハ人口稠密《チウミツ》ナルトキ町村會ノ議決ニ依リ數區《スウク》ニ分チタル場合ヲ云ヒ合併町村トハ第四條第二項ニ依リ町村ノ資力貧弱《シリヨクヒンジヤク》ニシテ法律上ノ義務ヲ負擔《フタン》スル能《アタ》ハス又ハ公益上ノ必要アル場合ニ町村ヲ合併《カツペイ》シタル場合ヲ云ヒ又區會トハ第三十一條ニ於テ小町村ノ公民總會《ソウクワイ》ヲ以テ町村會ニ代《カ》フルノ例《レイ》ヲ此《コヽ》ニ適用《テキヨウ》シ別ニ區會ヲ設ケス區內ノ公民總《ソ》寄合《ヨリアヒ》ヲ爲スノ法ヲ許シタルモノヲ云フナリ

凡《オヨ》ソ本制ハ市町村ノ統一《トウイツ》ヲ尙《タツト》フモノニシテ一自治團結《ダンケツ》內ニ更《サラ》ニ獨立《ドクリツ》ノ小組織《ソシヨク》ヲ存續《ソンゾク》スルノ謂《イハ》レ無シ故ニ町村ノ下ニ幾許《イクバク》ノ區アルモ決《ケツ》シテ一ノ自治區ヲ爲

スモノニアラス然レ圧實際《ジツサイ》ニ就テ之ヲ見レハ從來《ジウライ》ノ慣行《シキタリ》ニ依リ現今ノ町村區《ク》域《イキ》內ニ特別ノ財產ヲ有スル部落《ブラク》アルハ勿論本條施行《シカウ》ノ際《サイ》現今ノ小町村ヲ合併スレハ更ニ幾多《イクバク》ノ部落アル町村ヲ生スルハ實際免《マヌ》カレサル所ノモノナリ故ニ此等各部落ニ特別《トクベツ》ノ財產アリ又營造物アリテ其區限リ獨立ノ組織ヲ要スルノ事情アラハ可成其慣行《シキタリ》ヲ存シテ各部落《ブラク》ノ利害ヲシテ互ニ牴觸《テイシヨク》セシメサルヲ要スルノ旨意ナリ

町村內ノ一區一部落ニシテ特別《トクベツ》ニ財產アリ又ハ營造物卽チ學校病院等ヲ設ケ其區又ハ部落限《カギ》リ獨立《ドクリツ》シテ其費用ヲ負擔スル圧ハ町村會ノ意見ヲ聞キ郡參事會ノ議決ヲ以テ町村條例ヲ發シ其財產及營造物ニ關スル事務ノ爲メ區會又ハ區總會《クソウクワイ》ヲ設クルヿヲ得其會議ハ町村會ノ組織ト同シクシテ町村會ノ例ヲ適用スルコトヲ得ルモノナリ本條ノ如キハ實際ノ道理《ダウリ》ニ反スルガ如シト雖トモ實際ノ情況《ジヨウキヤウ》ヲ酌《ク》ミ將來《コレカラ》ノ軋轢《アツレキ》ヲ避ケンカ爲メ規定シタルモノナリ

第百十五條　前條ニ記載《キサイ》スル事務ハ町村ノ行政ニ關スル規則ニ依リ町村長之ヲ管理《クワンリ》ス可シ但區ノ出納及會計ノ事務ハ之ヲ分別《ブンベツ》ス可シ

(譯)前條ノ如ク町村内ノ區又ハ部落《ブラク》ノ財産《ザイサン》又ハ營造物《エイザウブツ》ニ關スル事務ノ爲メ設ケタル正會ノ議決ハ町村ノ行政規則ニ依リテ之ヲ町村長ノ管理《クワンリ》ニ付《フ》ス是レ町村内ニ於テ獨立《ドクリツ》ノ法人ヲナセル區又ハ合併町村ニシテ別ニ區域《クイキ》ヲ存《ソン》スル區ト異《コト》ナレハナリ故ニ獨立區會《ドクリツククワイ》等ニ於テ越權《エツケン》等ノ違《イ》法アルトキハ町村長ハ之ヲ停止スルノ權アリ但《タダ》シ區内ノ費金出納及會計ノ事務ハ一般《イツパン》ノ會計ト區別シテ混《コン》同《ドウ》セサル樣ニ注意《チユウイ》スヘシ

第六章　町村組合

町村ノ區畫《クワク》ハ即《スナハ》チ廣濶《ヒロキ》ニ過ギテ施政《シセイ》ノ周到《シウトウ》ヲ妨《サマタ》グ可ラス又狹隘《セマキ》ニ失《シツ》シテ町村ノ負擔《フタン》ニ堪《タ》ヘサラシム可ラス故ニ本制ニ於テモ亦此目的《モクテキ》ヲ以テ既ニ第四條ニ廢置《ハイチ》分合《ブンガウ》ノ法ヲ設《マウ》ケタリ而シテ本章ノ組合《クミアヒ》ニ必要トスルハ水利土功ノ聯合《レンガウ》又ハ學校維持《イジ》ノ聯台《レンガウ》等ノ如キ已《ヤム》ヲ得サルモノ又ハ古來《コライ》ノ慣習《シキタリ》ニ於テ調和《チヨウワ》ヲ得サ

ル町村ノ如キ或ハ地理ノ便否《ベンピ》人口ノ多寡《タクワ》ニ由リ各部合同ヲ得サル等ノ事アリテ到底《ツマリ》合併ヲ施《ホドコ》ス能ハサル場合ハ事務共同《ケヨウドウ》ノ爲メ各町村ノ獨立《ドクリツ》ヲ害《ガイ》スルコトナクシテ小町村ノ能《ヨ》ク其負擔《フタン》ニ堪《タ》フルノ法ナカル可カラス是レ特《トク》ニ本章ヲ設ケ町村組合ヲ許《ユル》ス所以ナリ

第百十六條　數町村ノ事務ヲ共同處分《キヨウドウショブン》スル爲メ其協議ニ依リ監督官廳ノ許可ヲ得テ其町村ノ組合ヲ設クルコトヲ得

法律上ノ義務ヲ負擔スルニ堪フ可キ資力ヲ有セサル町村ニシテ他ノ町村ト合併《ガッペイ》(第四條)スルノ協議《ケフギ》整《トトノ》ハス又ハ其事情ニ依リ合併ヲ不便《フベン》ト爲ストキハ郡參事會ノ議決ヲ以テ數町村ノ組合ヲ設ケシムルコトヲ得

(講)本條ハ町村組合ヲ設《マウ》クルノ場合及其方法ヲ規定シタルモノナリ事務ヲ共同處分スルトハ水利土功《スイリドコウ》ノ如キ是レナリ水利土功ハ其利害得失《リガイトクシツ》數町村ニ關《クワン》スル尠《スクナ》シトセス而シテ亦是等ノ事務ハ或ハ一町村ノ負擔《フタン》ニ堪《タ》ヘサルノ事情《ジジヤウ》ヨリ起《オコ》ルモノアリ或ハ關係《クワンケイ》町村ノ便宜《ベンギ》上ヨリ出ツルモノアリ

此等ノ場合ニ於テ各町村各別ニ之ヲ處分セントスルトキハ其不便ヲ來スヘシ

是レ本制ノ設ケアル所以ナリ

此共同處分ノ必要アルニ當テハ監督官廳《カントクヤクシヨ》ノ許可《ニンカ》ヲ得テ其關係町村ノ組合ヲ設クルコヲ得

又相當ノ資力《シリヨク》ヲ有セスシテ町村タルニ必要ノ支出ヲ爲スヲ得サルカ如キ貧乏《ヒンボウ》之ナル小町村ニシテ古來ノ慣習《シキタリ》ニ依テ其合併ヲ妨《サマタ》ゲ或ハ各部人情ヲ異ニシ爲メニ其調和《チヨウクワ》ヲ害シ或ハ地理ノ便否等アルカ爲メニ言フ可クシテ行フ可カラサルトキハ郡參事會ノ權力《ケンリヨク》ヲ以テ事務共同ノ爲メ强テ組合ヲ設ケシムルコトヲ得ルナリ

理由ニ曰ク「本制ノ希望《キバウ》スル如ク有力ノ町村ヲ造成シ又郡ヲ以テ自治體ト爲ストキハ其他別ニ區畫《ククワク》ヲ設クルノ必要ナカルヘキナリ殊ニ一事件アル毎ニ特《トク》別《ベツ》ノ聯合《レンカフ》ヲ設クルヲ要セサル可シ若シ漫《ミダリ》ニ聯合ヲ設クルトキハ行政事務簡明ナラス其組織錯綜《イリマジリ》ヲ極メ費用モ亦隨テ增加スルヲ免レサルハ英國ノ實例ヲ以テ證スルニ足ルヘシ獨リ水利土功ノ聯合《レンカフ》又ハ小町村ニ於テ學校ノ聯合ヲ設ク

ルカ如キハ萬已ヲ得サルモノニシテ皆別法ヲ以テ規定セザルヘカラス然レドモ其別法ノ發布セサル間ハ本制ニ於テ豫メ之ガ方法ヲ設ケサルヘカラス又此必要アルノ外往々町村組合ヲ設クルノ活路《クワツロ》ヲ示スヘキモノアリ即本制ニ於テハ關係町村ノ協議《ケウギ》ヲ以テ其組合ヲ爲スノ目的組合會議ノ組織《ソシヨク》、事務管理ノ方法及費用ノ支辦《シベン》方法等ヲ定ムルトキハ（町村制第百十六條第一項、第百七十條第一項）監督官廳《カントククワンチヤウ》即郡長ノ許可ヲ得テ組合ヲ爲スコトヲ許セリ町村ニ於テ相當ノ資力ヲ有セサルトキ組合ヲ爲サシムルヲ必要ト爲スガ如キ是ナリ此ノ如キ場合アルトキハ町村制第四條ニ於テ合併スヘキコトヲ規定スト雖モ事情ニ依リテハ合併ヲ施《ホドコ》ス可カラズ又ハ之ヲ不便ト爲スコトナシトセス例ヘハ該町村ノ互ニ遠隔《エンカク》スルガ如キ又ハ古來ノ慣習《クワンシツ》ニ於テ調和ヲ得サルガ如キノ類アリ此ノ如キニ至テハ其町村ノ異議アルニモ拘ラズ事務共同ノ爲メ組合ヲ爲サシムルノ權力ナカルヘカラス其組合ヲ成ストキハ第四條ノ場合ニ異ニシテ其各町村ノ獨立ヲ存シ又別ニ町村長町村會若クハ町村總會ヲ有スヘキ理ナリ然レトモ其組合ヲ成ス所ノ共同事務ノ多寡《タクワ》及種類《シユルヰ》ハ其組合ニ依テ互ニ異ナルモノトス」ト以テ本項ノ理由ヲ知ルヘシ

第百十七條　町村組合ヲ設《マフ》クルノ協議《ケフギ》ヲ爲スヘキハ（第百十六條第一項）組合會議ノ組織《ソシヨク》、事務ノ管理《クワンリ》方法《ハウハウ》並其費用ノ支辨方法ヲ併《アハ》セテ規定ス可シ

前條第二項ノ塲合ニ於テハ其關係町村ノ協議ヲ以テ組合費用ノ分擔《ブンタン》法等其他必要ノ事項ヲ規定ス可シ若シ其協議整《トヽノ》ハサルトキハ郡參事會ニ於テ之ヲ定ム可シ

（講）本條ハ組合ヲ設クル爲メニ要スヘキ事項ヲ規定シタルモノナリ

第一項ハ組合會議ノ組織《クミタテ》事務ノ管理《クワンリ》幷ニ費用支出等ノ法ヲ議定スヘキヿヲ定メタルモノニシテ前條第一項ニ依リ協議《ケフギ》ヲ以テ組合ヲ爲スヰハ組合ニ必要ナル此等ノ事項ヲ議セサルヘカラス而シテ其會議ノ組織ハ各町村議員總員ヲ以テ組織《ソシヨク》スルモ亦議員中ニテ委員ヲ互選《ゴセン》シテ之ニ充《ア》ツルモ共《トモ》ニ組合ノ隨意《カツテ》ナリトス又事務管理ノ方法ハ各町村長互《タガヒ》ニ交代《コウタイ》シテ之ヲ掌《ツカサド》ルモ又ハ別ニ組合町村長ヲ置キ以テ組合事務ヲ處理《シヨリ》セシムルモ是亦組合ノ隨意《カツテ》ナリトス

前條第二項ノ塲合ニ於テ組合ヲナスヰハ其組合町村ノ費用各自ノ分擔額《ブンタンガク》其他ノ事項ヲモ協議《ケフギ》ヲ遂《ト》ケ其規則ヲ設《マウ》クヘシ若《モ》シ協議整《トヽノ》ハサルトキハ郡參事會ニ

於テ之ヲ定ムヘシ

理由ニ曰ク「組合議會ノ組織、事務管理《クワンリ》ノ方法、費用支辨ノ方法殊《コト》ニ分擔ノ割《ワリ》合《アヒ》ハ本制ニ於テ豫《アラカジ》メ之ヲ規定セス實際ノ場合ニ於テ便宜《ビンギ》其方法ヲ制《セイ》スヘシ故ニ組合ハ特別《トクベツ》ノ議會ヲ設ケ或ハ各町村會ヲ合シテ會議ヲ開キ或ハ互選《ゴセン》ノ委員《ヰイン》ヲ以テ議會ヲ組織シ或ハ各町村會別箇ニ會議ヲ爲シ其各議會《カクギクワイ》ノ一致ヲ以テ全組合ノ議決《ギケツ》ト爲スノ類各其宜キニ從フ可シ又組合ノ費用ハ或ハ特別ノ組合費トシテ之ヲ各個人ニ賦課《フクワ》シ或ハ之ヲ各町村ニ賦課シ以テ其賦課徴收ノ法ヲ各町村ノ便宜《ビンギ》ニ任スルヲ得可シ各町村分擔ノ割合ハ利害ノ輕重《ケイジウ》、土地ノ廣狹、人口ノ多寡《タクワ》及納税力《ナフゼイリヨク》ノ厚薄ヲ以テ標準ト爲ス可シ其納税力ノ詮定方《シラベキメカタ》ニ至テモ亦之ヲ一定スルヿ能ハサル可シ以上ノ各事項ニ關シ本制ハ全ク實地宜キニ從フヲ許セリ故ニ各地方ニ於テ其便ト爲ス所ヲ採擇《サイタク》ス可シ」ト

第百十八條　町村組合ハ監督官廳《カントククワンチヤウ》ノ許可ヲ得ルニ非サレハ之ヲ解《ト》クコトヲ得ス

（講）本條ハ組合ヲ解散《カイサン》スルニハ監督官廳《カントクヤクシヨ》ノ許可ヲ得テ之ヲ爲ス可キコトヲ

定メタルナリ
町村組合ハ協議《ケワギ》ヲ以テ成立シタル者ナレハ又協議《ケワギ》ニ依リテ解散《カイサン》スルヲ得ヘシト雖モ一旦成立シタル上ハ行政監督《カントク》即チ郡長ニ於テ之ヲ許可スルニ非レハ解《カイ》散スルヲ得サルヘシ

第七章 町村行政ノ監督《カントク》

本制ハ分權ノ主義《シユギ》ニ基《モトツ》キ行政ノ事務ヲ地方ニ分任シ地方人民ヲシテ之ヲ負擔セシメ自治ノ實《ジツ》ヲ全カラシムルノ精神《セイシン》ナレ氏又一方ニハ之ヲ統轄《トウカツ》シテ其大綱《オホツナ》ヲ握《ニギ》リ以テ地方事務ヲ放任セス之カ撿束《トリシマリ》ヲ設《マウ》クルナリ是レ本章ノアリテ地方行政ヲ監督スル所以ナリ

第百十九條　町村ノ行政ハ第一次ニ於テ郡長之ヲ監督《カントク》シ第二次ニ於テ府縣知事之ヲ監督シ第三次ニ於テ内務大臣之ヲ監督ス但法律ニ指定《シテイ》シタル場合ニ於テ郡參事會及府縣參事會ノ參與スルハ別段《ベツダン》ナリトス

（講）本條ハ監督官廳《ヤクシヨ》ノ段階《ダンカイ》ヲ設《マウ》ケタルモノニシテ監督ノ目的《モクテキ》三アリ理由書ニ

曰ク
第一　法律《ハウリツ》有効ノ命令及官廳ヨリ其權限《ケンゲン》內ニテ爲シタル處分ヲ遵守《ジユンシユ》スルヤ否ヤヲ監視スル事
第二　事務ノ錯亂澁滯《ミダレトドコホリ》セサルヤ否ヤヲ監視シ時宜ニ依テハ强制《ムリオシ》ヲ施《ホドコ》ス事
第三　公益ノ妨害《バウガイ》ヲ防《フセ》キ殊《コト》ニ市町村ノ資力《シリヨク》ヲ保持《ホジ》スル事
町村ハ市ト均シク國ノ一部分ナレハ官廳《ヤクシヨ》ノ之ヲ監督シ其秩序《チツジヨ》ヲ保持《ホジ》セシムルハ卽チ國ノ主權《シユケン》ニ屬《ゾク》スルモノナリ故ニ本條ニハ其監督ノ序次ヲ示シ町村ハ行政ノ階級《カイキフ》上ニ於テハ郡ノ下ニ位スル最下級ノ區域ナレハ之ヲ監督スルハ郡長ニシテ次ハ府縣知事其最上班《ハン》ノ監督官廳ヲ內務大臣ト爲スナリ但此法律中郡參事會及府縣參事會監督事務ニ參與スルハ格別《カクベツ》ニシテ此場合ニ於テハ郡參事會ハ卽チ第一次ノ監督官廳ニシテ府縣參事會ハ第二次ノ監督官廳ナリ

第百二十條　此法律中別ノ規定《キテイ》アル場合ヲ除クノ外凡町村ノ行政ニ關スル郡長若シクハ郡參事會ノ處分若クハ裁決ニ不服

アル者ハ府縣知事若クハ府縣參事會ニ訴願《ソグワン》シ其府縣知事若クハ府縣參事會ノ裁決ニ不服アル者ハ內務大臣ニ訴願スルコトヲ得

町村ノ行政《ギヤウセイ》ニ關スル訴願ハ處分書若クハ裁決書ヲ交付《コウフ》シ又ハ之ヲ告知《コクチ》シタル日ヨリ十四日以內ニ其理由ヲ具シテ之ヲ提出《テイシユツ》ス可シ但此法律中別ニ期限《キゲン》ヲ定ムルモノハ此限ニ在ラス

此法律中ニ指定《シテイ》スル場合ニ於テ府縣知事若クハ府縣參事會ノ裁決《サイケツ》ニ不服アリテ行政裁判所ニ出訴セントスル者ハ裁決書ヲ交付シ又ハ之ヲ告知シタル日ヨリ二十一日以內ニ出訴ス可シ

行政裁判所ニ出訴スルコトヲ許シタル場合ニ於テハ內務大臣ニ訴願スルコトヲ得ス

訴願及訴訟ヲ提出《テイシユツ》スルトキハ處分又ハ裁決ノ執行ヲ停止《テイシ》ス但此法律中別ニ規定アリ又ハ當該官廳《タウガイクワンチヤウ》ノ意見ニ依リ其停止ノ爲メニ町村ノ公益《コウエキ》ニ害アリト爲ストキハ此限ニ在ラス

（講）本條ハ監督處分《カントクシヨブン》ニ對《タイ》シ上訴スルノ順序《シダイ》ヲ規定セリ

本條第一項ニ據《ヨ》レハ此法律中別段ノ規定アル場合ハ訴願ヲ許サヽル者トス第一ノ監督者《カントクシヤ》ハ郡長ニシテ若シ郡長ニ於テ其處分《シヨブン》ヲ怠《オコタ》リ又ハ處分ス可カラスト認《ミト》メテ處分ヲ爲《ナ》サヽル時ハ府縣知事ニ於テ處分シ若シ府縣知事ニ於テ處分ヲ怠《オコタ》リ或《アルヒ》ハ處分ス可カラスト認《ミト》メ處分セサルトキハ内務大臣ニ於テ處分ヲ爲ス

別段ノ規定アル場合トハ本條第三項行政裁判所ニ出訴スルヿヲ得ル場合ヲ謂フモノナリ又府縣知事若《モシ》クハ府縣參事會ノ處分又ハ裁決ニ對《タイ》シテ行政裁判所ニ出訴スルヿヲ得ル場合ハ市制第百十六條ニ明カナレハ今茲ニ略ス

第二項　訴願ハ處分若《モシ》クハ裁判書ヲ交付《コウフ》シ又ハ之ヲ告知《コクチ》シタル日ヨリ十四日以内ニ理由ヲ具《グ》シテ之ヲ提出《サシダ》ス可キ者トセリ其訴願トハ獨《ヒトリ》内務大臣ニ爲ス訴願ニ限《カギ》ラス町村會若クハ郡參事會ノ處分又ハ裁決ニ對シ府縣知事若クハ府縣參事會ニ爲ス訴願及町村會若クハ郡參事會ニ爲ス訴願モ亦本項ノ想見《サウケン》スル所ナリ

第三項ハ府縣知事若クハ府縣參事會ノ裁決ニ不服アリテ行政裁判所ニ出訴スルヿヲ得ルナリ而シテ行政裁判所ニ出訴スルヿヲ得ルハ此法律ニ規定セル場合ニアラスンハ其出訴ヲ許《ユル》サス

訴願訴訟ヲ許シ階級《カイキウ》ノ審理《シンリ》ヲ為ス所以ハ凡ソ人神明ニアラサレハ誰カ誤リナキヲ保センヤ故ニ其重複ヲ顧《カヘリ》ミルヿ能ハサルニ由ル然レ𪜈若シ際限《サイゲン》ナク何時ト雖モ訴願若クハ訴訟ヲ為スコト、セハ殆ント底止《トヾマ》ル所ヲ知ラス為メニ行政事務ノ澁滯《トドコホリ》ヲ來《キタ》スノ恐レアルヲ以テ本條ニ於テ期限ヲ定メ其期限外ニ於テハ訴願訴訟ヲ為スヿヲ得ストシタル所以ナリ

第五項ニ據《ヨ》レハ訴願訴訟起《オコ》レハ執行《シツカウ》ヲ停止《テイシ》セサルノ規程《キテイ》アリ又ハ其訴願訴訟ヲ審理《シンリ》スル官衙《ヤクシヨ》會議ノ見込《ミコミ》ニテ執行ヲ停止《テイシ》スルトキハ町村ノ公益ニ害アリト為ス場合ハ停止《テイシ》スル限リニ在ラサルナリ

第百二十一條　監督官廳ハ町村行政ノ法律命令ニ背戻《ハイレイ》セサルヤ其事務錯亂《サクラン》澁滯《シフタイ》セサルヤ否ヲ監視ス可シ監督官廳ハ之カ為メニ行政事務ニ關シテ報告ヲ為サシメ豫算及決算等ノ書類帳《シヨルヰチヤウ》

簿《ボ》ヲ徴《チヤウ》シ並實地ニ就テ事務ノ現況《ゲンキヤウ》ヲ視察《シサツ》シ出納ヲ撿閲スルノ權ヲ有ス

(講)本條ハ監督官廳ノ職權ヲ示シタルモノニシテ第百十九條監督《カントク》ノ目的ヲ適用シタルモノナリ市制第百十七條ノ講義ヲ參看スヘシ

第百二十二條　町村又ハ其組合ニ於テ法律勅令ニ依テ負擔シ又ハ當該官廳ノ職權《シヨクケン》ニ依テ命令スル所ノ支出ヲ定額豫算《テイガクヨサン》ニ載セス又ハ臨時之ヲ承認《シヨウニン》セス又ハ實行セサルトキハ郡長ハ理由ヲ示シテ其支出額ヲ定額豫算表ニ加ヘ又ハ臨時支出セシムル可シ

町村又ハ其組合ニ於テ前項ノ處分ニ不服アルトキハ府縣參事會ニ訴願シ其府縣參事會ノ裁決ニ不服アルトキハ行政裁判所ニ出訴スルコトヲ得

(講)本條ハ第百十九條ノ監督《カントク》第一ノ目的ヲ示スモノニシテ町村又ハ其組合ニ於テ相當ノ義務ヲ盡サヽル場合ニ在テハ其第一ノ監督官廳タル郡長ニ於テ强制《キヨウセイ》シテ之ヲ爲サシムルノ權ヲ有スル旨《ムネ》ヲ定ムルナリ

第百二十三條　凡町村會ニ於テ議決ス可キ事件ヲ議決セサルトキハ郡《グン》參《サン》事《ジ》會《クワイ》代テ之ヲ議決ス可シ

(講)本條ハ監督第三ノ目的ヲ示シタルモノニシテ町村會ニテ議決スヘキ事柄ヲ議決セサルトキハ郡參事會之ニ代テ議決スベキナリ是亦町村會ノ怠慢《タイマン》ヲ防《バウ》制《セイ》シテ監督ノ目的ヲ達スルニ必要ナルヿニテ夫《カ》ノ支出ノ豫算ヲ議決セザル場合等ニ應用《ワウヨウ》スルコトナルベシ

町村會ハ町村ノ代表者ニシテ町村一般ノ福利《フクリ》ヲ増進《ゾウシン》スルノ義務アリ故ニ町村ニ於テ議決スヘキ事件ヲ議決セサルトキハ郡參事會之ニ代テ議決スルヿヲ得ルヿヲ定ムルナリ

第百二十四條　内務大臣ハ町村會ヲ解散《カイサン》セシムルコトヲ得解散ヲ命シタル場合ニ於テハ同時ニ三箇月以内更《サラ》ニ議員ヲ改選《カイセン》ス可キコトヲ命ス可シ但改選町村會ノ集會スル迄ハ郡參事會町村會ニ代テ一切ノ事件ヲ議決ス

(講)本條ハ町村會ニ對《タイ》スル内務大臣ノ町村會ヲ解散スル權ヲ規定セルモノナリ町村會ハ町村ノ事務ヲ議スルノ權限《ケンゲン》アルノミ若《モ》シ町村會ニシテ大政ノ如何《イカン》

ニ論《ロンキウ》及スル等凡《オヨソ》此界限《カイゲン》ヲ越《コ》ユレハ則チ法律ニ背戻《ハイレイ》シテ國安ニ害《ガイ》アリ本條ハ此點ノ豫防《ヨボウ》ナリ内務大臣ハ町村會ヲ解散《カイサン》スルノ權アリ解散ヲ命《メイ》スルト同時ニ三ケ月以内ニ更ニ議員ヲ改選《カイセン》スヘキヿヲ命セサルヘカラス然ルニ内務大臣ハ如何ナル場合ニ於テ議會ノ解散ヲ命シ得ルヤ明文ナシト雖モ町村會ニシテ地方ノ公益ヲ害《ガイ》スル決議ヲ為《ナ》シ又ハ疎暴過激《ソボウクワゲキ》ノ議論ヲ為シ地方ノ靜謐《セイヒツ》ヲ害スル如キ場合アランソ乎是レ即チ町村會解散權ノ必要ナル所以ナリ

第百二十五條　左ノ事件ニ關《クワン》スル町村會ノ議決ハ内務大臣ノ許可ヲ受クルコトヲ要ス

一　町村條例《テウソンデウレイ》ヲ設ケ並改正スル事

二　學藝《ガクゲイ》、美術《ビジユツ》ニ關シ又ハ歴史上貴重《キチヨウ》ナル物品ノ賣却讓與《ジヨウヨ》質入書入交換《カウクワン》若クハ大ナル變更《ヘンカウ》ヲ爲ス事

前項第一ノ場合ニ於テ人口一萬以上ノ町村ニ係《カヽ》ルトキハ勅《チヨク》裁《サイ》ヲ經テ之ヲ許可ス可シ

▲參照　明治十八年八月十五日第二十五號布告
土地ニ賦課スル區町村費ハ明治十九年度ヨリ地租七分ノ一ヲ超過スルヲ得ス但非常ノ費用ハ(預知スヘカラサル天災時變ノ費用ヲ云

(講)町村條例ヲ設《マウ》ケ若《モシ》クハ之ヲ改正《カイセイ》スルノ議決ニ付テハ內務大臣ノ許可ヲ要スル所以ハ元來法規ヲ立ツルハ國權ニ屬《ゾク》スルモノト雖モ或《ア》ル範圍《ハンイ》內ニ於テ之ヲ自治區ニ付與《フヨ》スル所以ノモノハ一國ノ立法權ヲ以テ周《アマネ》ク地方ノ情況《ジヨウキヨウ》ヲ酌量《シヤクレウ》シ其特殊《トクシユ》ノ需要《モトメ》ニ應《ワウ》スルコト能ハサルニ因《ヨ》ル故ニ町村條例ハ固《モト》ヨリ法律命令ノ範圍《ハンヰ》內ニ於テ之ヲ制定《セイテイ》セサル可カラサルモノナレハ之カ監督官廳《カントクヤクシヨ》タル內務大臣ハ常《ツネ》ニ其條例ノ法律命令ト相抵觸《テイシヨク》セサルヤ否《イナ》ヤヲ監視《カンシ》セサルヘカラス且《カツ》勅裁《チヨクサイ》ヲ要スル所以ハ町村條例ハ行法權ヨリ發スル所ノ行政命令ノ一ナルヲ以テ其行政ノ長官タル君主ノ勅裁ヲ奏請《ソウセイ》シテ町村條例ニ強制執行《キヨウセイシツカウ》ノ效力《コウリヨク》ヲ附與《フヨ》セシカ爲メナリ

第百二十六條　左ノ事件ニ關スル町村會ノ議決《ギケツ》ハ內務大臣及大藏大臣ノ許可ヲ受クルコトヲ要ス

一　新ニ町村ノ負債《フサイ》ヲ起シ又ハ負債額ヲ增加シ及第百六條第二項ノ例ニ違《タガ》フモノ但償還期限《シヤウクワンキゲン》三年以內ノモノハ此限ニ在ラス

フ)別ニ賦課スルヲ得此場合ニ於テハ區町村會若クハ水利土功會ノ評決ヲ取リ府知事縣令ノ指揮ヲ請フヘシ
○明治十四年二月二十八日第十六號布告
府縣警察費ニ對シ國庫ヨリ下渡シ金ノ割合來ル十四年度ヨリ左ノ通相定メ候條此旨布告候事
第一條　東京府ハ警察費總高ノ十分ノ六トス
第二條　京都府大坂府並各縣(沖繩縣ヲ除

二　町村特別税《トクベツゼイ》並使用料、手數料ヲ新設《シンセツ》シ增額《ゾウカク》シ又ハ變更《ヘンカウ》スル事
三　地租七分ノ一其他直接《チヨクセツ》國稅百分ノ五十ヲ超過《テウクワ》スル附加《フカ》稅《ゼイ》ヲ賦課スル事
四　間接《カンセツ》國稅ニ附加稅ヲ賦課スル事
五　法律勅令ノ規定ニ依リ官廳ヨリ補助《ホジヨ》スル歩合金《ブアヒキン》ニ對シ支出金額ヲ定ムル事

(講)本條ハ國家經濟《ケイサイ》ニ係《カヽ》ルヲ以テ內務大藏兩大臣ノ許可ヲ受クルモノトス第百六條第二項ノ例ニ違《タガ》フモノ但《タヾシ》町村內ノ負債《フザイ》ニシテ償還《シヤウカン》期限三年以內ノモノハ本條ニ依ルノ限リニアラス

本條ニ於テ第三十三條町村會ノ議決中內務大藏兩大臣ノ許可ヲ受クルヲ要スル事件及其所以ハ市制第百二十二條ト同一ナリ同條參觀スヘシ

第百二十七條　左ノ事件ニ關スル町村會ノ議決ハ郡參事會ノ許可《キヨカ》ヲ受クルコトヲ要ス

タ）ハ地方稅支出高ノ十分ノ三トス
第三條　前二ケ條割合ノ外警察官吏（巡査ヲ除ク）ノ外（等外吏トモ）並之ニ準スヘキ檔内外國人ノ諸給與警視廳ノ廳費ハ從前ノ通國庫ヨリ支給ス

一　町村ノ營造物ニ關《クワン》スル規則ヲ設《マウ》ケ並改正《カイセイ》スル事
二　基本財產《キホンザイサン》ノ處分ニ關スル事（第八十一條）
三　町村有不動產ノ賣却讓與《バイキヤクジヤウヨ》並質入書入ヲ爲ス事
四　各個人特ニ使用スル町村有土地使用法ノ變更《ヘンカウ》ヲ爲ス事（第八十六條）
五　各種ノ保證《ホウシヨウ》ヲ與フル事
六　法律勅令ニ依テ負擔《フタン》スル義務ニ非スシテ向五箇年以上ニ亙《ワタ》リ新ニ町村住民ニ負擔ヲ課《クワ》スル事
七　均一《キンイツ》ノ稅率《ゼイリツ》ニ據《ヨ》ラスシテ國稅府縣稅ニ附加稅ヲ賦課《フクワ》スル事（第九十條第二項）
八　第九十九條ニ從ヒ數個人《スウコジン》又ハ町村內ノ一部ニ費用《ヒヨウ》ヲ賦課スル事
九　第百一條ノ準率《ジユンリツ》ニ據ラスシテ夫役《ブエキ》及現品《ゲンピン》ヲ賦課スル事

（講）本條ハ第三十三條ノ町村會ノ議決中郡參事會ノ許可ヲ受クルヲ要スル事

件ヲ規定シタルナリ卽チ左ノ件々ノ議決ハ必ス郡參事會ノ許可ヲ受ケサル可カラス

第一　町村規則ノ新設改正《シンセツカイセイ》

第二　第八十一條ノ基本財産《キホンザイサン》ノ處分《シヨブン》卽チ非常《ヒジヤウ》ノ際《サイ》ニ之ヲ減スル等ノ場合是レ經濟《ケイザイ》上ノ處分ヲ重《オモ》ンスルニ依ル

第三　町村有不動産《フドウサン》ノ處分ノ場合ナリ是レ亦町村有財産維持《イヂ》ニ關係《クワンケイ》スルヲ以テナリ

第四　第八十六條ノ町村住民中ニテ使用スル町村有土地使用法ヲ變更スル場合ナリ是レ卽チ多數ノ議決ヲ以テ細民《サイミン》無産《ムサン》ノ徒《ト》ノ不利ヲ來《キタ》スヲ防《フセク》カ爲ナリ

第五　各種《カクシユ》ノ保證《ホシヨウ》ヲ與《アタ》フル場合是レ卽チ町村カ町村ノ資格《シカク》ヲ以テ共同ノ利益ノ爲メ或《アル》組合ノ事業若《モシ》クハ或會社ノ收益《シウエキ》ニ付キ保証ヲ與《アタ》フルヲ云フ

第六　法律勅令《ハウリツチヨクレイ》ニ依リ負擔《フタン》スルニアラサル義務トハ所謂《イワユル》町村ノ隨意《ズイヰ》事務

ニ付テ五年以上ノ新負擔《シンフタン》ヲ課スル場合ニシテ過度ノ負擔ヲ防《フセ》ガンカ爲メナリ

第七　第九十條第二項町村税ハ平等賦課《ヘイトウフクワ》ノ原則《ケンソク》ニ違《タガ》ヒ國税府縣税ノ町村附加税ヲ彼此不均《ヒシフキン》一ニ賦課《フクワ》スル場合

第八　第九十九條ニ據《ヨ》リ數箇人又ハ町村内ノ一部ニ費用ヲ賦課スル場合第九十九條ノ講義ニ明カナリ

第九　夫役《フヤク》及現品《シナモノ》ノ賦課準率《フクワシユンリツ》ノ事ハ第百一條ノ講義ニ明カナリ

第百二十八條　府縣知事、郡長ハ町村長、助役、委員《ヰヰン》、區長其他町村吏員ニ對シ懲戒處分《チヨウカイシヨブン》ヲ行フコトヲ得其懲戒處分ハ譴責《ケンセキ》及過《クワ》怠金《タイキン》トス郡長ノ處ニ係《カヽ》ル過怠金ハ十圓以下府縣知事ノ處分ニ係ルモノハ二十五圓以下トス

追テ町村吏員《テウソンリヰン》ノ懲戒法ヲ設クル迄ハ左ノ區別ニ從ヒ官吏《クヮンリ》懲戒《チヤウカイ》例《レイ》ヲ適用ス可シ

一　町村長ノ懲戒處分（第六十八條第二項第五）ニ不服アル者ハ郡長《グンチヤウ》ニ訴願シ其郡長ノ裁決《サイケツ》ニ不服アル者ハ府縣知事ニ訴願シ其府縣知事ノ裁決ニ不服アル者ハ行政裁判所ニ出訴スルコトヲ得

二　郡長ノ懲戒處分《チヨウカイシヨブン》ニ不服アル者ハ府縣知事ニ訴願シ府縣知事ノ懲戒處分及其裁決ニ不服アル者ハ行政裁判所ニ出訴スルヿ得

三　本條第一項ニ掲載《ケイサイ》スル町村吏員《リヰン》職務ニ違《タガ》フコト再三《サイサン》ニ

及ビ又ハ其情狀《シヤウ〳〵》重《オモ》キ者又ハ行狀ヲ亂《ミダ》リ廉恥《レンチ》ヲ失《ウシナ》フ者、財産《ザイサン》ヲ浪費《ラウヒ》シ其分ヲ守《マモ》ラザル者又ハ職務《シヨクム》擧ラサル者ハ懲戒《テウカイ》裁判ヲ以テ其職《ソノシヨク》ヲ解《ト》クコトヲ得《ウ》其隨時《ズヰシ》解職《カイシヨク》スルコ「トヲ得可《ウベ》キ者《モノ》ハ（第六十七條）懲戒裁判ヲ以《モツ》テスルノ限《カギリ》「ニ在《ア》ラズ

四 總《スベ》テ解職《カイシヨク》セラレタル者ニ自己《ジコ》ノ所爲《シヨヰ》ニ非《アラ》ズシテ職務《シヨクム》ヲ執《ト》ルニ堪《タ》ヘザルカ爲メ解職《カヰシヨク》セラレタル場合《バアヒ》ヲ除クノ外《ホカ》退隱料ヲ受《ウ》クルノ權《ケン》ヲ失《ウシナ》フモノトス

懲戒《テウカイ》裁判ハ郡長其審問《シンモン》ヲ爲シ郡參事會之《コレ》ヲ裁決《サイクツ》ス其裁決ニ不服アル者ハ府縣參事會ニ訴願《ソグワン》シ其府縣參事會ノ

裁決《サイケツ》ニ不服アル者ハ行政裁判所ニ出訴《シユツソ》スルコトヲ得《ウ》
監督《カントク》官廳ハ懲戒《チヤウカイ》裁判ノ裁決《サイケツ》前吏員《リヰン》ノ停職ヲ命《メイ》シ幷給料
ヲ停止《テイシ》スルコトヲ得

(講)本條ハ町村吏員ノ懲戒處分《チヨウカイシヨブン》ヲ規定シタルモノナリ
町村長以下ノ懲戒《チヨウカイ》ヲ行フハ府縣知事郡長ト定メタルハ凡《オヨ》ソ監督權《カントクケン》アル者ノ懲戒ヲ行フヘキ權アルヘキ旨ヲ採《ト》リタルモノナリ
第二項　他日町村吏員ノ懲戒處分法新設迄ハ左ノ區別ニヨリ官吏懲戒令《チヨウカイレイ》ヲ適用《ヨウ》スヘシトス
一　第六十八條第二項第五ニ規定シアル町村長ノ權內ノ懲戒處分ニ不服アル者ハ郡長府縣知事行政裁判所ト順次《ジユンジ》ニ訴願訴訟ヲ爲ス
二　郡長ノ懲戒處分ハ不服ナレハ府縣知事ニ訴願シ府縣知事ノ懲戒處分及訴

願ノ裁決ニ不服ナレハ行政裁判所ニ出訴スルコトヲ得ルモノトス

三　本條第一項ニ揭《カヽ》グル町村吏員職務ニ違《タガ》フコト再三《サイ》ニ及ヒ又ハ違犯《タガフ》ノ情狀重キ者又ハ素行《ソカウ》修《オサ》マラス破廉恥《ハレンチ》ノ所爲《シヨイ》アル者放蕩奢侈《ハウタウシヤシ》ニシテ職業ヲ汚《ケガ》ス者又ハ其管掌《ツカサド》ル所ノ職務延滯亂雜《エンタイランザツ》ニシテ擧《アカ》ラサル者ハ懲戒裁判ヲ開キテ解職《カイシヨク》スルコトヲ得ルモノトス尤《モツト》モ第六十七條第二項ニヨリ隨時《ズイジ》ニ解職《カイシヨク》スルヲ得ヘキ者ハ懲戒裁判ヲ用ヒサルナリ而シテ解職サレタル者ハ自己《ジコ》ノ所爲《シヨヰ》ニ依ルコニ非スシテ執務《シツム》ニ堪《タ》ヘサル爲メ解職サレタル場合ハ退隱料《タイヽンリヤウ》ヲ受クルヲ得ルモ其他ハ退隱料ヲ受クルノ權ヲ失《ウシナ》フモノトス

四　懲戒裁判トハ臨時解職《リンジカイシヨク》スルコトヲ得サル町村吏員ノ解職《カイシヨク》ヲ言渡《イヒワタ》ス所ノ裁判ヲ云フ此裁判法ハ郡長其取調《トリシラベ》ヲ爲《ナ》シ集議體《シウギタイ》タル郡參事會之レヲ裁決スルナリ

第百二十九條　町村吏員及使丁其職務《シヨクム》ヲ盡サス又ハ權限ヲ越エタル事アルカ爲メ町村ニ對シテ賠償《バイシヤウ》ス可キコトアルトキハ

郡參事會之ヲ裁決ス其裁決《サイケツ》ニ不服アル者ハ裁決書ヲ交付《カウフ》シ又ハ之ヲ告知シタル日ヨリ七日以内ニ府縣參事會ニ訴願シ其府縣參事會ノ裁決ニ不服アル者ハ行政裁判所ニ出訴スルコトヲ得但訴願ヲ爲シタルトキハ郡參事會ハ假《カリ》ニ其財産《ザイサン》ヲ差押《サシオサ》フルコトヲ得

(講)本條ハ町村吏員ノ過誤怠慢《アヤマリオコタリ》ヨリ生《シヤウ》シタル損害《ソンガイ》ヲ賠償《ツグナハ》セシムル旨ヲ示シタルナリ

第八章　附則

(講)附則ハ此法律ニ附加《フカ》シタル規則ニシテ其施行《シカウ》ノ際一時ノ要用ニ充《ア》ツル爲メノ規則ナリ

第百三十條　郡參事會、府縣參事會及行政裁判所ヲ開設《カイセツ》スル迄ノ間郡參事會ノ職務《シヨクム》ハ郡長、府縣參事會ノ職務ハ府縣知事、行政裁判所ノ職務ハ内閣《ナイカク》ニ於テ之ヲ行フ可シ

(講)郡參事會府縣參事會及行政裁判所ヲ開設スル迄ノ間ハ郡參事會ノ職務ハ郡長、府縣參事會ノ職務ハ府縣知事ニテ之ヲ行フモノトス

又行政裁判所設立《セツリツ》ニ至ル迄ノ間《アヒダ》ハ其職務ヲ内閣《ナイカク》ニテ行フハ蓋《ケダ》シ一時ノ便宜タルニ過ギサルナリ

第百三十一條　此法律ニ依リ初テ議員ヲ選擧スルニ付町村長及町村會ノ職務並町村條例ヲ以テ定ム可キ事項《ジカウ》ハ郡長又ハ其指名《シメイ》スル官吏《クワンリ》ニ於テ之ヲ施行《シカウ》ス可シ

(講)此法律ヲ初メテ施行スヘキニ於テ町村會ヲ招集《セウシウ》スル際《サイ》議員撰擧ノ準備《ヨウイ》及町村條例ヲ以テ定ムヘキ事項ハ郡長自ラ之ヲ施行シ又ハ指令シタル官吏ヲシテ之ヲ施行セシム

第百三十二條　此法律ハ北海道、沖縄《オキナワ》縣《ケン》其他勅令ヲ以テ指定スル島嶼《トウショ》ニ之ヲ施行《シカウ》セス別ニ勅令ヲ以テ其制ヲ定ム

(講)此町村制ハ北海道沖縄《オキナワ》其他勅令《チヨクレイ》ヲ以テ追《オツ》テ指定《シテイ》セラル丶島々ニハ本制ヲ施行《シカウ》セズ是レ民度風俗《ミンドフウゾク》ヲ異ニスレハナリ

第百三十三條　前條ノ外特別《トクベツ》ノ事情アル地方ニ於テハ町村會及町村長ノ具申《グシン》又ハ郡參事會ノ具申ニ依リ勅令ヲ以テ此法律

▲參照
第百三十號 明治九年十月十七日布告
各區町村金穀公借共有物取扱土木起功規則自今左之通相定候條此旨布告候事
第一條 凡一區ニ於テ金穀ヲ公借シ若クハ共有ノ地所建物等ヲ賣買スルトキハ正副區戸長並ニ其區内毎町村ノ總代二名ツヽノ内六分以上之ニ連印スルヲ

中ノ條規《デウキ》ヲ中止スルコトアル可シ

(講)前條北海道等ノ外內地ト雖モ此町村制ノ或ル部分ヲ施行スル能ハサル地方ニテハ町村會又ハ町村長等ノ具申ニ依リ已ヲ得サル事情《ジヂヤウ》アルトキハ勅令ヲ以テ此法律中ノ條規《デウキ》ノ施行《シカウ》ヲ中止スルコトアルヘキ旨ヲ定ム是レ町村制ハ市制施行ノ地ト異ナリ土地ノ大小廣狹《クワウケフ》又ハ貧富《ヒンプ》繁閑《ハンカン》ニヨリ事情ヲ異ニスルモノナキニ非レハナリ

第百三十四條 社寺《シヤジ》宗教《シウケウ》ノ組合ニ關シテハ此法律ヲ適用セス現行ノ例規及其他ノ習慣《シウクワン》ニ從フ

(講)社寺宗教ノ組合ハ此制度《セイド》ニ關係《クワンケイ》ナキモノナルヲ以テ此法律ヲ以テ變更スルコトナシ從前ノ通リニテ存スルモノトス

第百三十五條 此法律中ニ記載《キサイ》セル人口ハ最終《サイシウ》ノ人口調査《テウサ》ニ依リ現役軍人ヲ除キタル數ヲ云フ

(講)此法律中ニ記載セル人口ハ最モ新《アタラ》シキ調査《シラベ》ノ中陸海軍現役者ヲ除キタル數ニテ計算スヘシ

要スヘシ
第二條　凡ソ町村ニ於テ金穀ヲ公借シ若クハ共有ノ地所建物等ヲ賣買スル時ハ正副區戸長并ニ其町村内不動産所有ノ者六分以上之ニ連印スルヲ要スヘシ
但右不動産所有者ヨリ其總代ヲ選ンデ之ガ代理タラシムルハ其都合ニ任スヘシ
第三條　凡ソ區内若クハ町村ニテ土木ヲ起功スル時ハ其區ト町村ナル

第百三十六條　現行ノ租税中此法律ニ於テ直接《チヨクセツ》税又ハ間接税トス可キ類別《ルヰベツ》ハ内務大臣及大藏大臣之ヲ告示ス

(講)現行《イマ》ノ租税《ソゼイ》ニ付キ此法律中ニ云《イ》フ直接間接《カンセツ》税トノ區別ハ内務大藏兩大臣ノ告示ヲ以テ定ムトノ義ニシテ即チ明治二十一年七月十三日大藏省告示第九十五號是レナリ市制ニ於テ明示《メイシ》スレハ茲《コヽ》ニ略《リヤク》ス

第百三十七條　此法律ハ明治二十二年四月一日ヨリ地方ノ情《ジヤウ》況《ケフ》ヲ裁酌《サイシヤク》シ府縣知事ノ具申ニ依リ内務大臣ノ指揮《シキ》ヲ以テ之ヲ施行《シカウ》ス可シ

(講)此法律ハ明治二十二年四月一日ヨリ府縣知事ノ申立ニ依リ内務大臣ノ指揮《サシヅ》ヲ以テ施行《シカウ》スヘシトスルモ若シ施行《シカウ》ノ際《サイ》其地方ノ情勢《アリサマ》及民度ニ適合《テキガウ》セサルモノアレハ之ヲ施行スルモ却《カヘツ》テ地方人民ニ害毒《ガイドク》ヲ流スコトナキヲ期セサルナリ故ニ他ノ法律ト異《コト》ニシテ府縣知事ニ於テ先ツ其府縣内ノ情況《アリサマ》ヲ酌量《クミハカリ》テ此制ヲ實行スルニ適《テキ》セリト認《ミト》メ内務大臣ニ具申《グシン》シタル後内務大臣ニ於テ更《サラ》ニ之ヲ施行セシムルヲ法則トス

トニ隨ヒ各第一條若シクハ第二條ニ倣フヘシ

第四條　若シ第一條第二條及ヒ第三條ニ指示セル場合ニ於テ唯正副區戸長ノ印ノミヲ鈐シ其須要ナル連印ナキモノハ總テ之ヲ該區戸長限リノ私借若クハ私ノ土木起功ト看做スヘシ其正副區戸長ノ印ノミヲ以テ共有ノ地所建物等ヲ賣買シタル者ハ總テ賣買ノ効ヲ有セス

第百三十八條　明治九年十月第百三十號布告各區町村金穀《キンコク》公借《コウシヤク》共有物《ケウイウブツ》取扱《トリアツカヒ》土木起功《ドボクキコウ》規則《キソク》明治十一年七月第十七號布告郡區町村編制法《ヘンセイハウ》第六條及九條但書、明治十七年五月第十四號布告區町村會法、明治十七年五月第十五號布告、明治十七年七月第二十三號布告、明治十八年八月第二十五號布告其他此法律ニ抵觸《テイシヨク》スル成規ハ此法律施行ノ日ヨリ總テ之ヲ廢止《イシ》ス

第百三十九條　内務大臣ハ此法律實行《ジツコウ》ノ責《セメ》ニ任《ニン》シ之レカ爲メ必要ナル命令《メイレイ》及訓令《クンレイ》ヲ發布ス可シ

（講）此法律實施《ジツシ》ニ付テハ獨《ヒト》リ内務大臣其責《セメ》ニ任《ニン》シテ他ノ内閣ト聯帶《レンダイ》ノ責任《セキニン》ニ歸《キ》セズ故ニ内務大臣ノミ其實行上必要ナル命令及訓令ヲ發布スヘシ

町村制講義終

○附錄講義

○內務省令第四號　明治廿一年八月十八日

第一條　市制及町村實施ニ際シ新任市町村長ニ事務引繼結了《ヒキツキケツレウ》ノ日ニ至ル迄ハ區長戸長區書記役場筆生等ニ於テ從前ノ通事務取扱ヲ爲《ナ》スヘシ

(講)本條ハ新舊《シンキウ》法交代ノ際事務引繼ノ手續《テツヽキ》ニシテ卽チ新任市町村長ニ事務引繼ノ結了《オハル》マデハ舊區長戸長ニ於テ區役所戸長役場ヲ其儘《マヽ》ニ据置《スヱオキ》區書記役場筆生ヲ以テ從前ノ如ク事務取扱フベシト規定シタルモノナリ

第二條　前條事務取扱中地方稅支辨《ベン》ニ係ル吏員ノ給料《キウレウ》旅費《リヨヒ》並ニ區役所戸長役場ノ經費《ケイヒ》ハ總テ該年度ノ豫算ニ據リ地方稅又ハ町村費ヲ以テ之ヲ支辨スヘシ

(講)前條ニ據《ヨツ》テ事務取扱中地方稅支辨ニ係ル經費卽チ吏員ノ給料旅費並《ナラビ》ニ區役所戸長役場ノ費金ハ新任市町村長ニ事務引繼ノ終ラザル間ハ從前ノ如ク地方事務ニ屬スルヲ以テ區役所ハ地方稅戸長役場ハ町村費ヲ以テ之ヲ支辨スベ

シ而シテ其經費ハ總《スベ》テ該《ガイ》年度ノ豫算《ヨサン》ニ據《ヨ》リ支辨《シベン》スヘキモノトス

第三條　市制及町村制施行ノ期日ヲ定メタルトキ前條ノ地方税又ハ町村費ニ關シ未タ該年度ノ豫算ヲ議定《ギテイ》セス又ハ議定シタル豫算ノ不足アルニ於テハ從前ノ通府縣知事戸長ニ於テ府縣會町村會ノ議決ヲ取リ前條費目《ヒモク》必要ノ豫算ヲ定ムヘシ

（講）本制施行《シカウ》ノ期日ヲ定メ事務引繼《ヒキツギ》ノ場合ニ至リタルニ前條ノ地方税又ハ町村費ニ關《クワン》シタル該年度ノ豫算ヲ議決セス又ハ議定シタル豫算ニ不足ヲ生スル場合ハ從前ノ通リ府縣知事區長戸長ニ於テ府縣會區町村會ノ議決ヲ取リ前條ニ掲《カヽ》グル費目必要ノ豫算ヲ定ム可シトス是レ事務引續前ト其豫算ヲ異《コト》ニシテ收支ノ結果《ケツクワ》ヲ明ニスルモノナリ

第四條　市制及町村制施行ノ日ヨリ市町村税徴收《チヤウシウ》ニ至ルマテ市町村必要《マウ》ノ費用ハ第二條ノ費用ヲ除クノ外區長戸長ニ於テ其豫算ヲ設ケ區町村會ノ議決ヲ經テ假徴收ヲナスヘシ但新市町村ト舊區町村區域ト符合《フガツ》セサル場合ニ於テハ各區町村會

ニ於テ區々ノ豫算ヲ設ケサル爲メ府縣知事ニ於テ其標準《ヘウジユン》ヲ示スコトヲ得

前項ノ費用ハ區町村會ノ議決ニ依リ現在セル區町村費又ハ共有金《イウキン》ヲ一時使用シ又ハ一時ノ借入金ヲ以テ其ノ費用ニ充ツルコトヲ得

（講）本條ハ新法實施ヨリ市町村税徴收《チヨウシウ》ニ至ルマテ市町村ノ必要ノ費用徴收《トリタテ》法ヲ規定スルモノナリ

新法實施《ジツシ》スルニ至ルモ其費用ハ新法ニ據《ヨ》リ市町村税ヲ徴收《チヨウシウ》スルマデ市町村必要ノ費用ハ第二條ニ定メタル費用ヲ除クノ外ハ舊區戸長ニ於テ其豫算ヲ設《アタ》ケ區町村會ノ議決ヲ以テ假徴收《カリトリタテ》ヲ爲スヘシトス但市町村制ヲ施行スルニ際リテハ市制町村制第四條ニヨリ舊區町村ト區域《クイキ》ヲ異《コト》ニスル場合アリテ符合《フガウ》セサル時ハ前項ノ假徴收豫算《ヨサン》モ區々《マチマチ》ニ渉《ワタ》ラサル樣府縣知事ニ於テ一定ノ標準《メヤス》ヲ立テ之ヲ徴收セシムルモノトス

前項ノ場合ニ當《アタ》リ費用ヲ要スル時ハ現在《ゲンザイ》ノ區町村費又ハ共有金ヲ一時使用《シヨウ》シ

又ハ一時借入金ヲ為シ以テ支辨スルコトヲ得然ルニ之ヲ使用スルニハ區町村會ノ議決ニ依リ之ヲ支辨セサルヘカラス

第五條　區長戸長ニ於テ取扱タル一切ノ金穀並會計帳簿ハ其金穀ノ種類及ヒ所屬《シヨゾク》年度ヲ區別シタル明細書ヲ製シ之ヲ市町村長ニ引繼クヘシ但一ノ區町村ニシテ二箇以上ノ市町村ニ分屬シタルトキハ第四條ノ金額ハ事務引繼前ニ支拂タルモノヲ除クノ外人口段別《タンベツ》ヲ標準《ヘウジユン》トシテ適宜各部分ニ配付シ其他ハ人口段別ノ最多キ部分ノ分屬シタル市町村長ヲ以テ主擔《シユタン》トシ其市町村長ニ引繼キ主擔市町村長ハ第七條但書ノ精算ヲ了シタル上其所屬外ノ部分ノ分屬シタル各市町村ニ屬スヘキモノハ更ニ之ヲ其市町村長ニ引繼クヘシ

前項但書ノ場合ニ於テ帳簿ノ類ニシテ分割スヘカラサルモノアルトキハ更ニ引繼クコトヲ要セス但閲覽《エツラン》ノ便ヲ妨《サマタ》クヘカラス

（講）本條ハ舊區戸長ニ於テ取扱ヒタル一切ノ金穀并會計帳簿ノ引續方ヲ規定シタルモノナリ

金穀並會計帳簿ハ市町村ニ於テ收支ヲ明了ニスルニ必要ナルモノニシテ之カ引續《ツギ》ヲ爲《ナ》スニハ其金穀ノ種類及ヒ所屬《シヨゾク》年度ヲ區別シテ明細書ヲ製シ之ヲ市町村長ニ引繼《ヒキツ》グヘシ

一ノ區町村ニシテ二箇以上ノ市町村ニ分屬《ブンゾク》シタルトキハ第四條ノ金品ニ限リ事務引繼《ヒキツギ》前ニ支拂《シハラヒ》タルモノヲ除《ノゾ》クノ外ハ人口段別《ダンベツ》ヲ標準《メヤス》トシテ適宜《テキギ》ニ各部分《カクブン》ニ配布《ハイフ》シ他ハ人口段別ノ最多《モツトモ》キ部分ノ分屬《ブンゾク》シタル市町村長ヲ主擔《シユタン》トシ其市町村長ニ引繼《ヒキツギ》其主擔《シユタン》タル市町村長ハ第七條但書ノ精算《セイサン》ヲ了《オハリ》シタル上其市町村ニ屬セサル部分ノモノニシテ各市町村ニ屬スヘキモノハ更ニ之ヲ其市町村長ニ引繼グヘシ

分屬《ブンゾク》シタルモノニシテ一々分割《ブンカツ》シテ引繼グ能ハサル帳簿類ハ引繼ニ及ハス只自由《ジユウ》ニ閲覽《エツラン》セシムルモノトス

第六條　第四條第一項ニ係リ假徴收《カリチヨウシウ》ヲナシタルモノハ追テ市町村會ニ於テ該年度ノ收支豫算ヲ議決シタル上市町村稅各

納人ニ對シ差引徴收ヲ爲ス可シ

同條第二項ニ依リタルトキハ新ニ徴收シタル市町村稅ヲ以テ返償《ヘンシヤ》ヲ爲スヘシ但一ノ區町村ニシテ二箇以上ノ市町村ニ分屬シタルトキハ最初配付ヲ受ケタル割合ニ應シ各市町村長ニ於テ之ヲ徴收シ主擔市町村長ニ於テ全額ヲ取纏《トリマト》メテ其返償處分ヲ爲スヘシ

（講）第四條第一項ニ依リ假徴收《カリトリタテ》ヲ爲《ナ》シタルモノハ新法上ニテ市町村會ヲ開キ該《ガイ》年度ノ收支預算《ヨサン》ヲ議決シテ各納人ニ對シ差引《サシヒキ》ヲ爲シ多ク納メタルモノニハ割戻《ワリモドシ》ヲ爲《ナ》シ少キモノハ追徴《ツイチヨウ》スヘシ其割戻《ワリモドシ》ヲ爲スニハ新《アラタ》ニ徴收シタル市町村稅ヲ以テ返償《ヘンシヤウ》スベシトス

二個以上ノ市町村ニ分屬シタルトキハ其徴收ハ割合ニ應シ各市町村長ニ於テ之ヲ爲シ主擔《シユタン》市町村長ニ於テハ其全額《ゼンガク》ヲ取纏《トリマト》メテ割戻ヲ爲スベシ

第七條　區長戸長ニ於テ未ダ精算《セーサン》ヲ了セサル區町村費ハ其引繼ヲ受ケタル市町村長ニ於テ之レカ精算ヲ作リ市町村會ニ報

告スヘシ但一ノ區町村ニシテ二箇以上ノ市町村ニ分屬シタルトキハ主擔市町村長ハ其市町村會ニ報告シ其所屬外ノ部分ノ分屬シタル市町村ニ於テハ主擔市町村長ヨリ之ヲ其各市町村長ニ送付《ソウフ》シテ其市町村會ニ報告セシムヘシ

(講)區長戸長ニ於テ未タ精算《セイサン》ヲ了《オハ》ラサル區町村費ハ其儘《ソノマヽ》之ヲ市町村長ニ引繼《ヒキツ》グヘシ市町村長ニ於テハ之カ引繼ヲ受ケ其精算ヲ作リ市町村會ニ報告スヘシ若シ一ノ區町村ニシテ二個以上ノ市町村ニ分屬《ブンゾク》シタルトキハ主擔《シユタン》市町村長ニ於テ之カ精算《セイサン》ヲ作リ主擔市町村會ニ報告シ其所屬外ノ部分ノ分屬シタル市町村ニ於テハ主擔市町村長ヨリ之ヲ其各町村長ニ送付シテ其市町村會ニ報告セシムヘシ

第八條　前條精算ノ場合ニ於テ殘餘金《ザンヨキン》アルトキハ市町村長ニ於テ舊區町村ニ割戻《ワリモドシ》ヲナス可シ但一ノ區町村ニシテ二箇以上ノ市町村ニ分屬シタルトキハ該年度區町村費實收入《ジツシウニウ》ノ割合ニ

依リ主擔市町村長ニ於テ割戻ノ高ヲ定メ其所屬外ノ部分ノ分屬シタル市町村ノ分ハ其市町村長ニ配付シ各其割戻ヲナスヘシ

(講)前條精算《セイサン》ノ場合《バアヒ》ニ於テ殘餘《ザンヨ》金アル片ハ市町村長ニ於テ之ヲ舊區町村ニ割戻ヲ爲スベシ是レ舊區町村費ノ精算ヲ了ラサルニ其儘引繼キタルヲ以テナリ但一ノ區町村ニシテ數個ノ區町村ニ分屬《ブンゾク》シタル片ハ其部分ニ依リ區別シテ割戻シ其市町村ハ各其管轄《シハイ》スル舊區町村ヘ割戻《ワリモドシ》ヲ爲スベシ

第九條　第七條精算ノ場合ニ於テ不足金ヲ生シタルトキハ市町村會ノ決議ヲ經テ舊區町村ヨリ追徵《ツイチヤウ》補充《ジウ》スヘシ但一ノ區町村ニシテ二箇以上ノ市町村ニ分屬シタルトキハ主擔市町村長ニ於テ該年度區町村費實收入ノ割合ニ依リ其補充豫算ヲ作リ其所屬外ノ部分ノ分屬シタル市町村ノ分ハ其市町村長ニ送付シ各市町村會ノ決議ヲ經テ其舊區町村ノ部分ヨリ追徵補充スヘシ

(講)本條ハ精算ノ場合ニ於テ不足金ヲ生シタルトキハ舊區長村ヨリ追徵補充《ツイチヨウホジウ》スヘキコヲ規定スルナリ

第七條ノ精算ノ場合ニ於テ不足金ヲ生シタル片ハ市町村會ノ決議ヲ經《へ》テ舊區町村ヨリ之ヲ追徵シテ不足ヲ補《オギナ》フヘシトス是レ元來舊區町村費ナレハナリ但シ數個ノ市町村ニ分屬シタル片ハ主擔ノ市町村長ニ於テ該年度區町村費實收入ノ割合《ワリアヒ》ニ依リ其補充《オギナフ》ヘキ預算ヲ作リ其所屬外ノ部分ノ市町村長ニ送付《オクリ》テ其市町村ノ決議ヲ經《へ》テ其市町村ノ部分ヨリ追徵補充《ツイチヨウヲギナフ》ヘシ

第十條　不納ニ屬シタル區町村費ニシテ精算報告後ニ於テ追徵シタルモノハ各市町村ノ臨時收入《リンジシウニウ》トナスヘシ

(講)區町村費ヲ不納シタルモノアリテ區町村費精算報告後ニ於テ追徵シタルモノハ既ニ精算後ニ係ルヲ以テ之ヲ舊區町村精算費目中ヘ算入セス之ヲ市町村ノ臨時收入《リンジシウニウ》ノ部《ブ》ニ組入《クミ》ルヘシトス

第十一條　從前郡部ト經濟ヲ異ニセサル區若クハ郡部內ノ市街地ニ市制ヲ施行スルトキハ該市ハ地方稅費目中郡區《グンク》廳舍《チヤウシヤ》

建築《ケンチク》修繕《シウゼン》費《ヒ》並郡吏員給料旅費及廳中諸費ノ負擔ニ任スヘカラサルヲ以テ該費ハ市制施行ノ後ハ市ニ賦課《フクワ》セサルモノトス但第二條ノ諸費ニ係ルモノハ此限ニアラス

（講）從前《コレマデ》郡部ト經濟《ケイザイ》ヲ異《コト》ニセサル區若《モシ》クハ郡部内ノ市街《シガイ》地ニ於テ市制ヲ施行《シカウ》スルトキハ該市ニ於テハ地方税費目ヲ以テ建設シタル郡區廳舍其他ノ費用ハ之ヲ擔任《タンニン》スヘキノ義務ナキヲ以テ該費《ガイヒ》ハ市制ヲ施行シタル後ハ其市ニ賦課セサルモノトス但シ第二條ニ規定セル諸市《ショシ》ニ係《カヽ》ル費用ハ此限ニアラストスルナリ

附錄講義終

市制 町村制 説明及理由書

○市町村制說明

○市町村制講義中其條款《デウクワン》ニ於テ說明《セツメイ》セント欲《ホツ》シタレトモ餘《アマ》リ長《ナガ》キニ涉《ワタ》リ煩《ワヅラ》ハシキヲ厭《イト》ヒ且《カ》ツ聽《キ》ク者否《イ》ナ觀《ミ》ル者ノ却《カヘツ》テ解《カイ》スルニ苦《クルシ》ム所アラント思惟《シイ》シ其本制ノ旨趣《シシユ》ヲ了解《レウカイ》スルニ最モ注意《チウイ》シ記臆《キオク》セザル可カラサルノ要點《エウテン》ヲ茲《コヽ》ニ說明スベシ

○先《マ》ヅ本制發布《ハツプ》ノ趣意《シユイ》ヨリ述《ノ》ベント《ソ》夫レ立憲代議《リツケンダイギ》政体《セイタイ》即チ國會ヲ確立《クワクリツ》シテ事ヲ天下ノ公論ニ決セントスルノ時期《トキ》ハ既《スデ》ニ近《チカ》ク二年ノ後《ノチ》ニ迫《セマ》レリ多年壓制《アツセイ》ノ政治ニ支配《シハイ》サレタル我ガ三千八百万ノ民ハ將サニ明後年ヲ待《マツ》テ忽《タチマ》チ千古ノ積習《セキシウ》ヲ脱《ダツ》シテ自治自立ノ文明天地ニ進《スヽ》ミ入ラントスルノ機運《キウン》ニ際會《サイクワイ》セリ復タ永《ナガ》ク中央集權ノ下ニ立テ徒《イタヅ》ラニ政府ノ命令《メイレイ》ヲ聽從シ其干涉保護《カンセウホゴ》ノ政治ニ支配サルヘキ時ニアラス蓋シ立憲代議《リツケンダイギ》ノ政体ハ唯ダ人民自治ノ氣象《キシヤウ》ニ據《ヨ》リテ運動《ウンドウ》ヲ爲ス苟《イヤシク》モ國民ニシテ參政《サンセイ》ノ思想《シソウ》乏《トボ》シク自治ノ氣象ニ富マズンハ代議政体アリト雖モ何ノ實《ジツ》カ之レアラン故ニ苟クモ立憲《リツケン》ノ政体ヲ採用《サイヨウ》シ文明ノ政治ヲ施行セント欲セハ須《スベカ》ラク先ツ國民ノ政治思想ヲ發達《ハツタツ》シ自治ノ氣象《キシヨウ》ヲ振起《フルヒオコ》ス可キ道《ミチ》ヲ求《モト》メサル可カラス如何ニ智識《チシキ》進歩《シンポ》スル邦國《クニ》ノ民ト雖モ政府先ツ其道ヲ授ケズシテ人民獨リ其道ニ進ムヿ能《アタ》ハサルハ言《コト》ヲ俟《マ》タズ是ヲ以テ我政府ガ明治十四年ニ於テ國會開設ノ議ヲ定メテ以來漸《ゼンジ》次其方針《ハウシン》ヲ立憲政体ノ制度《セイド》ニ取リテ徐々《ソロヽ》廿三年ノ準備《ヨウイ》ヲ爲《ナ》セシハ皆ナ人ノ知ル所ナ

リト雖モ未ダ大ニ分權《ブンケン》自治ノ政ヲ施《ホドコ》シテ國民參政ノ思想ヲ發達《ハツタツ》シ自治ノ氣象《キシヨウ》ヲ振作《フルヒオコ》スニ足ル可キ處置《シヨチ》アルヲ見ザリシガ今ヤ非常ノ英斷ヲ以テ地方制度《セイド》確立《クワクリツ》ノ端《ハン》ヲ開キ茲《コヽ》ニ先ヅ市町村ニ關《クワン》スル制度《セイド》ヲ設《マウ》ケ大ニ分權自治ノ實蹟《ジツセキ》ヲ擧《ア》ゲント欲スルノ今日ニ至レリ理由書中ニ曰ク「今地方ノ制度ヲ改ムルハ卽チ政府ノ事務ヲ地方ニ分任《ブンニン》シ又人民ヲシテ之ニ參與セシメ以テ政府ノ繁雜《ハンザツ》ヲ省《ハブ》キ併《アハ》セテ人民ノ本分ヲ盡サシメントスルニ在リ而シテ政府ハ政治ノ大綱《タイコウ》ヲ握《ニギ》リ方針《ハウシン》ヲ授《サヅ》ケ國家ヲ統《スベ》御ノ實ヲ擧ルヲ得ベク人民ハ自治ノ責任ヲ分ナ以テ專《モツパ》ラ地方ノ公益ヲ計ルノ心ヲ起スニ至ル可シ蓋シ人民參政ノ思想發達《シソウハツタツ》スルニ從ヒ之ヲ利用シテ地方ノ公事ニ練習《レンシウ》セシメ施政《シセイ》ノ難易ヲ知ラシメ漸《ヤウヤ》ク國事《コクジ》ニ任スルノ實力《ジツリヨク》ヲ養成セントス是レ將來立憲《シヨウライリツケン》ノ制《セイ》ニ於テ國家百世ノ基礎《モトヒ》ヲ立ツルノ根源《コンゲン》タリ云々」トアルヲ以テ政府《セイフ》ガ市町村制制定《セイテイ》ノ精神《セイシン》ヲ知ルニ足ルヘキナリ

市町村制度ハ其法多クハ獨逸聯邦《ドイツレンホウ》中東方五州《シウ》（五ケ國ナリ）ノ現行《ゲンカウ》政度ヲ基礎トシテ之ヲ我邦ノ風俗民度《フウゾクミンド》ヲ斟酌《シンシヤク》シテ以テ折衷取捨《セツチウシユシヤ》シタルモノナリ蓋シ獨逸《ドイツ》ハ方今《ハウコン》地方制度各國ニ冠タルヲ以テナリ

○政府ガ市町村制度ヲ發シタル以上ハ從來ノ地方稅及町村費ノ賦課徵收《フクワトリタテ》ニ關《クワン》スル諸規《シヨキ》則ニモ改正ヲ加フヘキハ勿論ニシテ本制發布《ハツプ》ニ付キ財政《ザイセイ》上卽チ諸稅徵收《シヨゼイトリタテ》ニ至テハ必ス之ヲ減

スヘキノ精神タルモ果シテ之ヲ減スルヤ否ヤハ豫《アラカジ》メ定メ難シト雖モ今市制ヲ施行セントスル人口二万五千以上ノ市街地《シガイチ》ヲ列擧《ツキヨ》スルニ左ノ如シ

東京　大坂　京都　金澤　名古屋　横濱　廣島　徳島　仙臺　鹿兒島
和歌山　富山　長崎　堺　高松　函館　高知　兵庫　熊本　福井
山口　新潟　靜岡　鳥取　岡山　米澤　秋田　弘前　長岡　撫養《ブヤウ》
松山　盛岡　松江　那覇《ナバ》　銚子　博多　赤馬關

以上ノ三十七ケ所ナリ此調査ハ明治十八年十二月三十一日ノ調査ニ係ルモノナリ此中三府五港其他横濱廣島金澤兵庫等數十ケ所ハ現今《ゲンコン》區制ヲ施行スル地ナリ此區制執行ノ地ニ於テ廿一年ノ豫算《ヨサン》ヲ觀《ミ》ルニ各區郡長ニ支給《シキウ》スル俸給《ホウキウ》ハ區長三万千四百圓郡長二十七万五千圓即チ國庫ヨリ出ヅル所ノ給額ナリ此三万千四百圓ノ區長ノ給料ハ市制ヲ施行スルニ至リタレハ今日郡ニ屬スル二万五千口以上ノ場處ト雖モ皆ナ市制ヲ執行シテ其吏員ノ給料及ヒ事務經費《ケイヒ》ニ至ルマテ悉《コト〴〵》ク市民ノ支辨ニ屬スルモノニシテ則チ從來國庫ヨリ支辨シタルモノナルニ之ヲ市ニ負擔《フタン》ス其他從來地方税ヲ以テ支辨シ來レルモノヲ市ノ負擔ニ移ルヘキハ無論《ムロン》ナレハ未ダ市ノ負擔ヲ輕《カロ》クスルニ至ラスト思惟《オモ》フ今之ヲ明カニセン爲メ左ニ支出ノ増減ヲ掲ゲン

明治十八年十二月三十一日ノ調査ニ係ル區郡吏員以下ノ人員及其俸給額ヲ見ルニ區郡長ノ人員五百四十三此月俸《ゲツホウ》一ケ年總額《ソウガク》二万五千四百圓一人ノ平均《ヘイキン》五百六十四圓而シテ區郡役所ノ總數《ソウスウ》ハ全國中區郡役所ノ數總數五百四十三ケ所ト見ル此區郡役所ニ區郡長一人ヅヽト書記以下ノ吏員ト俸給トヲ平均シテ一郡區役所ニ要スル吏員俸給額ノ平均高ハ區郡長一人ニ付一ケ年額《ダカ》五百六十四圓書記及準判任《ジユンハンニン》十四人半此給料額二千〇〇一圓其他傭《ヤトヒ》十八此給料額六十九圓トス以上ノ割合ナルヲ以テ一區郡役所ノ吏員ト俸給年額ハ平均人員二十五人半ト給料額三千二百五十五圓ナリ

市制ノ行ハルヽ地ヲ人口二万五千以上ノ市街《マチ》ニ行フモノトセハ上ニ列記《レツキ》シタル中目今區《ク》制《セイ》ノ行《オコナ》ハルヽ地ハ三十六ケ所アリ區制ニ編入《ヘンニウ》セズシテ郡ニ屬スル市街地ハ十九ケ所ニシテ此二者《フタツ》ヲ合セテ四十五ケ所トス此場所ハ市制ヲ施行《シカウ》スル地トセサルヘカラス此四十五ケ所ノ區郡役所ノ平均《ヘイキン》數一郡區役所トシテ假《カリ》ニ從來ノ費額《ヒガク》ヲ標準《メヤス》トシ市制執行ノ地ノ經《ケイ》費《ヒ》トシ算《サン》ヲ立《タ》ツレハ市長四十五人此給料一年ノ計算二万五千三百八十圓助役其他收入役書記六百二十五人半此年俸額九万〇〇四十五圓附屬員傭員《フゾクインヤトヒイン》四百五十八此給料年計三万千〇五十圓ナリ以上ノ計算ハ區郡役所ノ比較《ヒカク》ヲ取《ト》リ市參事會ノ市長助役收入役以下ノ吏員ト給料ノ算出《サンシユツ》ナリ然《シカ》シテ此計算《ケイサン》ハ市制ノ行ハルヽ土地ノ一年ニ要スル吏員俸給ノミヲ

計算《ケイサン》シタルモノナレハ其他ノ支出亦隨《シタガウ》テ多シトス而シテ其給料額ハ從來ノ區郡役所ノ一年ノ計算《ケイサン》ト市制實施《ジツシ》上ノ一ヶ年ノ豫算ト比スレハ其差幾許《チガイイクバク》ソヤ新制度ニ據《ヨ》レハ市制第七十四條町村制第六十九條ニ明記《メイキ》セル如ク市町村ノ職務權限ハ從前ニ比シテ其範圍《ハンイ》ヲ擴充《オシヒロ》メ司法警察補助官《シハフケイサツホジヨクワン》タルノ職務及ヒ法律命令ニ依テ其ノ管理《シハイ》ニ屬スル地方警察《ケイサツ》ノ事務、浦役場《ウラヤクバ》ノ事務國ノ行政並ニ府縣郡ノ行政ニシテ市町村ニ屬《ゾク》スル事務ハ其市町村制執行部內《シツカウブナイ》ニ在ルヲ以テ此等ノ事務ヲ執行《トリオコナ》フ為メニハ其要スル費用ハ市町村ノ負擔《フタン》ト為《ナ》ス斯《カク》ノ如キ額ニシテ經費《ケイヒ》ノ巨額ハ事務ノ多キヲ加フルニ從テ當《カサ》ムハ當然ナリ

上ニ述《ノ》ベタルモノハ單《タン》ニ支出ニ係《カヽ》ルモノニシテ又之ニ對スル收入アリ其收入新制度《シンセイド》實施《ジツシ》ノ日ヨリ收入スルモノナリ其種類《シユルイ》ヲ擧《ア》グレハ左ノ如シ

一　不動產資金營業《シキンエイゲフ》ヨリ收入スル所得

二　市町村ノ金庫《キンコ》ニ收入《シウニフ》スル過怠金《クワタイキン》科料《クワリヤウ》

三　手數料、使用料《シヨウリヤウ》

四　市稅、町村稅

以上ノ種類《シユルイ》ハ市町村ノ保有ニ屬《ゾク》スル收入ニシテ諸收入《シヨシウニフ》ノ根源《コンゲン》ナリ之ヲ以テ一切ノ費用《ヒヨウ》ヲ

支拂《シハラ》ハザルヘカラズ而シテ此歳入ヲ以テ歳出ヲ償《ツグナ》フヤ否《イナ》ヤハ今ヨリ確定《クワクテイ》スル能《アタ》ハスト雖モ前ニ掲《カヽ》グル四種ノ中三府ヲ除《ノゾ》クノ外他《タ》ニ絶《タ》エテ之レ無《ナ》キモノアリ瓦斯局水道等ノ如キ是レナリ又過怠金科料《クワタイキンクワリヤウ》ノ如キモ懲罰《チヨウバツ》ヨリ生ズル結果《ケツクワ》ニシテ卽チ市會議員ノ議事細則《サイソク》ニ違《イ》背《ハイ》シテ科《クワ》セラレタル二圓以下ノ市吏員及使丁《シテイ》等ノ懲戒處分《チヨウカイシヨブン》ニ觸《フ》レテ科セラレタル十圓以下ノ過怠《クワタイ》金市條例ヲ以テ規定サレタル市町村費ニ關《クワン》スル細則ヲ犯《オカ》シテ科セラレタル一圓九十五錢以下ノ科料《クワリヤウ》市町村長助役市町村參事《サンジ》會員委員區長其他ノ吏員《リイン》ガ懲戒處分ニ觸レテ府縣知事若クハ郡長ヨリ科セラレタル二十五圓以下ノ過怠金等ナリトス是等ノ國庫ニ收入《シユウニウ》スル者ハ固《モト》ヨリ僅《キン》々ナラサルベカラズ又手數料使用料ト雖モ決《ケツ》シテ多分ノ收入アルヘキ筈《ハヅ》ナキナシ然ラハ市町村ノ收入タルモノ多《オホ》ヲトスルモノアナシ然リ而シテ唯ダ市町村税ノ收入アルノミ市町村税トシテ賦課スルヲ得ベキ目ハ卽チ二ケナリ第一國税府縣税ノ附加税《フカゼイ》第二ハ直接又ハ間接《カンセツ》ノ特別税《トクベツゼイ》ナリトス其附加税《フカゼイ》特別税ノ二者ハ隨分《ズイブン》巨多《トホキ》モノニシテ而シテ此賦課税《フクワビイ》特別税ノ賦課額《ワリツケダカ》ハ地租七分ノ一其他ノ直接國税百分ノ五十ヲ超過《コエスギ》ルトキハ必ラズ内務大藏兩大臣ノ許可ヲ受ケサル可カラストスレハ略《ホ》ボ其制限《セイゲン》ハ定《サダマ》リヌ地租七分ノ一ヲ以テ制限《セイゲン》トスルハ從來《コレマデ》土地ニ賦課《フクワ》スル區町村費ノ制限ヲ其儘《マ》用ヒタルモノハ此點《コンテン》ニ於テハ新舊《シンキウ》別ニ異動《イダウ》アルナシ直接ノ税目ハ内務大藏兩大臣ヨリ廿一年七月十三日

付ヲ以テ定メラレタルモノニヨレハ地租所得税等ニシテ本制講義中ニ明記スレハ參觀《サンクワン》スヘシ此等ノ諸税目《シヨゼイモク》ニ附加《フカ》スルニ先ツ相當《サウトウ》トスル所ハ先ヅ三分一ヲ課スルヲ以テ相當トセソカ又地方税卽チ府縣税ノ中營業税雜種税《エイゲウゼイザツシユゼイ》ノ計算ハ二十年度ノ合計金高凡ソ四百四十五万圓ナルヲ以テ其半額卽チ二百二十万圓ヲ以テ市町村ノ收入ス可キ附加税ト見積ルベシ又同年度ノ戸數割惣額《ソウダカ》ハ三百九十六万三千三百餘圓ニシテ之ヲ全國戸數七百七十餘萬戸ニ當《アタ》ル其平均《ヘイキン》一戸ノ分凡ソ五十一錢餘《ヨ》ノ割合《ワリアヒ》トナルヘシ此等ノ收入ヲ以テ果シテ收支相《アヒ》償《ツグナ》フヤ否《イナ》ヤハ精算《セイサン》シテ知ルヘキナリ此ニハ唯タ概略《アラマシ》ヲ擧《アゲ》レハ讀者《ヨムモノ》之ヲ了知《リヤウチ》スヘシ

直接間接ノ特別税ハ附加《フカ》ノ外別ニ市町村限《カギ》リノ税目《ゼイモク》ヲ起《オコ》シテ賦課徴收《チヨウシウ》スルモノニシテ其細則ハ市町村條例ヲ以テ之ヲ定ムトアレハ其條例ノ定メ方ニヨリ課税ノ範圍モ亦タ如何トモ爲スヘシト雖モ要スルニ附加税ノ外別ニ市町村限リノ税目ヲ起《オコ》シテ課税《クワゼイ》スルヲ得ルモノナレハ市町村ノ支出《シシユツ》ニ不足ヲ生ズル場合《バアヒ》ニハ此特別税ヲ課《クワ》シテ其不足ヲ補充《オギナ》フベシト云フ者アレドモ而《シカ》モ附加税ト云ヒ特別税ト云フモ唯其名目《ナ》ト課税《クワゼイ》ノ方法トニ異ナルアリト雖モ課税《クワゼイ》ノ原素《モト》ニ至リテハ卽チ一ノ市町村限リノ特別税ナリト雖モ漫《ミダ》リニ取立ツルトキハ血《チ》デ血ヲ洗《アラ》フノ謂《イヒ》ニシテ困難《コンナン》ノ事情ヲ來《キタ》スハ勿論《モチロン》ナリ然ラハ其標準《メヤス》トシテ課税スル原素《ゲンソ》ハ土地家屋商工諸營業《エイゲウ》ノ外ナク則チ地價《チカ》割《ワリ》戸別割營業割等ヲ以テ其賦課目ト爲

スニ非ズヤ新制實施《シンセイジツシ》スルニ當リテモ亦此外《ホカ》ニ出デス其他財政《ザイセイ》上經費支出ノ方法ニ就テ述ブル所アランモ暫《シバ》ラク他日ニ讓《ユヅ》リ茲《コヽ》ニ其局《キヨク》ヲ結《ムス》ブ

○市制執行《シツカウ》ノ土地ト町村制ヲ施《ホドコ》ス土地ヲ別ツニ人口二万五千以上ヲ以テ其目安トセシハ如何ナル理由《リイウ》ナルカ其目安《メヤス》ヲ立ツル所漠然《バクゼン》トシテ予輩《ヨハイ》ハ其意ノ在ル所ヲ解《カイ》スルニ苦《クル》シムナリ

○又茲《コヽ》ニ少シク疑《ウタガ》ヒヲ起《オコ》スヘキハ公民ノ資格《シカク》ヲ定ムルニ市町村税ヲ以テ標準トセズ〆地租其他ノ直接國税ヲ以テシタルヿ是レナリ從來《ジウライ》府縣會議員ノ資格《カク》ヲ定ムルニモ地租ヲ標準トシテ地方税ヲ目安トセズ議員ノ職務ハ單ニ地方税ノ收支豫算ヲ議定スルニ在リテ其直接ニ利害ノ關係《クワンケイ》ヲ有セルハ國税ニ非ラス〆地方税ナルベキニ其制限ノ目安ヲ彼ニ取テ此レニ取ラサルハ聊《イサヽ》カ其權衡《ケンコウ》ヲ得ズトノ議論モアリ又此新制《シンセイ》ヲ施行スルニ當リ尚《ナ》ホ舊例《キウレイ》ヲ用ヒテ地租其他ノ國税ヲ目安《メヤス》トシタルハ如何ナル理由《リイウ》ニ基《モトヅ》キシモノカ理由書ノ説明ヲ見ルニ現今町村費ノ賦課《フクワ》法タル各地方異同アリテ未ダ完全《マツタキ》ノ域《サキ》ニ達セサルヲ以テ町村税ニ依リ其標準《メヤス》ヲ立ツルハ頗《スコブ》ル難事《ナンジ》ニ屬スルヲ以テナリトアレドモ既ニ二年以上其地ニ居住シ其地ノ市町村税ヲ納《ヲサ》ムル以上ハ假令《タト》ヒ各地方異同《チガヰ》アリトテ其納税額《ナウゼイガク》ヲ標準トシテ公民權ヲ與《アタ》ヘ義務ヲ負《オ》ハシムルモ敢《アヘ》テ差支《サシツカヘ》ナキナリ然ルニ政府ハ各地方異同アルノ市町村税ニ一定ノ制限《カギリ》ヲ置《オ》ケハ實際《ジツサイ》ニ不權衡《フケンカウ》ヲ生ジ彼此《カレコレ》寛嚴《クワンゲン》ノ差アルヲ恐レテナリト雖モ分權

自治ノ制度《セイド》ヲ施行《シコウ》セシメ自主自立ノ經濟ヲ立ツル以上ハ其稅法ノ區々《マチマチ》ニ涉《ワタ》ルハ勿論《モチロン》ニシテ之ヲ免《マヌカ》ル能《アタ》ハサルナリ政府ニメ若《モ》シ市町村稅ヲ標準《メヤス》トスルハ頗《スコブ》ル行《オコナ》ヒ難《ガタ》キヲ以テ終《ツイ》ニ國稅ノ標準ヲ改《アラタ》メストノ意ナラハ兎《ト》モ角《カク》ナレ𪜈市町村稅ヲ標準トスルハ當然《タウゼン》ナレ𪜈暫《シバ》ラク便宜《ベンギ》ニ依ル可シト云ハヽ他日必ス之ヲ改正セン果シテ然ラハ寧ロ速カニ今日ヨリ之ヲ改《アラタ》メテ其標準《メヤス》ヲ直接ノ關係《クワンケイ》アル市町村稅ニ向《ムカツ》テ一定ノ制限《セイゲン》ヲ立ツル方然《シカ》ルベキトス

○本制ニ於テ名譽職《メイヨショク》ヲ設ケ其地位ヲ高《タカ》メタルハ美制《ビセイ》ナリト雖モ凡《オヨ》ソ名譽職ハ其地位ハ尊シト雖モ誰《タレ》カ之ヲ冀《コヒ》望《ノゾン》デ其職ニ就《ツ》ク者少シトス然レ𪜈之ヲ强《シ》ユルニ法律ヲ以テシ若《モ》シ其義務ニ服《フク》スルヿヲ拒ムモノハ法律制裁《セイサイ》ノ力ヲ以テ懲罰《チヨウバツ》ヲ課《クワ》スルハ其意少《スコシ》ク了解《レウカイ》シ難《ガタ》シ凡ソ市町村ノ公民タル者ハ一方ニ於テ市町村ノ選擧《センキヨ》ニ參與《サンヨ》シ其名譽職ニ選擧セラルヽノ權利ヲ與《アタ》ヘ他ノ一方ニ在テハ又其職務《シヨクム》ニ服スルヲ以テ義務ト爲ス故ニ正當ノ理由ナクシテ漫《ミダ》リニ名譽職ヲ拒辭《コバミ》又其任期《ニンキ》中退職《タイシヨク》シ若《モシ》クハ無任期《ムニンキ》ノ職務ヲ少クモ三年間擔當《タンタウ》セズ又ハ其職務ヲ實際《ジツサイ》ニ執行セザル者市町村會ノ議決ヲ以テ三年以上六年以下其公民タルノ權ヲ停《テイ》止《シ》シ且《カ》ツ同年期間其負擔《フタン》スヘキ市町村費ノ八分一乃至《ナイシ》四分一ヲ增課《ゾウクワ》スルコトヲ得ベキ制《セイ》度《ド》ナリ其職ニ居《イ》テ其職務ヲ實際ニ執行《シツコウ》セザル者ノ如キハ其罪ニ處スヘキハ當然ナレ𪜈其初《ハジ》メヨリ職ニ就《ツク》ヲ欲《ホツ》セスシテ之ヲ辭《ジ》セントシ又在職中ニ其任《ニン》ヲ退《シリゾ》カントスル者ヲ許サズ

市町村會ノ決議《ケツギ》ヲ以テ權利ト財產《ザイサン》トニ制裁ヲ被《カフム》ラシムルハ少シク隱當《オントウ》ナラス夫レ權利ハ義務ノ由テ生スル所ニシテ既ニ自治分任ノ權利ヲ與ヘタル以上ハ之ニ對スル義務ヲ負擔スルハ當然《タウセン》ノ事ナレハ法律ニ依テ名譽職《メイヨシヨク》ニ服《フク》スルハ人民ノ義務ナリト定ムル間然《カンゼン》スル所ナシト雖モ之ヲ抑《オサ》ユルニ公權停止《コウケンテイシ》、稅額增課《ゾウクワ》ノ懲罰《テヨウバツ》ヲ以テスルハ少シク酷《コク》ニ似タリ

○夫レ名譽ヲ欲《ホツ》シ權利ヲ望《ノゾ》ムハ人情《ニンジヤウ》ノ常ナレドモ單《タン》ニ名譽ノミニシテ權利ヲ伴ハサルモノハ誰《タレ》カ之ヲ欲《ホツ》セサラン試《コヽロ》ミニ今日ノ町村吏員ノ職ヲ見ルヘシ其地ハ官吏ノ下等ニ位シ其職ハ郡長郡書記《グンチヨウグンシヨキ》ノ命《メイ》ヲ奉《ホウ》ジテ屑々《セツ〳〵》トシテ刀筆《トウヒツ》ヲ事トスルニ過ギズ常ニ人民ノ輕蔑ヲ受ケテ僅《ワツカ》ノ俸給《ホウキウ》ニ生活《セイカツ》シ權ナク譽《ホマ》レナク卑屈《ヒクツゼン》然トシテ町村事務ニ從事《ジウジ》ス其レ既ニ此ノ如クンハ假令《タト》ヒ幾許《イクバク》ノ俸給ヲ以テ其人ヲ募《ツノ》ルモ誰《タ》レカ其職ニ就クヲ好マンヤ若シ是レアルモ只一時ノ方向《ハウコウ》ニ迷《マヨ》ヒ給料ヲ目途《モクト》トスルノ卑劣者《ヒレツシヤ》ノミニシテ少シク爲《ナ》ス有ルノ士ハ之ヲ忌避《イミサ》ケテ職ニ就クモノナシ故ニ政府ハ市町村制ニ於テ市町村吏員ハ自治獨立ノ職權ヲ有スル名譽職タラシメ此名譽ト權利トヲ以テスル誰《タレ》カ其職ニ就クヲ欲セサル者アランヤ假令ヒ其罰則《メツソク》ヲ設《マウ》ケズト雖モ市町村人民ニ於テハ甘《アマ》ンジテ此等《コノラ》ノ職務ニ從《シタガ》ヒ義務ヲ盡《ツク》サンモノハ之レ無キヿ必セリ然ルニ罰則アリテハ之カ爲ニ己ムヲ得ス其職ニ就クモノヽ如ク却テ識者《シキシヤ》ノ自《ミヅカ》ラ進《スヽ》ンテ其事ニ當《アタ》ル者ナキニ至ラシムルノ恐《オソ》レアリ

理由書ヲ見ルニ市町村ノ行政事務ヲ掌《ツカサド》ル名譽職ヲ擔任《タンニン》シ公共事務ニ從事スル者ヲ代議會ニ加《クワ》フルヲ許スハ穩當《オントウ》ナラサルカ如シト雖モ地方ニ依《ヨ》リテハ多ク適任《テキニン》ノ人ヲ得可カラサルヲ以テナリ行政ト代議ト最モ利害《リガイ》ノ抵觸《テイシヨク》シ易《ヤス》キ場合ニ關《クワン》シテハ市制第二十八條以下ノ條ニ於テ豫《アラカジ》メ之ニ處スルノ法數條ヲ設《マウ》ケタリ云々トアリ是レ本制ニ於テ所屬府縣郡ノ官吏有給ノ市町村吏員撿察官《ケンサツクワン》及警察官吏神官《シンクワン》僧侶《ソウリヨ》及其他諸宗敎師《シヨシウケウシ》小學校敎員等ノ諸人ハ皆ナ市町村會議員タルヿヲ得ズト雖モ其無給吏員卽チ名譽職ニ在テハ假令市町村ノ行政事務ニ從事《ジウジ》スル吏員ト雖モ其議員タルヲ得可キ權ヲ與ヘタル所以ナリ適任ノ人ヲ得ント欲スルノ旨意ナレ𪜈之カ爲メ行政吏員ヲシテ代議會ニ列スルヲ許スハ甚ダ可ナルヲ見ス如何トナレハ立法ト行政ト相須《アヒマ》テ其公務ヲ施行スルモノニシテ互ニ圓滑《エンコツ》ノ働《ハタラ》キヲ要ス可キモノト雖モ然レ𪜈此立法府タル議會ト行政府タル市町村吏員トノ間ニ必ズ限界ヲ立テ彼此其職務上ノ權利《ケンリ》ヲ以テ劃然《カギリ》タル運動ヲ爲サヽレハ立法行法ノ二者混滑シテ不都合ノ場合少カラス適任ノ人ヲ得難キ憂ヨリハ行政ト代議ト相抵觸シテ事業ノ澁滯《トヾコホ》リヲ生ズ可キ憂《ウレヒ》ヲ重シトスベキナリ

斯《カ》ク政府ニ適任《テキニン》ノ人ヲ得ント欲スルヿモ拘ラス一方ニ在テハ父子兄弟タルノ緣故アル者ハ同時ニ市町村會若《モシク》ハ市町村參事會ノ議員タルヲ許サヽルハ少《スコシ》ク其意ヲ解シ難シ之等ノ

規定《キテイ》アルカ爲メニ却テ適任ノ人ヲ得ル能ササルベシ既《ステ》ニ適任《テキニン》ノ人物ヲ失フヲ虞テ而シテ行政吏員マデニ至ルマデ議會ニ列《レツ》スルコトヲ得セシムル以上ハ父子兄弟ヲ同時ニ當選シテ不都合ヲ生《シヤウ》ズヘキ理由《リイウ》モ無カルベシ若シ是レアルヿトセハ之カ選擧者《センキヨシヤ》タルモノヽ資格《シカク》ヲ選《エラ》ミ十分ノ選擧者ヲシテ其人ヲ選擧セシムル以上ハ父子兄弟タルノ故ヲ以テ議會ニ其害毒《ガイドク》ヲ流《ナガ》スカ如キ憂《ウレヒ》ナカルヘシ

○本制ニ於テハ都鄙《トヒ》其情況《アリサマ》ヲ異ニシ貧富《ヒンフ》其度ヲ同フセサルヲ以テ其制度ニ區別ヲ立テ町村ニ於テハ名譽職ヲ以テ行政ニ參與《サンヨ》ス可キ適任《テキニン》ノ人才ヲ得可カラズトシテ集議政《シウギセイ》ヲ適用《テキヨウ》セズト云フハ抑《ソモ〱》如何《イカ》ナル標準《メヤス》ニ依テ之ヲ定メタルヤヲ知ラズ若シ町村ニ於テ果シテ名譽職ヲ以テ行政ニ參與ス可キ適任者《テキニンシヤ》ナシトセハ本制ヲ施行《シカウ》スルニ當テ町村事務ヲ整理スル人モ亦無カラン乎如何ニ町村ノ人民ガ智識底度《チシキテイド》ナリトモ斯《カ》ク迄心配セズトモ初メハ少ク狼狽《ウロタヘル》モ追々習練《ナレル》ニ至リ意外ノ進歩《シンポ》ヲ呈《テイ》スルコトヽ思惟フナリ是レ古ヨリ政治家ト被治者トノ間ニ自カラ是等ノ見識《ケンシキ》ヲ異《コト》ニスルヲ免レズシテ政治家ガ人智未開ヲ口實トシテ政權ヲ與ヘサルノ例少カラスト雖モ是レ假令《タトヒ》人智開進《カイシン》スルモ其權ヲ授《サヅ》ケラレザル人民ニシテ獨リ其事ニ熟練ヲ得ベケンヤ然ラハ則チ町村ニ於テ名譽職ニ行政ニ參與スルノ權ヲ與ヘ集議政ヲ設《マウ》クルト雖モ差シタル不都合ヲ見サルヘキナリト思考ス

○本制ニ於テ名譽《メイヨ》職ヲ置クハ市町村ノ經費《ケイヒ》ヲ節減《セツゲン》セントスルノ意ナリト爲ス者アランモ計リ難シト雖モ決シテ然ラス名譽職員ニハ職務取扱ノ爲ニ要スル實費辨償《ベンシヨウ》ト其勤勞《キンロウ》ニ相當《サウトウ》スル報酬《ムクヒ》ヲ給與《キウヨ》スルヿトス故ニ其名義ハ無給ノ名譽職タリト云フト雖モ其實ハ職務ニ相當スル手宛ヲ給シ結局《ツマリ》有給吏員ト大ナル相異ナキナリ故ニ其名譽職タルノ故ヲ以テ漫ニ手《テ》宛《アテ》ヲ薄《ウス》クセハ人々之ヲ避《ケ》ケンヿヲ謀ルニ至ルヘシ如何トナレハ其身富有ト雖モ其職ニ就クカ爲メニ經濟《ケイザイ》上ノ損害《ソンガイ》ヲ被《カフ》ムリ漫《ミダ》リニ自己ノ身代ヲ傷《イタ》メテ出入相償《グナ》ハザルガ如キノ不經濟者アラン少《スコシ》ク思慮《シリヨ》アル者ハ夙《ツト》ニ退イテ其災《ワザワイ》ニ罹《カヽ》ランコトヲ勉ムヘキナリ理由書中ニ曰ク多ク地方ノ名望《メイボウ》アル者ヲ擧《ア》ゲテ此任ニ當ラシメ其地位ヲ高クシ待遇《タイグウ》ヲ厚《アツ》クシ無用ノ勞費《ロウヒ》ヲ負《オハ》ハシメズ倦怠《ウミオコタル》ノ念《ネン》ヲ生ゼサラシムル時ハ漸《ヤウヤ》ク其責任ノ重キヲ知リ參政ノ名譽《メイヨ》タルヲ辨《ベン》スルニ至ラントストアリ

○附加税ノ法ヲ案《アン》スルニ地租ノ如キ土地ニ係ル國税ヲ目安《メヤス》トシテ附加スルモノハ何レニ於テモ差《サ》シタル異動《チガイ》ハアラサレドモ所得税及酒造税ノ如キ各地大ナル異動アルベキナリ何トレハ甲ノ町村ニハ所得税ヲ納《オサ》ムル者多ク酒造税ヲ納ムル者澤山《タクサン》アリテ之ニ附加スル税金ノ收入少《スクナ》カラス乙ノ町村ニハ貧民《ヒンミン》多クシテ所得税テ納ムル者モ少ナク酒造家モナク町村税ノ收入甚《ハナハ》ダ少《スク》ナキヿアリ此ノ如キ不《フ》平均《ヘイキン》ハ何レノ處ニ於テモ免カレサル所ニシテ其

附加スル税源《ゼイゼン》ノ多寡《タクワ》ハ各地ニ依リテ大ニ幸不幸《コウフコウ》アルモ已ムヲ得ザレトモ貧弱《ヒンジヤク》ナル町村ニ於テハ之カ爲メニ勢ヒ他ノ附加税若《モシ》クハ特別税《トクベツ》ヲ增額《ゾウカク》セザルヲ得スシテ負擔ニ苦ムノ憂少シトセズ假令《タト》ヒ本制ニ於テ町村ノ發置《ハイチ》分合ヲ許スト雖モ漫《ミズ》リニ發置分合スル能ハサレハ到底《ツマリ》此不平均ヲ補助《タス》クルノ道《ミチ》トナルベカラス然レハ貧弱ナル町村ニ在テハ他ノ税源モ少キニヨリ亦タ土地ニ賦課《フクワ》スル税額《ゼイガク》重《オモ》キヲ加ヘ近傍《キンボウ》ノ地租ノ附加税ハ甚ダ輕キモ我ノ附加税ハ其制限ヲ超テ五分一ニモ達スルニ至ル可キコトアルヘシ

○市町村ニ住《ヂウ》スル者ニ義務《ギム》ヲ負擔セシムルニハ三ケ月以上滯在《タイザイ》スル者ニアリテ其課税ハ滯在ノ初《ハジ》メニ遡《サカノボ》リ月割ヲ以テ徵收《トリタテ》スヘキノ規定ハ別ニ異議《イギ》ナキモノヽ如シト雖ヒ市町村行政事務ノ繁雜《ハンザツ》甚シクシテ之ガ爲メニ要スル人員モ亦タ隨《タカツ》テ多シトス然レハ從來《ジライ》繁華《ハンクワ》ナル土地ノ郡區役所戸長役場ニ於テハ戸籍《コセキ》ノ事務頗ル繁雜《ハンザツ》ヲ極メ三府ノ如キ大都會ノ地ニ在テハ其事務ノ繁劇《ハンゲキ》ナルハ第一戸籍ナリ而シテ方今ノ制度ニ在テハ寄留者《キウシヤ》滯在者《イザイシヤ》ノ出入ニ於テ粗漏《ソロウ》アリタレハトテ敢《アヘ》テ其他利害《リガイ》ニ關スル事モナキカ如シト雖モ新制度ニ依リテ一時ノ寄留者モ三ケ月以上ノ滯在者《タイザイシヤ》モ等《ヒト》シク其他ノ住民ニシテ市町村税ヲ徵收スルコトヽナラハ其戸籍上ノ出入ノ粗漏《ロウ》ヨリ生スル損害《ソンガイ》甚ダ大ナルヲ以テ自然《シゼン》周到《ユキトヽキ》タル注意《チウヰ》モアルヘシト雖モ萬一粗漏ナシト保スヘカラズ是等ノ者ニ附加税ヲ課《クワ》シ或ハ特別税又ハ

所得税ヲ課スルニ其異動《イドウ》アル毎ニ出入増減《マシヘリ》シテ中々通常ノ手數《カズ》ノ能《ヨ》ク行届テ綿密《メンミツ》ニ取行フコト能《ダ》ハサルヘシ果《ハタ》シテ右ノ如ナルトキハ此一點ニ於テモ多少ノ吏員ヲ増加セサル可カラスト信《シン》ス殊《コト》ニ東京ノ如キ輻湊《フクソウ》ノ土地ニテハ日夜新陳交代《シンチンコウタイ》ノ絶《タ》エザル其事務ノ繁雜一方ナラス當局者《タウキヨクシヤ》宜シク事務ノ整理《セイリ》ニ注意スヘシ

○夫役現品《ケンヒン》ヲ以テ納税者《ナウゼイシヤ》ニ賦課《フクワ》スルハ殊《コト》ニ町村貧民《ヒンミン》ノ多キ土地ニテハ甚ダ便宜ナル法ナリト雖モ事一得アレハ一失アリテ夫役現品ヲ課《クワ》スルノ法律アレハトテ之ヲ强迫《キヨウハク》シテ募ルノ弊《ヘイ》ナカランヿヲ望《ノゾ》ム地方自治ノ行政ヲ施ス今日ニ在テハ此等ノ弊ナキ筈ナレ𪜈一方ニハ起スヘキノ公共事業多クシテ他ノ一方ニハ財産《ザイサン》ノ乏《トボシ》キヲ告ゲテ如何トモ爲ス能ハサル場合ニ臨《ノゾ》メハ前彼ノ大計《ダイケイ》ヲ顧慮《コリヨ》スルニ遑《イトマ》アラスシテ其急施《キウセ》ニ應《ワウ》ゼント欲スルハ人情ノ常ナリ此場合ニ於テハ自然ノ勢ヒニシテ必ラズシモ强迫《キヨウハク》ノ處置《シヨチ》行ハレストモ言難《イヒガタ》シ故ニ當局者並ニ人民ニ於テ常ニ是等ニ注意シテ止ムヲ得ザル場合ノ外ハ決シテ漫リニ賦課スベカラサルヲ希望《ノゾ》ム

○市町村制第百三條ヲ見ルニ地租ノ附加税ハ地租ノ納税者ニ賦課シ其土地ニ對《タイ》シテ賦課スル市町村税ハ其所有者又ハ使用者ニ賦課スルコトヲ得トアリ從來土地ニ賦課スル各種ノ租税ハ皆ナ土地所有者ニ課シテ下作《ゲサク》小作《コサク》人等ニ課セス故ニ土地所有者ニ負擔ヲ重クスル

トキハ隨《シタガフ》テ小作料ヲ増スノ道理《ダウリ》ニテ間接《カンセツ》ニ其幾分ヲ負擔セシモノナリ然ルニ新制度ニ於テハ公然直接ニ小作人ニ課稅ス是レ從前《ジウライ》未曾《ミソウ》有ノ法ナリ左レハ其附加稅ハ地租ノ納稅者即チ土地所有者タル地主ニ賦課《フクワ》スレ其他ノ市町村稅ニシテ土地ニ賦課スルモノハ獨リ地主ノミナラス小作人ニマデ賦課スルヿヲ得ベキニ至ラハ益《マス〳〵》其賦課稅ノ苛重《カジウ》ニシテ往々之ニ堪《タ》エサルモノアリテ土地所有者ニ於テハ困難《コンナン》ヲ加ヘ土地ニ依リテ生活スル多數ノ人民ハ爲メニ其重荷《オモニ》ヲ負《オ》ヒ愈困難《イヨ〳〵コンナン》ニ陷《オチイ》ルヘシ將來新制度《コレカラシンセイド》ニ於テハ諸種《ショシュ》ノ名目《メイモク》ヲ附《フ》シテ土地ヨリ取立ル稅金額《カク》ハ實ニ驚《オドロ》クニ至ルヘキナレハ其賦課稅ノ法宜《ヨロシ》キヲ得サレハ我邦《ワガクニ》ノ農《ノウ》民《ミン》ハ益々困苦《マスマスコンク》シテ殖産《ショクサン》ノ道衰《ミチオトロ》フニ至ルハ言《コト》ヲ俟《マ》タス當局者《タウキヨクシヤ》ハ宜シク猛省《モウセイ》シテ國家ノ財源《ザイゲン》ニ衰頽《スイタイ》ヲ來《キタ》サヽランヿヲ希望《ノゾ》ム

市町村制說明終

○市制町村制理由

本制ノ旨《ムネ》趣《シザ》ハ自治及分權《ブンケン》ノ原則ヲ實施セントスルニ在リテ現今ノ情勢《アリサマ》ニ照《テラ》シ程度《テイド》ノ宜キニ從ヒ以テ立法上其端緒《ハシ》ヲ開《ヒラ》キタルモノナリ此法制《ハフセイ》ヲ施行セントスルニハ必先ヅ地方自治《チハウジチ》ノ區ヲ造成《ゾウセイ》セサル可カラス地方ノ自治區《ジチク》ハ特立《ドクリツ》ノ組織《ソシヨク》ヲ為シ公法民法ノ二者ニ於テ共ニ一個人民ト權利ヲ同クシ之ガ理事者《リジシヤ》タルノ機關《ドウグ》ヲ有スルモノナリ其機關ハ法制ノ定ムル所ニ依テ組織《クミタテ》シ自治體《タイ》ハ卽チ之ニ依テ其意想《コヽロ》ヲ表發《アラハ》シ之ヲ執行《シツカウ》スルコトヲ得ルモノトス故ニ自治區ハ法人トシテ財産ヲ所有シ之ヲ授受《ジユジユ》賣買シ他人ト契約《ケイヤク》ヲ結《ムス》ビ權利《ケンリ》ヲ得義務ヲ負ヒ又其區域內ハ自ラ獨立《ドクリツ》シテ之ヲ統治《オサム》スルモノナリ然リト雖モ其區域ハ素《モ》ト國ノ一部分ニシテ國ノ統轄《トウカツ》ノ下ニ於テ其義務ヲ盡サヽルヲ得ズ故ニ國ハ法律ヲ以テ其組織《クミタテ》ヲ定メ其負擔《フタン》ノ範圍《キマリ》ヲ設《マウ》ケ常ニ之ヲ監督《メツケ》スル可キモノトス

國內ノ人民各其自治ノ團結《ムスブ》ヲ為シ政府之ヲ統一《スベル》シテ其機軸《キジク》ヲ執《ト》ルハ國家ノ基礎《モトヰ》ヲ鞏固《カタク》ニスル所以ナリ國家ノ基礎ヲ固クセントセハ地方ノ區畫《カギリ》ヲ以テ自治ノ機體《キタイ》ト為シ以テ其部內ノ利害《リガイ》ヲ負擔《フタン》セシメザル可カラズ

現今《ゲンコン》ノ制ハ府縣ノ下郡區町村アリ郡町村ハ稍《ヤヽ》自治ノ體《タイ》ヲ存スト雖モ未ダ完全《マツタキ》ナル自治ノ制アルヲ見ズ郡ノ如キハ全ク行政《ギヤウセイ》ノ區畫《カギリ》タルニ過キズ府縣ハ素《モ》ト行政ノ區畫ニシテ幾分カ自治ノ制ヲ兼《カ》テ有セルガ如シト雖モ是亦全ク自治ノ制アリト謂フ可カラズ今前述《ゼンジユツ》ノ理由《リイウ》ニ依

り此區畫《タククワク》ヲ以テ悉ク完全《マツタキ》ナル自治體《ジヂタイ》ヲ爲スヲ必要《ヒツエウ》ナリトス卽府縣郡市町村ヲ以テ三階級《カイキフ》ノ自治體ト爲サントス此階級ヲ設クルハ分權《ブンケン》ノ制ヲ施スニ於テモ亦緊要《キンエウ》ナリトス蓋自治區ニハ其自治體共同ノ事務ヲ任ス可キノミナラズ一般ノ行政ニ屬スル事ト雖モ全國ノ統治《スベヲサム》ニ必《ヒツ》要《エウ》ニシテ官府自ラ處理《サハイ》スヘキモノヲ除クノ外之ヲ地方ニ分任スルヲ得策《トクサク》ナリトス故ニ其町村ノ力ニ堪《タ》フル者ハ之ヲ其負擔トシ其力ニ堪ヘザル者ハ之ヲ郡ニ任ジ郡ノ力ニ及ハザル者ハ之ヲ府縣ノ負擔トス可シ是階級ノ重複《カサナル》スルヲ厭《イト》ハズシテ却《カヘツ》テ利益《リエキ》アリト爲ス所以ナリ維新《ヰシン》ノ後政務《セイム》ヲ集攬《アツメ》シテ一ニ之ヲ中央ノ政府ニ統《ス》ヘ地方官ハ各其職權《シヨクケン》アリト雖モ政府ノ委《マカ》任《ス》ニ依テ代テ事ヲ處《シヨ》スルニ過キズ今地方ノ制度ヲ改ムルハ卽チ政府ノ事務ヲ地方ニ分任シ又人民ヲシテ之ニ參與《アツカリ》セシメ以テ政府ノ繁雜《ハンザツ》ヲ省《ハブ》キ併セテ人民ノ本務ヲ盡サシメントスルニ在リ而シテ政府ハ政治ノ大綱《タイカウ》ヲ握《ニギ》リ方針《ハウシン》ヲ授《サツ》ケ國家統御ノ實ヲ擧《ア》クルヲ得可ク人民ハ自治ノ責任《セキニン》ヲ分チ以テ專ラ地方ノ公益ヲ計ルノ心ヲ起スニ至ル可シ蓋人民參政《サンセイ》ノ思想《シサウ》發達《ハツタツ》スルニ從ヒ之ヲ利用シテ地方ノ公事ニ練習《ナレ》セシメ施政《シセイ》ノ難易《ナンイ》ヲ知ラシメ漸ク國事ニ任スルノ實力ヲ養成《ヤシナヒ》セントス是將來《ユクスヘ》立憲《リツケン》ノ制ニ於テ國家《コツカ》百世ノ基礎《モトヒ》ヲ立ツルノ根源《コンゲン》タリ故ニ分權《ブンケン》ノ主義《シユキ》ニ依リ行政事務ヲ地方ニ分任シ國民ヲシテ公同ノ事務ヲ負擔セシメ以テ自治ノ實ヲ全カラシメントスルニハ技術《ギジユツ》專門《センモン》ノ職《シヨク》若クハ常職トシテ任ス可キ職務ヲ除クノ外概《オホム》子地方ノ人民ヲシテ名譽《メイヨ》ノ爲メ無給ニシテ其職ヲ執ラシムルヲ要ス而シテ之ヲ擔任《ヒキウケ》スル

ハ其地方人民ノ義務《ギム》ト爲ス是國民タル者國ニ盡スノ本務《ホンム》ニシテ丁壯《テイサウ》ノ兵役《ヘイエキ》ニ服スルト原則ヲ同クシ更ニ一歩ヲ進ムルモノナリ然レトモ人民ヲシテ普《アマネ》ク此義務ヲ帶《オ》ハシムルトキハ其任又輕シト爲サズ故ニ一朝ニシテ此制ヲ實行セントスルハ頗《ヨホド》ル難事《ムツカシ》ニ屬《ゾク》スト雖モ其目的タル國家永遠《ナガキ》ノ計ニ在リテ効果《シルシ》ヲ速成《ソクセイ》ニ期セス漸次《ゼンヂ》參政《サンセイ》ノ道ヲ擴張《カクチヤウ》シテ公務ニ練熟《ナレ》セシメントスルニ在リ是ヲ以テ力メテ多ク地方ノ名望アル者ヲ擧《ア》ケテ此任ニ當ラシメ其地位ヲ高クシ待遇《アシライ》ヲ厚クシ無用ノ勞費《ムダツカヒ》ヲ負ハシメス倦怠《イヤニナル》ノ念《ネン》ヲ生セサラシムルトキハ漸ク其責任ノ重キヲ知リ參政《サンセイ》ノ名譽タルヲ辨《ベン》スルニ至ラントス且本邦舊來ノ制ヲ考フルニ無給職ニシテ町村ノ事務ニ任スルノ例アリ各地方ノ習慣《シキタリ》固ヨリ一定ナルニ非ス且維新後《ヰシンゴ》數次ノ變革《カハル》ニ依テ頗《ヨホド》ル此習慣ヲ破リタリト雖モ今日ニ及テ之ヲ襲用《ソノマヽモチユ》スルコト猶難カラサル可シ是此制ヲ實施スルニ方テ多少ノ困難アルニ拘《カヽハ》ラス漸次《ゼンヂ》其目的ヲ達センコトヲ期シテ疑ハザル所以ナリ然レトモ他ノ一方ヨリ之ヲ見ルトキハ又地方ノ情況《アリサマ》ニ依リ多少ノ酌量《グミカワリ》ヲ加ヘサルヲ得サルモノナリ是ヲ以テ町村長ハ公選ト爲スト雖モ其選擧《センキヨ》宜キヲ得サルトキハ臨時官選《リンジクワンセン》ヲ許シ或ハ官吏ヲ派遣《シユツチヤウ》シテ其事務ヲ執ラシムルノ例アリ又島嶼《シマ》ノ地其他特別《トクベツ》ノ事情《ジヂヨウ》アリテ此制ヲ實施シ難キ地方ニハ之ヲ行ハサルヲ許スノ例アリ(町村制第六十一條、第百三十二條、第百三十三條)其他十分ニ實地活用《ジツチククワツヨウ》ノ方ヲ與ヘタレハ各地ノ實況ニ照《テラ》シテ之ニ應スルノ便《ベン》アルヲ信ス固ヨリ此等ノ法令《ハフレイ》ハ人民ノ情態《アリサマ》ニ依リ智識《チシキ》ノ度《ド》ニ應シテ宜キヲ取ラサルヲ得ス徒《イタヅラ》ニ自治

ノ理論《リロン》ニ據テ俄ニ其完備《ソナヘル》ヲ求ムルカ如キハ立法者ノ愼重ヲ加フヘキ所ナリトス是本制多少ノ斟《クム》酌ナキヲ得サル所以ナリ

本制ヲ施行《シカウ》スルニ付テハ漸ヲ以テ郡府縣ノ制度ノ改正ニ及ハサルヲ得サルモノアリ今其概《アラマ》略《シ》ヲ擧《ア》タレハ郡ニ郡長ヲ置キ府縣ニ府縣知事ヲ置キ其選任組織《クミタテ》等固ヨリ舊《キウ》ノ如クシテ之ヲ改メスト雖モ府縣會ノ外新《アタラ》ニ郡會ヲ開キ府縣郡ニ各參事會ヲ設ケサルヲ得ス然レトモ是等ノ事ハ府縣郡制ノ制定アルヲ待テ始メテ定マル可キ事ニシテ今只之ヲ以テ本制ノ參考《サンカウ》ニ供スルノミ

本制ニ制定スル市町村ハ共ニ最下級《サイカキフ》ノ自治體ニシテ市ト云ヒ町村ト云ニ都鄙《ミヤコイナカ》ノ別ニ依テ其名ヲ異《コト》ニスルニ過キス其制度ヲ立ツルノ原質《モト》ニ於テハ彼此相異ナル所ナシ元來町《ワリカタ》ト村トハ人民生計《スギハイ》ノ情態《アリサマ》ニ於テ其趣ヲ同クセサルモノアリテ細カニ之ヲ論スレハ均一ノ準率ニ依リ難キモノナキニ非スト雖モ本邦現今ノ狀況《ジヤウケイ》ヲ察《サツ》シ舊來《キウライ》ノ慣習《シキタリ》ニ依テ之ヲ考フルニ都會《トクワイ》輻湊《アツマル》ノ地ヲ除クノ外宿驛《シユクエキ》ト稱シ町ト稱スルモノ施政《シセイ》ノ大體ニ於テ村落《ムラ》ト異同アルコトナシ故ニ今之ヲ同一制度ノ下ニ立タシメントス其施治ノ細目ニ至テハ或ハ多少ノ差異《カイ》ヲ見ルコトアルヘシト雖モ此等ハ制度ノ範圍《キマリ》内ニ於テ執行者《シツカウシヤ》ノ處分斟酌《シンシヤク》宜キヲ得ルト否トニ在ル可キモノトス然レトモ都會ノ地ニ至テハ大ニ人情風俗《フウゾク》ヲ異《コト》ニシ經濟《ケイザイ》上自ラ差別《サベツ》アリ故ニ之ヲ分離シテ別ニ市制《シセイ》ヲ立テ機關《キタワン》ノ組織《クミタテ》及行政監督《カントク》ノ例ヲ異ニセリ是固ヨリ町村制ト其性質ヲ異ニ

スルニ非ス其市民ノ便益ト實際《ジッサイ》ノ必要《ヒツエウ》トニ出テ然ラサルヲ得サルナリ卽現行ノ區制ニ繼續スル所ノモノナリト雖モ從來《ジウライ》ノ區ハ郡ノ疆域《サカイ》ヲ離《ハナ》レスシテ行政上別ニ吏員ヲ置キ事務ヲ處理スルニ過キサリシモ今改メテ獨立分離《ドクリツブンリ》セシメ從來區ノ下ニ町アリシモ之ヲ改メテ市ヲ最《サイ》下級ノ自治體《タイ》ト爲サントス而シテ三府市街《シガイ》ノ如キハ其情況《アリサマ》又他ノ都會ノ地ト同シカラサルモノアルヲ以テ市制中機關ノ組織等ニ於テ二三ノ特例《トクレイ》ヲ設クルモノアリ今此市制ヲ施行セントスルモノハ三府其他人口凡二萬五千以上ノ市街地ニ在リトス尤郡制制定ノ時ニ至テ其要件ヲ確定《カクテイ》スルコトアル可シト雖モ今内務大臣ノ定ムル從ニ所テ之ヲ施行セントス區ノ名稱ヲ改メテ市ト爲スハ三府ノ如キ一府內ノ區ト混同《イッショニ》スルヲ避《サ》クルナリ町村ハ通シテ其組織ヲ同スル可キハ前述ノ如シト雖モ其大小廣狹《クワウケウ》ニ依リ又ハ貧富繁閑《ヒンプハンカン》ニ依リテ自ラ事情ヲ異ニスルモノナキニ非ス故ニ或ハ一定ノ例規ヲ適用《モチヒ》シ難キモノアリ是亦酌量《シャクリョウ》ヲ加ヘ法律ノ範圍《キヽリ》ヲ廣クシテ地方ノ便宜ヲ與ヘントスルナリ（町村制第十一條、第十四條、第二十五條、第三十一條、第五十二條、第五十六條、第六十三條、第六十四條、第百三十三條）

市制町村制《シセイテウソンセイ》第一章　總則《ソウソク》

凡市町村ハ他ノ自治區《ジチク》ト同ク二箇ノ元素《モト》ヲ存セサル可カラス卽チ疆土《トチ》ト人民ト是ナリ此二者其一ヲ缺《カ》クトキハ市町村ノ自治體ヲ爲スニ足ラサルナリ而シテ市町村ノ制度ハ法律ヲ以テ之ヲ定ムト雖モ或ル界限《カギリ》內ニ在テ市町村ニ自主ノ權ヲ付與《アタヘル》スルモノトス是ヲ市町村ノ基《キ》

礎《ン》トス
第一欵《クワン》ハ市町村制ヲ施行《シカウ》スルノ地ヲ定メ（市制町村制第一條）法律上市町村ノ性質ヲ明カニシ（市制町村制第二條）次テ第一元素《ゲンソ》タル疆土《キヤウド》ニ關スル條件《デウケン》ヲ定ム（市制町村制自第三條至第五條）
第二欵ハ第二元素ニ關スル條件、住民權《ジユウミンケン》公民權ノ得喪《トクサウ》及住民權公民權《コウミンケン》ヨリ生スル權利義務ヲ規定《キテイ》ス（市制町村制自第六條至第九條）
第三欵ハ市町村ニ付與《フヨ》スル自主權《ジシユケン》ノ範圍ヲ示ス（市制町村制第十條）

第一欵《クワン》　市町村及其區域《クイキ》

市町村ノ區域《クヰキ》ハ一方ニ在テハ國土分畫《ブンクワク》ノ最下級《サイカキフ》ニシテ即國ノ行政區畫《ギヤウセイクワク》タリ一方ニ在テハ獨立シタル自治體ノ疆土《トチ》タリ其疆土ハ自治體カ公法上《コウハウ》ノ權利ヲ執行《シツカウ》シ義務ヲ踐行《フミオコナヒ》スルノ區域ナリ
故ニ市町村ノ區域ハ從來《ジウライ》ノ成立《ナリタチ》ヲ存シテ之ヲ變更《カヘル》セサルヲ以テ原則《モトノキソク》トス然レトモ町村ノ力貧弱《マツシク》ニシテ其負擔《フタン》ニ堪ヘス自ラ獨立シテ其本分ヲ盡スコト能ハサルモノアリ是其町村自己ノ不利タルノミナラス國ノ公益《コウエキ》ニ非サルナリ是ヲ以テ有力《イウリヨク》ノ町村ヲ造成《ソウセイ》シ維持《ヰジ》スルハ國ノ利害ニ關スル所ニシテ町村ノ廢置《ハイチ》分合《ブンガフ》若クハ區域ノ變更等ニ付キ國ノ干渉《タチイル》ヲ要スルコト明ナリ固ヨリ關係《クワンケイ》アル土地ノ所有者《シヨイウヌシ》自治區ヲシテ利害《リガイ》ノ關スル所ニ依テ各其意見ヲ達スルノ

機會《キクワイ》ヲ得セシメ其意見一般ノ公益ヲ害《ガイ》セサル限リハ之ヲ採用《トリモチヒ》セサル可カラス尤他ノ一方ヨリ論スルトキハ其關係者《クワンケイシヤ》タルモノハ動《ヤヽ》モスレハ自己《ジコ》ノ利害ニ偏《ヘン》シ永遠《エイエン》ノ得失ヲ顧《カヘリミ》サルカ如キコトアルヲ免レス故ニ一ニ其承諾《シヨウダク》ニ依テ決スルコトヲ得ス假令其承諾ナキモ之ヲ斷行《ダンカウ》スルノ權力《ケンリヨク》アルヲ要《エウ》ス然レトモ此等ノ處置《シヨチ》タルヤ地方ノ情況ニ通曉《ツウゲウ》スルヲ要シ且公平《コウヘイ》ヲ示サンカ為メニ高等《カウトウ》自治區參事會《サンジクワイ》ノ議決ニ任スルヲ至當トス（市制町村制第四條）

本制ハ町村ノ分合ニ就テ詳細ナル規則ヲ設ケス各地ノ情況ヲ斟酌《シンシヤク》スルノ餘地《ヨチ》ヲ存スルナリ唯十分ノ資力《シリヨク》ヲ有セサル町村ハ比隣《トナリ》相合併《ガツペイ》スル可キノ例ヲ設ク此ノ如キ町村ハ獨立ヲ有タシムルコトヲ得サルヲ以テ假令其承諾ナキモ他ノ町村ニ合併シ又ハ數箇相合シテ新町村ヲ造《ツク》成《ル》セサル可カラス固ヨリ本制ニ定ムルカ如ク各市町村從前ノ區域《サカイ》ヲ變更セサルハ其原則ナリト雖モ現今各町村ノ大半ハ狹小《セマキ》ニ過キ本制ニ據テ獨立町村タル資格《モチマヘ》ヲ有スルヲ得サルモノ蓋《ケダシ》少カラス故ニ合併《ガツペイ》ノ處分《シヨブン》ヲ為スモ亦已ムヲ得サル所ナリ然レトモ分合ノ例規《レイキ》ハ詳《ツマヒラカ》ニ之ヲ法律《ハフリツ》ニ制定セス其緩急《クワンキフ》ハ行政廳《ギヤウセイチヤウ》ノ見ル所ニ任スルモノハ各地ノ地形人情及古來ノ沿革《アラタマル》ヲ參酌《クミ》スルノ自由ヲ得セシメントスルニ在リ若シ其實行ニ方テ執行者ノ標準《メヤス》ヲ定ムルカ如キハ時ニ臨《ノゾン》テ訓令《クンレイ》ヲ發スルコトアル可シ之ヲ要スルニ町村ハ舊來ノ區域《サカヒ》ヲ存シテ改メサルヲ原則トシ資力《シリヨク》ナキモノハ之ヲ合併シテ以テ法律ノ冀望《ノゾミ》スル有力ノ町村ヲ造成《ゾウセイ》センコトヲ期スルニ在リ又合併《ガツペイ》ノ為メニ其區域廣濶《ヒロキ》ニ過キテ地形人情ノ自然ヲ失ヒ共有物ノ區域ヲ混《イツシヨ》シ

其使用ノ便《ベン》ヲ害《ガイ》スル等ノ事ナキヲ要ス然レトモ今日ニ在テハ事情已ムヲ得サルモノアリテ十全《ジフゼン》ノ合併ヲ為スコトヲ得ス又ハ合併ヲ以テ不便ト為スカ如キコトアルヘシ故ニ町村制第百十六條ニ於テ町村組合ヲ設《マフ》クルノ便法《ベンパフ》ヲ存セリ其組合町村ハ各獨立ヲ保チ而シテ共同シテ一定ノ事務ヲ處辨《シヨベン》スルモノナリ其共同事務ノ範圍《ハンヰ》等ハ實地ノ需要《モトメ》ニ依テ便宜之ヲ議定スルニ任ス

凡區域ヲ變更《ヘンカウ》スルニ方テハ必關係者ノ協議《ソウダン》ヲ以テ財産處分《ザイサンシヨブン》又ハ費用ノ分擔《ブンタン》ヲ定ムルヲ要ス是亦一定ノ例規《レイキ》ヲ示サス蓋此等ノ處分ハ强《アナガ》チ法理ニ泥《ナツ》マス專ラ情義《ジヤウギ》ニ依ルヲ以テ穏當《オンタウ》トス但其專斷偏私《ワガマヽ》ノ弊《ヘイ》ナカラシメンカ為メ其處分ヲ參事會ニ任セリ而シテ其參事會ノ議決ニ對《タイ》シテハ司法ノ裁判ヲ仰《アフ》クヲ許サス

市町村經界《ケイカイ》ノ爭論《サウロン》ハ公法上ノ權利ノ廣狹《ヒロャセマキ》ニ關スルヲ以テ公法ニ屬セリ故ニ此類ノ爭論ハ司法裁判ヲ求ムルヲ許サスシテ參事會《サンジクワイ》ノ裁決《サイケツ》ニ付シ終審《シマイ》ニ於テハ行政裁判所《ギヤウセイサイバンシヨ》ノ判決ニ任セリ(市制町村制第五條)若シ之ニ反シテ民法上ノ所有權《シヨイウケン》若クハ使用權《シヨウケン》ニ關スル爭論ハ固ヨリ司法裁判ニ屬《ゾク》スヘキヲ以テ其爭論者ノ一方若クハ雙方《サウハウ》トモ市町村ニ係《カヽ》ルト雖モ參事會ノ裁決《サイケツ》ニ付セス行政裁判ニ屬セサルハ勿論ナリ

第二欵　市町村住民籍《ジウミンセキ》及公民權《コウミンケン》

町村ト人民トノ關係《クワンナイ》ハ現行ノ法ニ於テ本籍寄留《ホンセキキリウ》ノ別アリ現實《ゲンジツ》ノ住居地ハ必シモ本籍地ナラ

ス本籍ハ殆《ホト》ント虚名《キヨメイ》ヲ存スルニ過キサルモノナリ而シテ府縣會議員ノ選擧《センキヨ》ノ如キ公法上ノ權利《ケンリ》ハ本籍ニ屬シテ寄留地《キリウチ》ニ屬セサルモノアリ甚タ事實ト相適《アヒテキ》セス蓋公法上ノ權利《ケンリ》テ行フハ現實《ゲンジツ》ノ利害《ヨシアシ》ニ基《モトヅキ》ク可クシテ虚名《キヨメイ》ニ依ル可カラス故ニ本制ニ於テハ現行本籍《ゲンコウホンセキ》寄留《キリウ》ノ法ニ依ラス凡市町村内ニ住居ヲ定ムル者ハ即市町村住民ニシテ本籍寄留ノ別アルコトナシ尤市町村住民籍即屬籍《ゾクセキ》ノ例規《レイキ》ハ別ニ法令ヲ以テ之ヲ制定センコトヲ期ス故ニ茲ニ之ヲ詳述セスト雖モ要スルニ本制ノ行ハル丶日ヨリ人民ト町村トノ關係即町村ノ屬籍《ゾクヒキ》ニ付テハ從來本籍寄留ノ例ヲ一變《イツペイ》スルモノナリ但戸籍上《コセキジヤウ》ノ事即戸主家族《コシユカゾク》ノ關係ニ於テハ之ト相關《アヒクワン》スルコトナク從前ノ戸籍法《コセキハフ》ヲ存シテ之ヲ變更《ヘンカウ》セサルナリ

市町村住民ノ權利《ケンリ》ハ市町村ノ營造物《エイザウブツ》ヲ共用シ其財産所得《ザイサンシヨトク》ノ使用《ウカフ》ニ參與《アツカル》スルニ在リ但法律及市町村ノ條例規則《デウレイキソク》ニ據《ヨ》ル可キハ固ヨリ言ヲ俟《マ》タス其義務《ギム》ハ市町村ノ負擔《フタン》ヲ分任スルニ在リ其義務ヲ生スルハ即市町村ニ住居《ジウキヨ》ヲ定メ住民《ジユミン》ト爲リシ時ニ起ル但シ市町村内ニ住居ヲ定メス一時滯在《トヾマル》スル者即其市町村住民ニ非サル者ト雖モ其滯在ノ久キニ至テハ市町村ノ負擔ニ任セシムルヲ當然《タウゼン》トス（市制町村制第九十二條）

故ニ身羇旅《タビ》ニ在ル者ト一時ノ滯在者トヲ除クノ外凡市町村内ニ住居ヲ定ムル者ハ即皆市町村住民タリ軍人官吏《グンジンクワンリ》ノ如キモ亦皆然リ然リト雖モ軍人官吏ハ公民權ヲ行ヒ及市町村ノ負擔ヲ分任《ブンニン》スル上ニ於テ例外ニ置クヲ必要《ヒツエウ》ト爲スノ條件アリ即市制第八條、第九條、第十二條、第十五條、第五十五條、第九十六條、町村制第八條、第九條、第十二條、第十五條、第五十三條、第九十六條ニ定ムル所ノ如シ又皇族ハ市町村ノ屬籍外《ゾクセキグワイ》タルコト勿論ナレハ敢テ本制ニ掲載《ケイサイ》セス

市町村住民中公務ニ參與《サンヨ》スルノ權アリ又義務アル者ハ別ニ要件ヲ定メテ其資格《モチマヘ》ニ適《カナ》フ者ニ限ル之ヲ公民トス（市制町村制第七條）

公民ハ住民中ニ在テ特別《トクベツ》ノ權利ヲ有シ重大《ヂウダイ》ノ負擔ヲ帶《オ》ヒタル者トス其資格ノ要件ハ自ラ民度風俗《フウゾク》ニ從ヒ各地方ノ情況《ジヨウケフ》ヲ酌《ク》ミ以テ其宜ヲ制スルヲ便ナリトス故ニ市町村ノ自主ノ權ニ任《マカ》セ適宜之ノ制《サダム》定セシム可キカ如シト雖モ又一方ヨリ考フレハ各地方區々ニ出テ、權利上公平ヲ失スルノ恐《オソレ》ナキ能ハス各國ノ例ヲ案スルニ是亦異同アリテ一定セス今本制ハ本邦ノ民度《ミンド》情體《フリサマ》ヲ察シ併セテ各國ノ制ヲ參酌《サンシヤク》シ之ヲ制定セリ

各國ノ例ヲ案スルニ大略《タイリヤク》二類アリ一ハ則市町村住民ニシテ法律上ノ要件ニ適スルトキハ直ニ公民トナルノ法トシ一ハ則特別ノ手續ニ依テ公民權ヲ得ルノ法トス今第一ノ例ヲ以テ適《テキ》當《トウ》ト爲ス故ニ本制ハ市町村住民中市制町村制第七條ニ規定シタル要件ニ適スルトキハ直ニ公民タルヲ得ルモノトス

外國人及公權《コウケン》ヲ有セサル者ニハ公民權ヲ與フ可カラサルコト疑《ウタガヒ》ヲ容《イ》レス本制ニ於テハ婦人及獨立セサル者モ亦皆公民外ニ置クヲ通例トス但市制町村制第十二條、第二十四條ニ於テハ之ニ選擧權《センキヨケン》ヲ與フルノ特例《トクレイ》アリ官府其他總《スベ》テ法人タル者モ亦之ニ準《ナラフ》ス其他ハ一般ニ二年

以來市制町村制第七條ニ列記《シルシ》シタル要件ヲ有スルヲ要ス然ルニ一般ニ二年以上ノ制限アルハ或ハ不公平ヲ生スルノ恐アリト雖モ市町村會ニ於テ之ヲ特免《ユル》スルノ權利ヲ有スルヲ以テ其甚シキニ至ラサル可シ其他多額《タガク》ノ納税者ニ就テモ亦之ニ類スル特例ヲ設ク（市制町村制第十二條）甲市町村ノ住民ニシテ乙市町村內ニ土地ヲ所有シ若クハ營業ヲ爲スカ爲メニ市制町村制第九十三條ニ從ヒ市町村税ヲ負擔《フタン》スル者アリ此ノ如キ者ニハ固ヨリ完全《マツタキ》ノ公民權ヲ與ヘスト雖モ市制町村制第十二條ニ從テ特ニ選擧權ヲ行ハシムルモノトス盖本制ニ定ムル要件中納税額《ナフゼイガク》制ノ限ヲ設クル所以ハ市町村ヲ以テ其盛衰《セイスイ》ニ利害《リガイ》ノ關係ヲ有セサル無智無《ムチム》產《サン》ノ小民ニ放任《ハウニン》スルコトヲ欲セサルカ爲メナリ然レトモ本制ニハ二級若クハ三級選擧法ヲ行フニ依テ幸ニ小民ノ多數ヲ以テ資產者《カネモチ》ヲ抑壓《ヨクアツ》スルノ患ヲ免ル可キカ故ニ其制限ハ之ヲ低《ヒク》度《キ》ニ定ムルモ妨ケナシ元來選擧權ヲ擴充《ヒロメ》シ以テ細民《ヒンボウニン》不滿《フマン》ノ念《ネン》ヲ絶《タ》タンコトヲ期スルハ此選擧法ノ他ニ優《マサ》レリトスル所ナリ故ニ本制ニ於テハ二年以來町村內ニ於テ地租ヲ納ムル者ハ其制限額ヲ設ケス其他ノ納税者ハ二圓以上トセリ而シテ其税額《ゼイガク》直接《チヨクセツ》國税ヲ標準《メヤス》ト爲シ市制町村制第十二條、第十三條ノ場合ノ如ク市町村税ヲ標準トセサル所以ノモノハ現今町村費ノ賦課《ワリカケ》法タル各地方異同アリテ未タ完全ノ域《エキ》ニ達セサルヲ以テ町村税ニ依リ其標準《メヤス》ヲ立ツルハ頗ル難事《ナンジ》ニ屬スルヲ以テナリ

公民權ヲ得ルノ要件アル以上ハ其要件ヲ失フ者ハ又其權ヲ喪《ウシナ》フ可シ（市制町村制第九條）卽

公民權ハ左ノ事件ト共ニ消滅《キエル》スルモノトス
一國民籍《コクミンセキ》ヲ失フ事
二公權ヲ失フ事
三市町村內ニ住居セサル事卽住民權ヲ失フ事
四公費ヲ以テ救助《スクヒ》ヲ受クル事
五獨立《ドクリツ》ヲ失フ事卽一戸ヲ構《カマ》フルコトヲ止メ又ハ治產《ヂサン》ノ禁《キン》ヲ受クル事
六市町村負擔ノ分任《ブンニン》ヲ止ムル事
七市町村內ノ所有地ヲ他人ニ讓リ又ハ直接國稅《チヨクセツコクゼイ》貳圓以上ヲ納メサル事

租稅滯納處分中《ソゼイタイノフシヨブンチユウ》ノ者ハ公民權ヲ喪失《ウシナフ》スルニアラスシテ停止《トヾメ》セラルヽモノナリ其他市制町村制第九條第二項ニ記載セル場合ハ總テ之ニ同シ喪失《ウシナフ》ト停止《トヾメル》トノ區別ハ停止ノ時ハ其權利ヲ存《ソン》シテ只法律ニ定メタル事由ノ存スル間之カ執行《シツカウ》ヲ止ムルニ在リ

公民權ヲ有スル者ハ一方ニ在テハ選擧被選擧ノ權利ヲ有シ一方ニ在テハ市町村ノ代議及行政上ノ名譽職ヲ擔任《タンニン》ス可キ義務ヲ負《オ》フモノトス此義務ハ渾《スベ》テ法律上ノ義務ニ於ケルカ如ク强制《ムリオシ》シテ之ヲ履行《フミオコナハ》セシメサル可カラス固ヨリ直接ニ之ヲ强制《ムリオシ》スルヲ得スト雖モ故ナク名譽《メイヨ》職ヲ拒辭《ジタイ》シ退職《タイシヨク》シ又ハ實際執務《シツム》セサル者ヲ懲罰《チヤウバツ》スルニ公務ニ參與スルノ權ヲ停止シ並市町村稅ヲ增課《ゾウクワ》スルノ例アルハ卽間接《カンセツ》ノ裁制《イマシメ》ヲ存スル所以ナリ(市制町村制第八條)

其裁制《イマシメ》ヲ行フノ權ハ之ヲ市町村會ニ付與シ、住民權公民權ノ有無等ニ關スル争論モ亦之ヲ市町村會ノ議決ニ任シ（市制第三十五條、町村制第三十七條）之ニ關スル訴願ハ參事會ノ議決ニ付シ行政裁判所ニ出訴スルヲ許シテ以テ其權利ヲ保護《マモリ》スルハ皆本制大體ノ精神ヨリ出ツル所ナリ

第二欵　自主ノ權

自主ノ權トハ市町村等ノ自治體ニ於テ其内部ノ事務ヲ整理《ヲサム》スルカ爲メニ法規《ハフキ》ヲ立ツルノ權利ヲ謂フ所謂自治ノ義ト混同《イツシヨ》スへカラス自治トハ國ノ法律ニ遵依《シタガヒ》シ名譽職ヲ以テ事務ヲ處理スルヲ謂フ元來法規ヲ立ツルハ國權《コクケン》ニ屬スルモノナリト雖モ或ル範圍《ハンヰ》内ニ於テ之ヲ自治區ニ付與スル所以ノモノハ一國ノ立法權《リツハウケン》ヲ以テ周《アマネ》ク地方ノ情況ヲ酌量シ其特殊《トクシユ》ノ需要《モトメ》ニ應スルコト能ハサルニ因ル固ヨリ市町村ノ法規ハ其市町村ノ區域内ニ限リ且國ノ法律ヲ以テ其自主權ニ任シタル事件ニ限リ效力《チカラ》アルモノトス其委任ノ範圍ノ如キハ古來ノ沿革《アラタマル》及人民政治上ノ教育ノ度ニ伴隨《ツキシタガ》スへキモノニシテ其範圍ノ廣狭ニ依テ利害ノ分ルヽ所立法官タル者最愼《ツツシ》マサル可カラス今本邦各地方ノ情況ヲ裁酌《サイシヤク》シ自主ノ權ヲ適實ニ施行ス可キノ望ナキモノハ法律ヲ以テ之ヲ規定シ或ハ法律ヲ以テ模範《テホン》ヲ示シ猶地方ノ情況ニ依リ自主ノ權ヲ以テ之ヲ增減斟酌《マシヘラシクミ》スルヲ許サントス

市町村ノ自主ノ權ヲ以テ設クル所ノ法規ニ條例及規則ノ別アリ規則トハ市町村ノ營造物瓦《ガ》

斯局水道、病院）ノ類ノ組織《クミタテ》及其使用法ヲ規定スルモノヲ謂ヒ條例トハ市町村ノ組織又ハ市町村ト其住民トノ關係卽市町村ノ組織中ニ在テ權利義務ヲ規定スルモノヲ謂フ其法律命令ニ抵觸《テイシヨク》スルヲ得サルハ二者共ニ相同シ但條例ニ在テハ此外猶制限アリ卽法律ニ明文ヲ揭《カ》ケテ特例ヲ設クルコトヲ許シ或ハ法律ノ明條ナクシテ自主ノ權ヲ許シタル場合ニ限ルモノトス明文ヲ以テ條例ヲ設クルコトヲ許シタル場合ヲ列擧《ナラベ》スレハ市制ニ在テハ第十一條、第十四條、第四十九條、第六十一條、第六十九條、第七十三條、第七十七條、第八十四條、第九十一條、第九十七條、第百二條、第百十三條、町村制ニ在テハ第十一條、第十四條、第三十一條、第五十二條、第五十六條、第六十五條、第七十四條、第七十七條、第八十四條、第九十一條、第九十七條、第百二條、第百十四條トス其他本制ニ於テ條例ト謂ハスシテ條例ニ均シキ規定ヲ許シタル場合モ亦少カラス其條例ト明言セサル所但ハ專《モツパ》ラ許可ヲ要セサルニ在リ（市制第四十條、第四十八條、第六十條、町村制第四十二條、第五十條、第六十四條）

條例規則ヲ新設改正《シンセツカイセイ》スルハ市町村會之ヲ議決シ（市制第三十一條第一、町村制第三十三條第（二）市制第百二十一條第一及第百二十三條第一、町村制第百二十五條第一及第百二十七條第一ニ依リ許可ヲ受ク可キモノトス但町村制第三十一條及第百十四條ニ於テハ特例《トクレイ》トシテ之ヲ郡參事會《グンサンジクワイ》ノ議決ニ委任《ヰニン》セリ是町村會ニ於テ此議決ヲ爲スヲ得ス又其議決ノ偏頗《エコヒイキ》ニ失スルノ恐アルヲ以テナリ又本制施行ノ當初《ハジメ》未タ市町村會ヲ召集《アツメ》セサル間ニ於テ條例ヲ以テ規定ス可キ事項ノ處分法ハ市制第百二十八條及町村制第百三十一條ニ依ル其他條例規則ヲ論セス公布ヲ竢《マツ》テ初メテ他人ニ對シテ効力ヲ有スルハ一般ノ法理ニ照《テラ》シテ疑《ウタガヒ》ナキ所ナリ

市制町村制第二章　市會町村會

市町村ハ法人タル者ナレハ之ニ代テ思想《シサウ》ヲ發露《アラハ》シ之ニ代テ業務《ゲウム》ヲ行フ所ノ機關《キクワン》ナカル可カラス其機關ニ代議ノ機關ト行政ノ機關トノ二者アリ

代議《ダイギ》ノ機關トハ即市會町村會ニシテ其沿革《アラタマル》ノ詳《ツマヒラカ》ナルハ今姑《シバラ》ク措《オ》キ往時《オウジ》町村ノ寄合《ヨリアヒ》ト稱セシモノニ起リ維新後ニ至リ府縣會ト同ク各地方ニ町村會ヲ開キタリ然レトモ其法律ヲ以テ制定シタルハ即明治十三年ノ區町村會法ヲ創始《ハジメ》トシ其後明治十七年ノ改正ヲ經テ今日ニ及ヘリ然レトモ其法律ハ會議ノ大則ヲ定メタルニ過キスシテ餘ハ之ヲ各地方ノ適宜《テキギ》定ムル所ニ任セタリ又全國ノ町村悉ク之ヲ開設《カイセツ》スルニ非ス小町村ノ如キ會議ヲ設ケサルモ亦少シトセス今之ヲ改メテ會議ノ規則ヲ制定スト雖モ猶多少ノ酌量ヲ地方ニ任セ且小町村ノ如キハ代議會ヲ設ケサルヲ許シ代フルニ選擧人ノ總會《ソウクワイ》ヲ以テセリ

第一款　組織《ソシヨク》及選擧《センキヨ》

代議機關ハ完全ナル權利ヲ有セル市町村民ノ選擧ニ出ツルモノトス其組織ノ方法ニ至テハ外國ノ例ヲ參考《サンコウ》スルニ各多少ノ異同アリ蓋國ノ情況ニ適合スル完備《ソナハル》ノ法ヲ立ツルハ易カラサル所ナリト雖モ今古來ノ沿革《アラタマル》時勢人情ヲ考察《カウサツ》シ傍《カタハラ》外國ノ例ヲ參酌《サンシヤク》シテ以テ其宜ヲ制定

ス其要點左ノ如シ

一　選舉權《センキヨケン》

選舉權ハ素《モト》ヨリ完全ナル權利ヲ有スル公民ニ限リテ之ヲ有スヘシ然ルニ此權利ヲ擴張シ特《トク》例《レイ》トシテ之ヲ公民ナラサル者ニ與フルコトアリ(市制町村制第十二條)是其人ノ利害ニ關スル所最厚《アツ》ク且市町村稅負擔《フタン》ノ最重キカ故ナリ此點《テン》ハ上ニ之ヲ詳述《シヤウジユツ》セリ

二　被選舉權

被選舉權ハ選舉權ヲ有スル者ニ限リテ之ヲ有スヘシト雖モ其市町村ノ公民ニ非サル者ニ至テハ假令選舉權ヲ有スルモ被選舉權ヲ有セス其他被選舉權ノ要件ヲ選舉權ノ要件ニ同クシテ別ニ之カ制限《セイゲン》ヲ設ケサルハ適任ノ人物ヲ選擇《エラミ》スルノ區域ヲ徒ニ減縮《ヘラス》セサランカ為メナリ被選舉權ヲ與ヘサル制限ハ或ハ外國ヲ例ヲ參酌《サンシヤク》シテ之ヲ取ルモノアリ或ハ地方ノ情況ニ照《テラ》シテ已ムヲ得サルモノアリ又本制ニ於テハ無給ノ市町村吏員ニ被選舉權ヲ與ヘタリ市町村ノ行政事務ヲ掌《ツカサド》ルモ名譽職ヲ擔任シ公共事務ニ從事スル者ヲ代議會ニ加フルヲ許スハ穩當《オンタウ》ナラサルカ如シト雖モ地方ニ依リテハ多ク適任ノ人ヲ得可カラサルヲ以テナリ行政ト代議ト最利害ノ抵觸《フレ》シ易キ場合ニ關シテハ市制第三十八條、第四十三條、第六十六條、第百十二條、町村制第四十條、第四十五條、第百十三條等ニ於テ豫《マヘカタ》メ之ニ處スルノ法ヲ設ケタリ

三　選舉等級

一本制ニ於テハ納稅《ナウゼイ》額ニ依テ選擧人ノ等級ヲ立テ選擧權ヲ以テ市町村稅負擔ノ輕重ニ伴隨《ツキシタガハ》セシム蓋名譽職ニ任スルハ町村公民ノ輕カラサル義務ナレハ資産アル者ニ非サレハ之ニ任スルヿ能ハス又其稅額ノ多寡《オホキスクナキ》ハ姑ク之ヲ論セサルモ其專ヲ自治ノ義務ヲ負擔スル者ニ相當ノ權力ヲ有セシムルハ固ヨリ當然ノ理ナリ今等級選擧法ヲ以テ常例《ジヤウレイ》トセルハ卽此要旨《エウシ》ニ外ナラス等級選擧ノ例ハ本邦ニ於テハ創始《ハジメ》ニ屬スト雖モ之ヲ外國ノ實例ニ照《テラ》スニ明ニ其良結果《リヤウケツクワ》アルヲ徴スルニ足ル本制被選擧權ノ資格ヲ廣クシテ而シテ其流弊《リウヘイ》ナキヲ信スル所以ノモノハ卽此選擧法ニ依テ以テ細民《ヒンボウニン》ノ多數ニ制セラル、ノ弊ヲ防クニ足ルヘキヲ以テナリ
各地方ノ狀況《アリサマ》ヲ見ルニ都鄙《トヒ》ニ依テ貧富ヲ異ニシ地形ニ依テ産業《スギハイ》ニ別アリ故ニ各地ニ通スル一定ノ稅額ヲ設ケテ等級ヲ分ツコトヲ得ス又單ニ土地ノ所有ヲ以テ選擧權ノ標準《メヤス》ト爲スコトヲ得ス是ヲ以テ等級法ヲ立テント欲スルニハ市町村內ニ於テ徴收《トリタテ》スル市町村稅ノ總額ヲ標準トシ各自納稅額ノ多寡ニ依テ其順序《シダイ》ヲ定メ等級ヲ立ツルノ外他ニ良法アルヲ知ラス然ルニ市ハ通シテ三級トシ町村ハ單ニ二級トセルハ市民ハ戶口多ク貧富ノ階級アルコト町村民ノ等差《チガイ》少キガ如キニ非サルヲ以テナリ（市制町村制第十三條）但町村ニシテ特別ノ事情アルモノアリ例ヘハ選擧人寡少《スクナキ》ニシテ其稅額ノ等差《チガイ》モ亦少ク或ハ一二ノ納稅者アリテ非常ニ多額ノ稅ヲ納ムルカ或ハ大町村ニ於テ其納稅者ノ等差極メテ甚キノ類ニシテ二級選擧法ヲ適當トセザル場合モアル可シ此場合ニ於テハ町村條例ヲ以テ三級選擧法ヲ設クルコトア

ル可シ或ハ等級ヲ設ケズ或ハ更ニ他ノ方法ヲ立ツルコトヲ得セシメントス尤二級若クハ三級選擧法ヲ以テ常例《ジヤウレイ》ト爲スカ故ニ不得已《ヤムヲエザル》ノ事情アリテ許可ヲ受クルニ非サレハ此特例ヲ設クルコトヲ得サル可シ

被選擧人《ヒセンキヨ》ハ其區內級內ノ者ニ限ラスト爲スハ（市制第十三條、第十四條、町村制第十三條）市町村會ノ議員ハ全市町村ノ代《カハリ》表者タルノ原則《ゲンソク》ヨリ出ツルモノニシテ是亦實際ノ便宜トスル所ナリ

四　選擧ノ手續

選擧ノ事務《ジム》タル其關スル所輕カラサルヲ以テ其細則《サイソク》ニ至ルマテ法律ヲ以テ之ヲ規定スルヲ要ス其單ニ手續ニ屬スル事項ト雖モ力《ツト》メテ法律ニ之ヲ制定スル所以ノモノハ選擧ノ公平確《コウヘイカク》實《ジツ》ナルコトヲ保シ行政廳ノ干涉《タチイル》ヲ防《フセ》キ或ハ干涉ノ疑《ウタガヒ》ヲ避ケンカ爲メナリ其順序《シダイ》ヲ略左ノ如シ

選擧ハ通例三年每ニ之ヲ行ヒ之ヲ定期選擧トシ議員ノ半數ヲ改選ス其半數ヲ改選スルハ事務ニ熟練《ナレ》セル議員ヲ存續《ツヽカス》セシメンカ爲メナリ但解散《カイサン》ノ場合ハ此ノ如クスルヲ得ス又此法律施行ノ當初ニ於テ選擧セラレタル議員ハ初回ノ改選ニ方リ抽籤《クジヒキ》ヲ以テ半數ヲ退任《タイニン》セシムルニ依リ其半數ハ三年間在職スルモノトス此二箇ノ場合ヲ除キ議員ハ總テ六年間在職スルモノトス若シ議員任期中ニ死亡《シバウ》シ若クハ退職《タイシヨク》スルトキハ直《タヽチ》ニ補闕員《ホケツヰン》ヲ選擧シ前任者《ゼンニンシヤ》ノ任期ヲ

襲《ツ》ガシメサル可カラス之ヲ補闕選擧《ホケツセンキヨ》トス然レトモ屢《シバ〳〵》選擧ヲ行フトキハ其煩《メンドウ》ニ堪《タヘ》サルカ故ニ補闕選擧ハ定期選擧ヲ待テ之ト同時ニ行フヲ通例トス假令一二ノ闕員アルモ事務ニ支障《サシツカヘ》ナカルヘキヲ以テナリ然レトモ若シ多數ノ議員退任スル等已ムヲ得ス補闕員ヲ選擧スルノ必要アルトキハ市制町村制第十七條ニ於テ之レカ便法ヲ設ク

選擧ヲ爲スノ準備《ジユンビ》ニ屬スル事ハ之ヲ行政機關《ギヤウセイキクワン》卽町村長若クハ市長及市參事會ニ委任セリ而シテ其事務ハ選擧ノ基礎《キソ》タル選擧名簿《チヤウメン》ヲ調製《コシラヘ》スルヲ以テ第一トス本制ハ所謂永續《ナガキ》名簿ノ法ニ依ラス選擧ヲ行フ毎ニ名簿ヲ新ニスルノ法ヲ取レリ(市制町村制第十八條)其調製シタル名簿ハ選擧前數日間關係者ノ縱覽《ミセル》ニ供《キヤウ》シ異議アル者ハ市町村長ニ申立テ又ハ訴願《ソグワン》若クハ行政訴訟ノ手續(市制第三十五條、町村制第三十七條)ヲ以テ誤《アヤマリ》ヲ正《タヾ》ス可キ便利ヲ與ヘタリ此名簿ノ調製ハ選擧ヨリ數日前ニ終結スル可キカ故ニ其結了《ケツレウ》ノ時ニ行ヒタル裁決ハ之ヲ執行ス可シト雖モ各訴願ノ確定終局《カクテイシユウキヨク》ニ至ル迄荏苒《グズ〳〵》日ヲ曠《ムナシ》クスルヲ得ス選擧ノ期日ニ至レハ其訴願ニ拘ラス之ヲ執行ス若シ名簿ニ錯誤《アヤマリ》アルカ爲メ選擧ノ無效ニ歸スルコトアレハ更ニ之ヲ申立ツルコトヲ得可シ又被選人當選ヲ辭シ或ハ選擧ヲ無效ナリト斷定《キマリ》セラレタル時ト雖モ更ニ名簿ヲ調製スルヲ要セス判決ニ準據《ナラヒ》シテ舊名簿ヲ訂正《タヾ》シタル上之ヲ用フルモノトシ之レカ爲メニ更ニ關係人ノ縱覽《ミセル》ニ供シテ正《ヨイ》誤申立ノ時間ヲ與フルニアラス唯名簿全体ノ不正ナルカ爲メ全選擧ヲ無效《ムコウ》ナリトナシタル時ニ至テハ新簿ヲ調製スルコト已ムヲ得サルナリ選擧ノ期日ハ町村長市參事會之ヲ定ム本制ニ據レハ選擧人ヲ召喚《ヨブ》スルニハ公告ヲ以テ足レリトスト雖モ實際《ジツサイ》市町村ノ便宜ニ依リ各選擧人ニ對シ特ニ召集狀《セウシウジヤウ》ヲ送付スルコトアルモ妨ケナシ其他投票時間ヲ定ムルハ市長町村長ニ任シタルヲ以テ市長町村長ハ選擧人ノ多寡及地形等ヲ參酌《サシヤク》シテ之ヲ定ム可シ

選擧事務ノ統轄《シハイ》ハ之ヲ自治ノ吏員ニ委任シ（市制町村制第二十條）監督官廳《カントクヤクシヨ》ハ特ニ之カ監督ヲ爲ス可キノミ（市制第二十八條、町村制第二十九條）而シテ選擧掛ハ集議體《シウギタイ》ニ編制セリ

選擧掛ハ選擧人代理者ノ許否、投票ノ効力等直ニ之ヲ裁決セサルヲ得スシテ此ノ如キハ一個ノ吏員ニ委任スルコトヲ得サルヲ以テナリ固ヨリ選擧掛ニ於テ右等ノ事件ヲ議決スト雖モ後ニ至リ選擧ノ無効《ムカウ》ヲ申立ル者アルトキハ之ヲ裁決スル官廳ニ於テハ右議決ニ拘ラス至當ノ裁決ヲ爲ス可キモノトス

選擧會ハ選擧人ニ取リテハ公會ナリト雖モ（市制町村制第二十一條）其選擧ハ全ク秘密投《ヒミツトウ》票ノ法ヲ以テス即選擧掛ハ勿論其他何人ニテモ投票者ニ於テ何人ヲ選擧セントスルカヲ知ラシメサルモノトス故ニ選擧ノ際ハ投票ヲ用ヒ票中ニ投票者ノ氏名ヲ記載セス又之ニ調印《テウイン》セシメス封緘《フウカン》シテ之ヲ差出サシム市制（町村制第二十二條、第二十三條）元來公選擧ト秘選《ヒセン》擧《キヨ》トノ別アリ其利害得失ニ就テハ互ニ論アリト雖モ今特ニ地方自治區ノ選擧ニ就テ之ヲ考フルニ町村ノ事情タル居民常ニ相密接《ハナレヌ》スルモノナレハ選擧ノ自由ヲ妨ケサランカ爲メニ寧《ムシ》

ロ秘密選擧ヲ以テ眞法ト爲ス而シテ選擧權ヲ有セサル者ノ投票又ハ重複《チヨウフク》ノ投票ヲ防《フセ》カンカ爲メニハ選擧人自ラ出頭スルノ例アリ（市制町村制第二十四條）又名簿ニ照シテ之ヲ受クルノ法（市制町村制第二十二條）アリ選擧人自ラ出頭シテ選擧ヲ行フノ例ヲ設クルハ毫《ガウ》モ選擧ノ利害ニ關セサル輩ノ勸告《クワンコク》ニ依テ之ニ投票ヲ託《タク》セントスルカ如キ者ヲ排除《ハネノケ》シ選擧ノ自由ヲ保護スル所以ナリ但市制町村制第二十四條第二項ニ掲クルモノハ已ムヲ得サルノ特例ナリトス選擧ヲ行フニ下級ヲ先キニシ上級ヲ後ニスルハ（市制町村制第十九條）下級ノ選擧人ヲシテ人ヲ擇《エラ》フニ充分ノ區域ヲ得セシメンカ爲メナリ而シテ先ツ下級ノ選擧ヲ了《ヲワ》ルノ後ニ上級ノ選擧ニ着手セシム可シ是一人ニシテ數級ノ選ニ當ルコトヲ防キ且上級ノ者ヲシテ下級ノ選擧ニ當ラサル候補者ヲ選擇《センタク》スルコトヲ得セシムルモノナリ選擧ノ結果ヲ證スルカ爲メニ選擧錄ヲ製スルノ例（市制第二十六條、町村制第二十七條）アルハ選擧ノ効力ヲ裁決スル證憑《シヨウヒヤウ》ヲ備ヘンカ爲メナリ

當選ノ認定《ニンテイ》ハ議員ノ選擧ニハ比較多數ノ法ヲ取リ（市制第二十五條、町村制第二十六條）市町村吏員ノ選擧ニハ過半數ノ法ヲ用フ（市制第四十四條、町村制第四十六條）元來總テ過半數ヲ以テスルヲ正則トスレトモ事宜ヲ計リテ便法《ベンパフ》ヲ設ケタルナリ

選擧ノ效力ニ關シ異議ヲ申立ツルノ權利ハ選擧人及市長町村長ノ外公益《コウエキ》上ヨリシテ其效力ヲ監査《カンサ》スルカ爲メニ郡長及府縣知事モ亦此權利ヲ有ス選擧人及市長町村長ノ異議アルモノ

ハ市町村會ノ裁決ニ任シ郡長府縣知事ノ異議アルモノハ參事會ノ裁決ニ任シ其郡參事會ノ裁決ニ不服アルトキハ府縣參事會ニ訴願《ソグワン》スルコトヲ得其府縣參事會ノ裁決ニ不服アルトキハ行政裁判所《ギヤウセイサイバンシヨ》ニ出訴スルコトヲ得ルモノトス是實ニ利害上ノ爭ニアラスシテ權利ノ消長ニ關スレハナリ（市制第二十八條、第三十五條、町村制第二十九條、第三十七條）

一旦選擧ヲ有效ト定メ或ハ其效力ニ異議ナクシテ經過《スギ》シタル後ト雖モ當選者《タウセンシヤ》被選擧權ノ要件ヲ選擧ノ當時ニ有セサリシコトヲ發覺《アラハ》シ或ハ其當時有シタル要件ヲ失フコトアル可シ斯ル場合ニ於テハ固ヨリ市制第二十九條、町村制第三十條ノ結果ヲ生ス可シ其裁決ノ手續ハ市制第三十五條、町村制第三十七條ニ據ル

五　名譽職

市制町村制第十六條、第廿條、第七十五條ニ依リ名譽職ヲ置クハ本制大體ノ原則《ゲンソク》ニ出ツルナリ

第二欵　職務權限《シヨクムケンゲン》及處務規程《シヨムキテイ》

市會町村會ハ市町村ノ代表者《ダイヘウシヤ》ナリ其權限ハ市町村ノ事務ニ止マリ其他ノ事務ハ從來ノ委任ニ依リ又ハ將來法律勅令ニ依テ特ニ委任スル事項ニ限リテ參與スルモノトス若シ大政ニ論及スル等凡ソ此界限ヲ踰《コ》ユルモノハ則法律ニ悖戾《モトリ》スルモノナレハ法律上ノ權力ヲ以テ（市制第六十四條第二項第一、第百二十條、町村制第六十八條第二項第一、第百二十四條）之ヲ

[illegible]セサル可カラス其他市制第百十八條、第百十九條、町村制第百二十二條、第百二十三條ハ皆市會町村會ノ怠慢《オコタリ》ヲ防制《フセキ》スルノ權力ナリトス

市會町村會ハ代表機關ト爲スト雖モ（市制第三十條、町村制第三十二條）外部ニ對シテ市町村ヲ代表スルハ行政機關ノ任トス（市制第六十四條第二項第七、町村制第六十八條第二項第七）即市會町村會ハ專ラ行政機關ニ對シテ市町村ヲ代表スルモノナリ市制第三十一條以下及町村制第三十三條以下ニ列載《レツサイ》シタル職務ハ皆此地位ニ依テ生スルモノトス

一

市會町村會ハ條例規則、歲計豫算《サイケイヨサン》、決算報告《ケツサンハウコク》、市町村稅賦課法《フクワハフ》及財産管理《サイサンシハイ》上ノ重要事件等ヲ議決ス市制第百十八條、第百十九條、町村制第百二十二條第百二十三條ノ場合ヲ除クノ外行政機關ハ議會ノ議決ニ依テ方針《ハウシン》ヲ取ラサルヲ得ス但其議決上司《カミヤクニン》ノ許可ヲ得可キモノハ市制第百二十一條ヨリ第百廿三條ニ至リ及町村制百二十五條ヨリ第百廿七條ニ至ルノ各條ニ依ル

二

市會町村會ノ執行ス可キ選擧ハ載セテ市制第三十七條、第五十一條、第五十八條、第六十條、第六十一條及町村制第五十三條、第六十二條、第六十四條、第六十五條ニ在リ

三

市會町村會ハ市町村ノ行務《カウム》ヲ監查《シラベ》スルノ權利ヲ有ス其監查ノ方法《ハウハウ》ハ書類及計算書《ケイサンシヨ》ヲ檢閲《アラタメ》シ

町村長若クハ市參事會ニ對シテ事務報告ヲ要求スルノ類是ナリ此權利ニ對シテ町村長若クハ市參事會ハ之ニ應《オウ》スルノ義務アリ若シ市會町村會ニ於テ意見アルトキハ之ヲ官廳《クワンチヨウ》ニ具狀《マウシタテ》スルコトヲ得可シ

四

市會町村會ニ於テ官廳ノ諮問《タツネ》ヲ受クルトキハ之ニ對シテ意見ヲ陳述《ノベル》スルハ其義務ナリトス

五

其他市會町村會ハ或場合ニ於テ公法上ノ爭論《クジ》ニ付始審ノ裁決《サイケツ》ヲ爲スノ權アリ（市制第三十五條、町村制第三十七條）

市會町村會ノ議員ハ其職務ヲ執行スルニ當テハ法令ヲ遵奉《シタガヒ》シ其範圍內《ハンヰナイ》ニ於テ不羈《フキ》ノ精神ヲ以テ事ヲ評議《ヘウギ》ス可シ決シテ選擧人ノ指示《シメシ》若クハ委囑《タノミ》ヲ受ク可キモノニアラス（市制第三十六條、町村制第三十八條）是固ヨリ法理ニ於テ明ナル所ナリト雖モ議員ノ職務ヲ以テ選擧人ノ委任ニ出ツルモノヽ如ク見做《ミナ》シ議員ハ選擧人ノ示シタル條件ヲ恪遵《シタガフ》ス可キモノト爲スノ誤《アヤマリ》ヲ來サヽランカ爲メニ特ニ其明文ヲ掲クルナリ

處務規程《シヨムキテイ》ハ市制第三十七條ヨリ第四十七條ニ至リ町村制第三十九條ヨリ第四十九條ニ至ルノ各條ニ於テ之ヲ設ク此條規ハ概《オホム》ネ說明《セツメイ》ヲ要セサル可シ只茲ニ一言ス可キハ町村會ハ通例町村長若クハ其代理者タル助役ヲ以テ議長トシ（町村制第三十九條）市會ハ別ニ互選《ゴセン》シテ

議長ヲ置ク（市制第三十七條）此區別ヲ爲シタル所以ハ町村ニ在テハ町村長及助役ノ外事務ニ熟練《ナレ》スル者多カラスシテ殊ニ議長ノ任ニ堪フル者ハ概ネ少ク且一人一個ノ責任ヲ以テ行政ノ全體ニ任スル場合ニ於テハ成ル可ク議員ト密接《ミッセツ》ノ關係ヲ有セシムルコト必要ナレハナリ町村制第四十四條ノ場合ヲ除クノ外町村長及助役ニシテ議決權ヲ有スルハ其議員ヲ兼《カ》ヌル時ニ限ル可シ

市制町村制第三章　市町村行政

代議ト行政《ギャウセイ》トハ各別箇《オノ〻ベツコ》ノ機關ヲ設ケサル可カラアルハ巳ニ之ヲ記述シタルカ如シ而シテ町村ノ行政ハ之ヲ町村長一人ニ任シ補助員即助役一名若クハ數名ヲ置キ以テ之ヲ補助セシム市ニ於テハ之ヲ市參事會ニ任セリ市長ハ其會員ノ一人ニシテ其會ノ事務ヲ統理《スベオサメ》シ外部ニ對シテ參事會ヲ代表スルノ權ヲ有ス即町村ハ特任制ヲ取リ市ハ集議制《シフギセイ》ニ依ルモノナリ抑地方ノ自治行政ニハ集議制ヲ以テスルニ若クモノアラス然ルニ獨リ市ニ施《ホドコ》シテ之ヲ町村ニ適用セサル所以ノモノハ集議制ハ特任制ニ比シ頗ル錯綜《イリクミ》ニ渉《ワタ》ルノ弊《ヘイ》アリ而シテ小町村ノ行政ハ力メテ簡易《カンイ》ノ編制ニ依ルヲ要スルヲ以テナリ且集議制ヲ行ハント欲スレハ名譽職ヲ以テ行政ニ參與《サンヨ》ス可キ適任者ヲ多ク求メサルヲ得ス而シテ此事タル今日ノ情況《アリサマ》ニテハ都會ノ地ニ非サレハ望ム可カラサレハナリ大町村ニ於テモ亦此集議制ヲ施行ス可キ必要アリヤ否又之ヲ施行シ得可キヤ否ハ姑ク將來《ユクスヱ》ノ變遷《ヘンセン》ヲ俟テ知ル可キナリ

本制市町村行政ノ條規ハ力メテ活用ノ區域ヲ廣クシ以テ各地方ノ情況《アリサマ》ヲ斟酌《クミ》スルノ餘地《ヨチ》アラシメンコトヲ務メタリ

町村長、助役、市參事會及市長ハ皆是市町村ノ機關ニシテ國ニ直隷《チヨクレイ》スル機關ニアラス是ヲ以テ此機關ニ屬スル吏員ハ總テ市町村自ラ之ヲ選任スルヲ當然トス是各國ノ通則《ツウソク》ニシテ其效益《エキ》亦實際ノ經驗《タメシ》ニ著ハル、所ナレハ本制モ亦之ニ傚ヘリ（市制第五十一條、第五十八條、第五十九條、第六十條、第六十一條、町村制第五十三條、第六十二條、第六十三條、第六十四條第六十五條）然レトモ市町村ハ又國ノ一部分ニシテ市町村ノ行政ハ一般ノ施政ニ關係ヲ及ホシ從テ國家ノ利害ニ關セサルコトナシ且市町村及其吏員ニ委任《ヰニン》スルニ國政ニ屬スル事務ヲ以テスルコトアリ市制第七十四條、町村制第六十九條ノ如キ是ナリ市長ノ選任ハ市會ヨリ候補者《カウホシヤ》ヲ推薦《オシタテ》シ裁可ヲ求ムルノ例アルカ如キモ亦此理由アルニ依ル（市制第五十條）但其選任ノ例ヲ異ニスト雖モ市長ハ均《ヒトシ》ク市ノ機關ニシテ一ノ市吏員ナリ法律上ヨリ其地位ヲ論スルトキハ一面ハ市ニ屬《ゾク》シ一面ハ國ニ隷《レイ》ス猶町村長ノ町村ト國トニ兩屬スルカコトシ此資《シ》格《カク》ハ選任ノ例ヲ異ニスルカ為メニ變更《ヘンカウ》スルコトナシ其他樞要《カナメ》ノ市町村吏員即町村長、市町村助役、收入役《シウニウヤク》ハ監督官廳《カントククワンテウ》ノ認可《ユルシ》ヲ受ケシメ其認可ヲ得サルトキハ其選擧ハ無効ニ屬スルカ故ニ（市制第五十二條、第五十八條、町村制自第五十九條、至第六十一條）國ノ治安ヲ保持《ホウジ》スル上ニ就テハ十分ノ權力ヲ有スルヲ得可シ又之ヲ認可《ニンカ》スルニ方テ徒《イタヅラ》ニ其活動《ハタラキ》ヲ牽制《ヒキマハス》セサランコトヲ欲シ認可ヲ拒ムニ一定ノ理由ヲ示サス其地ノ事情ト人物トヲ參酌シテ其認可不認可ヲ決スルヲ得セシメントス其裁決ノ權ハ專ラ地方分權《ブンケン》ノ原則ニ準シ之ヲ郡長又ハ府縣知事ニ委任セリ然レトモ其公平ヲ失スルノ弊ヲ防カンカ爲メ若クハ偏私《ヘンシ》ノ誹《ソシリ》ヲ免レンカ爲メニ認可ヲ拒マントスルトキハ郡參事會又ハ府縣參事會ノ同意ヲ得ルヲ必要《ヒツエウ》ト爲セリ又已ニ官廳ノ認可ヲ受ケシムルノ法ヲ設クルトキハ其結局ノ處分法ナカル可カラス卽其選擧遂ニ適《テキ》任ノ人ヲ得スシテ已ムヲ得サルトキハ官廳ヨリ其代理者ヲ特選《トクセン》シ若クハ官吏ヲ派遣シテ市町村ノ事務ヲ執ラシムルコトヲ得可シ以上ノ例規ニ依リ市町村吏員ノ選擧ヲ以テ之ヲ市町村ニ委任スルモ國ノ治安《チアン》統一《トウイツ》ヲ保ツコトニ於テ憂《ウレ》フ可キノ弊ナキヲ信ス

町村ニ於テ吏員ヲ選任スルノ權ハ之ヲ町村會若クハ總會ニ委任シ使丁ニ限リ之ヲ町村長ニ委任シ(町村制第五十三條、第六十二條、第六十三條、第六十四條、第六十五條)市ニ於テハ之ヲ市參事會ニ委任シ參事會員、委員及收入役ノ選定ニ限リ之ヲ市會ニ委任セリ(市制第五十一條、第五十八條、第五十九條、第六十條、第六十一條)

市町村ノ吏員ヲ選任スルニ付テハ固ヨリ法律上ノ要件ヲ恪守《ツヽシミマモル》セサル可カラス其要件ハ市制第五十五條、第五十八條、第六十條、第六十一條、町村制第五十三條、第五十六條、第六十四條第六十五條ニ在リ其他ノ制限ハ刑法等他ノ法律ニ存ス

其他市町村吏員組織《ソシヨク》ノ大要ハ法律中ニ定ムルモノアリト雖モ各地方情況ヲ異ニスルヲ以テ

市町村ノ自主權ニ廣濶《ヒロキ》ナル餘地ヲ與フルコトヲ得可ク又之ヲ與フルヲ要スルナリ

本制ニ定ムル市町村吏員ハ左ノ如シ

一　町村長

町村長ハ町村ノ統轄《スベシハイ》者ナリ卽町村ノ名ヲ以テ委任ノ强制權《ムリオシコスル》ヲ執行スル者トス其强制權ノ幾部分ハ既ニ町村制中ニ制定セリト雖モ（例ヘハ町村制第百二條ノ類）多クハ別法ヲ以テ之テ設ケサル可カラス其他町村長ハ町村ノ事務ヲ管理《シハイ》スルノ任アリ故ニ一方ニ在テハ町村ニ對シテ其執行ノ責任ヲ帶ヒ一方ニ在テハ法律ノ範圍內《ハンヰナイ》竝官廳ヨリ其權限內ニテ發シタル命令ノ範圍內ニ於テ百般ノ事項ニ涉《ワタ》リ町村ノ幸福《サイハヒ》ヲ增進シ安寧《ヤスキ》ヲ保護スルヲ務メトス而シテ町村長ニ於テ町村會ノ議決ニ遵依《シタガヒ》スル可キ程度ハ町村制第三十三條以下ニ詳ナリ同條記載ノ事件ニ就テハ町村長ハ議會ノ議決ニ依ラスシテ之ヲ執行スルコト能ハサル而已ナラス猶其議事ヲ準備《ヨウイ》シ議決ヲ執行スルノ義務アリ故ニ町村會ニ於テ法律ニ背戾《ソムキ》スルコトナク其權限內ニテ議決シタル事項ハ假令町村ノ爲メニ不便アリト認ムルモ町村長ハ之ヲ執行セサルヲ得ス唯町村長其議決ニ對シテ大ニ意見ヲ異ニシ公衆ノ利益ヲ害スト認ムルトキハ町村制第六十八條第二項第一ニ從テ決議ノ執行ヲ停止《テイシ》スルノ權ヲ有ス卽之ヲ停止シテ郡參事會ノ裁決ヲ請フコトヲ得可シ其法律命令ニ背《ソム》キ又ハ權限ヲ越《コ》ユルモノモ亦之ニ同シ尤僅ニ利害ノ見込ヲ異ニシタルノミニテハ未タ以テ之ヲ停止スルノ理由ト爲スニ足ラス必公益ヲ損害《ソンガイ》ス

ト認ムル時ニ限ル可シ蓋《ケダシ》公益ノ爲メニ町村ヲシテ此停止權ヲ有セシムルハ或ハ之ヲ濫用《ランヨウ》スルノ恐ナキニ非スト雖モ今日町村治ノ未タ整備《トヽノヒ》セサルヨリ考フルトキハ姑ク此例ヲ存スルノ已ムヲ得サルモノアリ又監督官廳《カントククワンチヤウ》ヨリ町村長ニ停止ヲ命スルハ國ノ利害ニ關シ已ムヲ得サルモノニシテ監督官廳モ亦常ニ町村會議決ノ報告ヲ徴《チヨウ》シテ其注意ヲ怠ラサル可シ其停《トヾメ》止權ヲ濫用《ミダリニモチユ》スルノ弊ハ參事會ノ參與《サンヨ》アルヲ以テ自《オ》ラ之ヲ防制《フセギ》スルコトヲ得可シ其行政裁判所ヘ出訴スルノ權ヲ法律勅令ニ背戾シ及權限ヲ踰越《コエル》スルノ場合ニ限リタルハ行政裁判所ハ專ラ法律上ノ爭論ヲ判決ス可キモノニシテ公益ニ關スル事ハ一ニ利害ノ爭ニ過キサレハナリ郡參事會ノ裁決ニ不服アル者ハ府縣參事會ニ訴願シ其府縣參事會ノ裁判ニ不服アル者ハ行政裁判所ニ出訴シ若クハ內務大臣ニ訴願スルヲ得可キコト町村制第百十九條及第百二十條ノ規定《キテイ》ニ依テ明ナリ

其他町村長ノ町村事務ハ町村制第六十八條第二項第二ヨリ第九ニ列載《レツサイ》シタル條件ニ依テ明ナリ其各條件ニ關《クワン》シテハ茲《コヽ》ニ說明ヲ要セサル可シ町村會ノ定額豫算《テイガクヨサン》ニ關スル職權《シヨクケン》ニ依テ町村長ノ權利ニ制限《セイゲン》ヲ加フル所以ハ第四章ニ於テ之ヲ說明ス可シ又町村會ノ議決町村制第百二十五條以下ニ從ヒ官ノ許可ヲ受ク可キモノハ之ヲ受クルノ前ニ施行スルヲ得サルコト固ヨリ言ヲ俟《マ》タス凡時宜ニ依リテハ監督官廳ノ懲戒《コラス》權ヲ以テ之ヲ强制《ムリヽシ》スルヲ得可シ町村制第六十九條ニ列記《レツキ》シタル事務ニ關シテハ町村長ハ全ク前述《ゼンジユツ》ノ場合ト異ナリタル地位

ヲ有スルモノトス巳ニ前章ニ記述シタル如ク國ハ町村ヲシテ國政ニ關スル事務ニ參與セシムルコトアル可シ之ヲ參與セシムルノ法二アリ國政ニ屬スル事務ヲ以テ町村ニ委任シ其自治權ヲ以テ之ヲ處辨《シヨベン》セシムルモノアリ又其事務ヲ町村ニ委任セスシテ直接《スグニ》ニ町村長其他町村ノ吏員ヲ指定《シテイ》シテ之ヲ委任スルモノアリ此區別ノ緊要《カナメ》ナル點ハ第一ノ例ニ據《ヨ》レハ斯ル事件ノ議決モ亦町村會ノ職權ニ歸シ町村長若クハ當該《タウガイ》吏員《リ井ン》ハ此事件ニ關シ町村會ニ對シテ責任ヲ帶《オ》ヒ且常ニ其監視《カンシ》ヲ受クルモノトシ第二ノ例ニ據レハ町村長ハ直接ニ官命ニ依テ事務ニ從事シ町村會ト相關セス此事務ニ關スル指揮《サシヅ》命令《メイレイ》ハ直ニ所屬官廳ヨリ之ヲ受ケ特ニ其官廳ニ對シテ責《セメ》任ヲ帶フルモノトス元來甲乙二例ヲ比較《クラベ》スルトキハ互ニ得失アリト雖モ今日ノ情況《アリサマ》ニ照シ事務ノ舉《アカリ》行ヲ期スルニ付テハ乙法ヲ行フニ如カス故ニ本制ハ乙法ヲ採リテ之ヲ第六十九條ニ明言セリ但細則ニ渉《ワタ》ルモノハ別法ニ讓ラントス且此乙法ヲ行フニ至テハ其委任ノ職務ニ付キ生スル所ノ費用ハ何レノ負擔ナルカヲ明言セサルヲ得ス依テ同條末項ニ之ヲ掲ク其他町村固有ノ事務ニ要スル費用ハ町村ノ負擔ス可キコト言ヲ俟タスシテ明ナリ

二　町村助役

助役ハ各町村ニ一名ヲ置クヲ通例トス然レトモ各地方ノ需要《モトメ》ニ應シテ或ハ之ヲ增加《フヤス》ス可キコトアリ之ヲ町村條例ノ定ムル所ニ任セリ（町村制第五十二條）助役ノ町村長ニ屬スルハ共ニ集議《シウギ》體《タイ》ヲ爲スニアラス町村役場ノ事務ハ皆町村長ノ事決ニ在リ其責任モ亦町村長一人

ニ屬ス故ニ助役ハ其補助員ニシテ一ニ町村長ノ指揮《サシツ》ニ從ヒ之ヲ補佐《オギナヒタスケ》スルモノトス唯町村長故障アリテ之ヲ代理スル塲合及委任ヲ受ケテ事務ヲ專任《マカス》スル塲合ニ限リ自ラ其責任ヲ負フモノトス但事務ヲ委任スルニハ町村會ノ同意ヲ得ルヲ要シ（町村制第七十條）其町村長ニ委任ノ事務ニ係ルトキハ監督官廳ノ許可ヲ受クルヲ要ス（町村制第六十九條）

三　市參事會

市ニ於テハ市長及助役ヲ置クコト町村ノ制ニ同クシテ別ニ名譽職參事會員若干名ヲ置キ合セテ集議體ヲ組織シ之ヲ市參事會トス是町村ノ制ト異ナル所ナリ助役及名譽職參事會員ノ定員ハ市制第四十九條ニ之ヲ定ムト雖モ市ノ情況ニヨリ增減ヲ要スルトキハ市條例ヲ以テ之ヲ增減スルコトヲ得可シ（市制第四十九條）市長ハ一箇ノ決議權《ケツギケン》ヲ有シ員數相半スル時ハ專決《センケツ》スルコトヲ得此集議會ノ職務ハ全ク町村長ノ職務ト其例ヲ同クス（市制第六十四條）其詳細《シヤウサイ》ノ説明ハ茲ニ要セサル可シ其處務規程《シヨムキテイ》ハ本制ニ於テ多ク設クルヲ要セス（市制自第六十五條至第六十八條）其細目ニ至テハ內務省令ヲ以テ之ヲ定ムルコトアル可シ

市長ハ市ノ固有《コユウ》ノ事務ヲ處理《シヨリ》スルト委任ノ事務ヲ處理《サバイ》スルト各別《オノ〳〵》段ノ地位ヲ占ムルモノトス卽チ市ノ固有ノ事務ニ就テハ參事會ノ議事ヲ統理《スベ》シ之ヲ準備《ヨウイ》シ議決ヲ執行シ時ニ臨テハ議決ノ執行ヲ停止《テイシ》シ（市制第六十五條）外部ニ對シテ市ヲ代表スルモノニシテ唯急施《イソタ》ヲ要スル塲合ニ限リ議決ヲ俟《マ》タスシテ專行《センコウ》スルコトヲ得可シ（市制第六十八條）然レトモ市制

第七十四條ニ列載《レツサイ》スル委任ノ事務ニ就テハ參事會ノ參與ヲ受ケスシテ專行スルモノトス此區別アルハ卽前述ノ乙法ヲ取リ之ヲ市ニ委任セスシテ特ニ市長ニ委任シタルニ依ル市助役及其他ノ參事會員ハ會中ニ在テハ市長ト同一ノ議權ヲ有スト雖モ議事外ニ在テハ町村助役ノ町村長ニ於ケルト同ク市長ニ對シテ補助員《ホヂヨヰン》ノ地位ニ在ルモノトス（市制第六十九條、第七十四條第二項）殊ニ都府ノ地ニ於テハ分業ノ必要ナル可キヲ以テ事務ヲ分テ參事會員ニ專任セシムルコト最緊要《カナメ》ナリトス此需要《モトメ》ニ應センカ爲メ本制ハ之ヲ市條例ノ適宜定ムル所ニ讓《ユヅ》リ（市制第六十九條第三項）以テ各地方ノ便ニ從ハントス

四　委員

委員ヲ設クルハ市町村人民ヲシテ自治ノ制ニ習熟《ナレ》セシメンカ爲メニ最效益アリ委員アルトキハ多數ノ公民ヲシテ市町村ノ公益ノ爲メニ力ヲ竭《ツク》スヿヲ得セシメ自治ノ效用ヲ擧クルコトヲ得可シ何トナレハ市町村公民ハ特《ヒト》リ會議又ハ參事會ニ加ハルノミナラス委員ノ列ニ入リテ市町村ノ行政ニ參與シ之ニ依テ自ラ實務ノ經驗《ケイケン》ヲ積《ツム》ミ能ク施政ノ難易《ナンヰ》ヲ了知《シル》スルコトヲ得可シ又地方ノ事情ヲ表白スルノ機會ヲ得テ大ニ專務吏員ノ短處《ユキトヽカヌ》ヲ補フコトヲ得可シ蓋シ委員ハ自治ノ制ニ於テ緊要《カナメ》ナル地位ヲ占ムルモノニシテ本制施行ノ際委員ノ設ケヲ促《ウナガ》シテ市町村公民ヲシテ之ニ參與セシメンコトヲ務ム可シ委員ノ廢置《スアオキ》ハ固ヨリ市會町村會ノ決議ニ在リ其組織及職務ハ市町村條例ノ定ムル所ニ在リト雖モ町村長及市參事會ハ正系《セイケイ》行

政機關ニシテ委員ハ其一部分ニ參與スルニ過キサレハ委員ハ町村長若クハ市參事會ニ從屬シ概子市長若クハ町村長ヲ以テ委員長ト爲シ參事會員ヲ以テ多クハ之ニ加ヘ市會町村會議員モ亦成ル可ク此委員ニ列セシメンコトヲ要ス市會町村會ノ議員ニシテ行政ノ事務ニ加ハルトキハ能ク施政ノ緩急《クワンキフ》利害ヲ辨識《ベンシキ》シ行政吏員ト互ニ協同《キヤウドウ》シテ事務ヲ擔任スルノ慣習ヲ生シ自ラ代議機關ト行政機關トノ軋轢《アツレキ》ヲ防制《フセギ》スルコトヲ得可シ

五　區長

區域《サカイ》廣濶《ヒロキ》又ハ人口稠密《オホキ》ノ地ハ施《シ》政《セイ》ノ便ヲ計ランカ爲メ之ヲ數區ニ分ツノ必要アル可シ故ニ本制ハ市町村ニ區ヲ劃設《クワクセツ》スルコトヲ許シ之ニ區長及代理者ナル行政ノ機關ヲ設置セリ此機關ハ其市町村ノ行政廳ニ隷屬《ゾク》スルモノニシテ其指揮《サシツ》命令ヲ奉シテ事務ヲ區內ニ執行スルモノトス其委任事務ノ範圍《ハンイ》ハ土地ノ情況ト市町村行政廳ノ酌量ニ在ルモノニシテ豫メ之ヲ定メストス雖モ區長ハ名譽職ニシテ別ニ區ノ附屬員ナル者アルニアラサレハ（三府ヲ除クノ外）實際此事情ヲ斟酌《シンシヤク》セサル可カラス要スルニ區ハ市町村內別ニ特立シタル一ノ自治體タルニ非ス區長モ亦其固有《コイウ》ノ職權アルニ非スシテ單ニ町村長市參事會ノ事務ヲ補助《ホジヨ》執行スルノ便ニ供フルニ過キズ故ニ區長ハ市町村ノ機關ニシテ區ノ機關ニ非ス區ハ法人ノ權利ヲ有セス財產ヲ所有セス、歲計豫算《サイケイヨサン》ヲ設ケス又議會若クハ其他ノ機關ヲ存スルヿナシ蓋區ヲ設クルトキハ施政ノ周到《ユキトヾク》ナルヲ得可ク、一市町村ノ各部ニ於テ利害ノ軋轢スルヲ調和《ホドヨク》シ、市町村貲賦課ノ不《フ》平衡《ヘイカウ》ヲ矯《タ》メ又能ク行政ノ勞費《ムダ》ヲ節略《セツリヤク》スルヲ得可シ要スルニ區長ヲ設クルハ更ニ自治ノ良元素《リヤウゲンソ》ヲ市町村制中ニ加フルモノニシテ舊制《キウセイ》ノ伍長組長《ゴチヨウクミチヨウ》等ノ例ヲ襲用《シフヨウ》セルナリ但從前ノ區內ニ存スル戶長ノ類ト混《コン》ス可カラス又區ニシテ從來《ジウライ》固有ノ財產アル時ノ例ハ第五章ノ說明ニ詳述《シヤウジユツ》ス可シ

六　其他ノ市町村吏員

以上市町村吏員ノ外收入役《シユニウヤク》アリ（市制第五十八條、町村制第六十二條）其職掌《シヨクセウ》ハ市町村有財產ト連帶《アハ》シテ說明《セツメイ》ス可シ又書記其他技術上ニ要スル吏員《リヰン》アリ又使丁ナル者アリ機械的《キカイテキ》ニ使用スル者トス此等ノ吏員ヲ置キ相當ノ給料ヲ與フルハ市町村ノ義務トス（市制第五十九條、町村制第六十三條）

町村ニ於テハ書記其他ノ吏員《リヰン》ヲ置キ俸給《ホウキウ》ヲ支出スルノ義務アリト雖トモ本制ハ小町村ノ爲メ一ノ便法《ベンポウ》ヲ設《マウ》ケ町村長ニ一定ノ書記料ヲ給シテ其便宜ニ從ヒ書記ノ事務ヲ保擔《ウケモタ》スルヲ許サントス此便法ヲ設ケ及其書記料ノ額《タカ》ヲ定ムルハ町村會ノ職權《シヨクケン》ニ在ル可キモノトス（町村制第六十三條第一項）若シ町村長ニ於テ其金額《キンガク》ニ不足アリト爲ストキハ町村制第七十八條ニ依リ之ヲ郡參事會《グンサンジクワイ》ニ申立ツルコトヲ得可シ其他ノ細目ハ今之ヲ制定《トリキメ》セス蓋書記料ヲ給與スルトキハ町村長ニ於テハ自ラ其事務費《ジムヒ》ヲ節約《セツヤク》スルヲ得可シ監督官廳モ亦能ク是ニ注意《チユウヰ》シ公務上支障《サハリ》ナキ限リハ町村ニ諭示《トキシメ》シテ繁雜《ハンザツ》ヲ省キ冗費《ムダヅカイ》ヲ減《ゲン》センコトヲ務メサル可カラス要

スルニ本制ハ分權《ブンケン》ノ主義ニ依リ名譽職ヲ設ケ從テ從來ノ町村費ヲ節減《ケンヤク》センコトヲ期《キ》スト雖モ若シ市町村ニ於テ度外《ドクワイ》ニ節約《セツヤク》ヲ行ヒ依テ公益《コウエキ》ヲ害《ガイ》スルニ至ラントスルトキハ監督官廳ニ於テハ卽チ之ニ干渉《タチイル》スルノ道アリ

市ハ勿論其他大ナル町村ニ於テハ文化《ブンクワ》ニ進ムニ從ヒ高等《カウトウ》ノ技術員《ギジユツヰン》（法律顧問《ハウリツコモン》、土木工師《ドボクコウシ》、建築技師《ケンチクギシ》、衞生技師《イセイギシ》等ノ類）ヲ使用スル可キ必要ヲ生スルニ至ル可シ之ヲ使用スルニハ或ハ通常雇入ノ契約《ケイヤク》ヲ以テシ或ハ市町村吏員ト爲スコトアル可シ又時宜《ジギ》ニヨリ之ヲ有給ノ助役《ジヨヤク》トシテ任用スルノ便アリ本制ハ此件ニ關シテハ全ク市町村ノ自由ニ任セントス尤警察《ケイサツ》、學事《ガクジ》等ノ爲メニ特別ノ人員ヲ置クニ付テハ別段ノ法規ヲ要ス可シト雖モ皆是別法ヲ以テ定ム可キモノナリ

市町村ノ公務《コウム》ニ任スル者ハ名譽職ト專務職《センムシヨク》トノ二種ニ分ツト雖モ本制ニ於テ主トシテ名譽職ヲ擴張《オシヒロメ》シタル理由ハ上ニ之ヲ論述《ロンジユツ》シタルカ如シ又本制ニ於テ名譽職ト爲ス可キコトヲ規定シタル場合ニ於テハ市町村ハ必之ニ遵依《シタガヒ》ス可シ決シテ有給職ト爲スヲ得ス然レトモ小町村ニ於テ名譽職ニ屬スルモノト雖モ大市町村ニ在テハ專務吏員《センムリヰン》ヲ置クヲ要スルコトアリ專務職トハ特別ノ技術《ギジユツ》若クハ學問上ノ養成《ヤウセイ》ヲ要スル職務並事務繁多ニシテ本業ノ餘暇《ヨカ》ヲ以テ無給《ムキフ》ニテ負擔セシムルコト能ハサル職務ナリ此ノ如キ職務ハ有給吏員ト爲スヲ常例《ジヤウレイ》ト爲セリ此條理ノ範圍內ニ於テ市町村ハ自己ノ便宜ニ依リ有給吏員若クハ無給吏員ヲ置ク可キモ

ノトス
今本制ニ於テハ市長市助役市町村收入役及市町村附屬員使丁ハ皆專務吏員《センムリヰン》ト爲ス可キ者トス町村長町村助役ハ名譽職ト爲スヲ原則トスト雖モ町村ノ情況ニ依テ之ヲ有給ノ專務職ト爲スヲ得セシム(町村制第五十五條、第五十六條)市參事會員(市長助役ヲ除ク)委員區長ハ名譽職トス但三府ノ區長ハ有給吏員ト爲スコトアル可シ
專務吏員及名譽職吏員ハ共ニ市町村吏員ナリ本制ニ於テ其區別ヲ爲サヾルモノハ總テ此兩種ニ適用スルモノトス又市町村吏員タル者ハ其何レノ種類ニ屬スルニ拘ラス法律ニ準據《ヨリ》シテ所屬ノ官廳及市町村廳ニ對シテ從順《ジウジュン》ナル可ク均《ヒト》シク懲戒法《コラシ》ニ服從《タガハ》ス可シ其懲戒ヲ行フハ町村長及市參事會(町村制第六十八條第二項第五、市制第六十四條第二項第五)及監督官廳(郡長、府縣知事)ノ任トス(町村制第百二十八條、市制第百二十四條)懲戒ノ罰トシテ本制ハ左ノ三種ヲ設ク
一 譴責《シカリセメ》
二 過怠金《クワタイキン》
三 解職《カイショク》
譴責又ハ過怠金ニ處スルハ當該吏員《タウガイリヰン》ノ專決《センケツ》ニ屬シ其處分ニ對スル訴願モ均ク當該吏員ノ裁決ニ任シ其裁決ニ不服アル者ハ行政裁判所ニ出訴スルコトヲ得セシム是專《モツパ》ラ懲戒權ノ執行

ヲ嚴肅《ゲンシク》ナラシムル所以ナリ獨リ解職《カイシヨク》ノ處分ニ對シテハ大ニ保護ヲ加ヘサル可カラス（但隨《ズイ》時解職シ得可キ吏員ハ懲戒裁判ノ法ニ依ラス解職スルヲ得セシム）故ニ本制ハ解職ノ理由ヲ指定《シテイ》セルノミナラス（但行狀ヲ紊亂《ミダレ》シ廉耻《ハヂ》ヲ失フトハ公務上ニ止マラス私行ニ關スルヿモ含蓄《ガンチク》スルモノナリ）郡參事會府縣參事會ナル集議體ノ裁決ニ任セリ（市制第百二十四條町村制第百二十八條）

專務吏員及名譽職吏員トモ職務上大率《オホムネ》同一ノ權利義務ヲ有スト雖モ深ク其性質ニ就テ考フルトキハ互ニ相異ナル所アリ專務職《センムシヨク》ヲ辭スルハ吏員ノ隨意ニ在リト雖モ名譽職ハ公民ノ義務トシテ之レニ應セサルヲ得ス其已ニ擔當《ヒキウケ》シタル職務ヲ繼續《ツヽカ》スルノ義務アルト否トニ付テモ亦此差別《サベツ》アリ（市制第八條第五十五條第三項、町村制第八條、第五十七條）又市制第五十六條、第五十八條及町村制第五十八條、第六十二條ノ制限ノ如キハ專務吏員ニ非サレハ負擔《フタン》セシムルヿヲ得ス市制第五十九條、町村制第六十三條ニ記載シタル吏員ハ其任用《ニンヨウ》ノ時此等ノ關係ヲ約定《ヤクヂヤウ》スルヲ可トス有給職《イウキウシヨク》ニ任用スルニ其市町村ノ公民タル者ニ限ラサルハ徒ニ選擇《タク》ノ區《ク》域《エキ》ヲ減縮《チヽメル》セサランカ爲メナリト雖モ高等ノ有給吏員ニハ其職ニ就クト同時ニ其市町村ノ公民權ヲ付與《フヨ》スルヿ當然《タウゼン》ナリ（市制第五十三條、第五十八條、町村制第五十六條第二項、第六十二條）專務吏員ハ一身ノ全力《ゼンリヨク》ヲ擧ケテ市町村ノ爲メニ盡《ツク》ス可キヲ以テ相當《サウトウ》ノ給料ヲ受クルハ元ヨリ至當ナリト雖モ名譽ノ爲メニ就職《ジユシヨク》スル公民ニハ給料ヲ給セス（市制町村制

第七十五條）尤市町村ノ公務ノ爲メニ要スル實費《ジツピ》ハ之ヲ辨償《ツグナフ》セサルヲ得ス唯其名譽職ノ事務頗ル繁忙《イソガハシキ》ニシテ本業ヲ妨ケラルヽトキハ多少ノ報酬《ハウシウ》ヲ與フルハ當然ナリ其額《ガク》ハ固ヨリ勤《キン》勞《ラウ》ニ相當セサル可カラス此規則ハ町村長（町村制第五十五條第二項）ハ勿論町村助役及名譽職市參事會員ニシテ市町村事務ヲ分任スル者（市制第六十九條第二項、町村制第五十五條第二項）ノ爲メニ之ヲ設ク其報酬額《ハウシウガク》ハ市町村會之ヲ議定《ギテイ》シ（市制町村制第七十五條）其額ニ關スル爭論ハ市制町村制第七十八條ニ依テ處分ノ司法裁判ヲ求ムルヲ許サス

有給市町村吏員《リヰン》ノ財産上ノ要求ハ上ニ記載シタル理由アルニ依リ其職重《シヨクオモ》ケレハ従テ其給料ニ關シテ官廳ノ干渉《カンシヤウ》ヲ要スルコト多シトス尤給料額ハ元來市町村ノ自ラ定ムル所ニ任シ條例ヲ設ケテ之ヲ一定シ又ハ選任ノ前ニ方テ議會ノ決議ヲ以テ之ヲ定ム可シ然レトモ監督官《カントクカン》廳《チヨウ》ハ斯ク市町村ノ定ムル給料ヲ以テ多キニ過キ又ハ不足アリト爲ストキハ認可ヲ拒《コバ》ミ所屬《シヨゾク》ノ參事會ヲシテ之ヲ斷定《ダンテイ》セシムルノ權利アリ

有給市町村吏員ニハ退隱料《タイヰンレウ》ヲ給スルヲ當然トス然レトモ市町村吏員ニ對シテ官吏ノ恩給令《オンキウレイ》ヲ適用《テキヨウ》スルコトヲ得ス是其地位《チヰ》ニ異《コト》ナルノミナラス市町村吏員ハ定期《テイキ》ヲ以テ選任セラレ任期滿限《マンゲン》ノ後ハ再選若クハ再任ヲ受クルニ非レハ其職ニ在ラサルヲ以テナリ若シ其吏員任期滿限後《マンゲンゴ》再選《サイセン》若クハ再任セラレサルトキハ遽《ニワカ》ニ糊口《ココウ》ノ道ヲ失フニ至ル可シ故ニ此結果《ケツクワ》ヲ防《フセ》クニ非サレハ一方ニ在テハ有力ノ人進テ市町村ノ職ニ就クコトヲ屑《イサギヨ》シトセサル可ク一方ニ在

テハ再選ニ依テ生計《スギハイ》ヲ求ムルカ如キ輩ヲシテ常ニ市町村會ノ鼻息《ハナイキ》ヲ窺《ウカヽ》ヒ以テ公益《コウエキ》ヲ忘レシムルコトナシトセス加フルニ市村町ノ職務ハ昇等増給《ショウトウゾウキウ》ノ途少キヲ以テ其退隠料ヲ給スルハ官吏ヨリ厚クスルヲ至當トス然レトモ目下一定ノ法律ヲ以テ之ヲ定メンヨリハ寧《ムシ》ロ市町村ノ條例ヲ以テ之ヲ設定《セッテイ》セシムルノ便ナルニ若カサルナリ

有給ト無給トヲ論セス凡市町村吏員ノ職務上ノ收入《シウニウ》ハ市町村ノ負擔《フタン》タルコト疑《ウタガヒ》ヲ容《イ》レスト雖モ之カ明文ヲ掲クルモ亦無用ニアラサル可シ(市制町村制第八十條)

市町村ト吏員トノ間ニ起ル給料及退隠料ノ爭論《サウロン》ハ司法裁判《シハウサイバン》ニ付セス市制町村制第七十八條ニ依テ處分ス可キナリ其保護ハ此方法ヲ以テ足レリトス

結局《ケツキヨク》ニ至テ猶注意ス可キコトアリ抑退隠料ノ規則ヲ設クルトキハ市町村ノ負擔ヲ加重《オモク》スルノ恐《オソレ》アリト雖モ他國ノ實驗《ジツケン》ニ據《ヨ》レハ決シテ多額ノ負擔ヲ爲スモノニアラス市町村ニ於テハ多クハ適任ノ吏員《リヰン》ヲ再選シ吏員モ亦再選ヲ受ケサルトキハ必他ノ地位ヲ求メサル者アラサル可シ故ニ實際退隠料《ジツサイタイインレウ》ヲ支出スルノ場合ハ甚少カル可キナリ又一方ヨリ論スルトキハ市町村ノ盛衰《セイスイ》ハ有爲ノ人材ヲ得ルノ多少ニ關シ有爲ノ人材ヲ得ルト得サルトハ其生計《クラシ》ヲ安全《ヤスク》ナラシムルト否トニ關スルモノニシテ市町村自治ノ權ヲ得ルニ於ヲハ退隠料負擔ノ如キハ之ヲ重シト謂フ可カラス況ヤ有給ノ町村長助役ヲ設ケサル町村ニ於テハ此負擔ヲ受クルノ塲合少キニ於テヲヤ又況ヤ名譽職ヲ設クルニ於テハ行政ノ費用大ニ減少《ヘラス》ス可キニ於テヲヤ蓋

市町村ノ繁榮《サカール》ハ斯ノ如キ法アリテ始メテ將來《ユクスエ》ニ期望《ノゾム》ス可キナリ

市制町村制第四章　市町村有財産ノ管理《クワンリ》

市町村ニ於テ自《ミ》ラ其事業ヲ執行《シツカウ》スルニ付テハ必之ニ要スル所ノ資金《シキン》ナカル可カラス故ニ各市町村固有ノ經濟《ケイザイ》ヲ立テ以テ必要ノ費用ヲ支辨《シベン》スルノ道ヲ設ク可シ卽市町村ハ財產《ザイサン》權ヲ有スルコト槪子一個人ト同一ナリ然レトモ細ニ觀察《クワンサツ》スルトキハ其一個人又ハ私立組合《シリツクミアヒ》ノ類ト相異ナルモノハ市町村ノ事業《ジゲウ》及支出《シシユツ》ノ大半ハ法律規則ニ依テ定マリ市町村民ニ對シテ其義務トシテ負擔セシムルコトヲ得ルノ一點ニ在リ蓋市町村ノ經濟《ヨハタリ》ハ之ヲ汎論《ハンロン》スルトキハ一個人ト同一ノ權利ヲ有スルモノニシテ市町村ハ自ラ其經濟ヲ管理《クワンリ》スルノ專權《センケン》アリト謂フ可シ而シテ之ニ二樣ノ制限アリ第一市町村ノ資力《シリヨク》ハ大ニ國家ノ消長《セウチヤウ》ニ關係アルヲ以テ政府ハ須《スベカラ》ク此點《テン》ニ注意セサル可カラス第二政府ハ市町村ノ經濟ヲ以テ國ノ財政《ザイセイ》ニ抵觸《テイシヨク》セサラシメ之カ爲メニ國ノ財源《ザイゲン》ヲ涸渇《カンツキ》セサランコトヲ務メサル可カラス故ニ市町村ノ財政ヲ以テ立法ノ範圍《ハンヰ》ニ入レ立法權《リツハウケン》ヲ以テ市町村ノ財政ニ關スル法規《ハウキ》ヲ設ケテ之ヲ恪遵《シタカワ》セシム可キ而己ナラス其經濟上ノ處分苟《カリソメニ》モ國ノ利害ニ關涉《アツカル》スルモノハ皆政府ノ許可ヲ得セシメントス

以上ノ論點《ロンテン》ニ關スル規定《キテイ》ハ市制第四章及第六章幷町村制第四章及第七章ニ載ス抑市町村ノ經濟《ケイザイ》ニ對シ政府ノ干涉《タチイル》スル所ノ程度《テイド》ハ自治《シヂ》制度《セイド》ヲ論スル者ノ視《ミ》ル所ニ依テ各異《コト》ナル所アル可シト雖モ要スルニ市町村ノ行政ニ對シ官廳ノ監視《カンシ》ヲ重シテ之ヲ拘束《カフソク》スルニ過クルトキハ

其弊《ヘイ》ヤ遂ニ市町村ノ便宜ヲ妨ケ其自ラ進テ幸福《カウフク》ヲ求ムルノ道ヲ阻碍《ソガイ》スルヲ免《マヌカ》レサラントス然レトモ一方ヨリ見ルトキハ自ラ從來ノ慣行《シキタリ》アリテ遽《ニハカ》ニ之ヲ變シ難キモノアリ故ニ漸《シダイ》ヲ以テ市町村ノ自主ヲ擴張《オシハル》スルヲ是《ゼ》ナリトス此點ニ於テハ本制ハ最愼重《ツヽシミ》ヲ加ヘ今日ノ情勢《アリサマ》ニ照《テラ》シテ適度《テキド》ヲ得タリトスル所ヲ以テ制定セリ

市町村ノ法人タルハ已ニ法律ノ認《ミト》ムル所ナレハ市町村ノ財産《ザイサン》ヲ所有スルノ權利ヲ有ス可キコト固ヨリ疑ヲ容レス而シテ市町村財産ニ二種ノ別アリ(甲)市町村ノ費用ヲ支辨スルカ爲メニ消費《セウヒ》スルモノアリ例ヘハ土地家屋等ノ貸渡料、營業ノ所得、市町村税及手數料等ノ如キ是ナリ又基本《キホン》財産ト稱スルモノアリ基本財産ハ其入額ヲ使用スルニ止マリ其原物ヲ消耗《ナク》セサルモノトス蓋此區別ヲ立ツルハ市町村ノ資力《シリヨク》ヲ維持スルカ爲メニ極メテ緊要《カナメ》ナルモノニシテ國家ハ特ニ市町村ノ基本財産ヲ保護シテ其濫費《ミダリニツカフ》ヲ防カサル可カラス且經常歳入ノ外ニ臨時ノ收入例ヘハ寄附金穀《キンク》ノ如キハ成ル可ク經常歳費《ケイジヤウサイヒ》ニ充《ア》テシメサルヲ要ス唯寄附者ニ於テ寄附金支出ノ目的ヲ定メタルカ或ハ非常ノ水害若クハ凶荒《ケウクワウ》等ノ爲メ經常ノ收入ヲ以テ其費途《ヒト》ニ充ツルニ足ラサルカ如キノ塲合ハ固ヨリ別段《ベツダン》ナリト雖モ是亦上司ノ許可ヲ受クルヲ要スト爲スハ其經濟上ノ處分ヲ重スル所以ナリ(市制第八十一條、第百二十三條第二、町村制第八十一條、第百二十七條第二)(乙)凡市町ノ村財産ハ市町村一般ノ爲メニ使用スルコト固ヨリ言ヲ俟《マ》タス故ニ特ニ之ヲ法律ニ揭載《ケイサイ》スルヲ要セスト雖モ若シ住民中其財産ニ對シテ特別《トクベツ》ノ權利ヲ有スル者アルトキハ自ラ證明《シヨウメイ》ヲ立ツルノ義務アリ卽民法上其證明ヲ認ムルニ於テハ特別ノ權利ヲ有スルモノトシ其證明ナキモノハ卽一般ノ使用權アルモノトス（市制町村制第八十二條）

市町民ノ所有ニ屬スル不動產ノ使用ヲ直接《チヨクセツ》ニ住民ニ許スハ從來ノ實例少シトセス故ニ其舊慣アルモノハ特ニ之ヲ存シ今ヨリ後ハ概《ガイ》シテ新ニ使用ヲ許スヲ禁セリ（市制町村制第八十三條、第八十四條）又一方ニ於テハ使用權ニ相當《サウトウ》スル納稅義務ヲ定メ（市制町村制第八十五條）且條例ニ依リ使用者ヨリ金圓ヲ徵收《チヤウシウ》スルヿヲ許セリ（市制町村制第八十四條）然レトモ其使用ヲ許シタル物件《ブツケン》ハ元來市町村ノ所有物ニシテ使用ノ權利ハ市町村住民タル資格《シカク》ニ隨伴《シタガワ》スルモノナレハ市町村ハ固ヨリ使用權ヲ制限シ若クハ取上クルノ權利ナカル可カラス（市制町村制第八十六條）但其議決ハ上司《カミノヤクニン》ノ許可ヲ受クルヲ要スト爲スハ（市町第百二十三條第四、町村制第百二十七條第四）細民無產《ヒンボウニン》ノ徒ノ不利トナル可キ者ヲ防カンカ爲ナリ之ヲ要スルニ以上ノ規定ハ市町村住民タル資格《シカク》ニ附隨《ツキシタガヘ》スル使用權ニノミ用フルモノニシテ民法上ノ使用權ニハ關係《クワンケイ》ナキモノトス蓋此使用權ハ民法ニ據テ論定ス可キモノニシテ其爭論モ亦司法裁判所ノ判決ニ屬ス可キモノトス而シテ前段ノ使用權ニ關スル爭論ハ市制町村制第百五條ニ依テ處分ス可キナリ

市町村財產《ザイサン》ノ管理《シハイ》ハ町村長及市參事會ノ擔任トス（町村制第六十八條、市制第六十四條）其

管理上市町村會ノ議決ニ依ル可キハ町村制第三十三條、市制第三十一條及市制町村制第八十七條等ニ於テシ又上司ノ許可ヲ受ク可キ條件ハ載セテ市制第百二十三條、町村制第百二十七條等ニ在リ

市町村ハ其住民ヲシテ市町村ノ爲メニ義務《ギム》ヲ盡サシムルノ權利ナカル可カラスシテ此權利ナキトキハ共同ノ目的《モクテキ》ヲ達スルコト能ハサルハ上既ニ之ヲ論述セリ其義務ノ廣狹《ヒロキセマキ》ハ市町村事業ノ範圍《ハンヰ》ニ從ハサル可カラス其事業ハ全國ノ公益ノ爲メニスルモノアリ或ハ一市町村局部ノ公益ヨリ生スルモノアリ其全國ノ公益ニ出ツルモノハ軍事、警察、教育等ノ類ニシテ是皆別ニ規定《キテイ》ス可キモノトス其局部ノ公益《コウエキ》ヨリ生スルモノ即共同事務ハ各地方ノ情況ニ從テ異同アレハ茲ニ枚擧《マイキヨ》スルニ暇《イトマ》アラスト雖モ農業經濟《ノウゲウケイザイ》、交通《カウツウ》事務、衛生《エイセイ》事務等ノ如キハ其最重要ナルモノトス之ヲ要スルニ一市町村ノ公益上ニ於テ必要ナル事項ハ悉ク共同事務ニ屬ス可キナリ本制ニ於テ設ケタル委任ノ國政事務ト固有ノ事務即共同事務トノ區別ハ專ラ市町村長ノ地位ノ兩岐《リヤウギ》ニ分ルヽ所ニシテ且市町村ノ必要事務ト隨意事務トノ區別ヲ立ツルノ根據《コンキヨ》トナルモノナリ即此區別ハ官權ノ及フ可キ限界ヲ立ツルニ在リテ必要事務ハ監督官廳ニ於テ强制《ムリオシ》豫算《ヨサン》ノ權利(市制第百十八條、町村制第百二十二條)アルモノトス而シテ必要事務トハ委任《ヰニン》ノ國政事務ハ勿論共同事務中市町村ノ需要《モトメ》ニ於テ闕《カ》ク可カラサルモノニ限リ必要事務ト謂フヲ得可シ市制町村制第八十八條ノ規定ハ實ニ此精神ニ出テタルモノニシテ市制第

百十八條、町村制第百二十二條ニ云フ所ノモノモ亦同シ此ノ如キ規定アルトキハ共同行政上ノ事件ニ至ルマテ市町村ノ意向《イカウ》ヲ顧ミスシテ負擔ヲ受ケシムルコトヲ得從テ官ノ監督《カントク》權ハ重キニ過クルノ恐《オソレ》アリト雖モ一方ヨリ考フルトキハ全ク檢束《トリシマリ》ヲ解キテ市町村ノ自由ニ任スルハ却テ將來ノ爲メ顧慮《シンパイ》スル所アリ故ニ市町村ノ公益上已ムヲ得サルモノハ姑ク市町村會ノ意見ニ拘《カヽハ》ラス監督官廳ノ命令ヲ以テ之ヲ決行スルノ權利ヲ存セサルヲ得ス但其處分ニ對シテハ上訴ヲ許シタルヲ以テ專制《センセイ》ノ弊《ヘイ》ヲ免ルヽヲ得可シ其他必要ノ支出ハ本制市町村ノ組織《ソシヨク》ニ關スル條件中ニ含有《フクム》セリ隨意事務ニ就テハ市町村ニ十分ノ自由ヲ與フト雖モ若シ過度ノ負擔ヲ爲スニ至テハ之ヲ制スルニハ市制第百二十三條第六、町村制第百二十六條第六ノ規定ヲ適用《テキヨウ》スルヲ得可シ市町村ニ於テ其費途《ヒト》ヲ支辨スルカ爲メニ左ノ歳入アリ

一　不動產《フドウサン》、資金《シキン》、營業《エイゲウ》（瓦斯局《ガスキヨク》、水道等ノ類）ノ所得

二　市町村ノ金庫《キンコ》ニ收入《シウニフ》スル過怠金《クワダイキン》、科料（市制第四十八條、第六十四條第二項第五、第九十一條、第百二十四條、町村制第五十條、第六十八條第二項第五、第九十一條、第百二十八條）

三　手數料、使用料

四　市稅、町村稅

手數料トハ市町村吏員ノ職務《シヨクム》上ニ於テ一個人ノ爲メ特ニ手數ヲ要スルカ爲メ市町村ニ收入

スルモノヲ謂ヒ使用料トハ一個人ニ於テ市町村ノ營造物等ヲ使用スルカ爲メ其料金《レウキン》ヲ市町村ニ收入スルモノヲ謂フ例ヘハ手數料トハ帳簿《チヤウボ》記入《キニウ》又ハ警察《ケイサツ》事務上ニ於テ特ニ調査《テウサ》ヲ爲ストキノ收入ヲ謂ヒ使用料トハ道路錢《ドウロセン》、橋錢《ハシセン》等ノ類ヲ謂フ

手數料、使用料ノ額ハ法律勅令ニ定ムルモノヽ外市町村會ノ議決ヲ以テ定ムヘキモノナリ（市制第三十一條第五、町村制第三十三條第五）尤市町村條例ヲ以テ一般ノ規定ヲ設ケ（市制町村制第九十一條）其地ノ慣行《クワンカウ》ニ依リ相當《サウトウ》ノ手續ヲ以テ公告スヘキモノトス且若シ手數料、使用料ヲ新設《シンセツ》シ又ハ舊來《キウライ》ノ額ヲ增加シ又ハ其徵收《トリタテ》ノ法ヲ變更《カヘル》スルトキハ内務大藏兩大臣ノ許可ヲ受クルヲ要ス（市制第百二十二條第二、町村制第百二十六條第二）但徵收ノ法ヲ改ムルコトナクシテ唯其額ヲ減スルニ過キサルトキハ其許可ヲ受クルヲ要セス手數料ヲ納ムルノ義務アルハ行政上ノ手數ヲ要スル者ニシテ使用料ヲ納ムルノ義務アルハ營造物等ヲ使用スル者トス之ヲ免除《メンジヨ》スルハ市制町村制第九十七條、第九十八條ノ場合ニ限ル可シ第九十六條ノ場合ハ町村ノ課稅ヲ免除スルニ止リテ手數料、使用料等ノ事ニ及ハサルナリ

町村稅ニ關シテハ本制ハ成ルヘク現行法ヲ存スルノ精神ナリ町村稅ヲ十分ニ改正セントスレハ先ツ國稅徵收法《コクゼイチヤウシウハウ》ヲ改正セサル可ラス故ニ本制ニ於テハ現行ノ原則ニ依リ多少ノ修補《オギナヒ》ヲ加ヘタルニ過キス現今町村費ノ賦課目卽地價割《カワリ》戶別割《コベツワリ》營業割《ワリ》等ノ如キ皆國稅府縣稅ニ附

加シテ徴收スル者ニ外ナラス又或ハ特別ノ町村税アリ故ニ本制ニ定ムル所ノ課目ハ現行ノ課目ヲ存スルニ於テ妨ケナキモノナリ

附加税トハ定率《テイリツ》ヲ以テ國税府縣税ニ附加スルモノニシテ納税ノ負擔ニ偏輕《カルキ》偏重《オモキ》ノ患ナカラシメンカ為メニ其準率《ワリカタ》ヲ均一《キンイツ》ニスルヲ例則トセリ（市制町村制第九十條）其賦課法ヲ定ムルハ市町村會ノ職權ニ屬ス故ニ市町村會ハ臨時ノ議決又ハ豫算議定ノ際ニ之ヲ議決スヘキナリ若シ此例則ノ外ニ於テ課法ヲ設ケント欲スルトキハ郡參事會（町村制第百二十七條第七）若クハ府縣參事會（市制第百二十三條第七）ノ許可ヲ受クルヲ要ス

税率《ゼイリツ》ノ定限《テイゲン》ハ豫《アラカジ》メ之ヲ設ケスト雖モ獨リ地租《チソ》及直接國税《チヨクセツコクゼイ》ニ於テハ　市制第百二十二條第三、町村制第百二十六條第三ニ定メタル制限ヲ越エントスルトキハ内務大藏兩大臣ノ許可ヲ受クルヲ要ス是レ國庫ノ財源《ザイゲン》ニ關係スル所アルヲ以テナリ就中地租ノ如キハ從前《ジウゼン》此定限ヲ超過《クワ》スルヲ得ルハ非常特別《ヒジヤウトクベツ》ノ場合ニ限レリ而シテ特別許可ノ道ヲ存セサルカ如キハ地方ニ依テハ却テ課税ノ平均《ヘイキン》ヲ得サルノ弊《ヘイ》アリ是レ本制現行ノ例ヲ移シテ多少ノ便法ヲ開キタル所以ナリ間接税《カンセツゼイ》ハ概シテ市町村ノ附加税ヲ課スルニ便ナラス故ニ市制第百二十二條第四及ヒ町村制第百二十六條第四ニ從ヒ渾《スベ》テ官ノ許可ヲ要ストセリ各種國税府縣税ノ内何レヲ直税《チヨクゼイ》トシ又何レヲ間税《カンゼイ》トス可キカハ往々疑點《ギテン》ヲ生スルコトアリ此區別ニ就テハ今内務大藏兩省ノ告示ヲ以テ之ヲ定ムルコトヽセリ（市制第百三十一條町村制第百三十六條）

附加稅《フカゼイ》ノ特別稅《トクベツゼイ》ニ優《マサ》ル所以ノモノハ附加稅ニ在テハ納稅者既ニ國稅又ハ府縣稅ノ賦課《フクワ》ヲ受クルヲ以テ別ニ其收益《シウエキ》等ノ調査《テウサ》ヲ爲スヲ要セサルニ在リ唯其町村稅ハ免除《メンジヨ》セサルモ國稅府縣稅ノ賦課ヲ受ケサル者（一個人又ハ法人）ニ限リ更ニ其調査ヲ要ス可キニ付此場合ニ於テハ町村長若クハ市參事會ニ於テ其國稅府縣稅徵收《トリタテ》ノ規則ニ據リ其調査ヲ爲サヽル可カラス

特別稅《トクベツゼイ》ハ市制町村制第九十一條ニ從ヒ條例ヲ以テ之ヲ規定セサル可カラス此點《テン》ニ於テハ既ニ手數料ニ就テ說明《セツメイ》シタル所ニ同シ但特別稅ハ市町村必要ノ費用ヲ支辨《シベン》スルニ附加稅ヲ以テシ猶足ラサルトキニ限リ始メテ之ヲ徵收スルモノトス（市制町村制第九十條）

市町村稅ヲ納ムルノ義務ヲ負擔《フタン》スル者ニ就テハ一個人ト法人トヲ區別セサル可カラス即チ左ノ如シ

甲　一個人

凡ソ納稅《ナフゼイ》義務ハ市町村ノ住民籍《ヂウミンセキ》ニ原《モト》ツクモノトス（市制町村制第六條第二項）故ニ此義務ハ市町村內ニ住居《ヂウキヨ》ヲ定ムルト同時ニ起ルモノナリ故ニ一旦住居ヲ定メタル者ハ時々《ジヾ》他ノ市町村ニ滯在《タイザイ》スルコトアリト雖モ納稅義務ヲ免ルヘキニ非ス若シ之ニ反シテ住居ヲ定メスシテ一時滯在スルニ止マルモノハ未タ此義務ヲ帶ヒス唯三箇月以上滯在スルトキハ住居ヲ占ムルト同ク納稅《ナフゼイ》ノ義務ヲ生スルモノトス（市制町村制第九十二條）又假令《タトヒ》市町村內ニ住居若ク

ハ滯在セスト雖モ其市町村內ニ土地家屋ヲ所有シ又ハ店舖《ミセ》ヲ定メテ營業ヲ爲ス者ハ均《ヒトシ》ク其市町村ノ利益ヲ蒙《カウム》ルニ依リ共ニ納稅ノ義務アリトス但此義務ハ一般ノ負擔ニ涉《ワタ》ラスシテ唯其土地家屋營業若クハ是ヨリ生スル所得ニ賦課ス可キ市町村稅ニ限リテ負擔ノ義務アルモノトス(市制町村制第九十三條)住居ト滯在《タイザイ》トハ常ニ必ス同一ニ歸セザルヲ以テ或ハ重複《カサナル》ノ課稅ヲ受クルノ患ナシトセス此弊害《ヘイガイ》ヲ防クカ爲ニハ則チ市制町村制第九十四條、第九十五條ノ規定《キテイ》アリ他國ニ於テハ往々住居ヲ定ムル市町村ニ特權ヲ與フルノ例アリト雖モ本制ハ特ニ此例ニ倣《ナラ》ハス要スルニ此ノ如キハ皆施行規則中ニ適宜ノ便法ヲ定ム可キコト、ス市町村稅ノ免除《メンジヨ》ヲ受クルハ市制町村制第九十六條及ヒ第九十八條ニ揭載シタル人員ニ限レリ

乙　法人

法人ハ市制町村制第九十三條ニ從ヒ唯其所有ノ土地家屋若クハ之ニ依テ生スル所得ニ賦課スル市町村稅ニ限リ納稅ス可キモノトス抑法人トハ政府、府縣(郡モ亦郡制制定ノ上ハ法人ト爲スノ見込ナリ)市町村、公共組合(例ヘハ水利土功《スヰリドコウ》ノ組合《クミアヒ》、社寺《シヤジ》宗敎《シウケウ》ノ組合ノ類《ルヰ》)慈善《ジゼン》協《ケウ》會、其他民法及商法ニ從ヒ法人タル權利ヲ有ス可キ私法上ノ結社ヲ謂フ其私法上ノ結社《ケシヤ》ハ市制町村制第九十七條ノ免稅ノ部ニ入レス又官設《クワンセツ》ノ鐵道電信《テツドウデンシン》ノ如キハ官ノ營業ニ屬スト雖モ是等ハ特ニ國家ノ公益ノ爲ニ免稅《メンゼイ》トス(市制町村制第九十三條)私設鐵道ニ至テハ各市町

村ニ於テ其收益《シウエキ》ヲ調査《テウサ》スル頗《スコブ》ル難キヲ以テ施行規則中ニ於テ詳ニ之ヲ規定スルヲ要ス

凡ソ納税義務者ニ課税スルハ總テ平等《ベウドウ》ナル可キナリ唯市制町村制第八十五條ハ此例外《レイグワイ》トシテ使用ノ土地物件《ブツケン》ニ係ル費用ヲ其使用《シヨウ》者ニ課セリ唯一市町村ノ數郡若クハ數區ニ分レタルトキ其一部一區ノ專用《センヨウ》ニ屬スル營造物ノ費用ハ其一部一區ノ負擔トセリ（市制町村制第九十九條第二項）尤其一部一區ニ特別ノ財產アルトキハ先ツ其收入ヲ以テ其費用ニ充テ猶足ラサル時特別ニ其一部一區ノ人民ニ課税シ又ハ一般全市町村税中ニ區別ヲ立テ其準率《ワリツケ》ヲ高クス可シ之ニ反シテ第九十九條第一項ノ塲合ニ於テ數個人ノ專用ヲ屬《ゾク》スル營造物ノ費用ハ必其數個人ノ負擔トシ之ヲ他人ニ賦課スルコトヲ得サルモノトス但市町村税ハ總テノ納税義務者ト平等ト賦課スルヲ以テ例則ト爲スカ故ニ若シ此例則ニ違ハントスルトキハ官ノ許可ヲ受クルヲ要ス（市制第百二十三條第八、町村制第百二十七條第八）

各納税者ノ税額ヲ査定スルハ法律規則ニ依リ市制町村制第百條ノ規定ニ從ヒ町村長（町村制第六十八條第八）及市參事會（市制第六十四條第八）ノ擔任トス大ナル町村及市ニ於テハ之カ爲メ專務《センム》ノ委員ヲ設クルヲ便宜トス

社會經濟法《シヤクワイケイザイハウ》ノ稍進歩《ヤヽシンポ》シタル今日ニ在テハ舊時《キウジ》ノ夫《フ》役《エキ》現品《シナモノ》ニ代ヘテ金納法《キンナフハウ》ヲ行フニ至レリ然レトモ町村費ノ課出《クワシユツ》ニ於テハ夫役現品ノ法ヲ存スルハ殊《コト》ニ必要ナルノミナラス往々便利ナルモノアリ且古來ノ慣行《シキタリ》今日ニ傳《ツタ》フル者其例少カラス夫役賦課《フクワ》ハ專ラ道路《ドウロ》、河溝《カコウ》、堤防《テイバウ》ノ修《シウ》築《チク》、防火水《バウクワスイ》又ハ學校、病院《ビヤウヰン》ノ修繕《シウゼン》等ノ爲メニ行フモノナリ殊ニ村落《ムラ》ニ在テハ農隙《ノウゲウスキマ》ノ時ヲ以テ夫役ヲ課スルトキハ租税ノ負荷《フカ》ヲ輕減《カロクヘラ》センカ爲メニ大ニ便益トスル所アリ農民ノ如キハ季節《セツ》ニ依リ夫役ニ應《オウ》スルヲ得ルノ間隙《カンゲキ》アルコト市民ト其趣《オモムキ》ヲ異ニス且地方道路ノ開通《カイツウ》ヲ要スルモノ將來必少カラサル可キヲ以テ夫役賦課ノ法ヲ存スルトキハ幾許《イクバク》カ市町村ノ負擔ヲ輕減スルノ效アルコト必セリ依テ市制町村制第百一條ニ於テ市町村ニ許スニ夫役賦課ノ法ヲ以テセリ但此點《テン》ニ於テハ今日ノ經濟《ケイザイ》ニ適應《テキオウ》セシメンカ爲メ本制ハ本人自ラ其役ニ從事スルト適當ノ代理者《ダイリシヤ》ヲ出シ又ハ金額ヲ納ムルトヲ以テ義務者ノ選擇《エラム》ニ任セリ其金額ニ算出《カンヂヤウ》スルハ其地ノ日雇賃《ヒヤウチン》ニ準《ジユン》シ日數ヲ以テ等差《チガイ》ヲ立ツルヲ通例《ツウレイ》トス唯火災水害《クワサイスイガイ》等ノ如キ急迫ノ場合ニ於テハ金納ヲ禁スルコトヲ得可シト雖トモ代人ヲ出スハ本人ノ隨意ニ在ルモノトス

夫役ハ總テ市町村税ヲ納ム可キ者ニ賦課シ其多寡《タクワ》ハ直接市町村税ノ納額ニ準スルモノトス

若シ此準率《ワリカタ》ニ依ラサルトキハ郡參事會（町村制第百二十七條第九）及府縣參事會（市制第百二十三條第九）ノ許可ヲ受クルコトヲ要ス此場合ノ外ハ總テ市町村限リ許可ヲ受ケスシテ之ヲ賦課スルコトヲ得可シ

一般ニ夫役《コンブ》ヲ賦課《ワリツケ》スルヲ賦課セサルト及夫役ノ種類《シユルヰ》並範圍《ハンヰ》ヲ定ムルハ市町村會ノ職權（市制第三十一條第五、町村制第三十三條第五）ニ屬シ之ヲ各個人ニ割賦スルコトハ町村長（町村制第六十八條第八）及市參事會（市制第六十四條第八）ノ擔任トス

以上市町村ノ收入《シウニウ》ハ皆公法《コウハウ》上ノ收入ニ屬《ゾク》スルモノニシテ其徴收《トリタテ》ハ市制町村制第百二條ヨリ第百五條ニ準據《ジユンキヨ》ス可キモノトス而シテ其賦課徴收上ノ不服ハ司法裁判所ニ提出スルヲ許サス郡參事會府縣參事會ノ裁決ヲ經テ結局《ツマリ》ノ裁決ハ行政裁判所ニ屬ス此公法上ノ收入ハ私法上ノ收入ト相混同《コンドウ》ス可カラス例ヘハ市町村有ノ地所ヲ一個人《イツコジン》ニ貸渡《カシワタ》シタルトキ其借地料《シヤクチリウ》ハ民法及訴訟法ニ準據シテ徴收ス可キナリ

將來《シヤウライ》市町村ノ事業漸ク發達《ハツタツ》スルニ從ヒ經常《キマリ》ノ歳入ヲ以テ支辨《ワキマヘ》スルコト能ハサル所ノ大事業ノ起ル可キハ勢《イキホヒ》ノ免レサル所ナリ然レトモ豫メ其費用ニ備ヘンカ爲メ資本《モトデ》ヲ蓄積《タクハヘ》セントスルコトモ亦極メテ難カル可シ故ニ經常《キマリ》歳入《サヰニウ》ヲ以テ支《サヽ》ヘ能ハサル所ノ需要《ジユエウ》ニ應セント欲スレハ市町村ヲシテ豫《マヘカタ》メ將來《ユクスヘ》ノ歳入ヲ使用スルコトヲ得セシムルノ道ヲ開クノ外ナカル可シ即公債《コウサイ》募集《ツノル》ノ方法是ナリ抑公債募集ノ利益ハ收入時期ノ未タ到來《タウライ》セサルニ先テ豫メ歳入ヲ使用シテ以テ町村住民ノ爲メニ大事業ヲ起シ其經濟及納税力ヲ獎誘《スヽメ》シ且以テ納税者ノ負擔ヲ輕減《ヘラス》スルニ在ルナリ公債ノ事タル利益ノ在ル所斯ノ如シト雖モ之ニ伴フ所ノ弊害《ヘイガイ》モ亦自ラ免レサルモノアリ若シ市町村ニ於テ此方法ニ依リ豫メ將來ノ歳入ヲ使用スルトキハ則其元利償却《カヘス》ニ充ツル所ノ金額ハ將來ノ歳入中ヨリ減却《ゲンキヤク》スルモノナレハ負債額《フサイカク》ノ多寡ト償還期限ノ長短トニ從ヒ市町村ノ財政《ザイセイ》ニ影響《ヒヽク》スル所少カラス又市町村會ニ於テハ資本《シホン》ノ得易キカ爲メニ輕忽《ケイコツ》ニ其市町村ノ實力ニ相當セサル事業ヲ起スノ傾向《カタムキ》ヲ爲シ又ハ今日ニ負擔ス可キノ

義務ヲ漫《ミダ》リニ後年ニ傳ヘントスルノ弊害ナキコト能ハス是最モ行政官ノ注意ス可キ所ニシテ市制第百六條、第百二十二條第一及町村制第百六條、第百二十六條第一ノ規定アルハ以上ノ論旨《ロンシ》ニ起因《ヨル》スルモノトス

本制ハ公債募集《ボシウ》ノ事項ヲ逐一列擧《チクイチレツキョ》セス唯已ムヲ得サルノ必要若クハ永久ノ利益ト云フヲ以テ之レカ制限《セイゲン》ヲ立テタリ若シ此制限ニ適合スルノ證明ナキモノハ許可ヲ與フ可カラス若シ又償還《シャウカン》期限三年以内ニシテ許可ヲ要セサルモノハ町村制第六十八條第一及市制第六十四條第一ニ依テ相當ノ處分ヲ爲ス可キナリ其必要已ムヲ得サルノ支出《シシユツ》トハ舊債ヲ償還シ又ハ傳染病流行若シクハ水害等不慮《オモハヌ》ノ災厄《ワザワヒ》ニ遭遇シテ一時ノ窮《ナンギ》ヲ救ハントスルトキ又ハ學校ヲ開設シテ道路ヲ修築《シウチク》スル等法律上ノ義務ヲ盡サントスルカ如キ場合ヲ謂ヒ永久ノ利益トナル可キ支出トハ市町村ノ力ニ堪《タ》フ可キ事業ヲ起シ以テ市町村有財產ノ生產力若クハ住民ノ經濟《ケイサイ》力ヲ增進シ假令一時ノ負擔ヲ增スモ永遠ノ利益ヲ生ス可キ場合ヲ謂フナリ尤何レノ場合ニ於テモ一時ノ歲入ヲ以テ支辨シ能ハサル時ニ限ルモノトス但年々要スル所ノ常費ハ必經常《キマリ》ノ歲入ヲ以テ支辨ス可キモノニシテ公債ヲ募ルヲ得ス公債募集ニ當テハ深ク注意ヲ加ヘ成ルヘク住民ノ負擔ヲ輕クシ利息ハ時ノ相場ニ準シ隨時《ズヰジ》償還ノ約ヲ立テヽ市町村ニ便利ヲ與ヘサル可カラス到底《ツマリ》償《カヽス》還方法ノ確定スルニ非サレハ募集ヲ許サス又公債ハ成ル可ク市町村ノ財政ニ適準《テキジン》シ償還期限ハ長キニ過ク可カラス故ニ本制ニ於テハ償還ハ三年以内ニ始マルモ

ノトシ年々ノ償還歩合《アヒ》ヲ定メ且募集ノ時ヨリ三十年以内ニ還了《クワンレウ》スルヲ以テ例規《レイキ》ト爲セリ若シ此例規ニ違ハントスルトキハ必官ノ許可ヲ要ス（市制第百二十二條第一、町村制第百二十六條第一）元來許可ヲ要セサル公債ノ種類ト雖モ右ノ例規ニ違フトキハ亦官ノ許可ヲ請フ可シ

公債ヲ起スト起サヽルト及其方法ノ如何ハ市町村會ノ議決ニ屬ス（市制第三十一條第八、町村制第三十三條第八）唯定額豫算《テイガクヨサン》内《ナイ》ノ支出ヲ爲スカ爲メニシテ一會計年度内《クワイケイネンドナイ》ニ償還ス可キ公債ハ市ニ於テハ市會ノ議決ヲ要セス市參事會ノ意見ヲ以テ募集スルヲ得ト雖モ（市制第百六條第三項）町村ニ於テハ町村會ノ同意ヲ要スルコト勿論ナリ蓋斯ノ如キ公債ハ收入支出ノ多キ市ノ如キニ在テハ自然已ムヲ可カラサルモノニシテ其支出ノ時期ト收入期限ト常ニ相合一《ガフイツ》セサルカ故ナリ

凡公債ヲ募集《ツノル》ムルニ付許可ヲ受ク可キハ右ニ陳述《ノベ》シタル場合及曾テ負債ナキニ新ニ公債ヲ起シ又ハ舊債ヲ增額スルトキニ在リ故ニ前記ノ如キ一時ノ借入金《カリイレキン》ヲ爲シ又ハ舊債償還《カヘス》ノ爲メニスル公債ニシテ其規約舊債ヨリ負擔ヲ輕クスルトキノ如キハ總《スベ》テ許可ヲ要セス其他ハ償還期限三年以内ノモノヲ除クノ外内務大藏兩大臣ノ許可ヲ受ク可シ

既ニ募集シタル公債ヲ豫定《ヨテイ》ノ目的外《モクテキグワイ》ニ使用セントスルトキハ市町村會ノ議決ヲ要シ且若シ其公債ニシテ官許ヲ要スルトキハ許可ヲ受ク可キコト言ヲ俟タス

市町村ノ財政《ザイセイ》ハ政府ノ財政ニ於ケルト均《ヒトシ》ク三箇ノ要件アリ即チ

甲　定額豫算表ヲ調製スル事

乙　收支《シウシ》ヲ爲ス事

丙　決算報告ヲ爲ス事

以上ノ三要件ニシテ法律中ニ細目ヲ設ク可キ必要アルモノハ本制第四章第二欵ニ於テ之ヲ規定セリ

甲

財政ヲ整理《トヽノヘ》シ收支ノ平衡《ヘイカウ》ヲ保ツニハ定額豫算表ヲ設ケサル可カラス本制ハ（市制町村制第百七條）市町村ヲシテ豫算表調製ノ義務ヲ負ハシム故ニ若シ市町村ニ於テ此義務ヲ盡サヽルトキハ法律《ハウリツ》上ノ權力《ケンリヨク》ヲ以テ之ヲ強制《ムリオシ》スルヲ得可ク若シ之ヲ議決セサルトキハ府縣參事會郡參事會ノ議決ヲ以テ之ヲ補《オギナ》フコヲ得可シ（市制百十九條、町村制第百二十三條）此義務ハ決ノ免ル可カラサルモノナレハ狹小《ケウセウ》ノ町村ト雖モ猶之ヲ負擔セサルヲ得ス其豫算表ハ一年ノ見積《ミツモリ》ヲ以テ之ヲ設ケ其會計年度ハ政府ノ會計年度ニ同クセリ其他本制ハ豫算表調製ノ細目《モク》ヲ定メス要スルニ一切ノ收支及收入不足《シウニウフソク》ノ塲合ニ方リ支辨方法《シベンハウホウ》ヲ定ムルヲ以テ足レリトス但財政《ザイセイ》整理上ニ於テ其市町村ノ資力《シリヨク》ヲ酌《シヤク》量ス可キ必要ノ細目ハ省介ヲ以テ之ヲ定ムルコトアル可シ定額豫算《テイガクヨサン》ノ案ヲ調製スルコトハ町村長及市參事會ノ擔任ニシテ之ヲ議決スルハ市町村會ノ職權ニ屬ス收支ヲ許可スルコトハ市町村會ノ全權ニ任セスシテ法律上ノ檢束《トリシマリ》ヲ設クルモノアリ卽當然支出ス可キモノヲ否決シタルトキハ監督官廳ニ於テ强制豫算ヲ命スルノ權（市制第百十八條、町村制第百二十二條）アリ又其議決ノ越權ニ涉リ又ハ公益ヲ害スルモノハ其議決ヲ停止スルノ權（市制第六十四條第一、町村制第六十八條第一）アリ事項ニ依リテハ官ノ許可ヲ要スルカ故ニ（市制第百二十二條、第百二十三條第五第六、町村制第百二十六條、第百二十七條第五第六）市制町村住民ノ爲メニ過《スギル》度ノ負擔ヲ制止スルノ方法ハ十分備ハレリト謂フ可シ故ニ豫算表ハ市町村會ノ議決スル所ニ依リ其全體ニ於テ許可ヲ受クルヲ要セス唯右ニ記載シタル場合ニ限リテ許可ヲ受クルヲ要スルノミ

凡定額豫算《テイガクヨサン》表ハ二樣ノ效力アリ卽一方ニ於テハ理事者ヲシテ豫定ノ收支ヲ爲スノ權利ヲ得セシメ一方ニ於テハ踰越《コエル》ス可カラサルノ制限ヲ負ハシムルモノナリ殊ニ豫算外ノ支出豫算超過《テウクワ》ノ支出若クハ費目ノ流用《リウヨウ》ヲ爲スニ當テハ更ニ市町村會ノ議決ヲ經可キモノトス此場合ニ於テ市町村會ハ當初《ハジメ》豫算ヲ議定スルト同一ノ規定ニ從テ之ヲ議決ス可キナリ其追加《ツイカ》豫算若クハ豫算ノ變更《ヘンカワ》ヲ議決スルニ當リ其事項タル官ノ許可ヲ要スルトキハ均ク其許可ヲ受ク可キコト丶ス豫備費《ヨビヒ》ヲ設ク可キト否ト及其額ノ如何ハ市町村會ノ議定ニ在リト雖モ己ニ之ヲ設ケタルトキハ市制町村制第百九條ノ制限ヲ除クノ外町村長及市參事會ノ之ヲ使用スル

ニ任ス但其決算《ケツサン》報告ヲ爲ス可キハ固ヨナリリトス

乙

市町村收支《シウシ》ノ事務ハ之ヲ官吏ニ委任セスシテ之ヲ市町村ノ吏員卽收入役《シウニウヤク》ヲ置テ之ニ委任ス是多ク各國ニ行ハルヽ所ノ實例ニシテ其吏員ハ市町村ニ於テ之ヲ選任《センニン》シ有給吏員ト爲セリ要スルニ本制ノ旨趣《シシユ》ハ收支命令者ト實地ノ出納者《スヰトフ》トヲ分離《ブンリ》獨立《ドクリツ》セシメンヿヲ欲スルニ在リ故ニ收入役ノ事務ヲ町村長ニ委任スルハ本制ノ敢テ希望《ノゾミ》スル所ニ非スシテ此ノ如キ場合ハ極メテ罕《マレ》ナル可シ若シ町村ノ情況《アリサマ》ニ依リ別ニ有給ノ收入役ヲ置クヲ要セサルトキハ寧《ムシ》ロ之ヲ助役ニ委任スルヲ可トス又比隣《トナリ》ノ小町村ハ町村制第百十六條ニ從ヒ共同シテ收入役一名ヲ置クモ亦便宜ニ任ス

收支命令權《メイレイケン》ハ町村長若クハ市參事會及監督官廳《メツチヤクシヨ》ニ屬ス收支命令ハ書面ヲ以テセサル可カラス收支命令ヲ受ケスシテ爲シタル支拂ハ市町村ニ於テ之ヲ認定スルヲ要セス抑收支命令ト實地ノ出納トヲ分離《ブンリ》スルハ支拂前ニ於テ其豫算ニ違フ所ナキヤヲ監督スルニ便ナルカ爲メナリ元來決算報告《ケツサンホウコク》ヲ爲スハ卽此目的ニ外ナラスト雖モ既ニ支拂後ニ係ルヲ以テ其監査《カンサ》ハ往往時機《ジキ》ニ後ルヽノ憾《ウラミ》アリ故ニ本制ハ（市制町村制第百十條）收入役ニ負ハシムルニ其命令ノ正否《セイヒ》ヲ査《サ》スルノ義務ヲ以テシ其命令者カ定額豫算《テイガクヨサン》又ハ追加豫算《ツイカヨサン》若クハ豫算變更《ヘンカウ》ノ決議ニ適《テキ》合《ガフ》セス又豫備費ヨリ支拂フ可キトキ該費目ノ支出ニ關スル規定ニ遵守セザルニ於テハ之ヲ

支出スルヲ得サルモノトス此義務ハ收入役ノ賠償責任《ツクナヒセキニン》ト懲戒處分《コラスシヨブン》ノ制裁《イマシメ》ヲ以テ十分ニ之ヲ盡サシムルヲ得可シ

若シ町村長ニ收入役ノ事務ヲ擔任セシムルトキハ收支命令ト支拂トノ別ハ自ラ消滅《キエル》シ隨《シタガツ》テ上ニ記載シタル監査ノ法モ亦之レナキニ至ル可シ

收入役ヲシテ右ノ義務ヲ行ヒ易カラシメンカ爲メ定額豫算表ハ勿論追加豫算若クハ豫算變《ヘン》更《カウ》ノ議決ハ必之ヲ收入役ニ通報《ツウホウ》セサル可カラズ其豫算表及臨時《リンジ》ノ議決ハ併セテ簿記《ボキ》ノ標準《メヤス》ト爲ルモノナリ本制ハ簿記ノ事ニ就テハ規定ヲ立ツルコナシト雖モ簿記及一般ノ出納事務《スイナフジム》ニ就テハ追テ訓令《クンレイ》ヲ以テ原則ヲ示スコトアル可シ又本制ハ出納ヲ檢査《シラベ》スルヲ以テ市町村ノ義務ト爲セリ（市制町村制第百十一條）若シ理事者ニ於テ此義務ヲ行ハス又ハ檢査ヲ行フテ盡サヽル所アルカ爲メ市町村ニ損害《ソンガイ》ヲ釀《カモ》シタルトキハ市町村ニ對シテ賠償《ツクナヒ》義務ヲ負ハシム可キナリ此賠償義務ノ外懲戒ヲ加ヘ得可キハ言ヲ俟タス

丙

決算報告ノ目的ハ二アリ左ノ如シ

一計算ノ當否《タウヒ》及計算ト收支命令ト適合《テキガフ》スルヤ否ヲ審査《シラベ》スル事（會計審査）

二出納ト定額豫算表又ハ追加豫算若クハ豫算變更ノ議決又ハ法律命令ト適合スルヤ否ヲ查定スル事（行政審査）

會計審查《クワイケイシンサ》ハ會計主任者《シユニンシヤ》(卽收入役又ハ收入役ノ事務ヲ擔任スル助役若クハ町村長)ニ對シ行フモノニシテ行政審査ハ市町村ノ理事者則町村長若クハ市參事會ニ對シテ行フモノナリ其會計審査ハ先ツ町村長(但町村長ニ於テ會計ヲ兼掌《カヌル》スルトキハ此限ニ在ラス)及市參事會ニ於テ之ヲ行ヒ次テ市町村會ニ於テ右二樣ノ目的ヲ以テ會計ヲ審査ス(市制町村制第百十二條)是故ニ收支命令者《シウシメイレイシヤ》(町村長、助役市參事會員)ニシテ市町村會ノ議員ヲ兼ヌルトキハ其議決ニ加ハルコトヲ得ス(市制第四十三條、町村制第四十五條)若シ又議長タルトキハ其議事中議長席ニ居ルコトヲ得サルモノトス(市制第百十二條、町村制第百十三條)是利害《リガイ》ノ互ニ抵觸《フレ》スルヲ以テナリ

決算報告ノ時會計ニ不足アルトキハ市制第百二十五條若クハ町村制第百二十九條ヲ適用ス可シ

市制町村制第五章　市町村內特別《トクベツ》ノ財產《ザイサン》ヲ有スル市區又ハ各部ノ行政

行政ノ便利ノ爲メニ畫《クワク》シタル區ト一市町村內ニ於テ獨立《ドクリツ》ノ法人タル權利ヲ有スル各部トノ區別アルハ固ヨリ言ヲ俟タス本制ハ一市町村ノ統一《スベル》ヲ尙《タツト》フモノニシテ一市町村內ニ獨立スル小組織テ存續《ナガラヘ》シ又ハ造成スルコトヲ欲スルニアラズ然レトモ强テ此原則ヲ斷行《ダンカウ》セントスルトキハ一地方ニ於テ正當ニ享有《ウケタモツ》スル利益ヲ傷害スルノ恐《オソ》レアリ故ニ槪シテ此旨趣《シシユ》ニ依テ

論ス可カラサルモノアリ大市町村ニ於テハ現今既ニ特別ノ財產ヲ有スル部落アリ現今ノ小町村ヲ合併スルトキハ更ニ又此ノ如キ部落ヲ現出ス可シ其部落ハ卽獨立ノ權利ヲ存スルモノト謂フ可シ又他ノ一方ヨリ論スルトキハ市制町村制第九十九條ノ原則ニ依リ其部落ハ義務ヲ負擔スルコトアリト雖モ之カ爲メ直ニ別段ノ組織ヲ要スルコトナカル可シ其特別《トクベツ》財產又ハ營造物ノ管理《クワンリ》ハ之ヲ其全市町村ノ理事者タル町村長又ハ市參事會ニ委任スルモ妨ケナシ(市制第百十四條、町村制第百十五條)若シ區長ヲ置クトキハ町村長又ハ市參事會ハ之ヲ區長ニ指揮シテ其管理ノ事務ヲ取扱ハシムルコトヲ得可シ尤其一部ノ權利ヲ傷害《ヤウクワイ》ス可カラサルハ言ヲ俟タス本制ニ於テ其一部ノ出納及會計ノ事務ヲ分別ス可キモノトスルハ卽是カ爲メナリ議會ノ職掌《シヨクシヤウ》ヲ論スレハ(市制自第三十條至第三十五條、町村制自第三十二條至第三十七條)特別事務ト雖モ總テ之ヲ市町村會ニ委任スルモ妨ケナキ而已ナラス却テ希望ス可キ所ナリ然レトモ地方ニ依リテハ全市町村ト其各部落トノ利害ハ互ニ相抵觸《フレル》スルコト往々之レアリ其甚キニ至テハ多數ノ爲メニ壓抑《アツヨク》ヲ蒙《カフ》ムルコトアリ依テ其一部限リノ選擧ヲ以テ特別ノ議會ヲ起シ以テ其議事ヲ委任スルコトヲ得可シ其之ヲ起スノ利害ニ就テハ一般ノ原則ヲ設ケ難キカ故ニ姑《シバラ》ク條例ノ規定ニ任セサル可カラス但此條例ハ固ヨリ普通ノ規定ニ依ル可クシテ特別ノモノニ非スト雖モ其之ヲ設ケ並其事項ヲ定ムルハ市町村會ノ議決ニ任セスシテ之ヲ郡若クハ府縣參事會ニ委任セリ何トナレハ利害ノ相抵觸スルカ爲メ偏頗《ヘンパ》ノ處置アランコトヲ恐ルレハナリ唯市町村會ノ意見ヲ徵《チヤウ》ス可キハ勿論ナリ要スルニ區會ハ市町村會又ハ區内人民ノ情願ニ依リ之ヲ設クルヲ當然トス

區會ノ構成《カウセイ》ハ本制ニ規定シタル市町村會ノ組織ニ依準《シタガヒ》シ條例中ニ之ヲ定ム可キモノトス區會ノ職掌ハ市町村會ノ職掌ニ同シ唯其特別事件ニ限ルノミ

町村制第六章　町村組合

本制ノ希望《キバウ》スル如ク有力《イウリヨク》ノ町村ヲ造成《ザウセイ》シ又郡ヲ以テ自治體《ジヂタイ》ト爲ストキハ其他別ニ區畫《カギリ》ヲ設クルノ必要ナカル可キナリ殊ニ一事件アル毎《コト》ニ特別《トクベツ》ノ聯合《レンガウ》ヲ設クルヲ要セサル可シ若シ漫ニ聯合ヲ設クルトキハ行政事務簡明《アキラカ》ナラス其組織錯綜《ソシヨクイリクミ》ヲ極《キハ》メ費用モ亦隨テ增加スルヲ免レサルハ英國ノ實例《ジツレイ》ヲ以テ證《シヨウ》スルニ足ル可シ獨リ水利《スヰリ》土《ド》功《コウ》ノ聯合《カフ》又ハ小町村ニ於テ學校ノ聯合ヲ設クルカ如キハ萬已《バンヤ》ムヲ得《エ》サルモノニシテ皆別法ヲ以テ規定セサル可カラス然レトモ其別法ノ發布《ハツプ》セサル間ハ本制ニ於テ豫《アラカジ》メ之カ方法ヲ設ケサル可カラス又此必要アルノ外往徃町村組合ヲ設クルノ活路《カロ》ヲ示ス可キモノアリ卽本制ニ於テハ關係《クワンケイ》町村ノ協議《ケツギ》ヲ以テ其組合ヲ爲スノ目的《モクテキ》、組合會議《クミアヒクワイギ》ノ組織、事務管理《ジムクワンリ》ノ方法及費用ノ支辨方法等ヲ定ムルトキハ（町村制第百十六條第一項、第百十七條第一項）監督官廳卽郡長ノ許可ヲ得テ組合ヲ成スコトヲ許セリ町村ニ於テ相當《サウトウ》ノ資力《シリヨク》ヲ有セサルトキ組合ヲ爲サシムルヲ必要ト爲スカ如キ是ナリ此ノ如キ場合アルトキハ町村制第四條ニ於テ合併《ガツペイ》ス可キコトヲ規定スト雖モ事情ニ依リテハ合併ヲ施ス可カラス又ハ之ヲ不便ト爲スコトナシトセス例ヘハ該《ガイ》町村ノ互ニ相遠隔《ヘダテル》スルカ如キ又ハ古來ノ慣習《シキタリ》ニ於テ調和《テウワ》ヲ得サルカ如キノ類アリ此ノ如キニ至テハ其町村ノ異議《ヰギ》アルニモ拘《カヽハ》ラス事務共同《ジムキヤウドウ》ノ爲メ組合ヲ成サシムルノ權力ナカル可カラス其組合ヲ成ストキハ第四條ノ塲合ニ異ニシテ其各町村ノ獨立ヲ存シ又別ニ町村長及町村會若クハ町村總會ヲ有ス可キ理ナリ然レトモ其組合ヲ成ス所ノ共同事務ノ多寡《タクワ》及種類《シユルイ》ハ其組合ニ依テ互ニ異ナルモノトス

抑協議《ケフギ》ニ依ラスシテ組合ヲ設クルハ町村ノ獨立權《ドクリツケン》ヲ傷《キヅツ》クルノ恐レアルニ依リ郡參事會ノ議決ニ任スルヲ妥當《ダトウ》ナリトス（町村制第百十六條第二項）果シテ其共同事務ノ區域ヲ定メ強《ムリ》制《オシ》ヲ以テ組合ヲ成サシメタルトキハ議會ノ組織、事務管理ノ方法、費用支辨ノ方法就中分擔《ブンタン》ノ方法ニ至テハ先ツ關係町村ニ於テ之ヲ協議スルヲ要ス若シ其協議調ハサルニ及テハ郡參事會ニ於テ之ヲ議決スルノ外ナシ

組合議會ノ組織《ソシヨク》、事務管理《クワンリ》ノ方法、費用支辨《ヒヨウシベン》ノ方法殊ニ分擔ノ割合ハ本制ニ於テ豫メ之ヲ規定セス實際《ジツサイ》ノ塲合ニ於テ便宜《ビンギ》其方法《ハウハウ》ヲ制ス可シ故ニ組合ハ特別ノ議會ヲ設ケ或ハ各町村會ヲ合シテ會議ヲ開キ或ハ互選《ゴセン》ノ委員ヲ以テ議會ヲ組織《クミタチ》シ或ハ各町村會別箇ニ會議ヲ爲シ其各議會ノ一致ヲ以テ全組合ノ議決ト爲スノ類各其宜キニ從フ可シ又町村長ノ如キモ組合ニ一ノ町村長ヲ置キ且之ヲ永久獨立《エイキウドクリツ》トシ或ハ各町村長ノ交番《カウバン》ト爲スヲ得可シ又組合ノ費用ハ

或ハ特別ノ組合費トシテ之ヲ各個人《カクコジン》ニ賦課《フクワ》シ或ハ之ヲ各町村ニ賦課シ以テ其賦課徴收《トリタテ》ノ法ヲ各町村ノ便宜ニ任スルヲ得可シ各町村分擔ノ割合ハ利害ノ輕重、土地ノ廣狹《ヒロキセマキ》、人口ノ多寡《オホクスクナキ》及納税力ノ厚薄《カウハク》ヲ以テ標準ト為ス可シ但其納税力ノ詮定方《センテイカタ》ニ至テモ亦之ヲ一定スルコト能ハサル可シ以上ハ各事項ニ關シ本制ハ全ク實地宜キニ從フヲ許セリ故ニ各地方ニ於テ其便ト為ス所ヲ採擇《サイタク》ス可シ

組合町村ハ之ヲ解クノ議決ヲ為スヲ得ト雖モ郡長ノ許可ヲ得ルヲ要ス（町村制第百十八條）

市制第六章町村制第七章　市町村行政ノ監督

監督ノ目的及方法ハ本説明《ホンセツメイ》中各處ニ之ヲ論セリ故ニ復タ之ヲ贅《ゼイ》セス唯茲ニ其要點《エウテン》ヲ概括《ガイクワツ》セントス

（第一）監督ノ目的ハ左ノ如シ

一法律、有効ノ命令及官廳ヨリ其權限内ニテ為シタル處分ヲ遵守《シタガヒマモル》スルヤ否ヲ監視スル事

二事務ノ錯亂《ミダレ》澁滯《トドコホル》セサルヤ否ヲ監視シ時宜ニ依テハ強制ヲ施ス事（市制第百十七條、町村制第百二十一條）

三公益ノ妨害ヲ防キ殊ニ市町村ノ資力ヲ保持《ホウヂ》スル事

以上ノ目的ヲ達スルカ為メニハ左ノ方法アリ

一市町村ノ重役《ヂウヤク》ヲ認可シ又ハ臨時町村長助役ヲ選任スル事（市制第五十條、第五十二條、

町村制第五十九條、第六十條、第六十一條、第六十二條)
二議決ヲ許可スル事(市制第百二十二條、第百二十三條、町村制第百二十六條、第百二十七條)
三行政事務ノ報告ヲ爲サシメ書類帳簿ヲ査閲《シラベ》シ事務ノ現況《アリサマ》ヲ視察シ並出納ヲ檢閲スル事(市制第百十七條、町村制第百二十一條)
四强制豫算ヲ命スル事(市制第百十八條、町村制第百二十二條)
五上班《カハヤク》ノ參事會ニ於テ代テ議決ヲ爲ス事(市制第百十九條、町村制第百二十三條)
六市町村會及參事會ノ議決ヲ停止スル事 (市制第六十四條第二項第一、第六十五條、町村制第六十八條第二項第一)
七懲戒處分ヲ行フ事(市制第百二十四條、第百二十五條、町村制第百二十八條、第百二十九條)
八市町村會ヲ解散《カイサン》スル事(市制第百二十條、町村制第百二十四條)
(第二)監督官廳ハ左ノ如シ
町村ニ對シテハ
一 郡長　二 知事　三 內務大臣
市ニ對シテハ

一　知事　二　内務大臣

法律ニ明文アル場合ニ於テハ郡長若クハ知事ハ郡參事會若クハ府縣參事會ノ同意ヲ求ムルヲ要ス但參事會ヲ開設スルマテハ郡長知事ノ專決《センケツ》ニ任ス（市制第百二十七條、町村制第百三十條）

市町村吏員ノ處分若クハ議決ニ對スル訴願ニ就テハ先ツ市町村ノ事務ト市制第七十四條、町村制第六十九條ニ記載《キサイ》シタル事務トノ間ニ區別ヲ立テサル可カラス市制第七十四條、町村制第六十九條ニ記載シタル事務ニ關《クワン》シテ訴願ヲ許スト否トハ一般ノ法律規則ニ從フモノトス之ニ反シテ市町村ノ事務ニ關シテハ此法律ニ明文アル場合ニ限レリ（市制第八條第四項、第二十九條、第三十五條、第六十四條第一、第七十八條、第百五條、第百二十四條、町村制第八條第四項、第二十九條、第三十七條、第六十八條第一、第七十八條、第百五條、第百二十八條）

本制ハ訴願《ソグワン》ノ必要ナル場合ヲ列載シ悉シタルモノトス又監督官廳ハ自己ノ發意ニ依リ其職權ヲ以テ監督權ヲ行フヲ得ルノミナラス人ノ告知ニ依テ亦之ヲ行フコヲ得可シ而シテ其告知ハ本制ニ所謂訴願ノ種類ニアラザレハ期限ヲ定メス又前キノ處分若クハ議決ノ執行ヲ停《テイ》止スルコトヲ得サルナリ（市制第百十六條第二項、第五項、町村制第百二十條第二項、第五項）

市町村ノ行政事務ニ關シ郡長若クハ府縣知事第一次又ハ第二次ニ於テ爲シタル處分若クハ裁決ニ對シテハ其參事會ノ同意ヲ得ルト否トニ拘《カヽハ》ラス一般ニ訴願ヲ爲スヲ許セリ特

ニ法律ニ明文アル場合ニ限リテ之ヲ許サヽルモノトス（市制第百十六條第一項、町村制第百二十條第一項）若シ其處分又ハ裁決郡長ヨリ發シタルモノナルトキハ之ニ對スル訴願ハ知事之ヲ裁決シ郡參事會ヨリ發シタルモノナルトキハ府縣參事會《フケンサンジクワイ》之ヲ裁決ス知事及府縣參事會ノ裁決ニ不服アル者ハ共ニ内務大臣ニ訴願スルモノトス而シテ權利ノ消長《セウチヤウ》ニ關スル結局《ケツキヨク》ノ裁決ハ之ヲ行政裁判所ニ委任スルヲ妥當《ダタウ》ト爲スハ上來屢々《シバ〳〵》之ヲ説明セリ但權利ノ爭論《サウロン》ハ一般ニ行政訴訟《ソシヤウ》ヲ許スニアラスシテ之ヲ許ス可キノ必要アル場合ニ限リ特ニ之レカ明文ヲ掲《カヽ》ク故ニ其明文ナキ場合ニ於テハ結局ノ裁決ハ常《ツネ》ニ内務大臣ニ屬《ゾク》スルモノトス而シテ行政訴訟ヲ許シタル場合ニ於テハ内務大臣ニ訴願スルヲ許サス最上官衙《サイジヤウクワンガ》ノ裁決ヲ以テ司法ノ審《シン》判《パン》ニ付スルヲ欲セサルカ故ナリ但本制ニ於テ行政裁判所ノ權限《ケンゲン》ヲ規定《キテイ》シタルハ市町村ノ行政事務ニ關スル事ニ止マリ其他ノ事務ニ涉ル權限ハ他日別法《ベツハフ》ヲ以テ定ム可キコトヽス又目下行政裁判所ノ設ケナキヲ以テ之ヲ開設《カイセツ》スルマテノ間ハ内閣《ナイカク》ニ於テ其職務《シヨクム》ヲ擔任《タンニン》ス可キコト止ムヲ得サルナリ（市制第百二十七條、町村制第百三十條）

以上記述スル所ノ要旨ハ則左ノ如シ

（第一）市町村ノ行政事務《ギヤウセイジム》ニ屬セサル事件ニ對スル訴願《ソクワン》及其順序ハ一般ノ法律規則ニ從フモノトス

（第二）市町村ノ行政事務ニ關スト雖モ市町村吏員ノ處分若クハ裁決ニ對シテハ本制ニ明文

ヲ掲《カヽ》ケタル場合ニ限リ訴願《ソグワン》ヲ許シ之ニ反シテ監督官廳又ハ郡府縣《グンフケン》參事會ノ處分若クハ裁決ニ對シテハ一般ニ訴願ヲ許ス其訴願ノ順序《ジンジヨ》ハ左圖《サツ》ノ如シ

町村

郡長……………知事 ｝………内務大臣

郡參事會……府縣參事會 ｝………行政裁判所

但法律ニ明文アル場合ニ限ル（府縣參事會）

但法律ニ明文アル場合ニ限ル（行政裁判所）

市

知事……………｝………内務大臣

府縣參事會……｝………行政裁判所

但法律ニ明文アル場合ニ限ル（府縣參事會）

但法律ニ明文アル場合ニ限ル（行政裁判所）

前圖ノ順序ハ必履行《フミオコナハ》セサル可カラサルモノニシテ内務大臣ニ訴願シ又ハ行政裁判所ニ出訴セントスルニ必其前段ノ順序ヲ經由シタル後ニ在ル可キモノトス

市制町村制理由終

朕町村制ヲ施行セサル嶋嶼指定ノ件ヲ裁可シ茲ニ之ヲ公布セシム

御名　御璽

明治二十二年一月十六日

内閣總理大臣伯爵黒田清隆

内　務　大臣伯爵松方正義

勅令第一號

町村制第百三十二條ニ依リ町村制ヲ施行セサル嶋嶼左ノ通指定ス

東京府管下

小笠原嶋　伊豆七嶋

長崎縣管下

對馬國

島根縣管下

隱岐國

鹿兒嶋縣管下

大隅國大嶋郡

大嶋　德ノ嶋　喜界嶋　沖永良部嶋　與論嶋

薩摩國川邊郡

硫黃嶋　黑嶋　竹嶋　口之嶋　臥蛇島　平嶋　中之嶋　惡石嶋

諏訪ノ瀨嶋　寶嶋

朕町村制ヲ施行セサル嶋嶼ノ戶長以下給料旅費並浦役場費ノ件ヲ裁可シ茲ニ之レヲ公布セシム

御名　御璽

明治二十二年一月十六日

内閣總理大臣伯爵黑田淸隆

內務大臣伯爵松方正義

大藏大臣伯爵松方正義

勅令第二號

町村制施行セサル嶋嶼ハ別ニ勅令ヲ以テ其制ヲ定ムル迄本屬府縣ニ於テ町村制施行ノ後ニ要スル戶長以下給料旅費並浦役場費ハ其町村ノ負擔トス但東京府管轄小笠原嶋伊豆七島ハ從前ノ通國庫ヨリ支給ス

内務省告示第一號

明治二十一年法律第一號市制第百二十六條ニ據リ市制施行地左ノ通指定ス

明治二十二年二月二日

内務大臣伯爵松方正義

市制施行地

東京府管下	東京
京都府管下	京都
大阪府管下	大阪　堺
神奈川縣管下	横濱
兵庫縣管下	神戸　姫路
長崎縣管下	長崎
新潟縣管下	新潟
茨城縣管下	水戸
三重縣管下	津
愛知縣管下	名古屋
靜岡縣管下	靜岡
宮城縣管下	仙臺
巖手縣管下	盛岡

青森縣管下　弘前
山形縣管下　山形　米澤
秋田縣管下　秋田
福井縣管下　福井
石川縣管下　金澤
富山縣管下　富山　高岡
嶋根縣管下　松江
岡山縣管下　岡山
廣島縣管下　廣嶋
山口縣管下　赤間關
和歌山縣管下　和歌山
德嶋縣管下　德嶋
香川縣管下　高松
愛媛縣管下　松山
高知縣管下　高知
福岡縣管下　福岡　久留米
熊本縣管下　熊本
鹿兒嶋縣管下　鹿兒嶋

內務省令第二號

明治廿一年法律第一號市制町村制ニ依リ市町村歲入出豫算表式左ノ通相定ム

明治二十二年三月一日　　內務大臣伯爵松方正義

市町村歲入出豫算表式

某府(縣)某市
某郡某町(村)(某町村組合)明治何年度歲入出總計豫算

歲入　　歲入豫算高

一金

歲出

一金　　經常費豫算高

一金　　臨時費豫算高

合計金(臨時費ノ豫算ナキトキハ此合計ヲ省ク)

歲入出差引
殘金

歲入出差引殘金及歲出ノ精算殘金ハ翌年度繰越金ニ編入スルヲ通例ト為スト雖モ若シ該殘金又ハ歲入豫算ニ對スル實收額ノ増減金額等特ニ其處分ヲ要スルトキハ豫メ其方法ヲ議定シ本案ニ列掲スヘシ例ヘハ殘金ノ處分ニ付テハ其殘金總額ノ何步ハ基本財產何步ハ豫備費何步ハ翌年度繰越金ニ編入スヘシト掲記シ及豫算ニ對スル實收ノ増減ニ付テハ何收入何稅ノ増額ハ何

収入何税ノ實收減額ヲ補填シ猶殘金アルトキハ何々（基本財産、豫備費、翌年度繰越金等）ニ編入スヘシト掲記スルノ類

某府（縣）某某郡某町（村）（某町村組合）市明治何年度歳入出豫算表

歳入

科目	前年度豫算額	本年度豫算額	附記
第一款　財産ヨリ生スル收入			
一			
二			
三			
第二款　使用料及手數料			
一			
二			
三			
第三款　雜收入			
一			

二			
三			
第四款　前年度繰越金			
第五款　（市）町村税			
一　地價割			
二　營業割			
三　戸別割（家屋割）			
合計			

歲出

經常費

科目	前年度豫算額	本年度豫算額	附記
第一款　役所（役場）費			
一			
二			
三			

第二款 會議費

一

二

三

第三款 土木費

一

二

三

第四款 敎育費

一

二

三

第五款 衛生費

一

二

三
第六款　救助費
一
二
三
第七款　警備費
一
二
三
第八款　勸業費
一
二
三
第九款　諸税及負擔
一

二			
三			
第十款 市(町村)公債費			
一			
二			
三			
第十一款 雜支出			
一			
二			
三			
合計			

臨時費

科目	前年度豫算額	本年度豫算額	附記
第一款、、、			

合計					
通計					

明治何年何月何日提出

市町村長　何　某(自署)

記載例

一　經常歳出ハ毎會計年度普通支出ヲ要スヘキ歳出ヲ編入シ臨時歳出ハ時ニ依リ若クハ偶然生スヘキ歳出例ヘハ異常ノ土木工事ニ係ル費用及臨時傳染病ノ豫防費等ノ類ヲ編入スヘシ

二　歳入歳出科目欄内ニハ物件又ハ費項ノ細節前年度豫算額本年度豫算額ニハ

各其金額附記欄内ニハ各其事由ノ梗概ヲ記入スヘシ例ヘハ歳入ノ部財產ヨリ生スル收入ニ在テハ貸地料、藏敷料、貸金利子、(科目)何圓(金額)某所字何宅地原野貸地料一箇月何圓ツヽ、某所土藏幾棟一棟ニ付何圓、共有金貸附元金何千圓ハ年幾割此利金何百圓ハ月幾割此利金何圓、(附記)歳出ノ部役所役場費ニ在テハ市町村長給料、助役給料委員報酬、(科目)何圓(金額)年俸何圓幾人、月給何圓幾人、一箇年何圓ノ割何箇月分、(附記)ト記載スルノ類

三 財產ヨリ生スル收入ノ款ニハ動產、不動產ノ所得及瓦斯水道ノ如キ工事ノ所得ヲモ編入スヘシ

四 雜收入ノ款ニハ加入金、渡船賃、橋梁錢、不用品賣拂代、竹木拂代、過怠金、科料金、賠償金、其他ノ收入ニシテ他ノ各款ニ屬セサル諸收入ヲ編入スヘシ

五 市町村稅中地價割ニ付テハ地租ニ對スル步合、營業割戶別割及家屋割ニ付テハ地方稅營業稅雜種稅戶數割又ハ家屋稅ニ對スル步合ヲ掲載スヘシ

六 市町村特別稅ヲ設クルトキハ戶別割又ハ家屋割ノ次ニ之ヲ掲載スヘシ

七 諸税及負擔ノ款ニハ市町村有地所ノ地租又ハ地租割及郡費負擔等ノ類ヲ編入スヘシ

八 雜支出ノ款ニハ火災保險料、山番給、墓地費等他ノ各款ニ屬セサル諸支出ヲ編入スヘシ

九 雜收入又ハ雜支出ニ編入シ難キ收支アル等別ニ一款ヲ設クルノ必要アルトキハ適宜之ヲ設クルコトヲ得

十 歳入歳出科目中其節目數多ニ渉ルモノハ適宜ニ項目ヲ設クルヲ得例ヘハ役塲費中ニ給料雜給需用費ノ項目ヲ設ケ尚其細節ヲ編次スルカ如シ

十一 上級ノ經濟國庫地方稅ノ類ヨリ補助金アルカ若クハ人民ヨリ寄付金アルトキハ歳入ノ部ニ在テハ前年度繰越金ノ次各其一款ヲ設ケ歳出ノ部ニ在テハ該當費目ノ金額欄內ニ內金何圓何補助又ハ寄付金ト附記スヘシ

十二 豫備費ヲ置クトキハ雜支出ノ次ニ其一款ヲ設クヘシ若シ精算殘餘ヲ生スルトキハ順次之ヲ次年度ニ繰越スコトヲ得

十三　瓦斯燈水道等ノ類ニシテ別ニ豫算ヲ設クルヲ必要トスルトキハ適宜之ヲ調製スルコトヲ得

十四　町村組合ニ在テハ分擔法ニ依リ歳入科目第五款町村税ノ款ニ於テ左ノ如ク掲載スルモ妨ケナシ

第五款　町村税	
某町ノ負擔	
一　地價割	
二　營業割	
三　戶別割	
某村ノ負擔	
一　地價割	
二　營業割	
三　戶別割	

明治二十一年十一月三十日印刷
同　年十二月四日出版
同　二十二年三月十五日訂正三版

講義者　東京府士族　丹羽翥
牛込區簞笥町一番地

發行者　大阪府平民　田中太右衞門
南區安堂寺橋通四丁目
二百四十二番屋敷

印刷者　大阪府平民　瀨戶淸次郎
西區江ノ子嶋上町壹番地

地方自治法研究復刊大系〔第364巻〕

鼇頭参照 市制町村制講義

附 説明 及 理由書〔明治22年 訂正3版〕

日本立法資料全集 別巻 1574

2025(令和7)年4月25日　復刻版第1刷発行　7774-6:012-005-005

講　義　丹　羽　　　　鬴
発行者　今　井　　　　貴
　　　　稲　葉　文　子
発行所　株式会社信山社

〒113-0033 東京都文京区本郷6-2-9-102東大正門前
Ⓣ03(3818)1019　Ⓕ03(3818)0344
来栖支店〒309-1625 茨城県笠間市来栖2345-1
Ⓣ0296-71-0215　Ⓕ0296-72-5410
笠間才木支店〒309-1611 笠間市笠間515-3
Ⓣ0296-71-9081　Ⓕ0296-71-9082

印刷所　ワ イ ズ 書 籍
製本所　カナメブックス
用　紙　七 洋 紙 業

printed in Japan　分類 323.934 g 1574

ISBN978-4-7972-7774-6 C3332 ¥50000E